독일 민법전 **가족법**

오종근 · 김수정 · 홍윤선 역

박영사

서문

이 책은 2023년 4월 현재 독일 민법전 제4편 가족법(제1297조 – 제1921조)을 번역한 것이다. 주지하다시피 우리나라의 민법학은 독일 민법학으로부터 많은 영향을 받았으므로, 독일 민법전의 번역집은 민법을 공부하는 사람들에게 꼭 필요한 책이다. 1998년 독일 민법전 제1편부터 제3편까지 재산법 부분에 대한 번역집(양창수 저)이 출간되어 많은 도움을 주었고, 2019년에는 제5편 상속법에 대한 번역집(이진기 저)도 출간되었다. 이에 따라 남은 제4편 가족법에 대한 번역집이 더욱 절실히 요구되어 이 책을 출간하게 되었다. 마침내 독일 민법전 전편(全編)에 대한 번역집이 출간되어 보람을 느낀다.

독일 민법전 가족법을 번역함에 있어서 법률용어는 일관성을 위해 앞서 출간된 번역집을 참조하였다. 또한 한국가족법학회 독일가족법연구회의 조언도 받았다. 원칙적으로 독일 민법전 독일어 원문을 직역하되, 우리 민법상 해당 용어를 지적할 필요가 있는 경우에는 「일러두기」에서 별도로 표기하였다. 가령 'die Ehegatten'에 해당하는 우리 민법상 용어는 '부부(夫婦)'일 것이지만, 2017년 독일 민법이 동성혼을 인정하게 되어 양성을 의미하는 '부부'로 번역하는 것이 부적절하여 이를 '혼인당사자'로 번역하면서 그 이유를 표기하였다.

이 책은 저와 김수정 교수, 홍윤선 교수의 공동 작업으로 완성되었다. 두 교수가 각각 작성한 번역 초안을 나머지 사람이 집중적으로 검토하는 방식으로 진행되었다. 미흡한 점이 많지만, 앞으로 독자의 지적을 받아 고쳐가기로 하고, 학계에 조금이라도 도움이 되리라는 기대감에 출간을 서둘렀다. 함께 고생한 김수정 교수, 홍윤선 교수께 감사드린다.

마지막으로 이 책의 출간에 도움을 주신 조성호 이사님과 사윤지 선생님을 비롯한 박영사의 여러분에게 감사드린다.

2023년 4월 30일
번역자를 대표하여 오종근

일러두기

1. 이 책에서 번역의 대상은 2023년 4월 30일 현재 효력이 있는 독일 민법전 제 4편 가족법이다.

2. 우리 말 번역문 중 우리 문법에 따르면 마침표(.)를 찍어야 할 부분에 쉼표 (,)나 쌍점(:) 또는 쌍반점(;)을 찍은 것이 있는데, 이는 독일어 원문에서 1문 과 2문 등 문장 순서를 비롯하여 원문의 문장 형태를 그대로 유지하고자 하 기 때문이다.

3. 'die Ehegatten'에 해당하는 우리 민법상 용어는 '부부(夫婦)'이지만, 2017 년 독일에서 동성혼이 인정됨에 따라 중립적인 표현인 '혼인당사자들'로 번 역한다.

4. 'die Todeserklärung'에 해당하는 우리 민법상 용어는 '실종선고'이지만, 양 자는 요건과 효과상 차이가 있으므로, 원문 그대로 '사망선고'로 번역한다.

5. 'die Haushaltsgegenstände'는 공동의 주거 및 가정경제(Hauswirtschaft) 를 위한 물품과 가족의 공동생활을 위한 물품을 말하는데, 여기에서는 '가계 용품'으로 번역한다.

6. 'die letztwillige Verfügung'은 종래 '사인처분' 또는 '종의(終意)처분'으로 도 번역되었으나, '사인처분'은 독일법상 유언, 상속계약, 공동유언의 상위개 념인 'Verfügung von Todes wegen'과 혼동될 염려가 있고, '종의처분'은 한자와 병기하지 않으면 의미를 파악하기 어려우므로, 원문 그대로 '최종의 사처분'으로 번역한다.

7. 'elterliche Sorge'는 우리 민법상 용어에 해당하는 '친권'으로 번역한다. 다 만 'Personensorge'와 'Vermögenssorge'는 친권자뿐만 아니라 미성년후 견인 등에게도 인정되는 것이므로 '신상돌봄'과 '재산돌봄'으로 번역한다.

8. 'der Mündel'은 미성년후견을 받는 미성년자를 의미한다. 우리 민법은 성 년후견을 받는 성년자를 '피성년후견인'이라고 하면서도, 미성년후견을 받 는 미성년자에 대해서는 독립된 용어를 사용하지 않는다. 그러나 친권자를 둔 미성년자와 미성년후견인을 둔 미성년자를 구별할 필요가 있으므로, 'der Mündel'은 '피미성년후견인'으로 번역한다.

목 차

제 4 편 가족법
Buch 4 Familienrecht   §§ 1297-1888

Buch 4   Familienrecht

Abschnitt 1   Bürgerliche Ehe

Titel 1   Verlöbnis

§ 1297   Kein Antrag auf Eingehung der Ehe, Nichtigkeit eines Strafversprechens

(1) Aus einem Verlöbnis kann kein Antrag auf Eingehung der Ehe gestellt werden.

(2) Das Versprechen einer Strafe für den Fall, dass die Eingehung der Ehe unterbleibt, ist nichtig.

§ 1298   Ersatzpflicht bei Rücktritt

(1) Tritt ein Verlobter von dem Verlöbnis zurück, so hat er dem anderen Verlobten und dessen Eltern sowie dritten Personen, welche anstelle der Eltern gehandelt haben, den Schaden zu ersetzen, der daraus entstanden ist, dass sie in Erwartung der Ehe Aufwendungen gemacht haben oder Verbindlichkeiten eingegangen sind. Dem anderen Verlobten hat er auch den Schaden zu ersetzen, den dieser dadurch erleidet, dass er in Erwartung der Ehe sonstige sein Vermögen oder seine Erwerbsstellung berührende Maßnahmen getroffen hat.

(2) Der Schaden ist nur insoweit zu ersetzen, als die Aufwendungen, die Eingehung der Verbindlichkeiten und die sonstigen Maßnahmen den Umständen nach angemessen waren.

(3) Die Ersatzpflicht tritt nicht ein, wenn ein wichtiger Grund für den Rücktritt vorliegt.

§ 1299   Rücktritt aus Verschulden des anderen Teils

Veranlasst ein Verlobter den Rücktritt des anderen durch ein Verschulden, das einen wichtigen Grund für den Rücktritt bildet, so ist er nach Maßgabe des § 1298 Abs. 1, 2 zum Schadensersatz verpflichtet.

§ 1300   (weggefallen)

§ 1301   Rückgabe der Geschenke

제4편　가족법

제1장　혼인

제1절　약혼

제1297조 [혼인 성립신청의 불가, 위약금약정의 무효]
　① 약혼에 기하여 혼인의 성립을 신청할 수 없다.
　② 혼인이 성립되지 않는 경우에 대한 위약금의 약정은 무효이다.

제1298조 [해제시 배상의무]
　① 약혼당사자 일방이 약혼을 해제하는 경우, 그는 약혼상대방과 상대방의 부모 및 부모를 대신하여 행위한 제3자에게 그들이 혼인을 기대하여 비용을 지출했거나 채무를 부담하게 됨으로써 발생한 손해를 배상해야 한다. 그는 약혼상대방이 혼인을 기대하여 그의 재산이나 소득상 지위와 관련되는 그 밖의 조치를 함으로써 입게 된 손해도 배상해야 한다.

　② 손해는 지출한 비용, 채무의 부담, 그 밖의 조치가 제반 사정에 비추어 적절하였던 범위에서만 배상될 수 있다.
　③ 해제를 위한 중대한 사유가 있는 경우, 배상의무는 발생하지 않는다.

제1299조 [상대방의 과책으로 인한 해제]
　약혼당사자 일방이 해제를 위한 중대한 사유가 되는 과책으로 인해 상대방의 해제를 야기하는 경우, 그는 제1298조 제1항, 제2항이 정하는 바에 따른 손해배상의무가 있다.

제1300조 (삭제)

제1301조 [예물의 반환]

Unterbleibt die Eheschließung, so kann jeder Verlobte von dem anderen die Herausgabe desjenigen, was er ihm geschenkt oder zum Zeichen des Verlöbnisses gegeben hat, nach den Vorschriften über die Herausgabe einer ungerechtfertigten Bereicherung fordern. Im Zweifel ist anzunehmen, dass die Rückforderung ausgeschlossen sein soll, wenn das Verlöbnis durch den Tod eines der Verlobten aufgelöst wird.

§ 1302   Verjährung

Die Verjährungsfrist der in den §§ 1298 bis 1301 bestimmten Ansprüche beginnt mit der Auflösung des Verlöbnisses.

Titel 2   Eingehung der Ehe

Untertitel 1   Ehefähigkeit

§ 1303   Ehemündigkeit

Eine Ehe darf nicht vor Eintritt der Volljährigkeit eingegangen werden. Mit einer Person, die das 16. Lebensjahr nicht vollendet hat, kann eine Ehe nicht wirksam eingegangen werden.

§ 1304   Geschäftsunfähigkeit

Wer geschäftsunfähig ist, kann eine Ehe nicht eingehen.

§ 1305   (weggefallen)

Untertitel 2   Eheverbote

§ 1306   Bestehende Ehe oder Lebenspartnerschaft

Eine Ehe darf nicht geschlossen werden, wenn zwischen einer der Personen, die die Ehe miteinander eingehen wollen, und einer dritten Person eine Ehe oder eine Lebenspartnerschaft besteht.

4

혼인이 체결되지 않게 된 경우, 약혼당사자는 부당이득반환에 관한 규정에 따라 각자 상대방에게 증여하였거나 약혼의 징표로서 제공한 것의 반환을 청구할 수 있다. 약혼당사자 일방의 사망으로 인해 약혼이 해소되는 경우, 의심스러운 때에는 반환청구가 배제되는 것으로 인정되어야 한다.

제1302조 [소멸시효]
제1298조 내지 제1301조에 규정된 청구권의 소멸시효는 약혼이 해소된 때로부터 진행한다.

제2절 혼인의 성립

제1관 혼인능력

제1303조 [혼인적령]
성년이 되기 전에는 혼인해서는 안 된다. 16세 미만인 사람과는 유효하게 혼인할 수 없다.

제1304조 [행위무능력]
행위능력이 없는 사람은 혼인할 수 없다.

제1305조 (삭제)

제2관 혼인의 금지

제1306조 [혼인 또는 생활동반자관계의 존재]
서로 혼인하려고 하는 사람 중 1인과 제3자 사이에 혼인 또는 생활동반자관계가 존재하는 경우에는 혼인해서는 안 된다.

§ 1307 Verwandtschaft

Eine Ehe darf nicht geschlossen werden zwischen Verwandten in gerader Linie sowie zwischen vollbürtigen und halbbürtigen Geschwistern. Dies gilt auch, wenn das Verwandtschaftsverhältnis durch Annahme als Kind erloschen ist.

§ 1308 Annahme als Kind

(1) Eine Ehe soll nicht geschlossen werden zwischen Personen, deren Verwandtschaft im Sinne des § 1307 durch Annahme als Kind begründet worden ist. Dies gilt nicht, wenn das Annahmeverhältnis aufgelöst worden ist.

(2) Das Familiengericht kann auf Antrag von dieser Vorschrift Befreiung erteilen, wenn zwischen dem Antragsteller und seinem künftigen Ehegatten durch die Annahme als Kind eine Verwandtschaft in der Seitenlinie begründet worden ist. Die Befreiung soll versagt werden, wenn wichtige Gründe der Eingehung der Ehe entgegenstehen.

Untertitel 3   Ehefähigkeitszeugnis

§ 1309 Ehefähigkeitszeugnis für Ausländer

(1) Wer hinsichtlich der Voraussetzungen der Eheschließung vorbehaltlich des Artikels 13 Abs. 2 des Einführungsgesetzes zum Bürgerlichen Gesetzbuche ausländischem Recht unterliegt, soll eine Ehe nicht eingehen, bevor er ein Zeugnis der inneren Behörde seines Heimatstaates darüber beigebracht hat, dass der Eheschließung nach dem Recht dieses Staates kein Ehehindernis entgegensteht. Als Zeugnis der inneren Behörde gilt auch eine Urkunde im Sinne von Artikel 3 Nummer 1 Buchstabe e der Verordnung (EU) 2016/1191 des Europäischen Parlaments und des Rates vom 6. Juli 2016 zur Förderung der Freizügigkeit von Bürgern durch die Vereinfachung der Anforderungen an die Vorlage bestimmter öffentlicher Urkunden innerhalb der Europäischen Union und zur Änderung der Verordnung (EU) Nr. 1024/2012 (ABl. L 200 vom 26.7.2016, S. 1) sowie eine Bescheinigung, die von einer anderen Stelle nach Maßgabe eines mit dem Heimatstaat des Betroffenen geschlossenen Vertrags erteilt ist. Das Zeugnis verliert seine Kraft, wenn die Ehe nicht binnen sechs Monaten seit der Ausstellung geschlossen wird; ist in dem Zeugnis eine kürzere

제1307조 [혈족관계]

직계혈족 사이 및 부모가 같거나 부 또는 모가 같은 형제자매 사이에서는 혼인해서는 안 된다. 입양에 의해 혈족관계가 소멸한 경우에도 같다.

제1308조 [입양]

① 제1307조의 혈족관계가 입양에 의해 발생한 사람들 사이에서는 혼인하지 않아야 한다. 입양관계가 해소된 경우에는 그렇지 않다.

② 신청인과 그의 장래 배우자 사이에 입양에 의해 방계혈족관계가 발생한 경우, 가정법원은 신청에 기하여 제1항의 적용을 면제할 수 있다. 혼인의 성립을 방해하는 중대한 사유가 있는 경우, 면제는 거부된다.

제3관 혼인능력의 증명

제1309조 [외국인에 대한 혼인능력의 증명]

① 민법시행법 제13조 제2항을 제외하고, 혼인 성립의 요건에 관하여 외국법이 적용되는 사람은 본국의 법에 따라 혼인 성립을 방해하는 장애 사유가 없음을 확인하는 본국 관청의 증명서를 제출하기 전에는 혼인이 성립하지 않아야 한다. 유럽의회 및 유럽평의회의 2016년 7월 6일자 유럽연합 내 특정 공문서의 제출 요구 간소화를 통한 시민의 이주 증진에 관한 규정(유럽연합) 2016/1191 및 개정 규정(유럽연합) 1024/2012호 (2016년 7월 26일자 유럽연합관보 법령편 1면) 제3조 제1호 e목에서 의미하는 문서 및 관계인의 본국과 체결된 조약에서 정하는 바에 따라 다른 기관에서 발급된 확인서도 본국 관청의 증명서로 인정된다. 증명서가 발급된 이후 6개월 내에 혼인이 체결되지 않은 경우, 증명서는 효력을 상실한다; 증명서에 더 단기의 유효기간이 명시된 경우에는 그 기간이 기준이 된다.

Geltungsdauer angegeben, ist diese maßgebend.

(2) Von dem Erfordernis nach Absatz 1 Satz 1 kann der Präsident des Oberlandesgerichts, in dessen Bezirk das Standesamt, bei dem die Eheschließung angemeldet worden ist, seinen Sitz hat, Befreiung erteilen. Die Befreiung soll nur Staatenlosen mit gewöhnlichem Aufenthalt im Ausland und Angehörigen solcher Staaten erteilt werden, deren Behörden keine Ehefähigkeitszeugnisse im Sinne des Absatzes 1 ausstellen. In besonderen Fällen darf sie auch Angehörigen anderer Staaten erteilt werden. Die Befreiung gilt nur für die Dauer von sechs Monaten.

(3) (weggefallen)

Untertitel 4　Eheschließung

§ 1310　Zuständigkeit des Standesbeamten, Heilung fehlerhafter Ehen

(1) Die Ehe wird nur dadurch geschlossen, dass die Eheschließenden vor dem Standesbeamten erklären, die Ehe miteinander eingehen zu wollen. Der Standesbeamte darf seine Mitwirkung an der Eheschließung nicht verweigern, wenn die Voraussetzungen der Eheschließung vorliegen. Der Standesbeamte muss seine Mitwirkung verweigern, wenn

1. offenkundig ist, dass die Ehe nach § 1314 Absatz 2 aufhebbar wäre, oder

2. nach Artikel 13 Absatz 3 des Einführungsgesetzes zum Bürgerlichen Gesetzbuche die beabsichtigte Ehe unwirksam wäre oder die Aufhebung der Ehe in Betracht kommt.

(2) Als Standesbeamter gilt auch, wer, ohne Standesbeamter zu sein, das Amt eines Standesbeamten öffentlich ausgeübt und die Ehe in das Eheregister eingetragen hat.

(3) Eine Ehe gilt auch dann als geschlossen, wenn die Ehegatten erklärt haben, die Ehe miteinander eingehen zu wollen, und

1. der Standesbeamte die Ehe in das Eheregister eingetragen hat,

2. der Standesbeamte im Zusammenhang mit der Beurkundung der Geburt eines gemeinsamen Kindes der Ehegatten einen Hinweis auf die Eheschließung in das Geburtenregister eingetragen hat oder

8

② 혼인 체결이 신고된 신분등록청이 소재하는 지역을 관할하는 州고등법원의 법원장은 제1항 제1문에서 정하는 요건을 면제할 수 있다. 이러한 면제는 외국에 통상적 거소가 있는 무국적자와 관청이 제1항에서 정하는 혼인능력증명서를 발급하지 않는 국가의 국민에게만 부여된다. 특별한 사정이 있는 경우에는 다른 국가의 국민에게도 면제가 부여될 수 있다. 이와 같은 면제는 6개월 기간 동안에만 효력이 있다.

③ (삭제)

제4관 혼인의 체결

제1310조 [신분등록공무원의 관할, 혼인 하자의 치유]

① 혼인은 신분등록공무원 앞에서 혼인당사자*들이 서로 혼인을 성립시키려는 의사표시를 함으로써만 체결된다. 혼인 체결의 요건이 갖추어진 경우, 신분등록공무원은 혼인 체결에 대한 협력을 거부할 수 없다. 다음 각 호의 경우, 신분등록공무원은 그 협력을 거부해야 한다.

1. 혼인이 제1314조 제2항에 따라 취소될 것이 명백한 경우, 또는
2. 민법시행법 제13조 제3항에 따라 혼인의 효력이 없게 될 것이거나 혼인의 취소가 고려되는 경우.

② 신분등록공무원이 아니지만 공적으로 신분등록공무원의 직무를 수행하였고 혼인등록부에 혼인을 등록한 자도 신분등록공무원으로 본다.

③ 혼인당사자들이 서로 혼인을 성립시키려는 의사표시를 하였고, 다음 각 호의 사유가 존재하며, 이후 양 당사자가 10년간 또는 당사자 일방이 사망할 때까지 최소 5년간 혼인당사자로서 함께 생활한 경우에도 혼인이 체결된 것으로 본다.

1. 신분등록공무원이 혼인등록부에 혼인을 등록한 경우,
2. 신분등록공무원이 양 당사자의 공동 자녀의 출생증명과 관련하여 출생

---

* '일러두기 3' 참조.

3. der Standesbeamte von den Ehegatten eine familienrechtliche Erklärung, die zu ihrer Wirksamkeit eine bestehende Ehe voraussetzt, entgegengenommen hat und den Ehegatten hierüber eine in Rechtsvorschriften vorgesehene Bescheinigung erteilt worden ist und die Ehegatten seitdem zehn Jahre oder bis zum Tode eines der Ehegatten, mindestens jedoch fünf Jahre, als Ehegatten miteinander gelebt haben.

§ 1311   Persönliche Erklärung

Die Eheschließenden müssen die Erklärungen nach § 1310 Abs. 1 persönlich und bei gleichzeitiger Anwesenheit abgeben. Die Erklärungen können nicht unter einer Bedingung oder Zeitbestimmung abgegeben werden.

§ 1312   Trauung

Der Standesbeamte soll bei der Eheschließung die Eheschließenden einzeln befragen, ob sie die Ehe miteinander eingehen wollen, und, nachdem die Eheschließenden diese Frage bejaht haben, aussprechen, dass sie nunmehr kraft Gesetzes rechtmäßig verbundene Eheleute sind. Die Eheschließung kann in Gegenwart von einem oder zwei Zeugen erfolgen, sofern die Eheschließenden dies wünschen.

Titel 3   Aufhebung der Ehe

§ 1313   Aufhebung durch richterliche Entscheidung

Eine Ehe kann nur durch richterliche Entscheidung auf Antrag aufgehoben werden. Die Ehe ist mit der Rechtskraft der Entscheidung aufgelöst. Die Voraussetzungen, unter denen die Aufhebung begehrt werden kann, ergeben sich aus den folgenden Vorschriften.

§ 1314   Aufhebungsgründe

(1) Eine Ehe kann aufgehoben werden, wenn sie

1. entgegen § 1303 Satz 1 mit einem Minderjährigen geschlossen worden ist, der im Zeitpunkt der Eheschließung das 16. Lebensjahr vollendet hatte, oder

2. entgegen den §§ 1304, 1306, 1307, 1311 geschlossen worden ist.

(2) Eine Ehe kann ferner aufgehoben werden, wenn

등록부에 혼인 체결을 표시하여 등록한 경우, 또는

3. 신분등록공무원이 혼인당사자들로부터 혼인의 존속을 효력 발생 요건으로 하는 가족법상의 의사표시를 수령하였고, 이에 관해 법규정에 있는 확인서가 혼인당사자들에게 발급된 경우.

제1311조 [일신전속적 의사표시]

혼인을 체결하려는 당사자들은 함께 출석하여 제1310조 제1항에 따른 의사표시를 본인이 직접 해야 한다. 의사표시에는 조건이나 기한을 붙일 수 없다.

제1312조 [혼인식]

신분등록공무원은 혼인 체결시 혼인을 체결하려는 당사자들에게 서로 혼인을 성립시키려는 의사가 있는지를 질문하고, 당사자들이 이 질문에 긍정한 후에는 그들이 이제 법률에 의해 적법하게 결합된 혼인한 사람들임을 선언한다. 혼인을 체결하려는 당사자들이 희망하는 경우, 혼인 체결은 1인이나 2인의 증인이 참석하여 진행될 수 있다.

제3절 혼인의 취소

제1313조 [재판에 의한 취소]

혼인은 신청에 기하여 재판에 의해서만 취소될 수 있다. 혼인은 재판의 확정으로 해소된다. 취소를 신청할 수 있는 요건은 이하의 규정에 따른다.

제1314조 [취소 사유]

① 다음 각 호의 경우에는 혼인이 취소될 수 있다.

1. 제1303조 제1문을 위반하여 혼인 체결 당시 16세 이상의 미성년자와 혼인이 체결된 경우, 또는

2. 제1304조, 제1306조, 제1307조, 제1311조를 위반하여 혼인이 체결된 경우.

② 다음 각 호의 경우에도 혼인이 취소될 수 있다.

1. ein Ehegatte sich bei der Eheschließung im Zustand der Bewusstlosigkeit oder vorübergehender Störung der Geistestätigkeit befand;

2. ein Ehegatte bei der Eheschließung nicht gewusst hat, dass es sich um eine Eheschließung handelt;

3. ein Ehegatte zur Eingehung der Ehe durch arglistige Täuschung über solche Umstände bestimmt worden ist, die ihn bei Kenntnis der Sachlage und bei richtiger Würdigung des Wesens der Ehe von der Eingehung der Ehe abgehalten hätten; dies gilt nicht, wenn die Täuschung Vermögensverhältnisse betrifft oder von einem Dritten ohne Wissen des anderen Ehegatten verübt worden ist;

4. ein Ehegatte zur Eingehung der Ehe widerrechtlich durch Drohung bestimmt worden ist;

5. beide Ehegatten sich bei der Eheschließung darüber einig waren, dass sie keine Verpflichtung gemäß § 1353 Abs. 1 begründen wollen.

§ 1315 Ausschluss der Aufhebung

(1) Eine Aufhebung der Ehe ist ausgeschlossen

1. bei Verstoß gegen § 1303 Satz 1, wenn

   a) der minderjährige Ehegatte, nachdem er volljährig geworden ist, zu erkennen gegeben hat, dass er die Ehe fortsetzen will (Bestätigung), oder

   b) auf Grund außergewöhnlicher Umstände die Aufhebung der Ehe eine so schwere Härte für den minderjährigen Ehegatten darstellen würde, dass die Aufrechterhaltung der Ehe ausnahmsweise geboten erscheint;

2. bei Verstoß gegen § 1304, wenn der Ehegatte nach Wegfall der Geschäftsunfähigkeit zu erkennen gegeben hat, dass er die Ehe fortsetzen will (Bestätigung);

3. im Falle des § 1314 Abs. 2 Nr. 1, wenn der Ehegatte nach Wegfall der Bewusstlosigkeit oder der Störung der Geistestätigkeit zu erkennen gegeben hat, dass er die Ehe fortsetzen will (Bestätigung);

4. in den Fällen des § 1314 Abs. 2 Nr. 2 bis 4, wenn der Ehegatte nach Entdeckung des Irrtums oder der Täuschung oder nach Aufhören der Zwangslage zu erkennen gegeben hat, dass er die Ehe fortsetzen will (Bestätigung);

5. in den Fällen des § 1314 Abs. 2 Nr. 5, wenn die Ehegatten nach der Eheschließung als Ehegatten miteinander gelebt haben.

1. 혼인당사자가 혼인 체결시 의식상실 또는 정신활동의 일시적 장애의 상태에 있었던 경우;
2. 혼인당사자가 혼인 체결시 혼인이 체결됨을 알지 못하였던 경우;

3. 혼인당사자가 사실 상황을 인식하고 혼인의 본질에 관해 올바르게 평가하였더라면 혼인을 성립시키지 않았을 사정에 관한 악의적 기망행위로 혼인의 성립을 결정하게 된 경우; 기망행위가 재산상태에 관계되거나 상대방 당사자가 알지 못한 채 제3자에 의해 이루어진 경우에는 그렇지 않다;
4. 혼인당사자가 위법하게 강박에 의해 혼인의 성립을 결정하게 된 경우;
5. 혼인당사자들이 혼인 체결시 제1353조 제1항에 따른 의무를 발생시키지 않으려는 데에 합의한 경우.

제1315조 [취소의 배제]

① 다음 각 호의 경우에 혼인의 취소는 배제된다.
1. 제1303조 제1문을 위반하였는데,
   a) 그 미성년 혼인당사자가 성년자가 된 이후 혼인을 지속시킬 의사를 인식할 수 있게 한 경우(승인), 또는
   b) 특별한 사정으로 인해 혼인의 취소가 미성년 혼인당사자에게 중대하게 가혹하게 되어 혼인을 유지하는 것이 예외적으로 필요한 것으로 보이는 경우;
2. 제1304조를 위반하였는데, 그 혼인당사자가 행위무능력이 소멸된 이후 혼인을 지속시킬 의사를 인식할 수 있게 한 경우(승인);
3. 제1314조 제2항 제1호의 경우에서, 그 혼인당사자가 의식상실 또는 정신활동의 일시적 장애가 소멸된 이후 혼인을 지속시킬 의사를 인식할 수 있게 한 경우(승인);
4. 제1314조 제2항 제2호 내지 제4호의 경우에서, 그 혼인당사자가 착오나 기망행위를 알게 된 이후 또는 강박상태에서 벗어난 이후 혼인을 지속시킬 의사를 인식할 수 있게 한 경우(승인);
5. 제1314조 제2항 제5호의 경우에서, 혼인당사자들이 혼인 체결 이후 혼인당사자로서 함께 생활한 경우.

Die Bestätigung eines Geschäftsunfähigen ist unwirksam.

(2) Eine Aufhebung der Ehe ist ferner ausgeschlossen

1. bei Verstoß gegen § 1306, wenn vor der Schließung der neuen Ehe die Scheidung oder Aufhebung der früheren Ehe oder die Aufhebung der Lebenspartnerschaft ausgesprochen ist und dieser Ausspruch nach der Schließung der neuen Ehe rechtskräftig wird;

2. bei Verstoß gegen § 1311, wenn die Ehegatten nach der Eheschließung fünf Jahre oder, falls einer von ihnen vorher verstorben ist, bis zu dessen Tode, jedoch mindestens drei Jahre als Ehegatten miteinander gelebt haben, es sei denn, dass bei Ablauf der fünf Jahre oder zur Zeit des Todes die Aufhebung beantragt ist.

§ 1316 Antragsberechtigung

(1) Antragsberechtigt

1. sind bei Verstoß gegen § 1303 Satz 1, die §§ 1304, 1306, 1307, 1311 sowie in den Fällen des § 1314 Abs. 2 Nr. 1 und 5 jeder Ehegatte, die zuständige Verwaltungsbehörde und in den Fällen des § 1306 auch die dritte Person. Die zuständige Verwaltungsbehörde wird durch Rechtsverordnung der Landesregierungen bestimmt. Die Landesregierungen können die Ermächtigung nach Satz 2 durch Rechtsverordnung auf die zuständigen obersten Landesbehörden übertragen;

2. ist in den Fällen des § 1314 Abs. 2 Nr. 2 bis 4 der dort genannte Ehegatte.

(2) Der Antrag kann für einen geschäftsunfähigen Ehegatten nur von seinem gesetzlichen Vertreter gestellt werden. Bei einem Verstoß gegen § 1303 Satz 1 kann ein minderjähriger Ehegatte den Antrag nur selbst stellen; er bedarf dazu nicht der Zustimmung seines gesetzlichen Vertreters.

(3) Bei Verstoß gegen die §§ 1304, 1306, 1307 sowie in den Fällen des § 1314 Abs. 2 Nr. 1 und 5 soll die zuständige Verwaltungsbehörde den Antrag stellen, wenn nicht die Aufhebung der Ehe für einen Ehegatten oder für die aus der Ehe hervorgegangenen Kinder eine so schwere Härte darstellen würde, dass die Aufrechterhaltung der Ehe ausnahmsweise geboten erscheint. Bei einem Verstoß gegen § 1303 Satz 1 muss die zuständige Behörde den Antrag stellen, es sei denn, der minderjährige Ehegatte ist zwischenzeitlich volljährig geworden und hat zu erkennen gegeben, dass er die Ehe fortsetzen will.

행위무능력자의 승인은 효력이 없다.

② 다음 각 호의 경우에도 혼인의 취소는 배제된다.

1. 제1306조의 위반에서, 새로운 혼인이 체결되기 전에 종전 혼인의 이혼이나 취소 또는 생활동반자관계의 취소가 선고되고, 그 선고가 새로운 혼인의 체결 이후 확정되는 경우;

2. 제1311조의 위반에서, 혼인당사자들이 혼인 체결 후 5년간 혼인당사자로서 함께 생활하거나 두 사람 중 1인이 먼저 사망한 경우에는 사망할 때까지 최소 3년간 혼인당사자로서 함께 생활한 때. 그러나 5년 만료 시점 혹은 사망 당시 취소가 신청된 경우에는 그렇지 않다.

제1316조 [신청권한]

① 신청권자는,

1. 제1303조 제1문, 제1304조, 제1306조, 제1307조, 제1311조를 위반한 경우와 제1314조 제2항 제1호 및 제5호의 경우에는 혼인당사자 각자와 관할 행정관청이며, 제1306조의 경우에는 그 제3자도 포함된다. 관할 행정관청은 州정부의 법규명령에서 정한다. 州정부는 제2문에 따른 권한을 법규명령으로 州의 관할 최고관청에 위임할 수 있다;

2. 제1314조 제2항 제2호 내지 제4호의 경우에는 그곳에서 규정하는 혼인당사자이다.

② 행위능력이 없는 혼인당사자를 위해서는 법정대리인만이 신청할 수 있다. 제1303조 제1문을 위반한 경우에는 미성년인 혼인당사자 자신만이 신청할 수 있다; 그의 법정대리인의 동의는 필요하지 않다.

③ 제1304조, 제1306조, 제1307조를 위반한 경우와 제1314조 제2항 제1호 및 제5호의 경우, 관할 행정관청은 혼인의 취소가 혼인당사자 일방이나 혼인에서 출생한 자녀에게 중대하게 가혹하게 되어 혼인을 유지하는 것이 예외적으로 필요한 것으로 보일 정도가 아닌 경우에 신청한다. 제1303조 제1문을 위반한 경우에는 관할 관청이 신청을 해야 하지만, 미성년인 혼인당사자가 그 사이에 성년자가 되었고, 혼인을 지속시킬 의사를 인식할 수 있게 한 경우에는 그렇지 않다.

§ 1317 Antragsfrist

(1) Der Antrag kann in den Fällen des § 1314 Absatz 2 Nummer 2 und 3 nur binnen eines Jahres, im Falle des § 1314 Absatz 2 Nummer 4 nur binnen drei Jahren gestellt werden. Die Frist beginnt mit der Entdeckung des Irrtums oder der Täuschung oder mit dem Aufhören der Zwangslage; für den gesetzlichen Vertreter eines geschäftsunfähigen Ehegatten beginnt die Frist jedoch nicht vor dem Zeitpunkt, in welchem ihm die den Fristbeginn begründenden Umstände bekannt werden. Auf den Lauf der Frist sind die §§ 206, 210 Abs. 1 Satz 1 entsprechend anzuwenden.

(2) Hat der gesetzliche Vertreter eines geschäftsunfähigen Ehegatten den Antrag nicht rechtzeitig gestellt, so kann der Ehegatte selbst innerhalb von sechs Monaten nach dem Wegfall der Geschäftsunfähigkeit den Antrag stellen.

(3) Ist die Ehe bereits aufgelöst, so kann der Antrag nicht mehr gestellt werden.

§ 1318 Folgen der Aufhebung

(1) Die Folgen der Aufhebung einer Ehe bestimmen sich nur in den nachfolgend genannten Fällen nach den Vorschriften über die Scheidung.

(2) Die §§ 1569 bis 1586b finden entsprechende Anwendung

1. zugunsten eines Ehegatten, der bei Verstoß gegen die §§ 1303, 1304, 1306, 1307 oder § 1311 oder in den Fällen des § 1314 Abs. 2 Nr. 1 oder 2 die Aufhebbarkeit der Ehe bei der Eheschließung nicht gekannt hat oder der in den Fällen des § 1314 Abs. 2 Nr. 3 oder 4 von dem anderen Ehegatten oder mit dessen Wissen getäuscht oder bedroht worden ist;

2. zugunsten beider Ehegatten bei Verstoß gegen die §§ 1306, 1307 oder § 1311, wenn beide Ehegatten die Aufhebbarkeit kannten; dies gilt nicht bei Verstoß gegen § 1306, soweit der Anspruch eines Ehegatten auf Unterhalt einen entsprechenden Anspruch der dritten Person beeinträchtigen würde.

Die Vorschriften über den Unterhalt wegen der Pflege oder Erziehung eines gemeinschaftlichen Kindes finden auch in soweit entsprechende Anwendung, als eine Versagung des Unterhalts im Hinblick auf die Belange des Kindes grob unbillig wäre.

(3) Die §§ 1363 bis 1390 und 1587 finden entsprechende Anwendung, soweit dies nicht

제1317조 [신청 기간]

① 제1314조 제2항 제2호 및 제3호의 경우에는 1년 이내에만, 제1314조 제2항 제4호의 경우에는 3년 이내에만 신청할 수 있다. 그 기간은 착오나 기망행위를 알게 된 때 또는 강박상태에서 벗어난 때로부터 진행한다; 행위능력이 없는 혼인당사자의 법정대리인에 대해서는 법정대리인이 그 기간이 기산되는 사정을 알게 된 시점 전에는 그 기간이 진행하지 않는다. 기간의 진행에 대해서는 제206조, 제210조 제1항 제1문을 준용한다.

② 행위능력이 없는 혼인당사자의 법정대리인이 적시에 신청하지 못한 경우, 혼인당사자 본인은 행위무능력이 소멸된 이후 6개월 이내에 신청할 수 있다.

③ 혼인이 이미 해소된 경우에는 더 이상 신청할 수 없다.

제1318조 [취소의 효과]

① 혼인 취소의 효과는 이하에서 규정하는 경우에 한하여 이혼에 관한 규정에 따른다.

② 제1569조 내지 제1586조의b를,

  1. 제1303조, 제1304조, 제1306조, 제1307조, 제1311조를 위반한 경우이거나 제1314조 제2항 제1호나 제2호의 경우에 혼인 체결시 혼인 취소의 가능성을 알지 못한 혼인당사자를 위하여 준용하며, 제1314조 제2항 제3호나 제4호의 경우에 상대방에 의하거나 그의 인식 하에 기망행위나 강박을 당한 혼인당사자를 위하여 준용한다;

  2. 제1306조, 제1307조, 제1311조를 위반한 때에는 혼인당사자 쌍방이 취소 가능성을 알았을 경우에 혼인당사자 쌍방을 위하여 준용한다; 제1306조를 위반한 경우에는, 혼인당사자 일방의 부양청구권이 제3자의 상응하는 청구권을 침해할 수 있는 범위에서 준용하지 않는다.

공동 자녀의 보호 또는 양육을 이유로 한 부양에 관한 규정들도, 부양의 거부가 그 자녀의 이익과 관련하여 중대하게 불공평하게 되는 범위에서 준용한다.

③ 제1363조 내지 제1390조, 제1587조는 이를 준용하는 것이 혼인 체결시

im Hinblick auf die Umstände bei der Eheschließung oder bei Verstoß gegen § 1306 im Hinblick auf die Belange der dritten Person grob unbillig wäre.

(4) Die §§ 1568a und 1568b finden entsprechende Anwendung; dabei sind die Umstände bei der Eheschließung und bei Verstoß gegen § 1306 die Belange der dritten Person besonders zu berücksichtigen.

(5) § 1931 findet zugunsten eines Ehegatten, der bei Verstoß gegen die §§ 1304, 1306, 1307 oder § 1311 oder im Falle des § 1314 Abs. 2 Nr. 1 die Aufhebbarkeit der Ehe bei der Eheschließung gekannt hat, keine Anwendung.

Titel 4　Wiederverheiratung nach Todeserklärung

§ 1319　Aufhebung der bisherigen Ehe

(1) Geht ein Ehegatte, nachdem der andere Ehegatte für tot erklärt worden ist, eine neue Ehe ein, so kann, wenn der für tot erklärte Ehegatte noch lebt, die neue Ehe nur dann wegen Verstoßes gegen § 1306 aufgehoben werden, wenn beide Ehegatten bei der Eheschließung wussten, dass der für tot erklärte Ehegatte im Zeitpunkt der Todeserklärung noch lebte.

(2) Mit der Schließung der neuen Ehe wird die frühere Ehe aufgelöst, es sei denn, dass beide Ehegatten der neuen Ehe bei der Eheschließung wussten, dass der für tot erklärte Ehegatte im Zeitpunkt der Todeserklärung noch lebte. Sie bleibt auch dann aufgelöst, wenn die Todeserklärung aufgehoben wird.

§ 1320　Aufhebung der neuen Ehe

(1) Lebt der für tot erklärte Ehegatte noch, so kann unbeschadet des § 1319 sein früherer Ehegatte die Aufhebung der neuen Ehe begehren, es sei denn, dass er bei der Eheschließung wusste, dass der für tot erklärte Ehegatte zum Zeitpunkt der Todeserklärung noch gelebt hat. Die Aufhebung kann nur binnen eines Jahres begehrt werden. Die Frist beginnt mit dem Zeitpunkt, in dem der Ehegatte aus der früheren Ehe Kenntnis davon erlangt hat, dass der für tot erklärte Ehegatte noch lebt. § 1317 Abs. 1 Satz 3, Abs. 2 gilt entsprechend.

의 사정 또는 제1306조의 위반의 경우에는 그 제3자의 이익과 관련하여 중대하게 불공평하게 되지 않는 범위에서 준용한다.

④ 제1568조의a와 제1568조의b 규정을 준용한다; 혼인 체결시의 사정과 제1306조 위반의 경우에는 그 제3자의 이익을 특별히 고려해야 한다.

⑤ 제1931조는 제1304조, 제1306조, 제1307조 또는 제1311조를 위반한 경우이거나 제1314조 제2항 제1호의 경우에는 혼인 취소의 가능성을 혼인 체결시에 알고 있었던 혼인당사자를 위하여 적용하지 않는다.

제4절　사망선고 후의 재혼

제1319조 [이전 혼인의 해소]

① 혼인당사자 일방에게 사망선고*가 내려진 이후 그의 배우자가 새로운 혼인을 하였는데, 사망선고가 내려진 혼인당사자가 아직 살아있는 경우, 새로운 혼인의 당사자 쌍방이 혼인 체결시 사망선고를 받은 혼인당사자가 사망선고 당시 아직 살아있었음을 알았던 경우에만, 새로운 혼인은 제1306조 위반을 이유로 취소될 수 있다.

② 새로운 혼인의 체결로 이전 혼인은 해소되지만, 새로운 혼인의 당사자 쌍방이 혼인 체결시 사망선고를 받은 혼인당사자가 사망선고 당시 아직 살아있었음을 알았던 경우에는 그렇지 않다. 사망선고가 취소되는 경우에도 이전 혼인은 해소된 채로 있게 된다.

제1320조 [새로운 혼인의 취소]

① 사망선고를 받은 혼인당사자가 아직 살아있는 경우, 제1319조와 별도로 그의 이전 혼인의 배우자는 새로운 혼인의 취소를 신청할 수 있으나, 이전 혼인의 배우자가 혼인 체결시 사망선고를 받은 혼인당사자가 사망선고 당시 아직 살아있었다는 사실을 알았던 경우에는 그렇지 않다. 혼인 취소는 1년 이내에만 신청할 수 있다. 이 기간은 이전 혼인의 배우자가 사망선고를 받은

---

* '일러두기 4' 참조.

(2) Für die Folgen der Aufhebung gilt § 1318 entsprechend.

§§ 1321 bis 1352 (weggefallen)

Titel 5   Wirkungen der Ehe im Allgemeinen

§ 1353   Eheliche Lebensgemeinschaft

(1) Die Ehe wird von zwei Personen verschiedenen oder gleichen Geschlechts auf Lebenszeit geschlossen. Die Ehegatten sind einander zur ehelichen Lebensgemeinschaft verpflichtet; sie tragen füreinander Verantwortung.

(2) Ein Ehegatte ist nicht verpflichtet, dem Verlangen des anderen Ehegatten nach Herstellung der Gemeinschaft Folge zu leisten, wenn sich das Verlangen als Missbrauch seines Rechts darstellt oder wenn die Ehe gescheitert ist.

§ 1354   (weggefallen)

§ 1355   Ehename

(1) Die Ehegatten sollen einen gemeinsamen Familiennamen (Ehenamen) bestimmen. Die Ehegatten führen den von ihnen bestimmten Ehenamen. Bestimmen die Ehegatten keinen Ehenamen, so führen sie ihren zur Zeit der Eheschließung geführten Namen auch nach der Eheschließung.

(2) Zum Ehenamen können die Ehegatten durch Erklärung gegenüber dem Standesamt den Geburtsnamen oder den zur Zeit der Erklärung über die Bestimmung des Ehenamens geführten Namen eines Ehegatten bestimmen.

(3) Die Erklärung über die Bestimmung des Ehenamens soll bei der Eheschließung erfolgen. Wird die Erklärung später abgegeben, so muss sie öffentlich beglaubigt werden.

(4) Ein Ehegatte, dessen Name nicht Ehename wird, kann durch Erklärung gegenüber dem Standesamt dem Ehenamen seinen Geburtsnamen oder den zur Zeit der Erklärung über die Bestimmung des Ehenamens geführten Namen voranstellen oder anfügen. Dies

혼인당사자가 아직 살아있음을 알게 된 때로부터 진행한다. 제1317조 제1항 제3문, 제2항을 준용한다.

② 취소의 효과에 대해서는 제1318조를 준용한다.

제1321조 내지 제1352조 (삭제)

제5절　혼인의 일반적 효력

제1353조 [혼인 생활공동체]

① 혼인은 이성 또는 동성의 두 사람에 의해 일생 동안으로 하여 체결한다. 혼인당사자는 서로 혼인의 생활공동체를 위한 의무가 있다; 혼인당사자는 상호간에 책임을 진다.

② 생활공동체의 형성을 배우자의 요구가 권리남용이거나 혼인이 파탄된 경우, 혼인당사자는 배우자의 이러한 요구에 응할 의무가 없다.

제1354조 (삭제)

제1355조 [혼인姓]

① 혼인당사자들은 공동의 姓(혼인姓)을 정한다. 혼인당사자들은 그들이 정한 혼인姓을 가진다. 혼인당사자들이 혼인姓을 정하지 않은 경우에는 혼인 체결 당시의 姓을 혼인 체결 후에도 유지한다.

② 혼인당사자들은 신분등록청에 대한 의사표시로 혼인당사자 일방의 출생姓 또는 혼인姓 결정에 관한 의사표시 당시 혼인당사자 일방이 사용하는 姓을 혼인姓으로 정할 수 있다.

③ 혼인姓의 결정에 관한 의사표시는 혼인 체결시에 표시한다. 이후에 의사표시를 하는 경우에는 공적 인증을 받아야 한다.

④ 자신의 姓이 혼인姓이 되지 않은 혼인당사자 일방은 신분등록청에 대한 의사표시로 자신의 출생姓이나 혼인姓의 결정에 관한 의사표시 당시 사용하는 姓을 혼인姓 앞에 두거나 뒤에 추가할 수 있다. 그러나 혼인姓이 복수의

gilt nicht, wenn der Ehename aus mehreren Namen besteht. Besteht der Name eines Ehe-gatten aus mehreren Namen, so kann nur einer dieser Namen hinzugefügt werden. Die Erklärung kann gegenüber dem Standesamt widerrufen werden; in diesem Falle ist eine erneute Erklärung nach Satz 1 nicht zulässig. Die Erklärung, wenn sie nicht bei der Ehe-schließung gegenüber einem deutschen Standesamt abgegeben wird, und der Widerruf müssen öffentlich beglaubigt werden.

(5) Der verwitwete oder geschiedene Ehegatte behält den Ehenamen. Er kann durch Erklärung gegenüber dem Standesamt seinen Geburtsnamen oder den Namen wieder an-nehmen, den er bis zur Bestimmung des Ehenamens geführt hat, oder dem Ehenamen seinen Geburtsnamen oder den zur Zeit der Bestimmung des Ehenamens geführten Namen voranstellen oder anfügen. Absatz 4 gilt entsprechend.

(6) Geburtsname ist der Name, der in die Geburtsurkunde eines Ehegatten zum Zeit-punkt der Erklärung gegenüber dem Standesamt einzutragen ist.

§ 1356 Haushaltsführung, Erwerbstätigkeit

(1) Die Ehegatten regeln die Haushaltsführung im gegenseitigen Einvernehmen. Ist die Haushaltsführung einem der Ehegatten überlassen, so leitet dieser den Haushalt in eigener Verantwortung.

(2) Beide Ehegatten sind berechtigt, erwerbstätig zu sein. Bei der Wahl und Ausübung einer Erwerbstätigkeit haben sie auf die Belange des anderen Ehegatten und der Familie die gebotene Rücksicht zu nehmen.

§ 1357 Geschäfte zur Deckung des Lebensbedarfs

(1) Jeder Ehegatte ist berechtigt, Geschäfte zur angemessenen Deckung des Lebensbe-darfs der Familie mit Wirkung auch für den anderen Ehegatten zu besorgen. Durch solche Geschäfte werden beide Ehegatten berechtigt und verpflichtet, es sei denn, dass sich aus den Umständen etwas anderes ergibt.

(2) Ein Ehegatte kann die Berechtigung des anderen Ehegatten, Geschäfte mit Wirkung für ihn zu besorgen, beschränken oder ausschließen; besteht für die Beschränkung oder Ausschließung kein ausreichender Grund, so hat das Familiengericht sie auf Antrag aufzu-heben. Dritten gegenüber wirkt die Beschränkung oder Ausschließung nur nach Maßgabe des § 1412.

22

姓으로 구성된 경우에는 그렇지 않다. 혼인당사자 일방의 姓이 복수의 姓으로 구성된 경우에는 그 姓 중에서 하나의 姓만을 추가할 수 있다. 이러한 의사표시는 신분등록청에 대해 철회할 수 있다; 이 경우 제1문에 따른 새로운 의사표시는 할 수 없다. 그 의사표시가 혼인 체결시 독일의 신분등록청에 대해 하는 것이 아닌 경우, 그 의사표시와 철회는 공적으로 인증되어야 한다.

⑤ 사별하였거나 이혼한 혼인당사자는 혼인姓을 유지한다. 그는 신분등록청에 대한 의사표시로 출생姓이나 혼인姓을 정할 때까지 사용하던 姓을 다시 사용하거나, 자신의 출생姓이나 혼인姓을 정할 당시 사용하던 姓을 혼인姓 앞에 두거나 뒤에 추가할 수 있다. 제4항을 준용한다.

⑥ 출생姓이란 신분등록청에 대한 의사표시 당시 혼인당사자의 출생증서에 기재되는 姓을 말한다.

제1356조 [가계관리, 소득활동]

① 혼인당사자들은 상호 협의하여 가계관리를 규율한다. 가계관리가 혼인당사자 일방에게 위임된 경우, 그가 자기 책임으로 가계를 관리한다.

② 혼인당사자 쌍방은 소득활동을 할 권리가 있다. 소득활동을 선택하고 수행함에 있어서는 배우자와 가족의 이익에 대해 필요한 고려를 해야 한다.

제1357조 [생활수요를 충족시키기 위한 행위]

① 혼인당사자 각자는 가족의 생활수요의 적절한 충족을 위하여 그 배우자에 대해서도 효력이 있는 행위를 할 권리를 가진다. 이러한 행위로 인해 혼인당사자 쌍방이 권리를 가지고 의무를 부담하지만, 사정에 의해 다르게 되는 경우에는 그렇지 않다.

② 혼인당사자는 자신에 대해 효력 있는 행위를 할 수 있는 배우자의 권리를 제한하거나 배제할 수 있다; 그와 같이 제한하거나 배제하는 데에 충분한 근거가 없는 경우, 가정법원은 신청에 기하여 이를 취소할 수 있다. 제한 또는 배제는 제1412조에서 정하는 바에 따라서만 제3자에 대해 효력이 있다.

(3) Absatz 1 gilt nicht, wenn die Ehegatten getrennt leben.

Fußnote

§ 1357 Abs. 1: Mit GG (100-1) vereinbar gem. BVerfGE v. 3.10.1989 I 2052 - 1 BvL 78/86; 1 BvL 79/86 -

§ 1358 Gegenseitige Vertretung von Ehegatten in Angelegenheiten der Gesundheitssorge

(1) Kann ein Ehegatte aufgrund von Bewusstlosigkeit oder Krankheit seine Angelegenheiten der Gesundheitssorge rechtlich nicht besorgen (vertretener Ehegatte), ist der andere Ehegatte (vertretender Ehegatte) berechtigt, für den vertretenen Ehegatten

1. in Untersuchungen des Gesundheitszustandes, Heilbehandlungen oder ärztliche Eingriffe einzuwilligen oder sie zu untersagen sowie ärztliche Aufklärungen entgegenzunehmen,

2. Behandlungsverträge, Krankenhausverträge oder Verträge über eilige Maßnahmen der Rehabilitation und der Pflege abzuschließen und durchzusetzen,

3. über Maßnahmen nach § 1831 Absatz 4 zu entscheiden, sofern die Dauer der Maßnahme im Einzelfall sechs Wochen nicht überschreitet, und

4. Ansprüche, die dem vertretenen Ehegatten aus Anlass der Erkrankung gegenüber Dritten zustehen, geltend zu machen und an die Leistungserbringer aus den Verträgen nach Nummer 2 abzutreten oder Zahlung an diese zu verlangen.

(2) Unter den Voraussetzungen des Absatzes 1 und hinsichtlich der in Absatz 1 Nummer 1 bis 4 genannten Angelegenheiten sind behandelnde Ärzte gegenüber dem vertretenden Ehegatten von ihrer Schweigepflicht entbunden. Dieser darf die diese Angelegenheiten betreffenden Krankenunterlagen einsehen und ihre Weitergabe an Dritte bewilligen.

(3) Die Berechtigungen nach den Absätzen 1 und 2 bestehen nicht, wenn

1. die Ehegatten getrennt leben,

2. dem vertretenden Ehegatten oder dem behandelnden Arzt bekannt ist, dass der vertretene Ehegatte

   a) eine Vertretung durch ihn in den in Absatz 1 Nummer 1 bis 4 genannten Angelegenheiten ablehnt oder

   b) jemanden zur Wahrnehmung seiner Angelegenheiten bevollmächtigt hat, soweit diese Vollmacht die in Absatz 1 Nummer 1 bis 4 bezeichneten Angelegenheiten umfasst,

③ 혼인당사자들이 별거하는 경우, 제1항은 적용하지 않는다.

각주

제1357조 제1항: 1989년 10월 3일 연방헌법재판소 결정(BVerfGE v. 3.10.1989 I 2052 - 1 BvL 78/86; 1 BvL 79/86)에 따라 기본법(100-1)에 합치

제1358조 [건강돌봄사무에서 혼인당사자의 쌍방 대리]

① 혼인당사자 일방(본인인 혼인당사자)이 의식불명 또는 질병으로 인하여 건강돌봄사무를 법적으로 처리할 수 없는 경우, 그의 배우자(대리인인 혼인당사자)는 본인인 혼인당사자를 위하여 다음에 대하여 권한이 있다.

1. 건강상태의 검사, 치료행위 또는 의료적 침습에 대해 동의하거나 거절하는 것, 의사의 설명을 듣는 것,

2. 진료계약, 입원계약 또는 재활과 요양의 긴급한 조치에 관한 계약을 체결하고 실행하는 것,

3. 개별 사안에서 조치 기간이 6주를 넘지 않는 범위에서 제1831조 제4항에 따른 조치에 관하여 결정하는 것,

4. 질병으로 인하여 본인인 혼인당사자에게 귀속하는 제3자에 대한 청구권을 행사하는 것과 제2호에 따른 계약의 급부제공자에게 그 청구권을 양도하거나 그 급부제공자에게 지급할 것을 청구하는 것.

② 진료하는 의사는 제1항의 요건 하에서 제1항 제1호 내지 제4호에서 규정한 사무에 관하여 대리인인 혼인당사자에 대하여 비밀유지의무가 면제된다. 대리인인 혼인당사자는 이러한 사무에 관련된 진료기록을 열람할 수 있고, 이를 제3자에게 전달하는 것을 승인할 수 있다.

③ 다음 각 호의 경우에는 제1항과 제2항에 따른 권한이 존재하지 않는다.

1. 혼인당사자들이 별거하는 경우,

2. 본인인 혼인당사자가
   a) 제1항 제1호 내지 제4호에서 규정한 사무에서 대리인인 혼인당사자의 대리를 거부한 사실이나,
   b) 자신의 사무의 수행을 다른 사람에게 위임하였고, 그 대리권이 제1호 내지 제4호에서 규정한 사무를 포함한다는 사실을 대리인인 혼인당사자 또는 진료하는 의사가 알고 있는 경우.

3. für den vertretenen Ehegatten ein Betreuer bestellt ist, soweit dessen Aufgabenkreis die in Absatz 1 Nummer 1 bis 4 bezeichneten Angelegenheiten umfasst, oder

4. die Voraussetzungen des Absatzes 1 nicht mehr vorliegen oder mehr als sechs Monate seit dem durch den Arzt nach Absatz 4 Satz 1 Nummer 1 festgestellten Zeitpunkt vergangen sind.

(4) Der Arzt, gegenüber dem das Vertretungsrecht ausgeübt wird, hat

1. das Vorliegen der Voraussetzungen des Absatzes 1 und den Zeitpunkt, zu dem diese spätestens eingetreten sind, schriftlich zu bestätigen,

2. dem vertretenden Ehegatten die Bestätigung nach Nummer 1 mit einer schriftlichen Erklärung über das Vorliegen der Voraussetzungen des Absatzes 1 und das Nichtvorliegen der Ausschlussgründe des Absatzes 3 vorzulegen und

3. sich von dem vertretenden Ehegatten schriftlich versichern zu lassen, dass

   a) das Vertretungsrecht wegen der Bewusstlosigkeit oder Krankheit, aufgrund derer der Ehegatte seine Angelegenheiten der Gesundheitssorge rechtlich nicht besorgen kann, bisher nicht ausgeübt wurde und

   b) kein Ausschlussgrund des Absatzes 3 vorliegt.

Das Dokument mit der Bestätigung nach Satz 1 Nummer 1 und der Versicherung nach Satz 1 Nummer 3 ist dem vertretenden Ehegatten für die weitere Ausübung des Vertretungsrechts auszuhändigen.

(5) Das Vertretungsrecht darf ab der Bestellung eines Betreuers, dessen Aufgabenkreis die in Absatz 1 Nummer 1 bis 4 bezeichneten Angelegenheiten umfasst, nicht mehr ausgeübt werden.

(6) § 1821 Absatz 2 bis 4, § 1827 Absatz 1 bis 3, § 1828 Absatz 1 und 2, § 1829 Absatz 1 bis 4 sowie § 1831 Absatz 4 in Verbindung mit Absatz 2 gelten entsprechend.

§ 1359 Umfang der Sorgfaltspflicht

Die Ehegatten haben bei der Erfüllung der sich aus dem ehelichen Verhältnis ergebenden Verpflichtungen einander nur für diejenige Sorgfalt einzustehen, welche sie in eigenen Angelegenheiten anzuwenden pflegen.

3. 본인인 혼인당사자를 위해 성년후견인이 선임되어 있고, 그의 업무범위가 제1항 제1호 내지 제4호에서 규정한 사무를 포함하는 경우, 또는

4. 제1항의 요건이 더 이상 존재하지 않거나, 제4항 제1문 제1호에 따라 의사가 확인한 시점으로부터 6개월 이상이 경과한 경우.

④ 대리권 행사의 상대방인 의사는

1. 제1항 요건의 존재 및 그 요건이 가장 최근에 성립한 시점을 서면으로 확인하여야 하고,

2. 제1항 요건의 존재 및 제3항 배제사유의 부존재에 관한 서면 설명과 함께 제1호에 따른 확인을 대리인인 혼인당사자에게 제시하여야 하고,

3. 대리인인 혼인당사자로 하여금

   a) 의식불명 또는 질병으로 인하여 배우자가 건강돌봄사무를 법적으로 처리할 수 없음을 이유로 한 대리권이 이제까지 행사되지 않았고,

   b) 제3항의 배제사유가 존재하지 않는다는 것을 서면으로 보증하게 하여야 한다.

제1문 제1호에 따른 확인 및 제1문 제3호에 따른 보증을 기재한 문서는 이후의 대리권 행사를 위하여 대리인인 혼인당사자에게 교부되어야 한다.

⑤ 대리권은 업무범위가 제1항 제1호 내지 제4호에서 규정한 사무를 포함하는 성년후견인이 선임되는 때부터 더 이상 행사되어서는 안 된다.

⑥ 제1821조 제2항 내지 제4항, 제1827조 제1항 내지 제3항, 제1828조 제1항과 제2항, 제1829조 제1항 내지 제4항 및 제1831조 제2항과 결합한 제4항을 준용한다.

제1359조 [주의의무의 범위]

혼인당사자들은 혼인관계로부터 발생하는 의무를 이행함에 있어서 서로에 대해 자기의 사무에 대해 통상 행사하는 주의에 대해서만 책임을 진다.

§ 1360   Verpflichtung zum Familienunterhalt

Die Ehegatten sind einander verpflichtet, durch ihre Arbeit und mit ihrem Vermögen die Familie angemessen zu unterhalten. Ist einem Ehegatten die Haushaltsführung überlassen, so erfüllt er seine Verpflichtung, durch Arbeit zum Unterhalt der Familie beizutragen, in der Regel durch die Führung des Haushalts.

§ 1360a   Umfang der Unterhaltspflicht

(1) Der angemessene Unterhalt der Familie umfasst alles, was nach den Verhältnissen der Ehegatten erforderlich ist, um die Kosten des Haushalts zu bestreiten und die persönlichen Bedürfnisse der Ehegatten und den Lebensbedarf der gemeinsamen unterhaltsberechtigten Kinder zu befriedigen.

(2) Der Unterhalt ist in der Weise zu leisten, die durch die eheliche Lebensgemeinschaft geboten ist. Die Ehegatten sind einander verpflichtet, die zum gemeinsamen Unterhalt der Familie erforderlichen Mittel für einen angemessenen Zeitraum im Voraus zur Verfügung zu stellen.

(3) Die für die Unterhaltspflicht der Verwandten geltenden Vorschriften der §§ 1613 bis 1615 sind entsprechend anzuwenden.

(4) Ist ein Ehegatte nicht in der Lage, die Kosten eines Rechtsstreits zu tragen, der eine persönliche Angelegenheit betrifft, so ist der andere Ehegatte verpflichtet, ihm diese Kosten vorzuschießen, soweit dies der Billigkeit entspricht. Das Gleiche gilt für die Kosten der Verteidigung in einem Strafverfahren, das gegen einen Ehegatten gerichtet ist.

§ 1360b   Zuvielleistung

Leistet ein Ehegatte zum Unterhalt der Familie einen höheren Beitrag als ihm obliegt, so ist im Zweifel anzunehmen, dass er nicht beabsichtigt, von dem anderen Ehegatten Ersatz zu verlangen.

§ 1361   Unterhalt bei Getrenntleben

(1) Leben die Ehegatten getrennt, so kann ein Ehegatte von dem anderen den nach den Lebensverhältnissen und den Erwerbs- und Vermögensverhältnissen der Ehegatten angemessenen Unterhalt verlangen; für Aufwendungen infolge eines Körper- oder Gesundheitsschadens gilt § 1610a. Ist zwischen den getrennt lebenden Ehegatten ein Schei-

제1360조 [가족부양 의무]

혼인당사자들은 그들의 노동과 재산으로 가족을 적절하게 부양할 의무를 서로 부담한다. 가계관리가 혼인당사자 일방에게 위임된 경우, 원칙적으로 그는 가계를 관리함으로써 노동으로 가족의 부양에 기여할 자신의 의무를 이행한다.

제1360조의a [부양의무의 범위]

① 가족의 적절한 부양은, 가계비용을 부담하고 혼인당사자들의 개인적 수요와 부양권이 있는 공동의 자녀의 생활수요를 충족시키기 위하여, 혼인당사자들의 사정에 따라 요구되는 모든 것을 포함한다.

② 부양은 혼인 생활공동체에 의해 요청되는 방식으로 이행되어야 한다. 혼인당사자들은 적절한 기간 동안 가족의 공동 부양에 필요한 재원을 미리 마련해두어야 할 의무가 있다.

③ 혈족의 부양에 적용되는 제1613조 내지 제1615조의 규정을 준용한다.

④ 혼인당사자 일방이 개인적 사무에 관한 법적 분쟁의 비용을 부담할 수 없는 경우, 배우자는 형평에 부합하는 범위에서 그 비용을 선급할 의무가 있다. 혼인당사자 일방에 대한 형사절차에서 변호비용에 대해서도 같다.

제1360조의b [과다 급부]

혼인당사자 일방이 가족의 부양을 위해 그가 의무를 지는 것보다 많은 기여를 한 경우, 의심스러운 때에는 그가 배우자에게 배상청구를 의도하지 않은 것으로 인정되어야 한다.

제1361조 [별거시 부양]

① 혼인당사자들이 별거하는 경우, 혼인당사자 일방은 배우자에게 혼인당사자들의 생활상황, 소득상황, 재산상황에 비추어 적절한 부양을 청구할 수 있다; 신체손해나 건강손해로 인한 비용에는 제1610조의a를 적용한다. 별거하는 혼인당사자들 사이에 이혼소송이 계속된 경우에는 노령 및 소득능력 감소

dungsverfahren rechtshängig, so gehören zum Unterhalt vom Eintritt der Rechtshängigkeit an auch die Kosten einer angemessenen Versicherung für den Fall des Alters sowie der verminderten Erwerbsfähigkeit.

(2) Der nicht erwerbstätige Ehegatte kann nur dann darauf verwiesen werden, seinen Unterhalt durch eine Erwerbstätigkeit selbst zu verdienen, wenn dies von ihm nach seinen persönlichen Verhältnissen, insbesondere wegen einer früheren Erwerbstätigkeit unter Berücksichtigung der Dauer der Ehe, und nach den wirtschaftlichen Verhältnissen beider Ehegatten erwartet werden kann.

(3) Die Vorschrift des § 1579 Nr. 2 bis 8 über die Beschränkung oder Versagung des Unterhalts wegen grober Unbilligkeit ist entsprechend anzuwenden.

(4) Der laufende Unterhalt ist durch Zahlung einer Geldrente zu gewähren. Die Rente ist monatlich im Voraus zu zahlen. Der Verpflichtete schuldet den vollen Monatsbetrag auch dann, wenn der Berechtigte im Laufe des Monats stirbt. § 1360a Abs. 3, 4 und die §§ 1360b, 1605 sind entsprechend anzuwenden.

§ 1361a Verteilung der Haushaltsgegenstände bei Getrenntleben

(1) Leben die Ehegatten getrennt, so kann jeder von ihnen die ihm gehörenden Haushaltsgegenstände von dem anderen Ehegatten herausverlangen. Er ist jedoch verpflichtet, sie dem anderen Ehegatten zum Gebrauch zu überlassen, soweit dieser sie zur Führung eines abgesonderten Haushalts benötigt und die Überlassung nach den Umständen des Falles der Billigkeit entspricht.

(2) Haushaltsgegenstände, die den Ehegatten gemeinsam gehören, werden zwischen ihnen nach den Grundsätzen der Billigkeit verteilt.

(3) Können sich die Ehegatten nicht einigen, so entscheidet das zuständige Gericht. Dieses kann eine angemessene Vergütung für die Benutzung der Haushaltsgegenstände festsetzen.

(4) Die Eigentumsverhältnisse bleiben unberührt, sofern die Ehegatten nichts anderes vereinbaren.

를 대비한 적절한 보험비용도 소송이 계속된 때부터 부양에 속한다.

② 소득활동을 하지 않은 혼인당사자 일방에게 스스로 소득활동을 통해 자신을 부양하는 것이 요구될 수 있는 것은, 그것이 그의 개인적 상황 특히 혼인기간을 고려한 이전의 소득활동에 비추어 또한 혼인당사자 쌍방의 경제적 상황에 비추어 기대될 수 있는 경우에만 그러하다.

③ 중대한 불공평을 이유로 한 부양의 제한 또는 부양의 거절에 관한 제1579조 제2호 내지 제8호의 규정을 준용한다.

④ 현재의 부양은 정기금의 지급으로 이행되어야 한다. 정기금은 매달 미리 지급되어야 한다. 의무자는 권리자가 그달의 중간에 사망한 경우에도 월 정기금 전액을 지급할 의무가 있다. 제1360조의a 제3항, 제4항 및 제1360조의b, 제1605조를 준용한다.

제1361조의a [별거시 가계용품의 분배]

① 혼인당사자들이 별거하는 경우, 그들은 각자 자신에게 귀속하는 가계용품*의 반환을 배우자에게 청구할 수 있다. 그러나 그 배우자가 분리된 가계를 관리하는 데에 그 가계용품이 필요하고 이를 인도하는 것이 사정에 비추어 형평에 부합하는 범위에서, 혼인당사자 각자는 그 가계용품을 배우자가 사용하도록 인도할 의무가 있다.

② 혼인당사자들에게 공동으로 귀속하는 가계용품은 형평의 원칙에 따라 그들 사이에 분배된다.

③ 혼인당사자들이 합의할 수 없는 경우에는 관할 법원이 결정한다. 관할 법원은 가계용품의 사용에 대한 적절한 보상을 정할 수 있다.

④ 혼인당사자들이 달리 약정하지 않는 한, 소유권 관계는 영향을 받지 않는다.

---

* '일러두기 5' 참조.

§ 1361b　Ehewohnung bei Getrenntleben

(1) Leben die Ehegatten voneinander getrennt oder will einer von ihnen getrennt leben, so kann ein Ehegatte verlangen, dass ihm der andere die Ehewohnung oder einen Teil zur alleinigen Benutzung überlässt, soweit dies auch unter Berücksichtigung der Belange des anderen Ehegatten notwendig ist, um eine unbillige Härte zu vermeiden. Eine unbillige Härte kann auch dann gegeben sein, wenn das Wohl von im Haushalt lebenden Kindern beeinträchtigt ist. Steht einem Ehegatten allein oder gemeinsam mit einem Dritten das Eigentum, das Erbbaurecht oder der Nießbrauch an dem Grundstück zu, auf dem sich die Ehewohnung befindet, so ist dies besonders zu berücksichtigen; Entsprechendes gilt für das Wohnungseigentum, das Dauerwohnrecht und das dingliche Wohnrecht.

(2) Hat der Ehegatte, gegen den sich der Antrag richtet, den anderen Ehegatten widerrechtlich und vorsätzlich am Körper, der Gesundheit oder der Freiheit verletzt oder mit einer solchen Verletzung oder der Verletzung des Lebens widerrechtlich gedroht, ist in der Regel die gesamte Wohnung zur alleinigen Benutzung zu überlassen. Der Anspruch auf Wohnungsüberlassung ist nur dann ausgeschlossen, wenn keine weiteren Verletzungen und widerrechtlichen Drohungen zu besorgen sind, es sei denn, dass dem verletzten Ehegatten das weitere Zusammenleben mit dem anderen wegen der Schwere der Tat nicht zuzumuten ist.

(3) Wurde einem Ehegatten die Ehewohnung ganz oder zum Teil überlassen, so hat der andere alles zu unterlassen, was geeignet ist, die Ausübung dieses Nutzungsrechts zu erschweren oder zu vereiteln. Er kann von dem nutzungsberechtigten Ehegatten eine Vergütung für die Nutzung verlangen, soweit dies der Billigkeit entspricht.

(4) Ist nach der Trennung der Ehegatten im Sinne des § 1567 Abs. 1 ein Ehegatte aus der Ehewohnung ausgezogen und hat er binnen sechs Monaten nach seinem Auszug eine ernstliche Rückkehrabsicht dem anderen Ehegatten gegenüber nicht bekundet, so wird unwiderleglich vermutet, dass er dem in der Ehewohnung verbliebenen Ehegatten das alleinige Nutzungsrecht überlassen hat.

제1361조의b [별거시 혼인주거]

① 혼인당사자들이 별거하거나 별거하고자 하는 경우, 혼인당사자 일방은 그에게 혼인주거 또는 그 일부를 단독으로 사용할 수 있게 인도하는 것이 배우자의 이익을 고려하더라도 불공평한 가혹함을 피하기 위하여 필요한 범위에서, 혼인주거 또는 그 일부를 단독으로 사용할 수 있도록 인도할 것을 배우자에게 청구할 수 있다. 불공평한 가혹함은 그 가계에서 생활하는 자녀의 복리가 침해되는 경우에도 인정될 수 있다. 혼인주거가 소재하는 부동산에 대한 소유권, 지상권, 용익권이 혼인당사자 일방에게 단독으로 또는 제3자와 공동으로 귀속하는 경우, 이 점이 특별히 고려되어야 한다; 주거소유권, 영속적 주거권 및 물권적 주거권에 대해서도 같다.

② 청구를 받은 혼인당사자 일방이 배우자의 신체, 건강, 자유를 위법하게 고의로 침탈하였거나, 그와 같은 침해나 생명 침해로 위법하게 협박하였던 경우, 원칙적으로 주거 전체가 단독으로 사용되도록 인도되어야 한다. 주거인도청구권은 더 이상의 침해 및 위법한 협박이 우려되지 않는 경우에만 배제되나, 그 행위의 심각함으로 인해 침해받은 혼인당사자 일방에게 배우자와의 계속적인 공동생활이 기대될 수 없는 경우에는 그렇지 않다.

③ 혼인주거의 전부 또는 일부가 혼인당사자 일방에게 인도된 경우, 배우자는 이러한 이용권의 행사를 곤란하게 하거나 좌절시킬 수 있는 일체의 행위를 하여서는 안 된다. 그는 형평에 부합하는 범위에서 이용권을 가진 혼인당사자에게 그 용익에 대한 보상을 청구할 수 있다.

④ 제1567조 제1항에서 의미하는 혼인당사자들의 별거 이후 혼인당사자 일방이 혼인주거로부터 퇴거하였고, 퇴거 후 6개월 이내에 배우자에게 진지한 복귀 의도를 전하지 않았던 경우, 그가 혼인주거에 남은 혼인당사자에게 단독 용익권을 인도한 것으로 번복할 수 없는 추정이 된다.

§ 1362 Eigentumsvermutung

(1) Zugunsten der Gläubiger eines der Ehegatten wird vermutet, dass die im Besitz eines oder beider Ehegatten befindlichen beweglichen Sachen dem Schuldner gehören. Diese Vermutung gilt nicht, wenn die Ehegatten getrennt leben und sich die Sachen im Besitze des Ehegatten befinden, der nicht Schuldner ist. Inhaberpapiere und Orderpapiere, die mit Blankoindossament versehen sind, stehen den beweglichen Sachen gleich.

(2) Für die ausschließlich zum persönlichen Gebrauch eines Ehegatten bestimmten Sachen wird im Verhältnis der Ehegatten zueinander und zu den Gläubigern vermutet, dass sie dem Ehegatten gehören, für dessen Gebrauch sie bestimmt sind.

Titel 6   Eheliches Güterrecht

Untertitel 1   Gesetzliches Güterrecht

§ 1363 Zugewinngemeinschaft

(1) Die Ehegatten leben im Güterstand der Zugewinngemeinschaft, wenn sie nicht durch Ehevertrag etwas anderes vereinbaren.

(2) Das jeweilige Vermögen der Ehegatten wird nicht deren gemeinschaftliches Vermögen; dies gilt auch für Vermögen, das ein Ehegatte nach der Eheschließung erwirbt. Der Zugewinn, den die Ehegatten in der Ehe erzielen, wird jedoch ausgeglichen, wenn die Zugewinngemeinschaft endet

§ 1364 Vermögensverwaltung

Jeder Ehegatte verwaltet sein Vermögen selbständig; er ist jedoch in der Verwaltung seines Vermögens nach Maßgabe der folgenden Vorschriften beschränkt.

§ 1365 Verfügung über Vermögen im Ganzen

(1) Ein Ehegatte kann sich nur mit Einwilligung des anderen Ehegatten verpflichten, über sein Vermögen im Ganzen zu verfügen. Hat er sich ohne Zustimmung des anderen Ehegatten verpflichtet, so kann er die Verpflichtung nur erfüllen, wenn der andere Ehegatte einwilligt.

제1362조 [소유권의 추정]

① 혼인당사자 일방 또는 쌍방이 점유하는 동산은 혼인당사자 일방의 채권자를 위하여 채무자에게 속하는 것으로 추정한다. 이러한 추정은 혼인당사자들이 별거 중이고, 그 동산을 채무자가 아닌 혼인당사자 일방이 점유하고 있는 경우에는 적용하지 않는다. 무기명증권, 백지식으로 배서된 지시증권은 동산과 같다.

② 혼인당사자 일방이 독점하여 개인적으로 사용하기로 정한 물건은 혼인당사자 상호간의 관계 및 채권자에 대한 관계에서 이를 사용하기로 한 혼인당사자에게 귀속하는 것으로 추정한다.

제6절   혼인재산제

제1관   법정재산제

제1363조 [부가이익공동제]

① 혼인재산계약으로 달리 약정하지 않는 한, 혼인당사자는 부가이익공동제의 혼인재산제에서 생활한다.

② 혼인당사자들 각자의 재산은 그들의 공동재산으로 되지 않는다; 혼인당사자 일방이 혼인 체결 후에 취득하는 재산에 대해서도 같다. 그러나 혼인당사자들이 혼인 중에 취득한 부가이익은 부가이익공동제가 종료하는 경우에 청산된다.

제1364조 [재산관리]

혼인당사자들은 각자 자신의 재산을 독자적으로 관리한다; 각자 자신의 재산을 관리하는 데 있어 이하의 규정에 따른 제한을 받는다.

제1365조 [재산 전부의 처분]

① 혼인당사자 일방은 배우자의 동의가 있는 때에만 자신의 재산을 전체적으로 처분하는 의무를 부담할 수 있다. 혼인당사자 일방이 배우자의 동의 없이 의무를 부담한 경우, 그는 배우자가 동의하는 경우에만 그 의무를 이행할 수 있다.

(2) Entspricht das Rechtsgeschäft den Grundsätzen einer ordnungsmäßigen Verwaltung, so kann das Familiengericht auf Antrag des Ehegatten die Zustimmung des anderen Ehegatten ersetzen, wenn dieser sie ohne ausreichenden Grund verweigert oder durch Krankheit oder Abwesenheit an der Abgabe einer Erklärung verhindert und mit dem Aufschub Gefahr verbunden ist.

§ 1366   Genehmigung von Verträgen

(1) Ein Vertrag, den ein Ehegatte ohne die erforderliche Einwilligung des anderen Ehegatten schließt, ist wirksam, wenn dieser ihn genehmigt.

(2) Bis zur Genehmigung kann der Dritte den Vertrag widerrufen. Hat er gewusst, dass der vertragsschließende Ehegatte verheiratet ist, so kann er nur widerrufen, wenn der Ehegatte wahrheitswidrig behauptet hat, der andere Ehegatte habe eingewilligt; er kann auch in diesem Fall nicht widerrufen, wenn ihm beim Abschluss des Vertrags bekannt war, dass der andere Ehegatte nicht eingewilligt hatte.

(3) Fordert der Dritte den Ehegatten auf, die erforderliche Genehmigung des anderen Ehegatten zu beschaffen, so kann dieser sich nur dem Dritten gegenüber über die Genehmigung erklären; hat er sich bereits vor der Aufforderung seinem Ehegatten gegenüber erklärt, so wird die Erklärung unwirksam. Die Genehmigung kann nur innerhalb von zwei Wochen seit dem Empfang der Aufforderung erklärt werden; wird sie nicht erklärt, so gilt sie als verweigert. Ersetzt das Familiengericht die Genehmigung, so ist sein Beschluss nur wirksam, wenn der Ehegatte ihn dem Dritten innerhalb der zweiwöchigen Frist mitteilt; andernfalls gilt die Genehmigung als verweigert.

(4) Wird die Genehmigung verweigert, so ist der Vertrag unwirksam.

§ 1367   Einseitige Rechtsgeschäfte

Ein einseitiges Rechtsgeschäft, das ohne die erforderliche Einwilligung vorgenommen wird, ist unwirksam.

§ 1368   Geltendmachung der Unwirksamkeit

Verfügt ein Ehegatte ohne die erforderliche Zustimmung des anderen Ehegatten über sein Vermögen, so ist auch der andere Ehegatte berechtigt, die sich aus der Unwirksamkeit der Verfügung ergebenden Rechte gegen den Dritten gerichtlich geltend zu machen.

② 그 법률행위가 적절한 관리의 원칙에 부합하는 경우, 배우자가 충분한 이유 없이 동의를 거절하거나 질병이나 부재로 인해 의사표시를 하는 데에 장애가 있으며 지체가 위험과 결부되는 때에는, 가정법원은 혼인당사자 일방의 신청에 기하여 배우자의 동의를 갈음할 수 있다.

제1366조 [계약의 추인]

① 혼인당사자 일방이 필요한 배우자의 동의 없이 체결한 계약은 그 배우자가 이를 추인하는 경우에 효력이 있다.

② 추인이 있을 때까지 제3자는 그 계약을 철회할 수 있다. 제3자가 계약을 체결하는 혼인당사자 일방이 혼인 중이라는 사실을 알고 있었던 경우에는 그 혼인당사자 일방이 배우자가 동의하였다고 진실과 다르게 주장한 때에만 이를 철회할 수 있다; 이 경우에도 계약 체결시 배우자가 동의하지 않았다는 사실을 제3자가 알고 있었던 때에는, 그는 계약을 철회할 수 없다.

③ 제3자가 혼인당사자 일방에게 배우자의 필요한 추인을 받을 것을 촉구한 경우, 그 배우자는 제3자에 대하여만 추인의 의사표시를 할 수 있다; 그 배우자가 촉구 전에 이미 자신의 배우자에게 의사표시를 한 경우, 그 의사표시는 무효로 된다. 추인의 의사표시는 촉구를 수령한 때로부터 2주 내에만 할 수 있다; 추인의 의사표시가 없는 경우에는 거절한 것으로 본다. 가정법원이 추인을 갈음한 경우, 가정법원의 결정은 그 혼인당사자가 제3자에게 2주의 기간 내에 이를 통지하는 경우에만 효력이 있다; 그렇지 않은 경우에는 추인은 거절된 것으로 본다.

④ 추인이 거절된 경우, 계약은 효력이 없다.

제1367조 [단독행위]

필요한 동의 없이 한 단독행위는 효력이 없다.

제1368조 [무효의 주장]

혼인당사자 일방이 필요한 배우자의 동의 없이 자신의 재산을 처분한 경우, 그 배우자도 처분의 무효로부터 발생하는 권리를 제3자에게 재판상 행사할 수 있다.

§ 1369 Verfügungen über Haushaltsgegenstände

(1) Ein Ehegatte kann über ihm gehörende Gegenstände des ehelichen Haushalts nur verfügen und sich zu einer solchen Verfügung auch nur verpflichten, wenn der andere Ehegatte einwilligt.

(2) Das Familiengericht kann auf Antrag des Ehegatten die Zustimmung des anderen Ehegatten ersetzen, wenn dieser sie ohne ausreichenden Grund verweigert oder durch Krankheit oder Abwesenheit verhindert ist, eine Erklärung abzugeben.

(3) Die Vorschriften der §§ 1366 bis 1368 gelten entsprechend.

§ 1370 (weggefallen)

§ 1371 Zugewinnausgleich im Todesfall

(1) Wird der Güterstand durch den Tod eines Ehegatten beendet, so wird der Ausgleich des Zugewinns dadurch verwirklicht, dass sich der gesetzliche Erbteil des überlebenden Ehegatten um ein Viertel der Erbschaft erhöht; hierbei ist unerheblich, ob die Ehegatten im einzelnen Falle einen Zugewinn erzielt haben.

(2) Wird der überlebende Ehegatte nicht Erbe und steht ihm auch kein Vermächtnis zu, so kann er Ausgleich des Zugewinns nach den Vorschriften der §§ 1373 bis 1383, 1390 verlangen; der Pflichtteil des überlebenden Ehegatten oder eines anderen Pflichtteilsberechtigten bestimmt sich in diesem Falle nach dem nicht erhöhten gesetzlichen Erbteil des Ehegatten.

(3) Schlägt der überlebende Ehegatte die Erbschaft aus, so kann er neben dem Ausgleich des Zugewinns den Pflichtteil auch dann verlangen, wenn dieser ihm nach den erbrechtlichen Bestimmungen nicht zustünde; dies gilt nicht, wenn er durch Vertrag mit seinem Ehegatten auf sein gesetzliches Erbrecht oder sein Pflichtteilsrecht verzichtet hat.

(4) Sind erbberechtigte Abkömmlinge des verstorbenen Ehegatten, welche nicht aus der durch den Tod dieses Ehegatten aufgelösten Ehe stammen, vorhanden, so ist der überlebende Ehegatte verpflichtet, diesen Abkömmlingen, wenn und soweit sie dessen bedürfen, die Mittel zu einer angemessenen Ausbildung aus dem nach Absatz 1 zusätzlich gewährten Viertel zu gewähren.

제1369조 [가계용품의 처분]

① 혼인당사자 일방은 배우자가 동의한 경우에만, 자신에게 속한 혼인 가계용품을 처분할 수 있으며, 또한 그러한 처분을 위한 의무도 부담할 수 있다.

② 배우자가 충분한 이유 없이 동의를 거부하거나 질병이나 부재로 인해 의사표시를 하는 데에 장애가 있는 경우, 가정법원은 그 혼인당사자 일방의 신청에 기하여 배우자의 동의를 갈음할 수 있다.
③ 제1366조 내지 제1368조의 규정을 준용한다.

제1370조 (삭제)

제1371조 [사망시 부가이익의 청산]

① 혼인재산제가 혼인당사자 일방의 사망으로 종료하는 경우, 부가이익의 청산은 생존배우자의 법정상속분이 상속재산의 1/4만큼 증가하는 방법에 의한다; 이때 혼인당사자들이 개별 사례에서 부가이익을 취득하였는지 여부는 중요하지 않다.
② 생존배우자가 상속인이 아니고 유증도 받지 않은 경우에는, 생존배우자는 제1373조 내지 제1383조, 제1390조의 규정에 따라 부가이익의 청산을 청구할 수 있다; 생존배우자나 다른 유류분권자의 유류분은 그 배우자의 증가되지 않은 법정상속분에 따라 결정된다.

③ 생존배우자가 상속을 포기한 경우, 상속법의 규정에 따라 유류분이 그에게 귀속하지 않게 될 경우에도 그는 부가이익의 청산 이외에 유류분도 청구할 수 있다; 생존배우자가 그의 배우자와의 계약으로 법정상속권이나 유류분권을 포기한 경우에는 그렇지 않다.
④ 사망한 배우자의 상속권 있는 직계비속이 있고, 그가 배우자의 사망으로 해소된 혼인에서 비롯하지 않은 경우, 그 직계비속이 필요로 하는 범위에서, 생존배우자는 제1항에 따라 추가로 부여된 1/4에서 그 직계비속에게 적절한 교육을 위한 재원을 제공할 의무를 부담한다.

§ 1372 Zugewinnausgleich in anderen Fällen

Wird der Güterstand auf andere Weise als durch den Tod eines Ehegatten beendet, so wird der Zugewinn nach den Vorschriften der §§ 1373 bis 1390 ausgeglichen.

§ 1373 Zugewinn

Zugewinn ist der Betrag, um den das Endvermögen eines Ehegatten das Anfangsvermögen übersteigt.

§ 1374 Anfangsvermögen

(1) Anfangsvermögen ist das Vermögen, das einem Ehegatten nach Abzug der Verbindlichkeiten beim Eintritt des Güterstands gehört.

(2) Vermögen, das ein Ehegatte nach Eintritt des Güterstands von Todes wegen oder mit Rücksicht auf ein künftiges Erbrecht, durch Schenkung oder als Ausstattung erwirbt, wird nach Abzug der Verbindlichkeiten dem Anfangsvermögen hinzugerechnet, soweit es nicht den Umständen nach zu den Einkünften zu rechnen ist.

(3) Verbindlichkeiten sind über die Höhe des Vermögens hinaus abzuziehen.

§ 1375 Endvermögen

(1) Endvermögen ist das Vermögen, das einem Ehegatten nach Abzug der Verbindlichkeiten bei der Beendigung des Güterstands gehört. Verbindlichkeiten sind über die Höhe des Vermögens hinaus abzuziehen.

(2) Dem Endvermögen eines Ehegatten wird der Betrag hinzugerechnet, um den dieses Vermögen dadurch vermindert ist, dass ein Ehegatte nach Eintritt des Güterstands

1. unentgeltliche Zuwendungen gemacht hat, durch die er nicht einer sittlichen Pflicht oder einer auf den Anstand zu nehmenden Rücksicht entsprochen hat,

2. Vermögen verschwendet hat oder

3. Handlungen in der Absicht vorgenommen hat, den anderen Ehegatten zu benachteiligen.

Ist das Endvermögen eines Ehegatten geringer als das Vermögen, das er in der Auskunft zum Trennungszeitpunkt angegeben hat, so hat dieser Ehegatte darzulegen und zu beweisen, dass die Vermögensminderung nicht auf Handlungen im Sinne des Satzes 1 Nummer 1 bis 3 zurückzuführen ist.

제1372조 [다른 경우의 부가이익의 청산]

혼인재산제가 혼인당사자 일방의 사망이 아닌 다른 방식으로 종료된 경우, 부가이익은 제1373조 내지 제1390조의 규정에 따라 청산된다.

제1373조 [부가이익]

부가이익은 혼인당사자 일방의 최종재산이 최초재산을 초과하는 금액이다.

제1374조 [최초재산]

① 최초재산은 혼인재산제 성립시 혼인당사자 일방에게 채무를 공제한 후 귀속하는 재산이다.

② 혼인당사자 일방이 혼인재산제 성립 이후 사망을 원인으로 하거나 장래의 상속권을 고려하여 증여에 의하거나 독립자금으로서 취득한 재산은, 그것이 사정에 비추어 수입으로 계산되지 않는 범위에서, 채무를 공제한 후 최초재산에 추가된다.

③ 채무는 재산액을 초과하여 공제될 수 있다.

제1375조 [최종재산]

① 최종재산은 혼인재산제의 종료시 혼인당사자 일방에게 채무를 공제한 후 귀속하는 재산이다. 채무는 재산액을 초과하여 공제될 수 있다.

② 혼인당사자 일방이 혼인재산제 성립 이후 다음 각 호의 행위를 하여 재산이 감소된 경우, 그 감소된 금액은 그 혼인당사자의 최종재산에 가산된다.

1. 윤리적 의무 또는 도의관념에 적합하지 않은 무상출연을 한 경우,

2. 재산을 낭비한 경우,

3. 배우자에게 손해를 가할 의도로 행위한 경우.

혼인당사자 일방의 최종재산이 별거 시점에 통지한 재산보다 적은 경우, 그는 재산감소가 제1문 제1호 내지 제3호의 행위에 의한 것이 아니라는 사실을 주장하고 증명해야 한다.

(3) Der Betrag der Vermögensminderung wird dem Endvermögen nicht hinzugerechnet, wenn sie mindestens zehn Jahre vor Beendigung des Güterstands eingetreten ist oder wenn der andere Ehegatte mit der unentgeltlichen Zuwendung oder der Verschwendung einverstanden gewesen ist.

§ 1376　Wertermittlung des Anfangs- und Endvermögens

(1) Der Berechnung des Anfangsvermögens wird der Wert zugrunde gelegt, den das beim Eintritt des Güterstands vorhandene Vermögen in diesem Zeitpunkt, das dem Anfangsvermögen hinzuzurechnende Vermögen im Zeitpunkt des Erwerbs hatte.

(2) Der Berechnung des Endvermögens wird der Wert zugrunde gelegt, den das bei Beendigung des Güterstands vorhandene Vermögen in diesem Zeitpunkt, eine dem Endvermögen hinzuzurechnende Vermögensminderung in dem Zeitpunkt hatte, in dem sie eingetreten ist.

(3) Die vorstehenden Vorschriften gelten entsprechend für die Bewertung von Verbindlichkeiten.

(4) Ein land- oder forstwirtschaftlicher Betrieb, der bei der Berechnung des Anfangsvermögens und des Endvermögens zu berücksichtigen ist, ist mit dem Ertragswert anzusetzen, wenn der Eigentümer nach § 1378 Abs. 1 in Anspruch genommen wird und eine Weiterführung oder Wiederaufnahme des Betriebs durch den Eigentümer oder einen Abkömmling erwartet werden kann; die Vorschrift des § 2049 Abs. 2 ist anzuwenden.

Fußnote

§ 1376 Abs. 4: Wegen der Vereinbarkeit mit dem GG vgl. BVerfGE v. 16.10.1984; 1985 I 99 (1 BvL 17/80)

§ 1377　Verzeichnis des Anfangsvermögens

(1) Haben die Ehegatten den Bestand und den Wert des einem Ehegatten gehörenden Anfangsvermögens und der diesem Vermögen hinzuzurechnenden Gegenstände gemeinsam in einem Verzeichnis festgestellt, so wird im Verhältnis der Ehegatten zueinander vermutet, dass das Verzeichnis richtig ist.

(2) Jeder Ehegatte kann verlangen, dass der andere Ehegatte bei der Aufnahme des Verzeichnisses mitwirkt. Auf die Aufnahme des Verzeichnisses sind die für den Nießbrauch

③ 재산감소가 혼인재산제가 종료된 때로부터 최소 10년 전에 발생하였거나, 배우자가 무상출연이나 낭비에 동의했던 경우에는 그 감소금액을 최종재산에 가산하지 않는다.

제1376조 [최초재산과 최종재산의 가액 조사]
① 혼인재산제 성립시 존재한 재산은 그 당시의 가액이, 최초재산에 가산되는 재산은 취득 당시의 가액이 최초재산 산정의 기초로 된다.

② 혼인재산제의 종료 당시 존재한 재산은 그 당시의 가액이, 최종재산에 가산되는 재산감소는 재산감소가 발생한 당시의 가액이 최종재산 산정의 기초로 된다.

③ 제1항 및 제2항을 채무의 가액평가에 준용한다.

④ 최초재산과 최종재산을 산정할 때 고려되어야 하는 농업경영 또는 산림경영은, 소유자가 제1378조 제1항에 따라 청구를 받고 그 소유자 또는 직계비속이 그 경영을 계속하거나 재개하는 것이 기대될 수 있는 경우, 소득가치로 산정되어야 한다; 제2049조 제2항의 규정을 적용한다.

각주
제1376조 제4항: 기본법 합치를 위하여. BVerfGE v. 16.10.1984; 1985 I 99 (1 BvL 17/80) 참조

제1377조 [최초재산의 목록]
① 혼인당사자들이 공동으로 혼인당사자 일방에게 속하는 최초재산과 이 재산에 가산해야 하는 목적물의 존재와 가액을 목록에서 확인한 경우, 혼인당사자 상호간의 관계에서 이 목록이 정확한 것으로 추정한다.

② 혼인당사자 각자는 배우자가 목록의 작성에 협력할 것을 청구할 수 있다. 목록의 작성에는 용익권에 대해 적용되는 제1035조의 규정을 적용한다. 혼

geltenden Vorschriften des § 1035 anzuwenden. Jeder Ehegatte kann den Wert der Vermögensgegenstände und der Verbindlichkeiten auf seine Kosten durch Sachverständige feststellen lassen.

(3) Soweit kein Verzeichnis aufgenommen ist, wird vermutet, dass das Endvermögen eines Ehegatten seinen Zugewinn darstellt.

§ 1378 Ausgleichsforderung

(1) Übersteigt der Zugewinn des einen Ehegatten den Zugewinn des anderen, so steht die Hälfte des Überschusses dem anderen Ehegatten als Ausgleichsforderung zu.

(2) Die Höhe der Ausgleichsforderung wird durch den Wert des Vermögens begrenzt, das nach Abzug der Verbindlichkeiten bei Beendigung des Güterstands vorhanden ist. Die sich nach Satz 1 ergebende Begrenzung der Ausgleichsforderung erhöht sich in den Fällen des § 1375 Absatz 2 Satz 1 um den dem Endvermögen hinzuzurechnenden Betrag.

(3) Die Ausgleichsforderung entsteht mit der Beendigung des Güterstands und ist von diesem Zeitpunkt an vererblich und übertragbar. Eine Vereinbarung, die die Ehegatten während eines Verfahrens, das auf die Auflösung der Ehe gerichtet ist, für den Fall der Auflösung der Ehe über den Ausgleich des Zugewinns treffen, bedarf der notariellen Beurkundung; § 127a findet auch auf eine Vereinbarung Anwendung, die in einem Verfahren in Ehesachen vor dem Prozessgericht protokolliert wird. Im Übrigen kann sich kein Ehegatte vor der Beendigung des Güterstands verpflichten, über die Ausgleichsforderung zu verfügen.

(4) (weggefallen)

§ 1379 Auskunftspflicht

(1) Ist der Güterstand beendet oder hat ein Ehegatte die Scheidung, die Aufhebung der Ehe, den vorzeitigen Ausgleich des Zugewinns bei vorzeitiger Aufhebung der Zugewinngemeinschaft oder die vorzeitige Aufhebung der Zugewinngemeinschaft beantragt, kann jeder Ehegatte von dem anderen Ehegatten

1. Auskunft über das Vermögen zum Zeitpunkt der Trennung verlangen;
2. Auskunft über das Vermögen verlangen, soweit es für die Berechnung des Anfangs- und Endvermögens maßgeblich ist.

Auf Anforderung sind Belege vorzulegen. Jeder Ehegatte kann verlangen, dass er bei

인당사자 각자는 자신의 비용으로 전문가로 하여금 재산목적물 및 채무의 가액을 확정하게 할 수 있다.

③ 목록이 작성되지 않은 한, 혼인당사자 일방의 최종재산이 그의 부가이익인 것으로 추정한다.

제1378조 [청산채권]

① 혼인당사자 일방의 부가이익이 배우자의 부가이익을 초과하는 경우, 그 초과분의 반은 배우자에게 청산채권으로 귀속된다.

② 청산채권의 금액은 혼인재산제의 종료시 채무를 공제한 후 잔존하는 재산가액을 한도로 제한된다. 제1문에 따른 청산채권의 한도는 제1375조 제2항 제1문의 경우에 최종재산에 가산되는 금액만큼 증가된다.

③ 청산채권은 혼인재산제의 종료로 성립하고, 이 시점부터 상속되고 양도될 수 있다. 혼인당사자들이 혼인을 해소시키는 재판절차 중에 혼인해소의 경우를 대비하여 부가이익의 청산에 관하여 하는 약정은 공정증서로 작성되어야 한다; 제127조의a는 소송절차에 앞서 혼인사건 절차에서 작성되는 약정에 대해서도 적용한다. 그 밖에 혼인당사자들은 혼인재산제가 종료되기 전에 청산채권을 처분하는 의무를 부담할 수 없다.

④ (삭제)

제1379조 [정보제공의무]

① 혼인재산제가 종료되었거나, 혼인당사자 일방이 이혼 또는 혼인 취소를 신청하였거나, 부가이익공동제의 조기 해소에서 부가이익의 조기 청산을 신청하였거나, 부가이익공동제의 조기 해소를 신청한 경우, 혼인당사자 일방은 배우자에게 다음 사항을 청구할 수 있다.

1. 별거 당시 재산에 관한 정보제공;
2. 최초재산과 최종재산의 산정에 기준이 되는 범위에서 재산에 관한 정보제공.

요청이 있는 경우, 관련 증서가 제출되어야 한다. 혼인당사자 각자는 제260

der Aufnahme des ihm nach § 260 vorzulegenden Verzeichnisses zugezogen und dass der Wert der Vermögensgegenstände und der Verbindlichkeiten ermittelt wird. Er kann auch verlangen, dass das Verzeichnis auf seine Kosten durch die zuständige Behörde oder durch einen zuständigen Beamten oder Notar aufgenommen wird.

(2) Leben die Ehegatten getrennt, kann jeder Ehegatte von dem anderen Ehegatten Auskunft über das Vermögen zum Zeitpunkt der Trennung verlangen. Absatz 1 Satz 2 bis 4 gilt entsprechend.

§ 1380 Anrechnung von Vorausempfängen

(1) Auf die Ausgleichsforderung eines Ehegatten wird angerechnet, was ihm von dem anderen Ehegatten durch Rechtsgeschäft unter Lebenden mit der Bestimmung zugewendet ist, dass es auf die Ausgleichsforderung angerechnet werden soll. Im Zweifel ist anzunehmen, dass Zuwendungen angerechnet werden sollen, wenn ihr Wert den Wert von Gelegenheitsgeschenken übersteigt, die nach den Lebensverhältnissen der Ehegatten üblich sind.

(2) Der Wert der Zuwendung wird bei der Berechnung der Ausgleichsforderung dem Zugewinn des Ehegatten hinzugerechnet, der die Zuwendung gemacht hat. Der Wert bestimmt sich nach dem Zeitpunkt der Zuwendung.

§ 1381 Leistungsverweigerung wegen grober Unbilligkeit

(1) Der Schuldner kann die Erfüllung der Ausgleichsforderung verweigern, soweit der Ausgleich des Zugewinns nach den Umständen des Falles grob unbillig wäre.

(2) Grobe Unbilligkeit kann insbesondere dann vorliegen, wenn der Ehegatte, der den geringeren Zugewinn erzielt hat, längere Zeit hindurch die wirtschaftlichen Verpflichtungen, die sich aus dem ehelichen Verhältnis ergeben, schuldhaft nicht erfüllt hat.

§ 1382 Stundung

(1) Das Familiengericht stundet auf Antrag eine Ausgleichsforderung, soweit sie vom Schuldner nicht bestritten wird, wenn die sofortige Zahlung auch unter Berücksichtigung der Interessen des Gläubigers zur Unzeit erfolgen würde. Die sofortige Zahlung würde auch dann zur Unzeit erfolgen, wenn sie die Wohnverhältnisse oder sonstigen Lebensverhältnisse gemeinschaftlicher Kinder nachhaltig verschlechtern würde.

(2) Eine gestundete Forderung hat der Schuldner zu verzinsen.

조에 따라 자신에게 제출되어야 하는 목록의 작성에 자신을 참여시킬 것과 재산목적물 및 채무의 가액을 조사할 것을 청구할 수 있다. 또한 그는 자신의 비용으로 관할 관청, 담당 공무원이나 공증인에 의해 목록이 작성될 것을 청구할 수 있다.

② 혼인당사자들이 별거하는 경우, 혼인당사자 각자는 배우자에게 별거 당시의 재산에 관한 정보를 제공할 것을 청구할 수 있다. 제1항 제2문 내지 제4문을 준용한다.

제1380조 [사전수령의 공제]

① 청산채권에서 공제하는 것으로 하여 배우자가 생전의 법률행위에 의해 혼인당사자 일방에게 출연한 것은 그 혼인당사자 일방의 청산채권에서 공제된다. 출연의 가액이 혼인당사자들의 생활상태에 비추어 통상적인 관례적 증여의 가액을 초과하는 경우, 의심스러운 때에는 그 출연은 공제되어야 하는 것으로 인정되어야 한다.

② 그러한 출연의 가액은 청산채권을 산정할 때에, 출연한 혼인당사자의 부가이익에 가산된다. 그 가액은 출연시에 따라 결정된다.

제1381조 [중대한 불공평을 이유로 한 이행거절]

① 부가이익의 청산이 사안의 사정에 비추어 중대하게 불공평한 범위에서, 채무자는 청산채권의 이행을 거부할 수 있다.

② 중대한 불공평은 특히 적은 부가이익을 취득한 혼인당사자 일방이 장기간 혼인관계에서 발생하는 경제적 의무를 유책하게 이행하지 않은 경우에 존재할 수 있다.

제1382조 [기한의 유예]

① 청산채권의 즉시 변제가 채권자의 이익을 고려하더라도 시기상 적절하지 않게 될 경우, 채무자가 청산채권을 다투지 않는 범위에서 가정법원은 신청에 기하여 청산채권의 기한을 유예한다. 즉시 변제가 공동의 자녀의 주거상태나 그 밖의 생활상태를 지속적으로 악화시킬 경우에도 즉시 변제는 시기상 적절하지 않다.

② 채무자는 기한이 유예된 채권에 대해 이자를 지급해야 한다.

(3) Das Familiengericht kann auf Antrag anordnen, dass der Schuldner für eine gestundete Forderung Sicherheit zu leisten hat.

(4) Über Höhe und Fälligkeit der Zinsen und über Art und Umfang der Sicherheitsleistung entscheidet das Familiengericht nach billigem Ermessen.

(5) Soweit über die Ausgleichsforderung ein Rechtsstreit anhängig wird, kann der Schuldner einen Antrag auf Stundung nur in diesem Verfahren stellen.

(6) Das Familiengericht kann eine rechtskräftige Entscheidung auf Antrag aufheben oder ändern, wenn sich die Verhältnisse nach der Entscheidung wesentlich geändert haben.

§ 1383　Übertragung von Vermögensgegenständen

(1) Das Familiengericht kann auf Antrag des Gläubigers anordnen, dass der Schuldner bestimmte Gegenstände seines Vermögens dem Gläubiger unter Anrechnung auf die Ausgleichsforderung zu übertragen hat, wenn dies erforderlich ist, um eine grobe Unbilligkeit für den Gläubiger zu vermeiden, und wenn dies dem Schuldner zugemutet werden kann; in der Entscheidung ist der Betrag festzusetzen, der auf die Ausgleichsforderung angerechnet wird.

(2) Der Gläubiger muss die Gegenstände, deren Übertragung er begehrt, in dem Antrag bezeichnen.

(3) § 1382 Abs. 5 gilt entsprechend.

§ 1384　Berechnungszeitpunkt des Zugewinns und Höhe der Ausgleichsforderung bei Scheidung

Wird die Ehe geschieden, so tritt für die Berechnung des Zugewinns und für die Höhe der Ausgleichsforderung an die Stelle der Beendigung des Güterstandes der Zeitpunkt der Rechtshängigkeit des Scheidungsantrags.

§ 1385　Vorzeitiger Zugewinnausgleich des ausgleichsberechtigten Ehegatten bei vorzeitiger Aufhebung der Zugewinngemeinschaft

Der ausgleichsberechtigte Ehegatte kann vorzeitigen Ausgleich des Zugewinns bei vorzeitiger Aufhebung der Zugewinngemeinschaft verlangen, wenn

1. die Ehegatten seit mindestens drei Jahren getrennt leben,

2. Handlungen der in § 1365 oder § 1375 Absatz 2 bezeichneten Art zu befürchten sind und dadurch eine erhebliche Gefährdung der Erfüllung der Ausgleichsforderung zu besorgen ist,

③ 가정법원은 신청에 기하여 채무자가 기한이 유예된 채권에 대해 담보를 제공할 것을 명할 수 있다.

④ 가정법원은 이자액 및 이자의 이행기, 담보제공의 종류와 범위에 관하여 공평한 재량에 따라 결정한다.

⑤ 청산채권에 관해 소송이 계속된 경우, 채무자는 그 절차 내에서만 기한유예를 신청할 수 있다.

⑥ 확정된 결정 이후 사정이 본질적으로 변경된 경우, 가정법원은 신청에 기하여 그 결정을 취소하거나 변경할 수 있다.

제1383조 [재산목적물의 양도]

① 채무자의 특정재산을 채권자에게 양도하는 것이 채권자에 대한 중대한 불공평을 피하기 위하여 필요하고 이것이 채무자에게 기대될 수 있는 경우, 가정법원은 채권자의 신청에 기하여 채무자의 특정재산을 청산채권에서 공제하여 채권자에게 양도할 것을 명할 수 있다. 이 경우 그 결정에는 청산채권에서 공제될 금액이 확정되어야 한다.

② 채권자는 양도받기를 원하는 목적물을 신청서에서 지정해야 한다.

③ 제1382조 제5항을 준용한다.

제1384조 [이혼시 부가이익의 산정 시점과 청산채권액]

이혼한 경우, 부가이익의 산정과 청산채권액에 대해서는 이혼 신청이 계속된 시점이 혼인재산제의 종료를 대신한다.

제1385조 [부가이익공동제의 조기 해소시 청산권리자인 혼인당사자의 부가이익 조기 청산]

다음 각 호의 경우, 청산권리자인 혼인당사자는 부가이익공동제가 조기 해소될 때 부가이익의 조기 청산을 청구할 수 있다.

1. 혼인당사자들이 3년 이상 별거한 경우,
2. 제1365조 또는 제1375조 제2항에서 정한 유형의 행위가 우려되고, 이로 인해 청산채권의 이행에 현저한 위험이 우려될 수 있는 경우,

3. der andere Ehegatte längere Zeit hindurch die wirtschaftlichen Verpflichtungen, die
   sich aus dem ehelichen Verhältnis ergeben, schuldhaft nicht erfüllt hat und anzunehmen ist, dass er sie auch in Zukunft nicht erfüllen wird, oder

4. der andere Ehegatte sich ohne ausreichenden Grund beharrlich weigert oder sich ohne
   ausreichenden Grund bis zur Stellung des Antrags auf Auskunft beharrlich geweigert
   hat, ihn über den Bestand seines Vermögens zu unterrichten.

§ 1386　Vorzeitige Aufhebung der Zugewinngemeinschaft

Jeder Ehegatte kann unter entsprechender Anwendung des § 1385 die vorzeitige Aufhebung der Zugewinngemeinschaft verlangen.

§ 1387　Berechnungszeitpunkt des Zugewinns und Höhe der Ausgleichsforderung bei vorzeitigem Ausgleich oder vorzeitiger Aufhebung

In den Fällen der §§ 1385 und 1386 tritt für die Berechnung des Zugewinns und für
die Höhe der Ausgleichsforderung an die Stelle der Beendigung des Güterstands der Zeitpunkt, in dem die entsprechenden Anträge gestellt sind.

§ 1388　Eintritt der Gütertrennung

Mit der Rechtskraft der Entscheidung, die die Zugewinngemeinschaft vorzeitig auf-
hebt, tritt Gütertrennung ein.

§ 1389　(weggefallen)

§ 1390　Ansprüche des Ausgleichsberechtigten gegen Dritte

(1) Der ausgleichsberechtigte Ehegatte kann von einem Dritten Ersatz des Wertes einer unentgeltlichen Zuwendung des ausgleichspflichtigen Ehegatten an den Dritten verlangen, wenn

1. der ausgleichspflichtige Ehegatte die unentgeltliche Zuwendung an den Dritten in der
   Absicht gemacht hat, den ausgleichsberechtigten Ehegatten zu benachteiligen und

2. die Höhe der Ausgleichsforderung den Wert des nach Abzug der Verbindlichkeiten bei
   Beendigung des Güterstands vorhandenen Vermögens des ausgleichspflichtigen Ehegatten übersteigt.

3. 배우자가 장기간 혼인관계에서 발생하는 경제적 의무를 유책하게 불이행하였고, 장래에도 이행하지 않을 것이 인정될 수 있는 경우,

4. 배우자가 그의 재산 현황에 관한 정보제공을 충분한 이유 없이 완강하게 거부하거나 정보제공 신청을 제기할 때까지 충분한 이유 없이 완강하게 거부하였던 경우.

제1386조 [부가이익공동제의 조기 해소]

혼인당사자는 각자 제1385조를 준용하여 부가이익공동제의 조기 해소를 청구할 수 있다.

제1387조 [조기 청산 또는 조기 해소시 부가이익의 산정 시점과 청산채권액]

제1385조 및 제1386조의 경우, 부가이익의 산정 및 청산채권액에 대해서는 해당 신청이 제기된 시점이 혼인재산제의 종료를 대신한다.

제1388조 [별산제의 개시]

부가이익공동제를 조기에 해소하는 재판의 확정으로 별산제가 개시된다.

제1389조 (삭제)

제1390조 [제3자에 대한 청산권리자의 청구권]

① 다음의 경우, 청산권리자인 혼인당사자는 청산의무자인 배우자가 제3자에게 무상으로 출연한 가액의 배상을 제3자에게 청구할 수 있다,

1. 청산의무자인 배우자가 청산권리자인 혼인당사자를 불리하게 할 목적으로 제3자에게 무상출연을 하고,

2. 청산채권액이 혼인재산제의 종료시 채무를 공제한 후 청산의무자인 배우자에게 잔존하는 재산의 가액을 초과하는 경우.

Der Ersatz des Wertes des Erlangten erfolgt nach den Vorschriften über die Herausgabe einer ungerechtfertigten Bereicherung. Der Dritte kann die Zahlung durch Herausgabe des Erlangten abwenden. Der ausgleichspflichtige Ehegatte und der Dritte haften als Gesamtschuldner.

(2) Das Gleiche gilt für andere Rechtshandlungen, wenn die Absicht, den Ehegatten zu benachteiligen, dem Dritten bekannt war.

(3) Die Verjährungsfrist des Anspruchs beginnt mit der Beendigung des Güterstands. Endet der Güterstand durch den Tod eines Ehegatten, so wird die Verjährung nicht dadurch gehemmt, dass der Anspruch erst geltend gemacht werden kann, wenn der Ehegatte die Erbschaft oder ein Vermächtnis ausgeschlagen hat.

(4) (weggefallen)

§§ 1391 bis 1407 (weggefallen)

Untertitel 2　Vertragliches Güterrecht

Kapitel 1　Allgemeine Vorschriften

§ 1408　Ehevertrag, Vertragsfreiheit

(1) Die Ehegatten können ihre Verhältnisse durch Vertrag (Ehevertrag) regeln, insbesondere auch nach der Eingehung der Ehe den Güterstand aufheben oder ändern.

(2) Schließen die Ehegatten in einem Ehevertrag Vereinbarungen über den Versorgungsausgleich, so sind insoweit die §§ 6 und 8 des Versorgungsausgleichsgesetzes anzuwenden.

§ 1409　Beschränkung der Vertragsfreiheit

Der Güterstand kann nicht durch Verweisung auf nicht mehr geltendes oder ausländisches Recht bestimmt werden.

§ 1410　Form

Der Ehevertrag muss bei gleichzeitiger Anwesenheit beider Teile zur Niederschrift eines Notars geschlossen werden.

취득한 가치의 배상은 부당이득반환에 관한 규정에 따른다. 제3자는 취득물을 반환함으로써 지급을 면할 수 있다. 청산의무자인 배우자와 제3자는 연대채무자로서 책임을 진다.

② 청산권리자인 혼인당사자를 불리하게 할 의도를 제3자가 안 경우, 다른 법적 행위에 대하여도 같다.

③ 청구권의 시효기간은 혼인재산제가 종료한 때부터 진행한다. 혼인재산제가 혼인당사자 일방의 사망에 의해 종료된 경우, 배우자가 상속이나 유증을 포기한 때에 비로소 그 청구권을 행사할 수 있다는 사실에 의해 시효가 정지되지는 않는다.

④ (삭제)

제1391조 내지 제1407조 (삭제)

제2관   약정재산제

제1항   일반규정

제1408조 [혼인재산계약, 계약의 자유]

① 혼인당사자들은 계약으로 그들의 재산관계를 규율할 수 있고(혼인재산계약), 특히 혼인 성립 후에도 혼인재산제를 해소하거나 변경할 수 있다.

② 혼인당사자들이 혼인재산계약에서 연금 청산에 관한 약정을 한 경우, 그 범위에서 연금청산법 제6조 및 제8조를 적용한다.

제1409조 [계약자유의 제한]

혼인재산제는 현행법이 아닌 법이나 외국법을 적용하는 것으로 하여 정할 수 없다.

제1410조 [방식]

혼인재산계약은 양 당사자가 동시에 출석하여 공증인의 작성으로 체결되어야 한다.

§ 1411　Eheverträge Betreuter

(1) Ein Betreuter kann einen Ehevertrag nur mit Zustimmung seines Betreuers schließen, soweit für diese Angelegenheit ein Einwilligungsvorbehalt angeordnet ist. Die Zustimmung des Betreuers bedarf der Genehmigung des Betreuungsgerichts, wenn der Ausgleich des Zugewinns ausgeschlossen oder eingeschränkt oder wenn Gütergemeinschaft vereinbart oder aufgehoben wird. Für einen geschäftsfähigen Betreuten kann der Betreuer keinen Ehevertrag schließen.

(2) Für einen geschäftsunfähigen Ehegatten schließt der Betreuer den Ehevertrag; Gütergemeinschaft kann er nicht vereinbaren oder aufheben. Der Betreuer kann den Ehevertrag nur mit Genehmigung des Betreuungsgerichts schließen.

§ 1412　Wirkung gegenüber Dritten

Haben die Ehegatten den gesetzlichen Güterstand ausgeschlossen oder geändert oder haben sie eine Vereinbarung über den Guterstand aufgehoben oder geändert, so können sie hieraus einem Dritten gegenüber Einwendungen

1. gegen ein Rechtsgeschäft, das zwischen einem der Ehegatten und dem Dritten vorgenommen worden ist, nur herleiten, wenn das Vorhandensein eines Ehevertrages dem Dritten bei Vornahme des Rechtsgeschäfts bekannt gewesen oder infolge grober Fahrlässigkeit unbekannt geblieben ist, oder

2. gegen ein rechtskraftiges Urteil, das zwischen einem der Ehegatten und dem Dritten ergangen ist, nur herleiten, wenn das Vorhandensein eines Ehevertrages dem Dritten bei dem Eintritt der Rechtshängigkeit des Rechtsstreits bekannt gewesen oder infolge grober Fahrlässigkeit unbekannt geblieben ist.

§ 1413　Widerruf der Überlassung der Vermögensverwaltung

Überlässt ein Ehegatte sein Vermögen der Verwaltung des anderen Ehegatten, so kann das Recht, die Überlassung jederzeit zu widerrufen, nur durch Ehevertrag ausgeschlossen oder eingeschränkt werden; ein Widerruf aus wichtigem Grunde bleibt gleichwohl zulässig.

제1411조 [피성년후견인의 혼인재산계약]

① 피성년후견인의 혼인재산계약 사무에 대해 동의유보가 명하여진 경우, 피성년후견인은 성년후견인의 동의를 받아야만 혼인재산계약을 체결할 수 있다. 부가이익의 청산이 배제되거나 제한된 경우 또는 공동재산제가 약정되거나 해소되는 경우, 성년후견인의 동의에는 성년후견법원의 허가가 필요하다. 성년후견인은 행위능력이 있는 피성년후견인을 위해서 혼인재산계약을 체결할 수 없다.

② 성년후견인은 행위능력이 없는 혼인당사자 일방을 위해서 혼인재산계약을 체결한다; 성년후견인은 공동재산제를 약정하거나 해소할 수 없다. 성년후견인은 성년후견법원의 허가를 받아야만 혼인재산계약을 체결할 수 있다.

제1412조 [제3자에 대한 효력]

혼인당사자들이 법정재산제를 배제 또는 변경하였거나 혼인재산제에 관한 약정을 해소 또는 변경한 경우, 다음 각 호의 경우에만 이로부터 제3자에 대한 대항사유를 도출할 수 있다.

1. 혼인당사자 일방과 제3자 사이에 행해진 법률행위에 대해서는 제3자가 법률행위 당시 혼인재산계약의 존재를 알았거나 중대한 과실로 인해 알지 못한 경우, 또는

2. 혼인당사자 일방과 제3자 사이에 선고된 확정판결에 대해서는 제3자가 소송계속의 발생 당시 혼인재산계약의 존재를 알았거나 중대한 과실로 인해 알지 못한 경우.

제1413조 [재산관리 위임의 철회]

혼인당사자 일방이 자신의 재산의 관리를 배우자에게 위임한 경우, 그 관리위임을 언제든지 철회할 수 있는 권리는 혼인재산계약에 의해서만 배제되거나 제한될 수 있다; 그러나 중대한 사유에 기한 철회는 허용된다.

Kapitel 2   Gütertrennung

§ 1414   Eintritt der Gütertrennung

Schließen die Ehegatten den gesetzlichen Güterstand aus oder heben sie ihn auf, so tritt Gütertrennung ein, falls sich nicht aus dem Ehevertrag etwas anderes ergibt. Das Gleiche gilt, wenn der Ausgleich des Zugewinns ausgeschlossen oder die Gütergemeinschaft aufgehoben wird.

Kapitel 3   Gütergemeinschaft

Unterkapitel 1   Allgemeine Vorschriften

§ 1415   Vereinbarung durch Ehevertrag

Vereinbaren die Ehegatten durch Ehevertrag Gütergemeinschaft, so gelten die nachstehenden Vorschriften.

§ 1416   Gesamtgut

(1) Das jeweilige Vermögen der Ehegatten wird durch die Gütergemeinschaft gemeinschaftliches Vermögen beider Ehegatten (Gesamtgut). Zu dem Gesamtgut gehört auch das Vermögen, das einer der Ehegatten während der Gütergemeinschaft erwirbt.

(2) Die einzelnen Gegenstände werden gemeinschaftlich; sie brauchen nicht durch Rechtsgeschäft übertragen zu werden.

(3) Wird ein Recht gemeinschaftlich, das im Grundbuch eingetragen ist oder in das Grundbuch eingetragen werden kann, so kann jeder Ehegatte von dem anderen verlangen, dass er zur Berichtigung des Grundbuchs mitwirke. Entsprechendes gilt, wenn ein Recht gemeinschaftlich wird, das im Schiffsregister oder im Schiffsbauregister eingetragen ist.

§ 1417   Sondergut

(1) Vom Gesamtgut ist das Sondergut ausgeschlossen.

(2) Sondergut sind die Gegenstände, die nicht durch Rechtsgeschäft übertragen werden können.

(3) Jeder Ehegatte verwaltet sein Sondergut selbständig. Er verwaltet es für Rechnung des Gesamtguts.

제2항   별산제

제1414조 [별산제의 개시]

혼인당사자들이 법정재산제를 배제하거나 해소한 경우, 혼인재산계약으로 달리 정하지 않는 한 별산제가 개시된다. 이는 부가이익의 청산이 배제되거나 공동재산제가 해소되는 경우에도 같다.

제3항   공동재산제

제1목   일반규정

제1415조 [혼인재산계약에 의한 약정]

혼인당사자들이 혼인재산계약으로 공동재산제를 약정한 경우, 이하의 규정들을 적용한다.

제1416조 [공동재산]

① 혼인당사자 각자의 재산은 공동재산제에 의해 혼인당사자 쌍방의 공동재산으로 된다(공동재산). 혼인당사자 일방이 공동재산제 기간 동안 취득하는 재산도 공동재산에 속한다.

② 개별 목적물은 공동재산으로 된다; 개별 목적물을 법률행위를 통해 양도할 필요는 없다.

③ 등기부에 등기되어 있거나 등기부에 등기할 수 있는 권리가 공동재산으로 된 경우, 혼인당사자 각자는 배우자에게 등기부의 정정에 협력할 것을 청구할 수 있다. 선박등기부 또는 선박건조등기부에 등기된 권리가 공동재산으로 된 경우에도 같다.

제1417조 [특유재산]

① 특유재산은 공동재산에서 제외된다.

② 법률행위로 양도될 수 없는 목적물은 특유재산이다.

③ 혼인당사자 각자는 자신의 특유재산을 독자적으로 관리한다. 혼인당사자 각자는 공동재산의 계산으로 자신의 특유재산을 관리한다.

§ 1418   Vorbehaltsgut

(1) Vom Gesamtgut ist das Vorbehaltsgut ausgeschlossen.

(2) Vorbehaltsgut sind die Gegenstände,

1. die durch Ehevertrag zum Vorbehaltsgut eines Ehegatten erklärt sind,

2. die ein Ehegatte von Todes wegen erwirbt oder die ihm von einem Dritten unentgeltlich zugewendet werden, wenn der Erblasser durch letztwillige Verfügung, der Dritte bei der Zuwendung bestimmt hat, dass der Erwerb Vorbehaltsgut sein soll,

3. die ein Ehegatte auf Grund eines zu seinem Vorbehaltsgut gehörenden Rechts oder als Ersatz für die Zerstörung, Beschädigung oder Entziehung eines zum Vorbehaltsgut gehörenden Gegenstands oder durch ein Rechtsgeschäft erwirbt, das sich auf das Vorbehaltsgut bezieht.

(3) Jeder Ehegatte verwaltet das Vorbehaltsgut selbständig. Er verwaltet es für eigene Rechnung.

(4) Gehören Vermögensgegenstände zum Vorbehaltsgut, so ist dies Dritten gegenüber nur nach Maßgabe des § 1412 wirksam.

§ 1419   Gesamthandsgemeinschaft

(1) Ein Ehegatte kann nicht über seinen Anteil am Gesamtgut und an den einzelnen Gegenständen verfügen, die zum Gesamtgut gehören; er ist nicht berechtigt, Teilung zu verlangen.

(2) Gegen eine Forderung, die zum Gesamtgut gehört, kann der Schuldner nur mit einer Forderung aufrechnen, deren Berichtigung er aus dem Gesamtgut verlangen kann

§ 1420   Verwendung zum Unterhalt

Die Einkünfte, die in das Gesamtgut fallen, sind vor den Einkünften, die in das Vorbehaltsgut fallen, der Stamm des Gesamtguts ist vor dem Stamm des Vorbehaltsguts oder des Sonderguts für den Unterhalt der Familie zu verwenden.

제1418조 [유보재산]

① 유보재산은 공동재산에서 제외된다.

② 다음 각 호의 목적물은 유보재산이다.

1. 혼인재산계약으로 혼인당사자 일방의 유보재산으로 하기로 표시한 목적물,

2. 혼인당사자 일방이 사망을 원인으로 취득하거나 제3자가 그에게 무상으로 출연한 재산으로서, 피상속인이 최종의사처분*으로 또는 제3자가 출연을 하면서 그 취득을 유보재산으로 할 것을 정한 목적물,

3. 혼인당사자 일방이 그의 유보재산에 속하는 권리에 기하여 취득하거나, 유보재산에 속하는 목적물의 멸실, 훼손 또는 박탈에 대한 배상으로서 취득하거나 유보재산과 관계되는 법률행위에 의해 취득한 목적물.

③ 혼인당사자 각자는 유보재산을 독자적으로 관리한다. 각자는 자신의 계산으로 관리한다.

④ 재산목적물이 유보재산에 속하는 경우, 제1412조에서 정하는 바에 따라서만 제3자에 대해 효력이 있다.

제1419조 [합유]

① 혼인당사자 일방은 공동재산 및 공동재산에 속하는 개별 목적물에 대한 자신의 지분을 처분할 수 없다; 분할을 청구할 수 있는 권리도 없다.

② 공동재산에 속하는 채권에 대해, 채무자는 공동재산으로부터 이행을 청구할 수 있는 채권으로만 상계할 수 있다.

제1420조 [부양을 위한 사용]

공동재산에 속하는 수입은 유보재산에 속하는 수입에 앞서, 공동재산인 기본재산은 유보재산이나 특유재산인 기본재산에 앞서 가족의 부양을 위해 사용되어야 한다.

---

* '일러두기 6' 참조.

§ 1421 Verwaltung des Gesamtguts

Die Ehegatten sollen in dem Ehevertrag, durch den sie die Gütergemeinschaft verein-baren, bestimmen, welcher der Ehegatten das Gesamtgut verwaltet oder ob es von ihnen gemeinschaftlich verwaltet wird. Enthält der Ehevertrag keine Bestimmung hierüber, so verwalten die Ehegatten das Gesamtgut gemeinschaftlich.

Unterkapitel 2   Verwaltung des Gesamtguts durch einen Ehegatten

§ 1422 Inhalt des Verwaltungsrechts

Der Ehegatte, der das Gesamtgut verwaltet, ist insbesondere berechtigt, die zum Ge-samtgut gehörenden Sachen in Besitz zu nehmen und über das Gesamtgut zu verfügen; er führt Rechtsstreitigkeiten, die sich auf das Gesamtgut beziehen, im eigenen Namen. Der andere Ehegatte wird durch die Verwaltungshandlungen nicht persönlich verpflichtet.

§ 1423 Verfügung über das Gesamtgut im Ganzen

Der Ehegatte, der das Gesamtgut verwaltet, kann sich nur mit Einwilligung des anderen Ehegatten verpflichten, über das Gesamtgut im Ganzen zu verfügen. Hat er sich ohne Zu-stimmung des anderen Ehegatten verpflichtet, so kann er die Verpflichtung nur erfüllen, wenn der andere Ehegatte einwilligt.

§ 1424 Verfügung über Grundstücke, Schiffe oder Schiffsbauwerke

Der Ehegatte, der das Gesamtgut verwaltet, kann nur mit Einwilligung des anderen Ehegatten über ein zum Gesamtgut gehörendes Grundstück verfügen; er kann sich zu einer solchen Verfügung auch nur mit Einwilligung seines Ehegatten verpflichten. Dasselbe gilt, wenn ein eingetragenes Schiff oder Schiffsbauwerk zum Gesamtgut gehört.

§ 1425 Schenkungen

(1) Der Ehegatte, der das Gesamtgut verwaltet, kann nur mit Einwilligung des anderen Ehegatten Gegenstände aus dem Gesamtgut verschenken; hat er ohne Zustimmung des an-deren Ehegatten versprochen, Gegenstände aus dem Gesamtgut zu verschenken, so kann er dieses Versprechen nur erfüllen, wenn der andere Ehegatte einwilligt. Das Gleiche gilt von einem Schenkungsversprechen, das sich nicht auf das Gesamtgut bezieht.

제1421조 [공동재산의 관리]

혼인당사자들은 공동재산제를 합의한 혼인재산계약에서 공동재산을 혼인당사자 중 어느 일방이 관리하는지 또는 그들이 공동으로 관리하는지 여부를 정해야 한다. 혼인재산계약이 이에 관한 규정을 두고 있지 않은 경우, 혼인당사자들이 공동으로 공동재산을 관리한다.

제2목 혼인당사자 일방에 의한 공동재산의 관리

제1422조 [관리권의 내용]

공동재산을 관리하는 혼인당사자 일방은 특히 공동재산에 속하는 물건을 점유하고 공동재산을 처분할 권리가 있다; 그는 공동재산에 관계되는 소송을 자신의 이름으로 수행한다. 배우자는 그 관리행위로 인해 개인적으로 의무를 부담하지 않는다.

제1423조 [공동재산 전부의 처분]

공동재산을 관리하는 혼인당사자 일방은 배우자의 동의가 있는 경우에만 공동재산 전부를 처분하는 의무를 부담할 수 있다. 그가 배우자의 동의 없이 의무를 부담한 경우, 그는 배우자가 동의한 경우에만 그 의무를 이행할 수 있다.

제1424조 [부동산, 선박 또는 건조 중인 선박의 처분]

공동재산을 관리하는 혼인당사자 일방은 배우자의 동의가 있는 경우에만 공동재산에 속하는 부동산을 처분할 수 있다; 배우자의 동의가 있는 경우에만 그러한 처분을 하는 의무도 부담할 수 있다. 등기된 선박이나 건조 중인 선박이 공동재산에 속하는 경우에도 같다.

제1425조 [증여]

① 공동재산을 관리하는 혼인당사자 일방은 배우자의 동의가 있는 경우에만 공동재산인 목적물을 증여할 수 있다; 배우자의 동의 없이 공동재산인 목적물을 증여하기로 약속한 경우, 그는 배우자가 동의하는 경우에만 그 약속을 이행할 수 있다. 이는 공동재산과 관계없는 증여 약속에 대해서도 같다.

(2) Ausgenommen sind Schenkungen, durch die einer sittlichen Pflicht oder einer auf den Anstand zu nehmenden Rücksicht entsprochen wird.

§ 1426 Ersetzung der Zustimmung des anderen Ehegatten

Ist ein Rechtsgeschäft, das nach den §§ 1423, 1424 nur mit Einwilligung des anderen Ehegatten vorgenommen werden kann, zur ordnungsmäßigen Verwaltung des Gesamtguts erforderlich, so kann das Familiengericht auf Antrag die Zustimmung des anderen Ehegatten ersetzen, wenn dieser sie ohne ausreichenden Grund verweigert oder durch Krankheit oder Abwesenheit an der Abgabe einer Erklärung verhindert und mit dem Aufschub Gefahr verbunden ist.

§ 1427 Rechtsfolgen fehlender Einwilligung

(1) Nimmt der Ehegatte, der das Gesamtgut verwaltet, ein Rechtsgeschäft ohne die erforderliche Einwilligung des anderen Ehegatten vor, so gelten die Vorschriften des § 1366 Abs. 1, 3, 4 und des § 1367 entsprechend.

(2) Einen Vertrag kann der Dritte bis zur Genehmigung widerrufen. Hat er gewusst, dass der Ehegatte in Gütergemeinschaft lebt, so kann er nur widerrufen, wenn dieser wahrheitswidrig behauptet hat, der andere Ehegatte habe eingewilligt; er kann auch in diesem Falle nicht widerrufen, wenn ihm beim Abschluss des Vertrags bekannt war, dass der andere Ehegatte nicht eingewilligt hatte.

§ 1428 Verfügungen ohne Zustimmung

Verfügt der Ehegatte, der das Gesamtgut verwaltet, ohne die erforderliche Zustimmung des anderen Ehegatten über ein zum Gesamtgut gehörendes Recht, so kann dieser das Recht gegen Dritte gerichtlich geltend machen; der Ehegatte, der das Gesamtgut verwaltet, braucht hierzu nicht mitzuwirken.

§ 1429 Notverwaltungsrecht

Ist der Ehegatte, der das Gesamtgut verwaltet, durch Krankheit oder durch Abwesenheit verhindert, ein Rechtsgeschäft vorzunehmen, das sich auf das Gesamtgut bezieht, so kann der andere Ehegatte das Rechtsgeschäft vornehmen, wenn mit dem Aufschub Gefahr verbunden ist; er kann hierbei im eigenen Namen oder im Namen des verwaltenden Ehegatten handeln. Das Gleiche gilt für die Führung eines Rechtsstreits, der sich auf das Gesamtgut bezieht.

② 윤리적 의무 또는 도의관념에 적합한 증여는 제외된다.

제1426조 [배우자 동의의 대체]

제1423조, 제1424조에 따라 배우자의 동의가 있는 경우에만 할 수 있는 법률행위가 공동재산의 적절한 관리에 필요한 경우, 배우자가 충분한 이유 없이 동의를 거부하거나 질병 또는 부재로 인해 의사표시를 하는 데 장애가 있고 지체하면 위험이 결부되는 때에는, 가정법원은 신청에 기하여 배우자의 동의를 갈음할 수 있다.

제1427조 [동의가 없는 경우의 법률효과]

① 공동재산을 관리하는 혼인당사자 일방이 배우자의 필요한 동의 없이 법률행위를 한 경우, 제1366조 제1항, 제3항, 제4항 및 제1367조의 규정을 준용한다.

② 추인이 있을 때까지 제3자는 계약을 철회할 수 있다. 그 혼인당사자 일방이 공동재산제에서 생활하고 있음을 제3자가 알았던 경우, 제3자는 그 혼인당사자 일방이 배우자가 동의하였다고 진실에 반하여 주장한 경우에만 철회할 수 있다; 배우자가 동의하지 않았다는 사실을 제3자가 계약 체결시 알았던 경우에는, 제3자는 전술한 경우에도 철회할 수 없다.

제1428조 [동의 없는 처분]

공동재산을 관리하는 혼인당사자 일방이 배우자의 필요한 동의 없이 공동재산에 속하는 권리를 처분한 경우, 그 배우자는 제3자에 대한 권리를 재판상 행사할 수 있다; 공동재산을 관리하는 혼인당사자 일방이 이에 협력할 필요는 없다.

제1429조 [긴급 관리권]

공동재산을 관리하는 혼인당사자 일방이 질병이나 부재로 인해 공동재산에 관계되는 법률행위를 하는 데 장애가 있는 경우, 지체가 위험과 결부되는 때에는 배우자가 그 법률행위를 할 수 있다; 이때 그는 자신의 이름 또는 관리하는 혼인당사자의 이름으로 행위할 수 있다. 공동재산에 관계되는 소송을 수행하는 경우에도 같다.

§ 1430 Ersetzung der Zustimmung des Verwalters

Verweigert der Ehegatte, der das Gesamtgut verwaltet, ohne ausreichenden Grund die Zustimmung zu einem Rechtsgeschäft, das der andere Ehegatte zur ordnungsmäßigen Besorgung seiner persönlichen Angelegenheiten vornehmen muss, aber ohne diese Zustimmung nicht mit Wirkung für das Gesamtgut vornehmen kann, so kann das Familiengericht die Zustimmung auf Antrag ersetzen.

§ 1431 Selbständiges Erwerbsgeschäft

(1) Hat der Ehegatte, der das Gesamtgut verwaltet, darin eingewilligt, dass der andere Ehegatte selbständig ein Erwerbsgeschäft betreibt, so ist seine Zustimmung zu solchen Rechtsgeschäften und Rechtsstreitigkeiten nicht erforderlich, die der Geschäftsbetrieb mit sich bringt. Einseitige Rechtsgeschäfte, die sich auf das Erwerbsgeschäft beziehen, sind dem Ehegatten gegenüber vorzunehmen, der das Erwerbsgeschäft betreibt.

(2) Weiß der Ehegatte, der das Gesamtgut verwaltet, dass der andere Ehegatte ein Erwerbsgeschäft betreibt, und hat er hiergegen keinen Einspruch eingelegt, so steht dies einer Einwilligung gleich.

(3) Dritten gegenüber ist ein Einspruch und der Widerruf der Einwilligung nur nach Maßgabe des § 1412 wirksam.

§ 1432 Annahme einer Erbschaft; Ablehnung von Vertragsantrag oder Schenkung

(1) Ist dem Ehegatten, der das Gesamtgut nicht verwaltet, eine Erbschaft oder ein Vermächtnis angefallen, so ist nur er berechtigt, die Erbschaft oder das Vermächtnis anzunehmen oder auszuschlagen; die Zustimmung des anderen Ehegatten ist nicht erforderlich. Das Gleiche gilt von dem Verzicht auf den Pflichtteil oder auf den Ausgleich eines Zugewinns sowie von der Ablehnung eines Vertragsantrags oder einer Schenkung.

(2) Der Ehegatte, der das Gesamtgut nicht verwaltet, kann ein Inventar über eine ihm angefallene Erbschaft ohne Zustimmung des anderen Ehegatten errichten.

§ 1433 Fortsetzung eines Rechtsstreits

Der Ehegatte, der das Gesamtgut nicht verwaltet, kann ohne Zustimmung des anderen Ehegatten einen Rechtsstreit fortsetzen, der beim Eintritt der Gütergemeinschaft anhängig war.

제1430조 [관리자 동의의 대체]

공동재산을 관리하는 혼인당사자 일방이 충분한 이유 없이 배우자가 자신의 개인적 사무를 적절하게 처리하기 위해 해야 하는 법률행위에 대해 동의를 거부하고, 그의 동의가 없으면 그 법률행위가 공동재산에 대해 효력을 미칠 수 없는 경우, 가정법원은 신청에 기하여 그 동의를 갈음할 수 있다.

제1431조 [독자적 영업행위]

① 공동재산을 관리하는 혼인당사자 일방이 배우자가 독자적으로 영업행위를 하는 데에 동의한 경우, 그 영업행위에 수반하는 법률행위 및 소송에 대한 그의 동의는 필요하지 않다. 영업행위와 관계되는 단독행위는 영업행위를 하는 배우자에게 해야 한다.

② 공동재산을 관리하는 혼인당사자 일방이 배우자가 영업행위를 하고 있음을 알고 있고, 이에 대해 이의를 제기하지 않은 경우, 이는 동의와 같다.

③ 이의 및 동의의 철회는 제1412조에서 정하는 바에 따라서만 제3자에 대해 효력이 있다.

제1432조 [상속의 승인, 계약 청약이나 증여의 거절]

① 공동재산을 관리하지 않는 혼인당사자에게 상속 또는 유증이 있는 경우, 그 혼인당사자만이 상속 또는 유증을 승인하거나 포기할 수 있는 권리가 있다; 배우자의 동의는 필요하지 않다. 유류분 또는 부가이익의 청산의 포기, 계약 청약이나 증여의 거절에 대해서도 같다.

② 공동재산을 관리하지 않는 혼인당사자는 그에게 발생한 상속의 재산목록을 배우자의 동의 없이 작성할 수 있다.

제1433조 [소송의 계속 수행]

공동재산을 관리하지 않는 혼인당사자 일방은 공동재산제가 개시한 당시 계속 중인 소송을 배우자의 동의 없이 계속 수행할 수 있다.

§ 1434　Ungerechtfertigte Bereicherung des Gesamtguts

Wird durch ein Rechtsgeschäft, das ein Ehegatte ohne die erforderliche Zustimmung des anderen Ehegatten vornimmt, das Gesamtgut bereichert, so ist die Bereicherung nach den Vorschriften über die ungerechtfertigte Bereicherung aus dem Gesamtgut herauszugeben.

§ 1435　Pflichten des Verwalters

Der Ehegatte hat das Gesamtgut ordnungsmäßig zu verwalten. Er hat den anderen Ehegatten über die Verwaltung zu unterrichten und ihm auf Verlangen über den Stand der Verwaltung Auskunft zu erteilen. Mindert sich das Gesamtgut, so muss er zu dem Gesamtgut Ersatz leisten, wenn er den Verlust verschuldet oder durch ein Rechtsgeschäft herbeigeführt hat, das er ohne die erforderliche Zustimmung des anderen Ehegatten vorgenommen hat.

§ 1436　Verwalter unter Betreuung

Fällt die Verwaltung des Gesamtguts in den Aufgabenkreis des Betreuers eines Ehegatten, so hat der Betreuer diesen in den Rechten und Pflichten zu vertreten, die sich aus der Verwaltung des Gesamtguts ergeben. Dies gilt auch dann, wenn der andere Ehegatte zum Betreuer bestellt ist.

§ 1437　Gesamtgutsverbindlichkeiten; persönliche Haftung

(1) Aus dem Gesamtgut können die Gläubiger des Ehegatten, der das Gesamtgut verwaltet, und, soweit sich aus den §§ 1438 bis 1440 nichts anderes ergibt, auch die Gläubiger des anderen Ehegatten Befriedigung verlangen (Gesamtgutsverbindlichkeiten).

(2) Der Ehegatte, der das Gesamtgut verwaltet, haftet für die Verbindlichkeiten des anderen Ehegatten, die Gesamtgutsverbindlichkeiten sind, auch persönlich als Gesamtschuldner. Die Haftung erlischt mit der Beendigung der Gütergemeinschaft, wenn die Verbindlichkeiten im Verhältnis der Ehegatten zueinander dem anderen Ehegatten zur Last fallen.

§ 1438　Haftung des Gesamtguts

(1) Das Gesamtgut haftet für eine Verbindlichkeit aus einem Rechtsgeschäft, das während der Gütergemeinschaft vorgenommen wird, nur dann, wenn der Ehegatte, der das Gesamtgut verwaltet, das Rechtsgeschäft vornimmt oder wenn er ihm zustimmt oder wenn das Rechtsgeschäft ohne seine Zustimmung für das Gesamtgut wirksam ist.

제1434조 [공동재산의 부당이득]

혼인당사자 일방이 필요한 배우자의 동의 없이 한 법률행위에 의해 공동재산이 이득을 받게 된 경우, 그 이득은 부당이득에 관한 규정에 따라 공동재산에서 반환되어야 한다.

제1435조 [관리자의 의무]

혼인당사자 일방은 공동재산을 적절하게 관리해야 한다. 그는 배우자에게 관리에 관해 알려주어야 하고, 청구가 있는 경우에는 관리의 상태에 관한 정보를 제공해야 한다. 공동재산이 감소한 경우, 그가 그 손실에 대해 과책이 있거나 배우자의 필요한 동의 없이 행한 법률행위에 의해 손실을 야기한 때에는, 그는 공동재산에 배상해야 한다.

제1436조 [성년후견에서의 관리인]

공동재산의 관리가 혼인당사자 일방을 위한 성년후견인의 업무범위에 속하는 경우, 성년후견인은 공동재산의 관리로부터 발생하는 권리와 의무에서 그를 대리해야 한다. 이는 배우자가 성년후견인으로 선임된 경우에도 같다.

제1437조 [공동재산채무, 인적 책임]

① 공동재산을 관리하는 혼인당사자 일방의 채권자는 공동재산으로부터 변제를 청구할 수 있고, 제1438조 내지 제1440조에서 달리 정하지 않는 한, 배우자의 채권자도 공동재산으로부터 변제를 청구할 수 있다(공동재산채무).
② 공동재산을 관리하는 혼인당사자 일방은 공동재산채무인 배우자의 채무에 대해 개인적으로도 연대채무자로서 책임이 있다. 그 채무가 혼인당사자 상호간의 관계에서 배우자의 부담으로 되는 경우, 그 책임은 공동재산제의 종료로 소멸한다.

제1438조 [공동재산의 책임]

① 공동재산제 기간 동안 행해진 법률행위로부터 발생한 채무에 대해 공동재산이 책임이 있는 것은, 공동재산을 관리하는 혼인당사자 일방이 그 법률행위를 하거나, 그 법률행위에 동의하거나, 그 법률행위가 그의 동의 없이 공동재산에 효력을 미치는 경우에만 그러하다.

(2) Für die Kosten eines Rechtsstreits haftet das Gesamtgut auch dann, wenn das Urteil dem Gesamtgut gegenüber nicht wirksam ist.

§ 1439　Keine Haftung bei Erwerb einer Erbschaft

Das Gesamtgut haftet nicht für Verbindlichkeiten, die durch den Erwerb einer Erbschaft entstehen, wenn der Ehegatte, der Erbe ist, das Gesamtgut nicht verwaltet und die Erbschaft während der Gütergemeinschaft als Vorbehaltsgut oder als Sondergut erwirbt; das Gleiche gilt beim Erwerb eines Vermächtnisses.

§ 1440　Haftung für Vorbehalts- oder Sondergut

Das Gesamtgut haftet nicht für eine Verbindlichkeit, die während der Gütergemeinschaft infolge eines zum Vorbehaltsgut oder Sondergut gehörenden Rechts oder des Besitzes einer dazu gehörenden Sache in der Person des Ehegatten entsteht, der das Gesamtgut nicht verwaltet. Das Gesamtgut haftet jedoch, wenn das Recht oder die Sache zu einem Erwerbsgeschäft gehört, das der Ehegatte mit Einwilligung des anderen Ehegatten selbständig betreibt, oder wenn die Verbindlichkeit zu den Lasten des Sonderguts gehört, die aus den Einkünften beglichen zu werden pflegen.

§ 1441　Haftung im Innenverhältnis

Im Verhältnis der Ehegatten zueinander fallen folgende Gesamtgutsverbindlichkeiten dem Ehegatten zur Last, in dessen Person sie entstehen:

1. die Verbindlichkeiten aus einer unerlaubten Handlung, die er nach Eintritt der Gütergemeinschaft begeht, oder aus einem Strafverfahren, das wegen einer solchen Handlung gegen ihn gerichtet wird;

2. die Verbindlichkeiten aus einem sich auf sein Vorbehaltsgut oder sein Sondergut beziehenden Rechtsverhältnis, auch wenn sie vor Eintritt der Gütergemeinschaft oder vor der Zeit entstanden sind, zu der das Gut Vorbehaltsgut oder Sondergut geworden ist;

3. die Kosten eines Rechtsstreits über eine der in den Nummern 1 und 2 bezeichneten Verbindlichkeiten.

§ 1442　Verbindlichkeiten des Sonderguts und eines Erwerbsgeschäfts

Die Vorschrift des § 1441 Nr. 2, 3 gilt nicht, wenn die Verbindlichkeiten zu den Lasten des Sonderguts gehören, die aus den Einkünften beglichen zu werden pflegen. Die Vorschrift

② 판결이 공동재산에 대해 효력을 미치지 않는 경우에도 공동재산이 소송비용에 대해 책임이 있다.

제1439조 [상속재산 취득시 책임 없음]

상속인인 혼인당사자 일방이 공동재산을 관리하지 않고, 그가 공동재산제 기간 동안 상속재산을 유보재산 또는 특유재산으로 취득하는 경우, 공동재산은 상속재산 취득으로 인해 발생하는 채무에 대해 책임이 없다; 유증 취득에도 같다.

제1440조 [유보재산 또는 특유재산에 대한 책임]

공동재산제 기간 동안 유보재산이나 특유재산에 속하는 권리 또는 이에 속하는 물건의 점유로 인해 공동재산을 관리하지 않는 혼인당사자 일방에게 발생하는 채무에 대해 공동재산은 책임이 없다. 그러나 그 권리나 물건이 혼인당사자 일방이 배우자의 동의를 얻어 독자적으로 하는 영업행위에 속하는 경우 또는 그 채무가 수입으로부터 통상 변제되는 특유재산의 부담에 속하는 경우에는 공동재산이 책임이 있다.

제1441조 [내부관계에서 책임]

다음 각 호의 공동재산채무는 혼인당사자 상호간의 관계에서 그 채무가 발생한 혼인당사자 일방이 부담한다.

1. 공동재산제 개시 이후 그가 행한 불법행위로부터 발생한 채무 또는 그러한 불법행위를 이유로 그에 대한 형사절차에서 발생한 채무;

2. 채무가 공동재산제 개시 전 또는 재산이 유보재산이나 특유재산으로 된 시점 전에 발생하였지만, 그의 유보재산 또는 특유재산에 관계되는 법률관계로부터 발생한 채무;

3. 제1호 및 제2호에서 규정하는 채무에 관한 소송의 비용.

제1442조 [특유재산채무와 영업행위채무]

채무가 수입으로부터 통상 변제되는 특유재산의 부담에 속하는 경우에는 제1441조 제2호 및 제3호의 규정을 적용하지 않는다. 채무가 공동재산의 계산

gilt auch dann nicht, wenn die Verbindlichkeiten durch den Betrieb eines für Rechnung des Gesamtguts geführten Erwerbsgeschäfts oder infolge eines zu einem solchen Erwerbsgeschäft gehörenden Rechts oder des Besitzes einer dazu gehörenden Sache entstehen.

§ 1443   Prozesskosten

(1) Im Verhältnis der Ehegatten zueinander fallen die Kosten eines Rechtsstreits, den die Ehegatten miteinander führen, dem Ehegatten zur Last, der sie nach allgemeinen Vorschriften zu tragen hat.

(2) Führt der Ehegatte, der das Gesamtgut nicht verwaltet, einen Rechtsstreit mit einem Dritten, so fallen die Kosten des Rechtsstreits im Verhältnis der Ehegatten zueinander diesem Ehegatten zur Last. Die Kosten fallen jedoch dem Gesamtgut zur Last, wenn das Urteil dem Gesamtgut gegenüber wirksam ist oder wenn der Rechtsstreit eine persönliche Angelegenheit oder eine Gesamtgutsverbindlichkeit des Ehegatten betrifft und die Aufwendung der Kosten den Umständen nach geboten ist; § 1441 Nr. 3 und § 1442 bleiben unberührt.

§ 1444   Kosten der Ausstattung eines Kindes

(1) Verspricht oder gewährt der Ehegatte, der das Gesamtgut verwaltet, einem gemeinschaftlichen Kind aus dem Gesamtgut eine Ausstattung, so fällt ihm im Verhältnis der Ehegatten zueinander die Ausstattung zur Last, soweit sie das Maß übersteigt, das dem Gesamtgut entspricht.

(2) Verspricht oder gewährt der Ehegatte, der das Gesamtgut verwaltet, einem nicht gemeinschaftlichen Kind eine Ausstattung aus dem Gesamtgut, so fällt sie im Verhältnis der Ehegatten zueinander dem Vater oder der Mutter zur Last; für den Ehegatten, der das Gesamtgut nicht verwaltet, gilt dies jedoch nur insoweit, als er zustimmt oder die Ausstattung nicht das Maß übersteigt, das dem Gesamtgut entspricht.

§ 1445   Ausgleichung zwischen Vorbehalts-, Sonder- und Gesamtgut

(1) Verwendet der Ehegatte, der das Gesamtgut verwaltet, Gesamtgut in sein Vorbehaltsgut oder in sein Sondergut, so hat er den Wert des Verwendeten zum Gesamtgut zu ersetzen.

(2) Verwendet er Vorbehaltsgut oder Sondergut in das Gesamtgut, so kann er Ersatz aus dem Gesamtgut verlangen.

으로 하는 영업행위로 인해 또는 그러한 영업행위에 속하는 권리나 그에 속하는 물건의 점유로 인해 발생한 경우에도 위 규정을 적용하지 않는다.

제1443조 [소송비용]

① 혼인당사자 상호간의 관계에서 서로에 대해 진행되는 소송의 비용은 일반 규정에 따라 이를 부담해야 하는 혼인당사자 일방의 부담으로 한다.

② 공동재산을 관리하지 않는 혼인당사자 일방이 제3자와 소송을 진행하는 경우, 소송비용은 혼인당사자 상호간의 관계에서는 그 혼인당사자 일방의 부담으로 한다. 그러나 판결이 공동재산에 대해 효력이 있는 경우 또는 소송이 혼인당사자 일방의 개인적 사무나 공동재산채무에 관계되고 사정에 비추어 비용부담이 요구되는 경우, 그 비용은 공동재산의 부담으로 한다; 제1441조 제3호 및 제1442조는 영향을 받지 않는다.

제1444조 [자녀의 독립자금 비용]

① 공동재산을 관리하는 혼인당사자 일방이 공동의 자녀에게 공동재산에서 독립자금을 약속하거나 제공한 경우, 그 독립자금이 공동재산에 상응하는 정도를 초과하는 범위에서는, 그 독립자금은 혼인당사자 상호간의 관계에서는 그의 부담으로 한다.

② 공동재산을 관리하는 혼인당사자 일방이 공동의 자녀가 아닌 자녀에게 공동재산으로부터 독립자금을 약속하거나 제공한 경우, 그 독립자금은 혼인당사자 상호간의 관계에서는 그 부나 모의 부담으로 한다; 그러나 공동재산을 관리하지 않는 혼인당사자 일방에 대해서는, 그가 동의하였거나 독립자금이 공동재산에 상응하는 정도를 넘지 않는 범위에서만, 이와 같이 적용한다.

제1445조 [유보재산, 특유재산, 공동재산 간의 청산]

① 공동재산을 관리하는 혼인당사자 일방이 공동재산을 그의 유보재산이나 특유재산에 사용한 경우, 그는 그 사용한 가액을 공동재산에 배상해야 한다.

② 그가 유보재산 또는 특유재산을 공동재산에 사용한 경우, 그는 공동재산에서 배상을 청구할 수 있다.

§ 1446 Fälligkeit des Ausgleichsanspruchs

(1) Was der Ehegatte, der das Gesamtgut verwaltet, zum Gesamtgut schuldet, braucht er erst nach der Beendigung der Gütergemeinschaft zu leisten; was er aus dem Gesamtgut zu fordern hat, kann er erst nach der Beendigung der Gütergemeinschaft fordern.

(2) Was der Ehegatte, der das Gesamtgut nicht verwaltet, zum Gesamtgut oder was er zum Vorbehaltsgut oder Sondergut des anderen Ehegatten schuldet, braucht er erst nach der Beendigung der Gütergemeinschaft zu leisten; er hat die Schuld jedoch schon vorher zu berichtigen, soweit sein Vorbehaltsgut und sein Sondergut hierzu ausreichen.

§ 1447 Aufhebungsantrag des nicht verwaltenden Ehegatten

Der Ehegatte, der das Gesamtgut nicht verwaltet, kann die Aufhebung der Gütergemeinschaft beantragen,

1. wenn seine Rechte für die Zukunft dadurch erheblich gefährdet werden können, dass der andere Ehegatte zur Verwaltung des Gesamtguts unfähig ist oder sein Recht, das Gesamtgut zu verwalten, missbraucht,

2. wenn der andere Ehegatte seine Verpflichtung, zum Familienunterhalt beizutragen, verletzt hat und für die Zukunft eine erhebliche Gefährdung des Unterhalts zu besorgen ist,

3. wenn das Gesamtgut durch Verbindlichkeiten, die in der Person des anderen Ehegatten entstanden sind, in solchem Maße überschuldet ist, dass ein späterer Erwerb des Ehegatten, der das Gesamtgut nicht verwaltet, erheblich gefährdet wird,

4. wenn die Verwaltung des Gesamtguts in den Aufgabenkreis des Betreuers des anderen Ehegatten fällt.

§ 1448 Aufhebungsantrag des Verwalters

Der Ehegatte, der das Gesamtgut verwaltet, kann die Aufhebung der Gütergemeinschaft beantragen, wenn das Gesamtgut infolge von Verbindlichkeiten des anderen Ehegatten, die diesem im Verhältnis der Ehegatten zueinander zur Last fallen, in solchem Maße überschuldet ist, dass ein späterer Erwerb erheblich gefährdet wird.

제1446조 [청산청구권의 이행기]

① 공동재산을 관리하는 혼인당사자 일방은 그가 공동재산에 대해 부담하는 채무를 공동재산제가 종료된 이후에 비로소 이행할 필요가 있다; 그는 공동재산으로부터 청구해야 하는 것을 공동재산제가 종료된 이후에 비로소 청구할 수 있다.

② 공동재산을 관리하지 않는 혼인당사자 일방이 공동재산에 대해 부담하는 채무 또는 배우자의 유보재산이나 특유재산에 대해 부담하는 채무는 공동재산제가 종료한 이후에 비로소 이행할 필요가 있다; 그러나 채무자의 유보재산과 특유재산이 충분한 범위에서, 그는 그 채무를 미리 변제해야 한다.

제1447조 [공동재산을 관리하지 않는 혼인당사자 일방의 해소 신청]

다음 각 호의 경우, 공동재산을 관리하지 않는 혼인당사자 일방은 공동재산제의 해소를 신청할 수 있다.

1. 배우자가 공동재산을 관리할 수 없거나 공동재산을 관리할 권리를 남용함으로써 자신의 권리가 장래에 현저하게 위험할 수 있는 경우,

2. 배우자가 가족부양에 기여할 의무를 위반하였고 장래에 부양의 현저한 위험이 우려되는 경우,

3. 배우자에게 개인적으로 발생한 채무로 인해 공동재산을 관리하지 않는 혼인당사자의 이후 취득이 현저하게 위험할 정도로 공동재산이 과다채무인 경우,

4. 공동재산의 관리가 배우자를 위한 성년후견인의 업무범위에 속하는 경우.

제1448조 [관리인의 해소 신청]

공동재산을 관리하는 혼인당사자 일방은, 혼인당사자 상호간의 관계에서 배우자의 부담으로 되는 배우자의 채무로 인해 이후의 취득이 현저하게 위험할 정도로 공동재산이 과다채무가 된 경우, 공동재산제의 해소를 신청할 수 있다.

§ 1449 Wirkung der richterlichen Aufhebungsentscheidung

(1) Mit der Rechtskraft der richterlichen Entscheidung ist die Gütergemeinschaft aufgehoben; für die Zukunft gilt Gütertrennung.

(2) Dritten gegenüber ist die Aufhebung der Gütergemeinschaft nur nach Maßgabe des § 1412 wirksam.

Unterkapitel 3   Gemeinschaftliche Verwaltung des Gesamtguts durch die Ehegatten

§ 1450 Gemeinschaftliche Verwaltung durch die Ehegatten

(1) Wird das Gesamtgut von den Ehegatten gemeinschaftlich verwaltet, so sind die Ehegatten insbesondere nur gemeinschaftlich berechtigt, über das Gesamtgut zu verfügen und Rechtsstreitigkeiten zu führen, die sich auf das Gesamtgut beziehen. Der Besitz an den zum Gesamtgut gehörenden Sachen gebührt den Ehegatten gemeinschaftlich.

(2) Ist eine Willenserklärung den Ehegatten gegenüber abzugeben, so genügt die Abgabe gegenüber einem Ehegatten.

§ 1451 Mitwirkungspflicht beider Ehegatten

Jeder Ehegatte ist dem anderen gegenüber verpflichtet, zu Maßregeln mitzuwirken, die zur ordnungsmäßigen Verwaltung des Gesamtguts erforderlich sind.

§ 1452 Ersetzung der Zustimmung

(1) Ist zur ordnungsmäßigen Verwaltung des Gesamtguts die Vornahme eines Rechtsgeschäfts oder die Führung eines Rechtsstreits erforderlich, so kann das Familiengericht auf Antrag eines Ehegatten die Zustimmung des anderen Ehegatten ersetzen, wenn dieser sie ohne ausreichenden Grund verweigert.

(2) Die Vorschrift des Absatzes 1 gilt auch, wenn zur ordnungsmäßigen Besorgung der persönlichen Angelegenheiten eines Ehegatten ein Rechtsgeschäft erforderlich ist, das der Ehegatte mit Wirkung für das Gesamtgut nicht ohne Zustimmung des anderen Ehegatten vornehmen kann.

제1449조 [해소재판의 효력]

① 재판의 확정으로 공동재산제는 해소된다; 장래에 대하여는 별산제를 적용한다.

② 공동재산제의 해소는 제1412조가 정하는 바에 따라서만 제3자에 대해 효력이 있다.

제3목　혼인당사자들에 의한 공동재산의 공동관리

제1450조 [혼인당사자들에 의한 공동관리]

① 공동재산이 혼인당사자들에 의해 공동으로 관리되는 경우, 혼인당사자들은 특히 공동으로만 공동재산을 처분하고 공동재산에 관계되는 소송을 수행할 권한이 있다. 공동재산에 속하는 물건의 점유는 혼인당사자들에게 공동으로 인정된다.

② 혼인당사자들에 대해 의사표시를 해야 하는 경우, 혼인당사자 일방에 대한 의사표시로 충분하다.

제1451조 [혼인당사자들의 협력의무]

혼인당사자 각자는 그 배우자에 대해 공동재산의 적절한 관리를 위하여 필요한 조치에 협력할 의무가 있다.

제1452조 [동의의 대체]

① 공동재산의 적절한 관리를 위하여 법률행위를 하거나 소송의 수행이 필요한 경우, 배우자가 충분한 이유 없이 동의를 거부하는 때에는, 가정법원은 혼인당사자 일방의 신청에 기하여 그 배우자의 동의를 갈음할 수 있다.

② 혼인당사자 일방이 자신의 사무를 적절하게 처리하기 위하여 법률행위가 필요하고, 배우자의 동의가 없으면 공동재산에 대해 효력이 있는 것으로 그 법률행위를 수행할 수 없는 경우에도 제1항의 규정을 적용한다.

§ 1453 Verfügung ohne Einwilligung

(1) Verfügt ein Ehegatte ohne die erforderliche Einwilligung des anderen Ehegatten über das Gesamtgut, so gelten die Vorschriften des § 1366 Abs. 1, 3, 4 und des § 1367 entsprechend.

(2) Einen Vertrag kann der Dritte bis zur Genehmigung widerrufen. Hat er gewusst, dass der Ehegatte in Gütergemeinschaft lebt, so kann er nur widerrufen, wenn dieser wahrheitswidrig behauptet hat, der andere Ehegatte habe eingewilligt; er kann auch in diesem Falle nicht widerrufen, wenn ihm beim Abschluss des Vertrags bekannt war, dass der andere Ehegatte nicht eingewilligt hatte.

§ 1454 Notverwaltungsrecht

Ist ein Ehegatte durch Krankheit oder Abwesenheit verhindert, bei einem Rechtsgeschäft mitzuwirken, das sich auf das Gesamtgut bezieht, so kann der andere Ehegatte das Rechtsgeschäft vornehmen, wenn mit dem Aufschub Gefahr verbunden ist; er kann hierbei im eigenen Namen oder im Namen beider Ehegatten handeln. Das Gleiche gilt für die Führung eines Rechtsstreits, der sich auf das Gesamtgut bezieht.

§ 1455 Verwaltungshandlungen ohne Mitwirkung des anderen Ehegatten

Jeder Ehegatte kann ohne Mitwirkung des anderen Ehegatten

1. eine ihm angefallene Erbschaft oder ein ihm angefallenes Vermächtnis annehmen oder ausschlagen,

2. auf seinen Pflichtteil oder auf den Ausgleich eines Zugewinns verzichten,

3. ein Inventar über eine ihm oder dem anderen Ehegatten angefallene Erbschaft errichten, es sei denn, dass die dem anderen Ehegatten angefallene Erbschaft zu dessen Vorbehaltsgut oder Sondergut gehört,

4. einen ihm gemachten Vertragsantrag oder eine ihm gemachte Schenkung ablehnen,

5. ein sich auf das Gesamtgut beziehendes Rechtsgeschäft gegenüber dem anderen Ehegatten vornehmen,

6. ein zum Gesamtgut gehörendes Recht gegen den anderen Ehegatten gerichtlich geltend machen,

7. einen Rechtsstreit fortsetzen, der beim Eintritt der Gütergemeinschaft anhängig war,

제1453조 [동의 없는 처분]

① 혼인당사자 일방이 배우자의 필요한 동의 없이 공동재산을 처분한 경우, 제1366조 제1항, 제3항, 제4항 및 제1367조의 규정을 준용한다.

② 제3자는 추인이 있을 때까지 계약을 철회할 수 있다. 제3자가 그 혼인당사자 일방이 공동재산제에서 생활하고 있음을 알았던 경우에는, 제3자는 그 혼인당사자 일방이 배우자가 동의하였다고 진실에 반하여 주장한 경우에만 철회할 수 있다; 계약 체결시 배우자가 동의하지 않았다는 사실을 제3자가 안 경우에는, 제3자는 전술한 경우에도 철회할 수 없다.

제1454조 [긴급 관리권]

혼인당사자 일방이 질병이나 부재로 인해 공동재산에 관계되는 법률행위에 협력하는 데 장애가 있는 경우, 지체가 위험과 결부되는 때에는 배우자가 그 법률행위를 할 수 있다; 그는 자신 또는 혼인당사자들 쌍방의 이름으로 행위할 수 있다. 공동재산에 관계되는 소송을 수행하는 경우에도 같다.

제1455조 [배우자의 협력이 없는 관리행위]

혼인당사자 각자는 배우자의 협력 없이,

1. 자신에게 일어난 상속이나 유증을 승인하거나 포기할 수 있고,

2. 자신의 유류분 또는 부가이익의 청산을 포기할 수 있고,
3. 자신 또는 배우자에게 일어난 상속의 재산목록을 작성할 수 있으나, 배우자에게 일어난 상속이 그 배우자의 유보재산 또는 특유재산에 귀속하는 경우에는 그렇지 않으며,
4. 자신에게 한 계약 청약이나 증여를 거절할 수 있고,
5. 공동재산에 관계되는 법률행위를 배우자에 대해 할 수 있고,

6. 공동재산에 속하는 권리를 배우자에 대해 재판상 행사할 수 있고,

7. 공동재산제 개시 당시 계속 중이었던 소송을 계속 수행할 수 있고,

77

8. ein zum Gesamtgut gehörendes Recht gegen einen Dritten gerichtlich geltend machen, wenn der andere Ehegatte ohne die erforderliche Zustimmung über das Recht verfügt hat,

9. ein Widerspruchsrecht gegenüber einer Zwangsvollstreckung in das Gesamtgut gerichtlich geltend machen,

10. die zur Erhaltung des Gesamtguts notwendigen Maßnahmen treffen, wenn mit dem Aufschub Gefahr verbunden ist.

§ 1456   Selbständiges Erwerbsgeschäft

(1) Hat ein Ehegatte darin eingewilligt, dass der andere Ehegatte selbständig ein Erwerbsgeschäft betreibt, so ist seine Zustimmung zu solchen Rechtsgeschäften und Rechtsstreitigkeiten nicht erforderlich, die der Geschäftsbetrieb mit sich bringt. Einseitige Rechtsgeschäfte, die sich auf das Erwerbsgeschäft beziehen, sind dem Ehegatten gegenüber vorzunehmen, der das Erwerbsgeschäft betreibt.

(2) Weiß ein Ehegatte, dass der andere ein Erwerbsgeschäft betreibt, und hat er hiergegen keinen Einspruch eingelegt, so steht dies einer Einwilligung gleich.

(3) Dritten gegenüber ist ein Einspruch und der Widerruf der Einwilligung nur nach Maßgabe des § 1412 wirksam.

§ 1457   Ungerechtfertigte Bereicherung des Gesamtguts

Wird durch ein Rechtsgeschäft, das ein Ehegatte ohne die erforderliche Zustimmung des anderen Ehegatten vornimmt, das Gesamtgut bereichert, so ist die Bereicherung nach den Vorschriften über die ungerechtfertigte Bereicherung aus dem Gesamtgut herauszugeben.

§ 1458   (weggefallen)

§ 1459   Gesamtgutsverbindlichkeiten; persönliche Haftung

(1) Die Gläubiger eines Ehegatten können, soweit sich aus den §§ 1460 bis 1462 nichts anderes ergibt, aus dem Gesamtgut Befriedigung verlangen (Gesamtgutsverbindlichkeiten).

(2) Für die Gesamtgutsverbindlichkeiten haften die Ehegatten auch persönlich als Gesamtschuldner. Fallen die Verbindlichkeiten im Verhältnis der Ehegatten zueinander einem der Ehegatten zur Last, so erlischt die Verbindlichkeit des anderen Ehegatten mit der Beendigung der Gütergemeinschaft.

  8. 배우자가 필요한 동의 없이 공동재산에 속하는 제3자에 대한 권리를 처분한 경우, 그 권리를 제3자에 대해 재판상 행사할 수 있고,

  9. 공동재산에 대한 강제집행에 대해 이의권을 재판상 행사할 수 있고,

  10. 지체가 위험과 결부되는 경우, 공동재산을 보존하는 데 필요한 조치를 할 수 있다.

제1456조 [독자적 영업행위]

① 혼인당사자 일방이 배우자가 독자적으로 영업행위를 하는 데에 동의한 경우, 그 영업행위에 수반하는 법률행위 및 소송에 대한 그의 동의는 필요하지 않다. 영업행위와 관계되는 단독행위는 영업행위를 하는 배우자에게 해야 한다.

② 혼인당사자 일방이 배우자가 영업행위를 하고 있음을 알고 있고 이에 대해 이의를 제기하지 않은 경우, 이는 동의와 같다.
③ 이의와 동의의 철회는 제1412조에서 정하는 바에 따라서만 제3자에 대해 효력이 있다.

제1457조 [공동재산의 부당이득]

혼인당사자 일방이 배우자의 필요한 동의 없이 한 법률행위에 의해 공동재산이 이득을 얻게 된 경우, 그 이득은 부당이득에 관한 규정에 따라 공동재산으로부터 반환해야 한다.

제1458조 (삭제)

제1459조 [공동재산채무, 인적 책임]

① 혼인당사자 일방의 채권자는, 제1460조 내지 제1462조에서 달리 정하지 않는 한, 공동재산으로부터 변제를 청구할 수 있다(공동재산채무).
② 혼인당사자들은 공동재산채무에 대해 개인적으로도 연대채무자로서 책임이 있다. 그 채무가 혼인당사자 상호간의 관계에서 혼인당사자 일방의 부담으로 되는 경우, 배우자의 그 채무는 공동재산제의 종료로 소멸한다.

§ 1460 Haftung des Gesamtguts

(1) Das Gesamtgut haftet für eine Verbindlichkeit aus einem Rechtsgeschäft, das ein Ehegatte während der Gütergemeinschaft vornimmt, nur dann, wenn der andere Ehegatte dem Rechtsgeschäft zustimmt oder wenn das Rechtsgeschäft ohne seine Zustimmung für das Gesamtgut wirksam ist.

(2) Für die Kosten eines Rechtsstreits haftet das Gesamtgut auch dann, wenn das Urteil dem Gesamtgut gegenüber nicht wirksam ist.

§ 1461 Keine Haftung bei Erwerb einer Erbschaft

Das Gesamtgut haftet nicht für Verbindlichkeiten eines Ehegatten, die durch den Erwerb einer Erbschaft oder eines Vermächtnisses entstehen, wenn der Ehegatte die Erbschaft oder das Vermächtnis während der Gütergemeinschaft als Vorbehaltsgut oder als Sondergut erwirbt.

§ 1462 Haftung für Vorbehalts- oder Sondergut

Das Gesamtgut haftet nicht für eine Verbindlichkeit eines Ehegatten, die während der Gütergemeinschaft infolge eines zum Vorbehaltsgut oder zum Sondergut gehörenden Rechts oder des Besitzes einer dazu gehörenden Sache entsteht. Das Gesamtgut haftet jedoch, wenn das Recht oder die Sache zu einem Erwerbsgeschäft gehört, das ein Ehegatte mit Einwilligung des anderen Ehegatten selbständig betreibt, oder wenn die Verbindlichkeit zu den Lasten des Sonderguts gehört, die aus den Einkünften beglichen zu werden pflegen.

§ 1463 Haftung im Innenverhältnis

Im Verhältnis der Ehegatten zueinander fallen folgende Gesamtgutsverbindlichkeiten dem Ehegatten zur Last, in dessen Person sie entstehen:

1. die Verbindlichkeiten aus einer unerlaubten Handlung, die er nach Eintritt der Gütergemeinschaft begeht, oder aus einem Strafverfahren, das wegen einer solchen Handlung gegen ihn gerichtet wird,

2. die Verbindlichkeiten aus einem sich auf sein Vorbehaltsgut oder sein Sondergut beziehenden Rechtsverhältnis, auch wenn sie vor Eintritt der Gütergemeinschaft oder vor der Zeit entstanden sind, zu der das Gut Vorbehaltsgut oder Sondergut geworden ist,

제1460조 [공동재산의 책임]

① 혼인당사자 일방이 공동재산제 기간 동안 한 법률행위로부터 발생한 채무에 대해서는, 배우자가 그 법률행위에 동의하거나 그 법률행위가 그의 동의 없이 공동재산에 대해 효력을 미치는 경우에만, 공동재산이 책임이 있다.

② 판결이 공동재산에 대해 효력을 미치지 않는 경우에도 공동재산이 소송비용에 대해 책임이 있다.

제1461조 [상속재산 취득시 책임 없음]

혼인당사자 일방이 공동재산제 기간 동안 상속 또는 유증을 유보재산 또는 특유재산으로 취득하는 경우, 공동재산은 상속 또는 유증의 취득으로 인해 발생하는 채무에 대해 책임이 없다.

제1462조 [유보재산 또는 특유재산에 대한 책임]

공동재산제의 기간 동안 유보재산이나 특유재산에 속하는 권리 또는 이에 속하는 물건의 점유로 인해 혼인당사자 일방에게 발생하는 채무에 대해 공동재산은 책임이 없다. 그러나 그 권리나 물건이 혼인당사자 일방이 배우자의 동의를 얻어 독자적으로 하는 영업행위에 속하는 경우 또는 그 채무가 수입으로부터 통상 변제되는 특유재산의 부담에 속하는 경우에는 공동재산이 책임이 있다.

제1463조 [내부관계에서 책임]

다음 각 호의 공동재산채무는 혼인당사자 상호간의 관계에서는 그 채무가 발생한 혼인당사자 일방이 부담한다:
1. 공동재산제 개시 이후 그가 행한 불법행위로부터 발생한 채무 또는 그러한 불법행위를 이유로 그에 대한 형사절차에서 발생한 채무,
2. 채무가 공동재산제 개시 전 또는 재산이 유보재산이나 특유재산으로 된 시점 전에 발생하였지만, 그의 유보재산 또는 특유재산에 관계되는 법률관계로부터 발생한 채무,

3. die Kosten eines Rechtsstreits über eine der in den Nummern 1 und 2 bezeichneten Verbindlichkeiten.

§ 1464　Verbindlichkeiten des Sonderguts und eines Erwerbsgeschäfts

Die Vorschriften des § 1463 Nr. 2, 3 gelten nicht, wenn die Verbindlichkeiten zu den Lasten des Sonderguts gehören, die aus den Einkünften beglichen zu werden pflegen. Die Vorschriften gelten auch dann nicht, wenn die Verbindlichkeiten durch den Betrieb eines für Rechnung des Gesamtguts geführten Erwerbsgeschäfts oder infolge eines zu einem solchen Erwerbsgeschäft gehörenden Rechts oder des Besitzes einer dazu gehörenden Sache entstehen.

§ 1465　Prozesskosten

(1) Im Verhältnis der Ehegatten zueinander fallen die Kosten eines Rechtsstreits, den die Ehegatten miteinander führen, dem Ehegatten zur Last, der sie nach allgemeinen Vorschriften zu tragen hat.

(2) Führt ein Ehegatte einen Rechtsstreit mit einem Dritten, so fallen die Kosten des Rechtsstreits im Verhältnis der Ehegatten zueinander dem Ehegatten zur Last, der den Rechtsstreit führt. Die Kosten fallen jedoch dem Gesamtgut zur Last, wenn das Urteil dem Gesamtgut gegenüber wirksam ist oder wenn der Rechtsstreit eine persönliche Angelegenheit oder eine Gesamtgutsverbindlichkeit des Ehegatten betrifft und die Aufwendung der Kosten den Umständen nach geboten ist; § 1463 Nr. 3 und § 1464 bleiben unberührt.

§ 1466　Kosten der Ausstattung eines nicht gemeinschaftlichen Kindes

Im Verhältnis der Ehegatten zueinander fallen die Kosten der Ausstattung eines nicht gemeinschaftlichen Kindes dem Vater oder der Mutter des Kindes zur Last.

§ 1467　Ausgleichung zwischen Vorbehalts-, Sonder- und Gesamtgut

(1) Verwendet ein Ehegatte Gesamtgut in sein Vorbehaltsgut oder in sein Sondergut, so hat er den Wert des Verwendeten zum Gesamtgut zu ersetzen.

(2) Verwendet ein Ehegatte Vorbehaltsgut oder Sondergut in das Gesamtgut, so kann er Ersatz aus dem Gesamtgut verlangen.

3.제1호 및 제2호에서 정하는 채무에 관한 소송의 비용.

제1464조 [특유재산채무와 영업행위채무]

채무가 수입으로부터 통상 변제되는 특유재산의 부담에 속하는 경우에는 제1463조 제2호 및 제3호의 규정을 적용하지 않는다. 채무가 공동재산의 계산으로 하는 영업행위로 인해 또는 그러한 영업행위에 속하는 권리나 그에 속하는 물건의 점유로 인해 발생한 경우에도 위 규정을 적용하지 않는다.

제1465조 [소송비용]

① 혼인당사자 상호간의 관계에서 서로에 대해 진행되는 소송의 비용은 일반규정에 따라 이를 부담해야 하는 혼인당사자 일방의 부담으로 한다.

② 혼인당사자 일방이 제3자와 소송을 진행하는 경우, 소송비용은 혼인당사자 상호간의 관계에서는 소송을 수행하는 혼인당사자의 부담으로 한다. 그러나 판결이 공동재산에 대해 효력이 있는 경우 또는 소송이 혼인당사자 일방의 개인적 사무나 공동재산채무에 관계되고 사정에 비추어 비용부담이 요구되는 경우, 그 비용은 공동재산의 부담으로 한다; 제1463조 제3호 및 제1461조는 영향을 받지 않는다.

제1466조 [혼인당사자 일방의 자녀에 대한 독립자금 비용]

공동의 자녀가 아닌 자녀에 대한 독립자금 비용은 혼인당사자 상호간의 관계에서는 그 자녀의 부 또는 모의 부담으로 한다.

제1467조 [유보재산, 특유재산, 공동재산 간의 청산]

① 혼인당사자 일방이 공동재산을 그의 유보재산이나 특유재산에 사용한 경우, 그는 그 사용한 가액을 공동재산에 배상해야 한다.

② 혼인당사자 일방이 유보재산 또는 특유재산을 공동재산에 사용한 경우, 그는 공동재산에서 배상을 청구할 수 있다.

§ 1468   Fälligkeit des Ausgleichsanspruchs

Was ein Ehegatte zum Gesamtgut oder was er zum Vorbehaltsgut oder Sondergut des anderen Ehegatten schuldet, braucht er erst nach Beendigung der Gütergemeinschaft zu leisten; soweit jedoch das Vorbehaltsgut und das Sondergut des Schuldners ausreichen, hat er die Schuld schon vorher zu berichtigen.

§ 1469   Aufhebungsantrag

Jeder Ehegatte kann die Aufhebung der Gütergemeinschaft beantragen,

1. wenn seine Rechte für die Zukunft dadurch erheblich gefährdet werden können, dass der andere Ehegatte ohne seine Mitwirkung Verwaltungshandlungen vornimmt, die nur gemeinschaftlich vorgenommen werden dürfen,

2. wenn der andere Ehegatte sich ohne ausreichenden Grund beharrlich weigert, zur ordnungsmäßigen Verwaltung des Gesamtguts mitzuwirken,

3. wenn der andere Ehegatte seine Verpflichtung, zum Familienunterhalt beizutragen, verletzt hat und für die Zukunft eine erhebliche Gefährdung des Unterhalts zu besorgen ist,

4. wenn das Gesamtgut durch Verbindlichkeiten, die in der Person des anderen Ehegatten entstanden sind und diesem im Verhältnis der Ehegatten zueinander zur Last fallen, in solchem Maße überschuldet ist, dass sein späterer Erwerb erheblich gefährdet wird,

5. wenn die Wahrnehmung eines Rechts des anderen Ehegatten, das sich aus der Gütergemeinschaft ergibt, vom Aufgabenkreis eines Betreuers erfasst wird.

§ 1470   Wirkung der richterlichen Aufhebungsentscheidung

(1) Mit der Rechtskraft der richterlichen Entscheidung ist die Gütergemeinschaft aufgehoben; für die Zukunft gilt Gütertrennung.

(2) Dritten gegenüber ist die Aufhebung der Gütergemeinschaft nur nach Maßgabe des § 1412 wirksam.

Unterkapitel 4   Auseinandersetzung des Gesamtguts

§ 1471   Beginn der Auseinandersetzung

(1) Nach der Beendigung der Gütergemeinschaft setzen sich die Ehegatten über das Gesamtgut auseinander.

제1468조 [청산청구권의 이행기]

혼인당사자 일방이 공동재산에 대해 부담하는 채무 또는 배우자의 유보재산이나 특유재산에 대해 부담하는 채무는 공동재산제가 종료한 이후에 비로소 이행할 필요가 있다; 그러나 채무자의 유보재산과 특유재산이 충분한 범위에서, 그는 그 채무를 미리 변제해야 한다.

제1469조 [해소 신청]

다음 각 호의 경우, 혼인당사자 각자는 공동재산제의 해소를 신청할 수 있다.
  1. 배우자가 공동으로만 수행할 수 있는 관리행위를 그의 협력 없이 수행함으로써 자신의 권리가 장래에 현저하게 위험할 수 있는 경우,

  2. 배우자가 충분한 이유 없이 공동재산의 적절한 관리를 위한 협력을 완고하게 거부하는 경우,
  3. 배우자가 가족부양에 기여할 의무를 위반하였고 장래에 부양의 현저한 위험이 우려되는 경우,
  4. 배우자에게 발생하였고 혼인당사자 상호간의 관계에서 그의 부담으로 되는 채무로 인해, 그의 이후 취득이 현저하게 위험할 정도로 공동재산이 과다채무인 경우,
  5. 공동재산제로부터 발생하는 배우자의 권리의 행사가 성년후견인의 업무 범위에 속하는 경우.

제1470조 [해소재판의 효력]

① 재판의 확정으로 공동재산제는 해소된다; 장래에 대하여는 별산제를 적용한다.
② 공동재산제의 해소는 제1412조가 정하는 바에 따라서만 제3자에 대해 효력이 있다.

제4목 공동재산의 분할

제1471조 [분할 개시]

① 공동재산제가 종료된 후, 혼인당사자들은 공동재산을 분할한다.

(2) Bis zur Auseinandersetzung gelten für das Gesamtgut die Vorschriften des § 1419.

§ 1472 Gemeinschaftliche Verwaltung des Gesamtguts

(1) Bis zur Auseinandersetzung verwalten die Ehegatten das Gesamtgut gemeinschaftlich.

(2) Jeder Ehegatte darf das Gesamtgut in derselben Weise wie vor der Beendigung der Gütergemeinschaft verwalten, bis er von der Beendigung Kenntnis erlangt oder sie kennen muss. Ein Dritter kann sich hierauf nicht berufen, wenn er bei der Vornahme eines Rechtsgeschäfts weiß oder wissen muss, dass die Gütergemeinschaft beendet ist.

(3) Jeder Ehegatte ist dem anderen gegenüber verpflichtet, zu Maßregeln mitzuwirken, die zur ordnungsmäßigen Verwaltung des Gesamtguts erforderlich sind; die zur Erhaltung notwendigen Maßregeln kann jeder Ehegatte allein treffen.

(4) Endet die Gütergemeinschaft durch den Tod eines Ehegatten, so hat der überlebende Ehegatte die Geschäfte, die zur ordnungsmäßigen Verwaltung erforderlich sind und nicht ohne Gefahr aufgeschoben werden können, so lange zu führen, bis der Erbe anderweit Fürsorge treffen kann. Diese Verpflichtung besteht nicht, wenn der verstorbene Ehegatte das Gesamtgut allein verwaltet hat.

§ 1473 Unmittelbare Ersetzung

(1) Was auf Grund eines zum Gesamtgut gehörenden Rechtes oder als Ersatz für die Zerstörung, Beschädigung oder Entziehung eines zum Gesamtgut gehörenden Gegenstands oder durch ein Rechtsgeschäft erworben wird, das sich auf das Gesamtgut bezieht, wird Gesamtgut.

(2) Gehört eine Forderung, die durch Rechtsgeschäft erworben ist, zum Gesamtgut, so braucht der Schuldner dies erst dann gegen sich gelten zu lassen, wenn er erfährt, dass die Forderung zum Gesamtgut gehört; die Vorschriften der §§ 406 bis 408 sind entsprechend anzuwenden.

§ 1474 Durchführung der Auseinandersetzung

Die Ehegatten setzen sich, soweit sie nichts anderes vereinbaren, nach den §§ 1475 bis 1481 auseinander.

§ 1475 Berichtigung der Gesamtgutsverbindlichkeiten

(1) Die Ehegatten haben zunächst die Gesamtgutsverbindlichkeiten zu berichtigen. Ist

② 분할시까지 공동재산에는 제1419조의 규정을 적용한다.

제1472조 [공동재산의 공동관리]

① 혼인당사자들은 분할시까지 공동재산을 공동으로 관리한다.

② 혼인당사자 각자는 그가 공동재산제의 종료를 알게 되었거나 알아야 하는 때까지 공동재산제의 종료 전과 동일한 방식으로 공동재산을 관리할 수 있다. 제3자가 법률행위를 할 당시 공동재산제가 종료하였다는 사실을 알았거나 알았어야 하는 경우, 제3자는 이를 주장할 수 없다.

③ 혼인당사자 각자는 공동재산의 적절한 관리를 위해 필요한 조치에 협력할 의무를 배우자에 대해 부담한다; 혼인당사자 각자는 보존에 필요한 조치를 단독으로 할 수 있다.

④ 혼인당사자 일방의 사망으로 인해 공동재산제가 종료한 경우, 상속인이 달리 처리할 수 있을 때까지 생존배우자는 적절한 관리에 필요하고 지체되면 위험이 따를 수 있는 행위를 수행해야 한다. 사망한 배우자가 공동재산을 단독으로 관리했던 경우에는 이러한 의무가 없다.

제1473조 [직접 대상(代償)]

① 공동재산에 속하는 권리에 기하여 취득한 것이나, 공동재산에 속하는 목적물의 멸실, 훼손, 침탈에 대한 배상으로서 취득한 것 또는 공동재산에 관계되는 법률행위로 인해 취득한 것은 공동재산으로 된다.

② 법률행위로 취득한 채권이 공동재산에 속하는 경우, 채무자는 그가 그 채권이 공동재산에 속하는 것을 알게 된 때에 비로소 자신에게 행사하게 할 수 있다; 제406조 내지 제408조의 규정을 준용한다.

제1474조 [분할의 실행]

혼인당사자가 달리 정하지 않는 한, 혼인당사자들은 제1475조 내지 제1481조의 규정에 따라 분할한다.

제1475조 [공동재산채무의 변제]

① 혼인당사자들은 공동재산채무를 우선으로 변제해야 한다. 채무가 아직 이

eine Verbindlichkeit noch nicht fällig oder ist sie streitig, so müssen die Ehegatten zurück-behalten, was zur Berichtigung dieser Verbindlichkeit erforderlich ist.

(2) Fällt eine Gesamtgutsverbindlichkeit im Verhältnis der Ehegatten zueinander einem der Ehegatten allein zur Last, so kann dieser nicht verlangen, dass die Verbindlichkeit aus dem Gesamtgut berichtigt wird.

(3) Das Gesamtgut ist in Geld umzusetzen, soweit dies erforderlich ist, um die Gesamt-gutsverbindlichkeiten zu berichtigen.

§ 1476 Teilung des Überschusses

(1) Der Überschuss, der nach der Berichtigung der Gesamtgutsverbindlichkeiten ver-bleibt, gebührt den Ehegatten zu gleichen Teilen.

(2) Was einer der Ehegatten zum Gesamtgut zu ersetzen hat, muss er sich auf seinen Teil anrechnen lassen. Soweit er den Ersatz nicht auf diese Weise leistet, bleibt er dem anderen Ehegatten verpflichtet.

§ 1477 Durchführung der Teilung

(1) Der Überschuss wird nach den Vorschriften über die Gemeinschaft geteilt.

(2) Jeder Ehegatte kann gegen Ersatz des Wertes die Sachen übernehmen, die aus-schließlich zu seinem persönlichen Gebrauch bestimmt sind, insbesondere Kleider, Schmucksachen und Arbeitsgeräte. Das Gleiche gilt für die Gegenstände, die ein Ehegatte in die Gütergemeinschaft eingebracht oder während der Gütergemeinschaft durch Erb-folge, durch Vermächtnis oder mit Rücksicht auf ein künftiges Erbrecht, durch Schenkung oder als Ausstattung erworben hat.

§ 1478 Auseinandersetzung nach Scheidung

(1) Ist die Ehe geschieden, bevor die Auseinandersetzung beendet ist, so ist auf Ver-langen eines Ehegatten jedem von ihnen der Wert dessen zurückzuerstatten, was er in die Gütergemeinschaft eingebracht hat; reicht hierzu der Wert des Gesamtguts nicht aus, so ist der Fehlbetrag von den Ehega

tten nach dem Verhältnis des Wertes des von ihnen Eingebrachten zu tragen.

(2) Als eingebracht sind anzusehen

행기가 되지 않았거나 다툼이 있는 경우, 혼인당사자들은 이 채무의 변제에 필요한 것을 유보해야 한다.

② 공동재산의 채무가 혼인당사자 상호간의 관계에서 혼인당사자 일방의 단독 부담으로 되는 경우, 그는 그 채무가 공동재산에서 변제될 것을 요구할 수 없다.

③ 공동재산채무를 변제하기 위해 필요한 범위에서, 공동재산은 금전으로 환가되어야 한다.

제1476조 [잉여분의 분배]

① 공동재산채무를 변제하고 남는 잉여분은 혼인당사자들에게 동일한 지분으로 귀속한다.

② 혼인당사자 일방이 공동재산에 대해 배상해야 하는 것은 그의 지분에서 공제되어야 한다. 그가 이와 같은 방식으로 배상하지 않은 범위에서, 그는 배우자에게 여전히 의무를 부담한다.

제1477조 [분배의 실행]

① 잉여분은 공동(共同)에 관한 규정에 따라 분배된다.

② 혼인당사자 각자는 전적으로 개인적으로 사용하기로 정한 물건, 특히 의류, 장신구 및 노무장비와 같은 물건을 그 가액을 배상하고 인수할 수 있다. 이는 혼인당사자 일방이 공동재산제에 반입한 목적물 또는 공동재산제 기간 동안 상속 또는 유증에 의해 취득하였거나 장래의 상속권을 고려하여 증여에 의하거나 독립자금으로서 취득한 목적물에 대해서도 같다.

제1478조 [이혼 후 분할]

① 분할이 종료되기 전에 혼인당사자들이 이혼한 경우, 혼인당사자 일방의 요구가 있으면, 혼인당사자 각자에게 그가 공동재산제에 반입한 재산의 가액이 반환되어야 한다; 공동재산의 가액이 이에 충분하지 않은 경우, 부족한 금액은 혼인당사자 각자가 반입한 재산의 가액에 비례하여 혼인당사자가 부담해야 한다.

② 다음 각 호에 해당하는 것은 반입된 것으로 인정될 수 있다,

1. die Gegenstände, die einem Ehegatten beim Eintritt der Gütergemeinschaft gehört haben,

2. die Gegenstände, die ein Ehegatte von Todes wegen oder mit Rücksicht auf ein künftiges Erbrecht, durch Schenkung oder als Ausstattung erworben hat, es sei denn, dass der Erwerb den Umständen nach zu den Einkünften zu rechnen war,

3. die Rechte, die mit dem Tode eines Ehegatten erlöschen oder deren Erwerb durch den Tod eines Ehegatten bedingt ist.

(3) Der Wert des Eingebrachten bestimmt sich nach der Zeit der Einbringung.

§ 1479 Auseinandersetzung nach richterlicher Aufhebungsentscheidung

Wird die Gütergemeinschaft auf Grund der §§ 1447, 1448 oder des § 1469 durch richterliche Entscheidung aufgehoben, so kann der Ehegatte, der die richterliche Entscheidung erwirkt hat, verlangen, dass die Auseinandersetzung so erfolgt, wie wenn der Anspruch auf Auseinandersetzung in dem Zeitpunkt rechtshängig geworden wäre, in dem der Antrag auf Aufhebung der Gütergemeinschaft gestellt ist.

§ 1480 Haftung nach der Teilung gegenüber Dritten

Wird das Gesamtgut geteilt, bevor eine Gesamtgutsverbindlichkeit berichtigt ist, so haftet dem Gläubiger auch der Ehegatte persönlich als Gesamtschuldner, für den zur Zeit der Teilung eine solche Haftung nicht besteht. Seine Haftung beschränkt sich auf die ihm zugeteilten Gegenstände; die für die Haftung des Erben geltenden Vorschriften der §§ 1990, 1991 sind entsprechend anzuwenden.

§ 1481 Haftung der Ehegatten untereinander

(1) Wird das Gesamtgut geteilt, bevor eine Gesamtgutsverbindlichkeit berichtigt ist, die im Verhältnis der Ehegatten zueinander dem Gesamtgut zur Last fällt, so hat der Ehegatte, der das Gesamtgut während der Gütergemeinschaft allein verwaltet hat, dem anderen Ehegatten dafür einzustehen, dass dieser weder über die Hälfte der Verbindlichkeit noch über das aus dem Gesamtgut Erlangte hinaus in Anspruch genommen wird.

(2) Haben die Ehegatten das Gesamtgut während der Gütergemeinschaft gemeinschaftlich verwaltet, so hat jeder Ehegatte dem anderen dafür einzustehen, dass dieser von dem Gläubiger nicht über die Hälfte der Verbindlichkeit hinaus in Anspruch genommen wird.

1. 공동재산제 개시 당시 혼인당사자 일방에게 귀속하였던 목적물,

2. 혼인당사자 일방이 사망을 원인으로 취득하였거나, 장래의 상속권을 고려하여 증여에 의하거나 독립자금으로서 취득한 목적물. 다만 사정에 비추어 그 취득이 수입으로 계산되어야 했던 경우에는 그렇지 않다.
3. 혼인당사자 일방의 사망으로 소멸되는 권리 또는 혼인당사자 일방의 사망을 조건으로 취득하는 권리.
③ 반입된 재산의 가액은 반입시에 따라 결정된다.

제1479조 [해소재판에 따른 분할]

공동재산제가 제1447조, 제1448조 또는 제1469조에 근거하여 법원의 재판에 의해 해소된 경우, 그 재판의 효력을 받는 혼인당사자는 공동재산제의 해소를 신청한 당시에 분할청구가 계속된 것과 같이 분할이 이루어질 것을 청구할 수 있다.

제1480조 [분할 후 제3자에 대한 책임]

공동재산채무가 변제되기 전에 공동재산이 분할된 경우, 분할 당시 책임이 없었던 혼인당사자 일방 역시 채권자에 대해 연대채무자로서 책임이 있다. 그 혼인당사자 일방의 책임은 그에게 분할된 목적물로 제한된다; 상속인의 책임에 대해 적용되는 제1990조 및 제1991조의 규정을 준용한다.

제1481조 [혼인당사자 상호간의 책임]

① 혼인당사자 상호간의 관계에서 공동재산의 부담으로 되는 공동재산채무가 변제되기 전에 공동재산이 분할된 경우, 공동재산제 기간 동안 공동재산을 단독으로 관리하였던 혼인당사자 일방은 배우자가 그 채무의 절반이나 공동재산으로부터 취득한 것을 넘어서 청구되지 않는 데 대해 책임을 져야 한다.

② 혼인당사자들이 공동재산제 기간 동안 공동재산을 공동으로 관리하였던 경우, 혼인당사자 각자는 배우자에 대해 배우자가 채권자로부터 채무의 절반을 넘어서 청구되지 않는 데 대해 책임을 져야 한다.

(3) Fällt die Verbindlichkeit im Verhältnis der Ehegatten zueinander einem der Ehegatten zur Last, so hat dieser dem anderen dafür einzustehen, dass der andere Ehegatte von dem Gläubiger nicht in Anspruch genommen wird.

§ 1482 Eheauflösung durch Tod

Wird die Ehe durch den Tod eines Ehegatten aufgelöst, so gehört der Anteil des verstorbenen Ehegatten am Gesamtgut zum Nachlass. Der verstorbene Ehegatte wird nach den allgemeinen Vorschriften beerbt.

Unterkapitel 5   Fortgesetzte Gütergemeinschaft

§ 1483 Eintritt der fortgesetzten Gütergemeinschaft

(1) Die Ehegatten können durch Ehevertrag vereinbaren, dass die Gütergemeinschaft nach dem Tod eines Ehegatten zwischen dem überlebenden Ehegatten und den gemeinschaftlichen Abkömmlingen fortgesetzt wird. Treffen die Ehegatten eine solche Vereinbarung, so wird die Gütergemeinschaft mit den gemeinschaftlichen Abkömmlingen fortgesetzt, die bei gesetzlicher Erbfolge als Erben berufen sind. Der Anteil des verstorbenen Ehegatten am Gesamtgut gehört nicht zum Nachlass; im Übrigen wird der Ehegatte nach den allgemeinen Vorschriften beerbt.

(2) Sind neben den gemeinschaftlichen Abkömmlingen andere Abkömmlinge vorhanden, so bestimmen sich ihr Erbrecht und ihre Erbteile so, wie wenn fortgesetzte Gütergemeinschaft nicht eingetreten wäre.

§ 1484 Ablehnung der fortgesetzten Gütergemeinschaft

(1) Der überlebende Ehegatte kann die Fortsetzung der Gütergemeinschaft ablehnen.

(2) Auf die Ablehnung finden die für die Ausschlagung einer Erbschaft geltenden Vorschriften der §§ 1943 bis 1947, 1950, 1952, 1954 bis 1957, 1959 entsprechende Anwendung. Bei einer Ablehnung durch den Betreuer des überlebenden Ehegatten ist die Genehmigung des Betreuungsgerichts erforderlich.

(3) Lehnt der Ehegatte die Fortsetzung der Gütergemeinschaft ab, so gilt das Gleiche wie im Falle des § 1482.

③ 채무가 혼인당사자 상호간의 관계에서 혼인당사자 일방의 부담으로 되는 경우, 그는 배우자가 채권자로부터 청구되지 않는 데 대해 책임을 져야 한다.

제1482조 [사망에 의한 혼인의 해소]

혼인이 혼인당사자 일방의 사망으로 인해 해소된 경우, 공동재산에 대한 사망한 배우자의 지분은 상속재산으로 된다. 사망한 배우자는 일반규정에 따라 상속된다.

제5목 공동재산제의 계속

제1483조 [공동재산제 계속의 개시]

① 혼인당사자들은 혼인당사자 일방의 사망 후에 생존배우자와 공동의 직계비속 간에 공동재산제가 계속되는 것을 혼인재산계약으로 약정할 수 있다. 혼인당사자들이 이러한 약정을 한 경우, 공동재산제는 법정상속에서 상속인으로 되는 공동의 직계비속과 사이에서 계속된다. 사망한 배우자의 공동재산에 대한 지분은 상속재산으로 되지 않는다; 그 밖의 재산에 대해서는 사망한 배우자는 일반규정에 따라 상속된다.

② 공동의 직계비속 외에 다른 직계비속이 있는 경우, 다른 직계비속의 상속권 및 상속분은 공동재산제가 계속되지 않았을 경우와 같이 결정된다.

제1484조 [공동재산제 계속의 거부]

① 생존배우자는 공동재산제의 계속을 거부할 수 있다.

② 거부에 대해서는 상속의 포기에 적용되는 제1943조 내지 제1947조, 제1950조, 제1952조, 제1954조 내지 제1957조, 제1959조의 규정을 준용한다. 생존배우자의 성년후견인이 거부하는 경우, 성년후견법원의 허가가 필요하다.

③ 그 혼인당사자가 공동재산제의 계속을 거부하는 경우, 제1482조의 경우와 동일한 것을 적용한다.

§ 1485 Gesamtgut

(1) Das Gesamtgut der fortgesetzten Gütergemeinschaft besteht aus dem ehelichen Gesamtgut, soweit es nicht nach § 1483 Abs. 2 einem nicht anteilsberechtigten Abkömmling zufällt, und aus dem Vermögen, das der überlebende Ehegatte aus dem Nachlass des verstorbenen Ehegatten oder nach dem Eintritt der fortgesetzten Gütergemeinschaft erwirbt.

(2) Das Vermögen, das ein gemeinschaftlicher Abkömmling zur Zeit des Eintritts der fortgesetzten Gütergemeinschaft hat oder später erwirbt, gehört nicht zu dem Gesamtgut.

(3) Auf das Gesamtgut finden die für die eheliche Gütergemeinschaft geltende Vorschrift des § 1416 Abs. 2 und 3 entsprechende Anwendung.

§ 1486 Vorbehaltsgut; Sondergut

(1) Vorbehaltsgut des überlebenden Ehegatten ist, was er bisher als Vorbehaltsgut gehabt hat oder was er nach § 1418 Abs. 2 Nr. 2, 3 als Vorbehaltsgut erwirbt.

(2) Sondergut des überlebenden Ehegatten ist, was er bisher als Sondergut gehabt hat oder was er als Sondergut erwirbt.

§ 1487 Rechtsstellung des Ehegatten und der Abkömmlinge

(1) Die Rechte und Verbindlichkeiten des überlebenden Ehegatten sowie der anteilsberechtigten Abkömmlinge in Ansehung des Gesamtguts der fortgesetzten Gütergemeinschaft bestimmen sich nach den für die eheliche Gütergemeinschaft geltenden Vorschriften der §§ 1419, 1422 bis 1428, 1434, des § 1435 Satz 1, 3 und der §§ 1436, 1445; der überlebende Ehegatte hat die rechtliche Stellung des Ehegatten, der das Gesamtgut allein verwaltet, die anteilsberechtigten Abkömmlinge haben die rechtliche Stellung des anderen Ehegatten.

(2) Was der überlebende Ehegatte zu dem Gesamtgut schuldet oder aus dem Gesamtgut zu fordern hat, ist erst nach der Beendigung der fortgesetzten Gütergemeinschaft zu leisten.

§ 1488 Gesamtgutsverbindlichkeiten

Gesamtgutsverbindlichkeiten der fortgesetzten Gütergemeinschaft sind die Verbindlichkeiten des überlebenden Ehegatten sowie solche Verbindlichkeiten des verstorbenen Ehegatten, die Gesamtgutsverbindlichkeiten der ehelichen Gütergemeinschaft waren.

제1485조 [공동재산]

① 계속하는 공동재산제의 공동재산은, 제1483조 제2항에 따라 지분권이 없는 직계비속에게 귀속되지 않는 범위에서 혼인 중 공동재산과 생존배우자가 사망한 배우자의 상속재산으로부터 취득하거나 공동재산제 계속 이후 취득한 재산으로 구성된다.

② 공동재산제의 계속이 개시된 당시에 공동의 직계비속이 가지고 있었거나 그가 이후에 취득한 재산은 공동재산에 속하지 않는다.

③ 공동재산에 대해서는 혼인 중 공동재산제에 적용되는 제1416조 제2항 및 제3항의 규정을 준용한다.

제1486조 [유보재산; 특유재산]

① 생존배우자가 그때까지 유보재산으로 갖고 있었거나 제1418조 제2항에 따라 유보재산으로 취득한 재산은 생존배우자의 유보재산이다.

② 생존배우자가 그때까지 특유재산으로 갖고 있었거나 특유재산으로 취득한 재산은 생존배우자의 특유재산이다.

제1487조 [배우자와 직계비속의 법적 지위]

① 생존배우자 및 지분권을 가지는 직계비속이 계속되는 공동재산제의 공동재산과 관련하여 가지는 권리와 의무는 혼인 중 공동재산제에 적용되는 제1419조, 제1422조 내지 제1428조, 제1434조, 제1435조 제1문 및 제3문, 제1436조, 제1445조의 규정에 따라 결정된다; 생존배우자는 공동재산을 단독으로 관리하는 혼인당사자의 법적 지위를 가지고, 지분권 있는 직계비속은 배우자의 법적 지위를 가진다.

② 생존배우자가 공동재산에 대해 부담하는 채무 또는 공동재산으로부터 청구해야 하는 채권은 계속되는 공동재산제가 종료된 후에 비로소 이행될 수 있다.

제1488조 [공동재산채무]

계속되는 공동재산제의 공동재산채무는 생존배우자의 채무와 혼인 중 공동재산제의 공동재산채무였던 사망한 배우자의 채무이다.

§ 1489 Persönliche Haftung für die Gesamtgutsverbindlichkeiten

(1) Für die Gesamtgutsverbindlichkeiten der fortgesetzten Gütergemeinschaft haftet der überlebende Ehegatte persönlich.

(2) Soweit die persönliche Haftung den überlebenden Ehegatten nur infolge des Eintritts der fortgesetzten Gütergemeinschaft trifft, finden die für die Haftung des Erben für die Nachlassverbindlichkeiten geltenden Vorschriften entsprechende Anwendung; an die Stelle des Nachlasses tritt das Gesamtgut in dem Bestand, den es zur Zeit des Eintritts der fortgesetzten Gütergemeinschaft hat.

(3) Eine persönliche Haftung der anteilsberechtigten Abkömmlinge für die Verbindlichkeiten des verstorbenen oder des überlebenden Ehegatten wird durch die fortgesetzte Gütergemeinschaft nicht begründet.

§ 1490 Tod eines Abkömmlings

Stirbt ein anteilsberechtigter Abkömmling, so gehört sein Anteil an dem Gesamtgut nicht zu seinem Nachlass. Hinterlässt er Abkömmlinge, die anteilsberechtigt sein würden, wenn er den verstorbenen Ehegatten nicht überlebt hätte, so treten die Abkömmlinge an seine Stelle. Hinterlässt er solche Abkömmlinge nicht, so wächst sein Anteil den übrigen anteilsberechtigten Abkömmlingen und, wenn solche nicht vorhanden sind, dem überlebenden Ehegatten an.

§ 1491 Verzicht eines Abkömmlings

(1) Ein anteilsberechtigter Abkömmling kann auf seinen Anteil an dem Gesamtgut verzichten. Der Verzicht erfolgt durch Erklärung gegenüber dem für den Nachlass des verstorbenen Ehegatten zuständigen Gericht; die Erklärung ist in öffentlich beglaubigter Form abzugeben. Das Nachlassgericht soll die Erklärung dem überlebenden Ehegatten und den übrigen anteilsberechtigten Abkömmlingen mitteilen.

(2) Der Verzicht kann auch durch Vertrag mit dem überlebenden Ehegatten und den übrigen anteilsberechtigten Abkömmlingen erfolgen. Der Vertrag bedarf der notariellen Beurkundung.

(3) Steht der Abkömmling unter elterlicher Sorge oder unter Vormundschaft, so ist zu dem Verzicht die Genehmigung des Familiengerichts erforderlich. Bei einem Verzicht

제1489조 [공동재산채무에 대한 인적 책임]

① 생존배우자는 계속되는 공동재산제의 공동재산채무에 대해 인적 책임을 진다.

② 그 인적 책임이 계속되는 공동재산제의 개시만을 이유로 생존배우자에게 발생한 경우, 상속채무에 대한 상속인의 책임에 대해서 적용되는 규정들을 준용한다; 계속되는 공동재산제가 개시된 시점에 존재했던 공동재산이 상속재산을 대신하여 적용한다.

③ 사망한 배우자 또는 생존배우자의 채무에 대한 지분권 있는 직계비속의 인적 책임은 계속되는 공동재산제에 의해 성립되지 않는다.

제1490조 [직계비속의 사망]

지분권 있는 직계비속이 사망한 경우, 공동재산에 대한 그의 지분은 그의 상속재산으로 되지 않는다. 그가 배우자의 사망 이전에 사망하였다면 지분권자가 되었을 직계비속이 그에게 있는 경우, 그 직계비속이 그의 지위를 갖는다. 그와 같은 직계비속이 없는 경우, 그의 지분은 그 밖의 지분권 있는 직계비속의 지분을 증가시키며, 그러한 직계비속이 없는 경우에는 생존배우자의 지분을 증가시킨다.

제1491조 [직계비속의 포기]

① 지분권 있는 직계비속은 공동재산에 대한 그의 지분을 포기할 수 있다. 포기는 사망한 배우자의 상속재산을 관할하는 법원에 대한 의사표시로 한다; 의사표시는 공적으로 인증된 방식으로 해야 한다. 상속법원은 생존배우자와 그 밖의 지분권 있는 직계비속에게 그 의사표시를 통지해야 한다.

② 포기는 생존배우자 및 그 밖의 지분권 있는 직계비속과의 계약으로도 할 수 있다. 계약은 공정증서로 작성되어야 한다.

③ 직계비속이 부모의 친권이나 미성년후견 하에 있는 경우, 포기하기 위해서는 가정법원의 허가가 필요하다. 직계비속의 성년후견인이 포기하는 경우

durch den Betreuer des Abkömmlings ist die Genehmigung des Betreuungsgerichts erforderlich.

(4) Der Verzicht hat die gleichen Wirkungen, wie wenn der Verzichtende zur Zeit des
Verzichts ohne Hinterlassung von Abkömmlingen gestorben wäre.

§ 1492　Aufhebung durch den überlebenden Ehegatten

(1) Der überlebende Ehegatte kann die fortgesetzte Gütergemeinschaft jederzeit aufheben. Die Aufhebung erfolgt durch Erklärung gegenüber dem für den Nachlass des verstorbenen Ehegatten zuständigen Gericht; die Erklärung ist in öffentlich beglaubigter Form
abzugeben. Das Nachlassgericht soll die Erklärung den anteilsberechtigten Abkömmlingen und, wenn der überlebende Ehegatte gesetzlicher Vertreter eines der Abkömmlinge
ist, dem Familiengericht, wenn eine Betreuung besteht, dem Betreuungsgericht mitteilen.

(2) Die Aufhebung kann auch durch Vertrag zwischen dem überlebenden Ehegatten
und den anteilsberechtigten Abkömmlingen erfolgen. Der Vertrag bedarf der notariellen
Beurkundung.

(3) Bei einer Aufhebung durch den Betreuer des überlebenden Ehegatten ist die Genehmigung des Betreuungsgerichts erforderlich.

§ 1493　Wiederverheiratung oder Begründung einer Lebenspartnerschaft des überlebenden Ehegatten

(1) Die fortgesetzte Gütergemeinschaft endet, wenn der überlebende Ehegatte wieder
heiratet oder eine Lebenspartnerschaft begründet.

(2) Der überlebende Ehegatte hat, wenn ein anteilsberechtigter Abkömmling minderjährig ist, die Absicht der Wiederverheiratung dem Familiengericht anzuzeigen, ein Verzeichnis des Gesamtguts einzureichen, die Gütergemeinschaft aufzuheben und die Auseinandersetzung herbeizuführen. Das Familiengericht kann gestatten, dass die Aufhebung
der Gütergemeinschaft bis zur Eheschließung unterbleibt und dass die Auseinandersetzung
erst später erfolgt. Die Sätze 1 und 2 gelten auch, wenn die Sorge für das Vermögen eines
anteilsberechtigten Abkömmlings zum Aufgabenkreis eines Betreuers gehört; in diesem
Fall tritt an die Stelle des Familiengerichts das Betreuungsgericht.

에는 성년후견법원의 허가가 필요하다.

④ 포기는 포기자가 포기 당시 직계비속 없이 사망하였을 경우와 동일한 효력이 있다.

제1492조 [생존배우자에 의한 해소]

① 생존배우자는 계속된 공동재산제를 언제든지 해소할 수 있다. 해소는 사망한 배우자의 상속재산을 관할하는 법원에 대한 의사표시로 한다; 의사표시는 공적으로 인증된 방식으로 해야 한다. 상속법원은 지분권 있는 직계비속에 대해 그 의사표시를 통지해야 하고, 생존배우자가 직계비속 중 1인의 법정대리인인 경우에는 가정법원에, 성년후견이 있는 경우에는 성년후견법원에 통지해야 한다.

② 해소는 생존배우자와 지분권 있는 직계비속 간의 계약에 의해서도 할 수 있다. 계약은 공정증서로 작성되어야 한다.

③ 생존배우자의 성년후견인이 해소하는 경우에는 성년후견법원의 허가가 필요하다.

제1493조 [생존배우자의 재혼이나 생활동반자관계의 성립]

① 생존배우자가 재혼하거나 생활동반자관계를 성립시킨 경우, 계속된 공동재산제는 종료한다.

② 지분권 있는 직계비속이 미성년자인 경우, 생존배우자는 재혼의 의도를 가정법원에 고지하고, 공동재산의 목록을 제출하고, 공동재산제를 해소하고, 분할이 일어나게 해야 한다. 가정법원은 혼인 체결시까지 공동재산제를 해소하지 않고, 이후에야 비로소 분할하는 것을 허용할 수 있다. 지분권 있는 직계비속의 재산에 대한 돌봄이 성년후견인의 업무범위에 속하는 경우에도 제1문과 제2문을 적용한다; 이 경우 성년후견법원이 가정법원을 대신한다.

(3) Das Standesamt, bei dem die Eheschließung angemeldet worden ist, teilt dem Familiengericht die Anmeldung mit.

§ 1494   Tod des überlebenden Ehegatten

(1) Die fortgesetzte Gütergemeinschaft endet mit dem Tode des überlebenden Ehegatten.

(2) Wird der überlebende Ehegatte für tot erklärt oder wird seine Todeszeit nach den Vorschriften des Verschollenheitsgesetzes festgestellt, so endet die fortgesetzte Gütergemeinschaft mit dem Zeitpunkt, der als Zeitpunkt des Todes gilt.

§ 1495   Aufhebungsantrag eines Abkömmlings

Ein anteilsberechtigter Abkömmling kann gegen den überlebenden Ehegatten die Aufhebung der fortgesetzten Gütergemeinschaft beantragen,

1. wenn seine Rechte für die Zukunft dadurch erheblich gefährdet werden können, dass der überlebende Ehegatte zur Verwaltung des Gesamtguts unfähig ist oder sein Recht, das Gesamtgut zu verwalten, missbraucht,

2. wenn der überlebende Ehegatte seine Verpflichtung, dem Abkömmling Unterhalt zu gewähren, verletzt hat und für die Zukunft eine erhebliche Gefährdung des Unterhalts zu besorgen ist,

3. wenn die Verwaltung des Gesamtguts in den Aufgabenkreis des Betreuers des überlebenden Ehegatten fällt,

4. wenn der überlebende Ehegatte die elterliche Sorge für den Abkömmling verwirkt hat oder, falls sie ihm zugestanden hätte, verwirkt haben würde.

§ 1496   Wirkung der richterlichen Aufhebungsentscheidung

Die Aufhebung der fortgesetzten Gütergemeinschaft tritt in den Fällen des § 1495 mit der Rechtskraft der richterlichen Entscheidung ein. Sie tritt für alle Abkömmlinge ein, auch wenn die richterliche Entscheidung auf den Antrag eines der Abkömmlinge ergangen ist.

§ 1497   Rechtsverhältnis bis zur Auseinandersetzung

(1) Nach der Beendigung der fortgesetzten Gütergemeinschaft setzen sich der überlebende Ehegatte und die Abkömmlinge über das Gesamtgut auseinander.

(2) Bis zur Auseinandersetzung bestimmt sich ihr Rechtsverhältnis am Gesamtgut nach den §§ 1419, 1472, 1473.

③ 혼인 체결이 신고되는 신분등록청은 가정법원에 신고 사실을 통지한다.

제1494조 [생존배우자의 사망]

① 계속된 공동재산제는 생존배우자의 사망으로 종료한다.

② 생존배우자가 사망한 것으로 선고되거나 사망 시점이 실종법의 규정에 따라 확정된 경우, 계속된 공동재산제는 사망 시점으로 간주되는 시점에 종료한다.

제1495조 [직계비속의 해소 신청]

다음 각 호의 경우, 지분권 있는 직계비속은 생존배우자를 상대로 계속된 공동재산제의 해소를 신청할 수 있다.

1. 생존배우자가 공동재산을 관리할 수 없거나 공동재산을 관리할 권리를 남용함으로써 직계비속의 권리가 장래에 현저하게 위험할 수 있는 경우,

2. 생존배우자가 그 직계비속을 부양할 의무를 위반하였고 장래에 부양의 현저한 위험이 우려되는 경우,

3. 공동재산의 관리가 생존배우자의 성년후견인의 업무범위에 속하는 경우,

4. 생존배우자가 그 직계비속에 대한 친권을 상실하였거나, 그 생존배우자에게 친권이 있었다면 상실하게 되었을 경우.

제1496조 [해소 재판의 효력]

제1495조의 경우에 계속된 공동재산제의 해소는 재판의 확정으로 발생한다. 법원의 재판이 직계비속 중 1인의 신청에 기하여 있었던 경우에도 모든 직계비속에 대해 해소가 발생한다.

제1497조 [분할시까지 법률관계]

① 생존배우자와 직계비속은 계속된 공동재산제가 종료한 후에 공동재산을 분할한다.

② 분할시까지 공동재산에 대한 그들의 법률관계는 제1419조, 제1472조, 제1473조에 따라 결정된다.

§ 1498 Durchführung der Auseinandersetzung

Auf die Auseinandersetzung sind die Vorschriften der §§ 1475, 1476, des § 1477 Abs. 1, der §§ 1479, 1480 und des § 1481 Abs. 1, 3 anzuwenden; an die Stelle des Ehegatten, der das Gesamtgut allein verwaltet hat, tritt der überlebende Ehegatte, an die Stelle des anderen Ehegatten treten die anteilsberechtigten Abkömmlinge. Die in § 1476 Abs. 2 Satz 2 bezeichnete Verpflichtung besteht nur für den überlebenden Ehegatten.

§ 1499 Verbindlichkeiten zu Lasten des überlebenden Ehegatten

Bei der Auseinandersetzung fallen dem überlebenden Ehegatten zur Last:

1. die ihm bei dem Eintritt der fortgesetzten Gütergemeinschaft obliegenden Gesamtguts-verbindlichkeiten, für die das eheliche Gesamtgut nicht haftete oder die im Verhältnis der Ehegatten zueinander ihm zur Last fielen;

2. die nach dem Eintritt der fortgesetzten Gütergemeinschaft entstandenen Gesamtguts-verbindlichkeiten, die, wenn sie während der ehelichen Gütergemeinschaft in seiner Person entstanden wären, im Verhältnis der Ehegatten zueinander ihm zur Last gefallen sein würden;

3. eine Ausstattung, die er einem anteilsberechtigten Abkömmling über das dem Gesamt-gut entsprechende Maß hinaus oder die er einem nicht anteilsberechtigten Abkömmling versprochen oder gewährt hat.

§ 1500 Verbindlichkeiten zu Lasten der Abkömmlinge

(1) Die anteilsberechtigten Abkömmlinge müssen sich Verbindlichkeiten des verstor-benen Ehegatten, die diesem im Verhältnis der Ehegatten zueinander zur Last fielen, bei der Auseinandersetzung auf ihren Anteil insoweit anrechnen lassen, als der überlebende Ehegatte nicht von dem Erben des verstorbenen Ehegatten Deckung hat erlangen können.

(2) In gleicher Weise haben sich die anteilsberechtigten Abkömmlinge anrechnen zu lassen, was der verstorbene Ehegatte zu dem Gesamtgut zu ersetzen hatte.

§ 1501 Anrechnung von Abfindungen

(1) Ist einem anteilsberechtigten Abkömmling für den Verzicht auf seinen Anteil eine Ab-findung aus dem Gesamtgut gewährt worden, so wird sie bei der Auseinandersetzung in das Gesamtgut eingerechnet und auf die den Abkömmlingen gebührende Hälfte angerechnet.

제1498조 [분할의 실행]

분할에는 제1475조, 제1476조, 제1477조 제1항, 제1479조, 제1480조, 제1481조 제1항 및 제3항의 규정을 준용한다; 공동재산을 단독으로 관리하였던 혼인당사자 일방 대신에 생존배우자로 하고, 그 배우자 대신에 지분권 있는 직계비속들로 한다. 제1476조 제2항 제2문에서 정하는 의무는 생존배우자에 대하여만 존재한다.

제1499조 [생존배우자의 부담으로 되는 채무]

다음 각 호의 채무는 분할시 생존배우자의 부담으로 한다:

1. 계속된 공동재산제 개시 당시 생존배우자가 부담한 공동재산채무로서, 이에 대해 혼인 중 공동재산이 책임을 지지 않거나 혼인당사자 상호간의 관계에서 생존배우자의 부담으로 되었던 채무;

2. 계속된 공동재산제 개시 이후에 발생한 공동재산채무로서, 혼인 중 공동재산제 기간 동안 생존배우자에게 발생하였다면 혼인당사자 상호간의 관계에서 생존배우자의 부담으로 되었을 채무;

3. 생존배우자가 지분권 있는 직계비속에게 공동재산에 상응하는 범위를 넘어서 약속하였거나 제공한 독립자금 또는 지분권 없는 직계비속에 대해 약속하였거나 제공한 독립자금.

제1500조 [직계비속의 부담으로 되는 채무]

① 혼인당사자 상호간의 관계에서 사망한 배우자의 부담으로 되었던 사망한 배우자의 채무는, 생존배우자가 사망한 배우자의 상속인으로부터 보상받을 수 없었던 범위에서, 분할할 때 지분권 있는 직계비속이 자신들의 지분에서 공제하도록 해야 한다.

② 지분권 있는 직계비속은 사망한 배우자가 공동재산에 대해 배상해야 했던 것을 동일한 방법으로 공제하도록 해야 한다.

제1501조 [보상의 공제]

① 지분권 있는 어느 직계비속이 자신의 지분을 포기하는 대가로 공동재산으로부터 보상을 받은 경우, 이는 분할할 때 공동재산에 산입되고, 직계비속들에게 인정되는 절반에서 공제된다.

(2) Der überlebende Ehegatte kann mit den übrigen anteilsberechtigten Abkömmlingen schon vor der Aufhebung der fortgesetzten Gütergemeinschaft eine abweichende Vereinbarung treffen. Die Vereinbarung bedarf der notariellen Beurkundung; sie ist auch denjenigen Abkömmlingen gegenüber wirksam, welche erst später in die fortgesetzte Gütergemeinschaft eintreten.

§ 1502 Übernahmerecht des überlebenden Ehegatten

(1) Der überlebende Ehegatte ist berechtigt, das Gesamtgut oder einzelne dazu gehörende Gegenstände gegen Ersatz des Wertes zu übernehmen. Das Recht geht nicht auf den Erben über.

(2) Wird die fortgesetzte Gütergemeinschaft auf Grund des § 1495 durch Urteil aufgehoben, so steht dem überlebenden Ehegatten das im Absatz 1 bestimmte Recht nicht zu. Die anteilsberechtigten Abkömmlinge können in diesem Falle diejenigen Gegenstände gegen Ersatz des Wertes übernehmen, welche der verstorbene Ehegatte nach § 1477 Abs. 2 zu übernehmen berechtigt sein würde. Das Recht kann von ihnen nur gemeinschaftlich ausgeübt werden.

§ 1503 Teilung unter den Abkömmlingen

(1) Mehrere anteilsberechtigte Abkömmlinge teilen die ihnen zufallende Hälfte des Gesamtguts nach dem Verhältnis der Anteile, zu denen sie im Falle der gesetzlichen Erbfolge als Erben des verstorbenen Ehegatten berufen sein würden, wenn dieser erst zur Zeit der Beendigung der fortgesetzten Gütergemeinschaft gestorben wäre.

(2) Das Vorempfangene kommt nach den für die Ausgleichung unter Abkömmlingen geltenden Vorschriften zur Ausgleichung, soweit nicht eine solche bereits bei der Teilung des Nachlasses des verstorbenen Ehegatten erfolgt ist.

(3) Ist einem Abkömmling, der auf seinen Anteil verzichtet hat, eine Abfindung aus dem Gesamtgut gewährt worden, so fällt sie den Abkömmlingen zur Last, denen der Verzicht zustatten kommt.

§ 1504 Haftungsausgleich unter Abkömmlingen

Soweit die anteilsberechtigten Abkömmlinge nach § 1480 den Gesamtgutsgläubigern haften, sind sie im Verhältnis zueinander nach der Größe ihres Anteils an dem Gesamtgut

② 생존배우자는 계속된 공동재산제가 해소되기 전에도 그 밖의 지분권 있는 직계비속들과 다른 약정을 할 수 있다. 이 약정은 공정증서로 작성되어야 한다; 그 약정은 계속된 공동재산제에 이후에 들어오게 된 직계비속들에 대하여도 효력이 있다.

제1502조 [생존배우자의 인수권]

① 생존배우자는 공동재산 또는 공동재산에 속하는 개별 목적물을 가액을 배상하고 인수할 수 있다. 이 권리는 상속인에게 이전하지 않는다.

② 계속된 공동재산제가 제1495조에 근거하여 판결에 의하여 해소된 경우, 제1항에서 규정한 권리는 생존배우자에게 인정되지 않는다. 이 경우 지분권 있는 직계비속들은 사망한 배우자가 제1477조 제2항에 따라 인수할 수 있었을 목적물을 가액을 배상하고 인수할 수 있다. 이 권리는 그 직계비속들이 공동으로만 행사할 수 있다.

제1503조 [직계비속 사이의 분배]

① 지분권 있는 여러 명의 직계비속은 그들에게 귀속하는 공동재산의 절반을, 사망한 배우자가 계속된 공동재산제의 종료 당시에 사망하였을 경우에 법정상속에서 그들이 사망한 배우자의 상속인으로서 주장하였을 지분비율에 따라 분배한다.
② 선급이익이 사망한 배우자의 상속재산을 분할할 때 조정되지 않은 범위에서, 그것은 직계비속 사이의 조정에 적용되는 규정에 따라 청산된다.

③ 자신의 지분을 포기한 어느 직계비속에게 공동재산으로부터 보상이 있었던 경우, 그 보상은 포기로 이익을 얻은 직계비속의 부담으로 한다.

제1504조 [직계비속 사이의 책임의 조정]

지분권 있는 직계비속이 제1480조에 따라 공동재산 채권자들에 대하여 책임을 지는 범위에서 그들은 상호간의 관계에서 공동재산에 대한 지분비율에

verpflichtet. Die Verpflichtung beschränkt sich auf die ihnen zugeteilten Gegenstände; die für die Haftung des Erben geltenden Vorschriften der §§ 1990, 1991 finden entsprechende Anwendung.

§ 1505   Ergänzung des Anteils des Abkömmlings

Die Vorschriften über das Recht auf Ergänzung des Pflichtteils finden zugunsten eines anteilsberechtigten Abkömmlings entsprechende Anwendung; an die Stelle des Erbfalls tritt die Beendigung der fortgesetzten Gütergemeinschaft; als gesetzlicher Erbteil gilt der dem Abkömmling zur Zeit der Beendigung gebührende Anteil an dem Gesamtgut, als Pflichtteil gilt die Hälfte des Wertes dieses Anteils.

§ 1506   Anteilsunwürdigkeit

Ist ein gemeinschaftlicher Abkömmling erbunwürdig, so ist er auch des Anteils an dem Gesamtgut unwürdig. Die Vorschriften über die Erbunwürdigkeit finden entsprechende Anwendung.

§ 1507   Zeugnis über Fortsetzung der Gütergemeinschaft

Das Nachlassgericht hat dem überlebenden Ehegatten auf Antrag ein Zeugnis über die Fortsetzung der Gütergemeinschaft zu erteilen. Die Vorschriften über den Erbschein finden entsprechende Anwendung.

§ 1508   (weggefallen)

§ 1509   Ausschließung der fortgesetzten Gütergemeinschaft durch letztwillige Verfügung

Jeder Ehegatte kann für den Fall, dass die Ehe durch seinen Tod aufgelöst wird, die Fortsetzung der Gütergemeinschaft durch letztwillige Verfügung ausschließen, wenn er berechtigt ist, dem anderen Ehegatten den Pflichtteil zu entziehen oder die Aufhebung der Gütergemeinschaft zu beantragen. Das Gleiche gilt, wenn der Ehegatte berechtigt ist, die Aufhebung der Ehe zu beantragen, und den Antrag gestellt hat. Auf die Ausschließung finden die Vorschriften über die Entziehung des Pflichtteils entsprechende Anwendung.

따라 의무를 부담한다. 이 의무는 그들에게 분할된 목적물로 제한된다; 상속인의 책임에 대하여 적용되는 제1990조 및 제1991조의 규정을 준용한다.

제1505조 [직계비속 지분의 보충]

유류분 보충권에 관한 규정을 지분권 있는 직계비속을 위하여 준용한다; 계속된 공동재산제의 종료가 상속을 대신한다; 종료 시점에 직계비속에게 인정되는 공동재산에 대한 지분을 법정상속분으로 간주하고, 이러한 지분 가액의 절반을 유류분으로 간주한다.

제1506조 [지분 결격]

공동의 직계비속이 상속결격자인 경우, 그는 공동재산에 대한 지분에 대해서도 결격자이다. 상속결격에 관한 규정을 준용한다.

제1507조 [공동재산제 계속에 관한 증명]

상속법원은 신청에 기하여 생존배우자에게 공동재산제의 계속에 관한 증명서를 발급해야 한다. 상속증서에 관한 규정을 준용한다.

제1508조 (삭제)

제1509조 [최종의사처분에 의한 공동재산제 계속의 배제]

혼인당사자 각자는 그가 배우자의 유류분을 박탈할 수 있거나 공동재산제의 해소를 신청할 권리가 있는 경우, 혼인이 사망으로 해소되는 경우를 대비하여 최종의사처분으로 공동재산제의 계속을 배제할 수 있다. 이는 그 혼인당사자가 혼인의 취소를 청구할 권리가 있고, 취소신청을 한 경우에도 같다. 배제에 대하여는 유류분 박탈에 관한 규정을 준용한다.

§ 1510　Wirkung der Ausschließung

Wird die Fortsetzung der Gütergemeinschaft ausgeschlossen, so gilt das Gleiche wie im Falle des § 1482.

§ 1511　Ausschließung eines Abkömmlings

(1) Jeder Ehegatte kann für den Fall, dass die Ehe durch seinen Tod aufgelöst wird, einen gemeinschaftlichen Abkömmling von der fortgesetzten Gütergemeinschaft durch letztwillige Verfügung ausschließen.

(2) Der ausgeschlossene Abkömmling kann, unbeschadet seines Erbrechts, aus dem Gesamtgut der fortgesetzten Gütergemeinschaft die Zahlung des Betrags verlangen, der ihm von dem Gesamtgut der ehelichen Gütergemeinschaft als Pflichtteil gebühren würde, wenn die fortgesetzte Gütergemeinschaft nicht eingetreten wäre. Die für den Pflichtteilsanspruch geltenden Vorschriften finden entsprechende Anwendung.

(3) Der dem ausgeschlossenen Abkömmling gezahlte Betrag wird bei der Auseinandersetzung den anteilsberechtigten Abkömmlingen nach Maßgabe des § 1501 angerechnet. Im Verhältnis der Abkömmlinge zueinander fällt er den Abkömmlingen zur Last, denen die Ausschließung zustatten kommt.

§ 1512　Herabsetzung des Anteils

Jeder Ehegatte kann für den Fall, dass mit seinem Tode die fortgesetzte Gütergemeinschaft eintritt, den einem anteilsberechtigten Abkömmling nach der Beendigung der fortgesetzten Gütergemeinschaft gebührenden Anteil an dem Gesamtgut durch letztwillige Verfügung bis auf die Hälfte herabsetzen.

§ 1513　Entziehung des Anteils

(1) Jeder Ehegatte kann für den Fall, dass mit seinem Tod die fortgesetzte Gütergemeinschaft eintritt, einem anteilsberechtigten Abkömmling den diesem nach der Beendigung der fortgesetzten Gütergemeinschaft gebührenden Anteil an dem Gesamtgut durch letztwillige Verfügung entziehen, wenn er berechtigt ist, dem Abkömmling den Pflichtteil zu entziehen. Die Vorschrift des § 2336 Abs. 2 und 3 findet entsprechende Anwendung.

(2) Der Ehegatte kann, wenn er nach § 2338 berechtigt ist, das Pflichtteilsrecht des Abkömmlings zu beschränken, den Anteil des Abkömmlings am Gesamtgut einer entspre-

제1510조 [배제의 효력]

공동재산제의 계속이 배제된 경우, 제1482조의 경우와 동일한 것을 적용한다.

제1511조 [직계비속의 배제]

① 혼인당사자 각자는 혼인이 사망으로 해소되는 경우를 대비하여, 최종의 사처분으로 공동의 직계비속을 계속되는 공동재산제에서 배제할 수 있다.

② 배제된 직계비속은 그의 상속권에 영향 없이, 공동재산제의 계속이 개시되지 않았더라면 혼인 중 공동재산제의 공동재산으로부터 그에게 유류분으로 인정되었을 금액의 지급을 계속된 공동재산제의 공동재산으로부터 청구할 수 있다. 유류분청구권에 적용되는 규정을 준용한다.

③ 배제된 직계비속에게 지급된 금액은 분할할 때 지분권 있는 직계비속들에게서 제1501조가 정하는 바에 따라 공제된다. 직계비속 상호간의 관계에서 그 금액은 배제로 이익을 얻은 직계비속들의 부담으로 한다.

제1512조 [지분 감축]

혼인당사자 각자는 자신의 사망으로 공동재산제의 계속이 개시되는 경우를 대비하여, 계속된 공동재산제의 종료 후에 지분권 있는 직계비속에게 인정되는 공동재산에 대한 지분을 최종의사처분으로 절반까지 감축할 수 있다.

제1513조 [지분 박탈]

① 혼인당사자 각자는 그가 직계비속의 유류분을 박탈할 수 있는 권리가 있는 경우, 자신의 사망으로 공동재산제의 계속이 개시되는 경우를 대비하여, 계속된 공동재산제의 종료 후에 지분권 있는 직계비속에게 인정되는 공동재산에 대한 지분을 최종의사처분으로 박탈할 수 있다. 제2336조 제2항 및 제3항의 규정을 준용한다.

② 혼인당사자 각자는 그가 제2338조에 따라 직계비속의 유류분을 제한할 수 있는 권리가 있는 경우, 공동재산에 대한 그 직계비속의 지분에 대해 상

chenden Beschränkung unterwerfen.

§ 1514 Zuwendung des entzogenen Betrags

Jeder Ehegatte kann den Betrag, den er nach § 1512 oder nach § 1513 Abs. 1 einem Abkömmling entzieht, auch einem Dritten durch letztwillige Verfügung zuwenden.

§ 1515 Übernahmerecht eines Abkömmlings und des Ehegatten

(1) Jeder Ehegatte kann für den Fall, dass mit seinem Tode die fortgesetzte Gütergemeinschaft eintritt, durch letztwillige Verfügung anordnen, dass ein anteilsberechtigter Abkömmling das Recht haben soll, bei der Teilung das Gesamtgut oder einzelne dazu gehörende Gegenstände gegen Ersatz des Wertes zu übernehmen.

(2) Gehört zu dem Gesamtgut ein Landgut, so kann angeordnet werden, dass das Landgut mit dem Ertragswert oder mit einem Preis, der den Ertragswert mindestens erreicht, angesetzt werden soll. Die für die Erbfolge geltende Vorschrift des § 2049 findet Anwendung.

(3) Das Recht, das Landgut zu dem in Absatz 2 bezeichneten Werte oder Preis zu übernehmen, kann auch dem überlebenden Ehegatten eingeräumt werden.

§ 1516 Zustimmung des anderen Ehegatten

(1) Zur Wirksamkeit der in den §§ 1511 bis 1515 bezeichneten Verfügungen eines Ehegatten ist die Zustimmung des anderen Ehegatten erforderlich.

(2) Die Zustimmung kann nicht durch einen Vertreter erteilt werden. Die Zustimmungserklärung bedarf der notariellen Beurkundung. Die Zustimmung ist unwiderruflich.

(3) Die Ehegatten können die in den §§ 1511 bis 1515 bezeichneten Verfügungen auch in einem gemeinschaftlichen Testament treffen.

§ 1517 Verzicht eines Abkömmlings auf seinen Anteil

(1) Zur Wirksamkeit eines Vertrags, durch den ein gemeinschaftlicher Abkömmling einem der Ehegatten gegenüber für den Fall, dass die Ehe durch dessen Tod aufgelöst wird, auf seinen Anteil am Gesamtgut der fortgesetzten Gütergemeinschaft verzichtet oder durch den ein solcher Verzicht aufgehoben wird, ist die Zustimmung des anderen Ehegatten erforderlich. Für die Zustimmung gilt die Vorschrift des § 1516 Absatz 2 Satz 2 und 3 entsprechend.

(2) Die für den Erbverzicht geltenden Vorschriften finden entsprechende Anwendung.

응하는 제한을 가할 수 있다.

제1514조 [박탈 금액의 출연]

혼인당사자 각자는 제1512조 또는 제1513조 제1항에 따라 직계비속에게서 박탈한 금액을 최종의사처분으로 제3자에게도 출연할 수 있다.

제1515조 [직계비속과 배우자의 인수권]

① 혼인당사자 각자는 자신의 사망으로 공동재산제의 계속이 개시되는 경우를 대비하여, 지분권 있는 직계비속이 분할할 때 공동재산 또는 공동재산에 속하는 개별 목적물을 가액을 배상하고 인수할 권리가 있음을 최종의사처분으로 지시할 수 있다.

② 농지가 공동재산에 속하는 경우, 그 농지가 수익가치 또는 적어도 수익가치에 달하는 가격으로 평가되어야 하는 것으로 지시할 수 있다. 상속에 적용되는 제2049조의 규정을 준용한다.

③ 제2항에서 정하는 가치나 가격으로 농지를 인수할 권리는 생존배우자에게도 인정될 수 있다.

제1516조 [배우자의 동의]

① 제1511조 내지 제1515조에서 규정하는 혼인당사자 일방의 처분이 유효하기 위해서는 배우자의 동의가 있어야 한다.

② 그 동의는 대리인에 의해서는 부여될 수 없다. 동의의 의사표시는 공정증서의 작성을 요한다. 동의는 철회할 수 없다.

③ 혼인당사자들은 제1511조 내지 제1515조에서 규정하는 처분을 공동유언으로도 할 수 있다.

제1517조 [직계비속의 지분 포기]

① 공동의 직계비속이 혼인당사자 일방에 대하여, 혼인이 그 혼인당사자 일방의 사망으로 해소되는 경우를 대비하여, 계속된 공동재산제의 공동재산에 대한 자신의 지분을 포기하는 계약이나 그러한 포기가 취소되도록 하는 계약이 유효하기 위해서는 배우자의 동의가 필요하다. 이 동의에 대하여는 제1516조 제2항 제2문 및 제3문의 규정을 준용한다.

② 상속의 사전포기에 대하여 적용되는 규정을 준용한다.

§ 1518   Zwingendes Recht

Anordnungen, die mit den Vorschriften der §§ 1483 bis 1517 in Widerspruch stehen, können von den Ehegatten weder durch letztwillige Verfügung noch durch Vertrag getroffen werden. Das Recht der Ehegatten, den Vertrag, durch den sie die Fortsetzung der Gütergemeinschaft vereinbart haben, durch Ehevertrag aufzuheben, bleibt unberührt.

Kapitel 4   Wahl-Zugewinngemeinschaft

§ 1519   Vereinbarung durch Ehevertrag

Vereinbaren die Ehegatten durch Ehevertrag den Güterstand der Wahl-Zugewinngemeinschaft, so gelten die Vorschriften des Abkommens vom 4. Februar 2010 zwischen der Bundesrepublik Deutschland und der Französischen Republik über den Güterstand der Wahl-Zugewinngemeinschaft. § 1368 gilt entsprechend. § 1412 ist nicht anzuwenden.

§§ 1520 bis 1557 (weggefallen)

Untertitel 3   (weggefallen)

§§ 1558 bis 1563 (weggefallen)

Titel 7   Scheidung der Ehe

Untertitel 1   Scheidungsgründe

§ 1564   Scheidung durch richterliche Entscheidung

Eine Ehe kann nur durch richterliche Entscheidung auf Antrag eines oder beider Ehegatten geschieden werden. Die Ehe ist mit der Rechtskraft der Entscheidung aufgelöst. Die Voraussetzungen, unter denen die Scheidung begehrt werden kann, ergeben sich aus den folgenden Vorschriften.

제1518조 [강행규정]

혼인당사자들은 제1483조 내지 제1517조의 규정과 모순되는 지시를 최종의 사처분이나 계약으로 할 수 없다. 혼인당사자들이 공동재산제의 계속을 합의한 계약을 혼인재산계약으로 취소하는 혼인당사자들의 권리는 이에 영향을 받지 않는다.

제4항　선택적 부가이익공동제

제1519조 [혼인재산계약에 의한 약정]

혼인당사자들이 혼인재산계약으로 선택적 부가이익공동제를 약정한 경우, 선택적 부가이익공동제에 관한 독일과 프랑스 간 2010년 2월 4일 협약의 규정을 적용한다. 제1368조를 준용한다. 제1412조를 적용하지 않는다.

제1520조 내지 제1557조 (삭제)

제3관　삭제

제1558조 내지 제1563조 (삭제)

제7절　이혼

제1관　이혼 사유

제1564조 [재판에 의한 이혼]

이혼은 혼인당사자 일방 또는 쌍방의 신청에 기하여 재판에 의해서만 할 수 있다. 혼인은 그 재판의 확정으로 해소된다. 이혼이 신청될 수 있는 요건은 이하의 규정에 의한다.

§ 1565 Scheitern der Ehe

(1) Eine Ehe kann geschieden werden, wenn sie gescheitert ist. Die Ehe ist gescheitert, wenn die Lebensgemeinschaft der Ehegatten nicht mehr besteht und nicht erwartet werden kann, dass die Ehegatten sie wiederherstellen.

(2) Leben die Ehegatten noch nicht ein Jahr getrennt, so kann die Ehe nur geschieden werden, wenn die Fortsetzung der Ehe für den Antragsteller aus Gründen, die in der Person des anderen Ehegatten liegen, eine unzumutbare Härte darstellen würde.

Fußnote

§ 1565 Abs. 1 Satz 1: Mit dem GG vereinbar, BVerfGE v. 28.2.1980 I 283 - 1 BvL 136/78 u. a. -

§ 1566 Vermutung für das Scheitern

(1) Es wird unwiderlegbar vermutet, dass die Ehe gescheitert ist, wenn die Ehegatten seit einem Jahr getrennt leben und beide Ehegatten die Scheidung beantragen oder der Antragsgegner der Scheidung zustimmt.

(2) Es wird unwiderlegbar vermutet, dass die Ehe gescheitert ist, wenn die Ehegatten seit drei Jahren getrennt leben.

Fußnote

§ 1566 Abs. 2: Mit dem GG vereinbar, BVerfGE v. 28.2.1980 I 283 - 1 BvL 136/78 u. a. -

§ 1567 Getrenntleben

(1) Die Ehegatten leben getrennt, wenn zwischen ihnen keine häusliche Gemeinschaft besteht und ein Ehegatte sie erkennbar nicht herstellen will, weil er die eheliche Lebensgemeinschaft ablehnt. Die häusliche Gemeinschaft besteht auch dann nicht mehr, wenn die Ehegatten innerhalb der ehelichen Wohnung getrennt leben.

(2) Ein Zusammenleben über kürzere Zeit, das der Versöhnung der Ehegatten dienen soll, unterbricht oder hemmt die in § 1566 bestimmten Fristen nicht.

§ 1568 Härteklausel

(1) Die Ehe soll nicht geschieden werden, obwohl sie gescheitert ist, wenn und solange die Aufrechterhaltung der Ehe im Interesse der aus der Ehe hervorgegangenen minder-

제1565조 [혼인의 파탄]

① 혼인이 파탄된 경우에는 이혼할 수 있다. 혼인당사자들의 생활공동체가 더 이상 존재하지 않고, 혼인당사자들에게 이를 회복하는 것이 기대될 수 없는 경우, 혼인은 파탄된 것이다.

② 혼인당사자들이 1년 미만 별거한 경우에는, 배우자에게 존재하는 사유로 인해 혼인의 계속이 신청인에게 기대할 수 없는 가혹함이 되는 경우에만 이혼할 수 있다.

각주

제1565조 제1항 제1문: 기본법에 합치, BVerfGE v. 28.2.1980 I 283 − 1 BvL 136/78 등

제1566조 [파탄에 대한 추정]

① 혼인당사자들이 1년 이상 별거하고, 혼인당사자 쌍방이 이혼을 신청하거나 신청인의 상대방이 이혼에 동의하는 경우, 혼인이 파탄된 것으로 번복할 수 없는 추정이 된다.

② 혼인당사자들이 3년 이상 별거한 경우, 혼인이 파탄된 것으로 번복할 수 없는 추정이 된다.

각주

제1566조 제2항: 기본법에 합치, BVerfGE v. 28.2.1980 I 283 − 1 BvL 136/78 등

제1567조 [별거]

① 혼인당사자 사이에 가사공동체가 존재하지 않고, 혼인당사자 일방이 혼인생활공동체를 거부하여 가사공동체를 형성할 의사가 없다고 인식될 수 있는 경우, 혼인당사자들은 별거하는 것이다. 혼인당사자들이 혼인주거 내에서 별거하는 경우에도 가사공동체는 더 이상 존재하지 않는다.

② 혼인당사자들의 화해를 위한 단기간의 동거는 제1566조에 규정된 기간을 중단 또는 정지시키지 않는다.

제1568조 [가혹조항]

① 혼인의 유지가 그 혼인에서 출생한 미성년 자녀의 이익을 위하여 특별한 사유에 의하여 예외적으로 필요한 경우 또는 이혼이 이를 거부하는 신청 상

jährigen Kinder aus besonderen Gründen ausnahmsweise notwendig ist oder wenn und solange die Scheidung für den Antragsgegner, der sie ablehnt, auf Grund außergewöhnlicher Umstände eine so schwere Härte darstellen würde, dass die Aufrechterhaltung der Ehe auch unter Berücksichtigung der Belange des Antragstellers ausnahmsweise geboten erscheint.

(2) (weggefallen)

Untertitel 1a   Behandlung der Ehewohnung und der Haushaltsgegenstände anlässlich der Scheidung

§ 1568a   Ehewohnung

(1) Ein Ehegatte kann verlangen, dass ihm der andere Ehegatte anlässlich der Scheidung die Ehewohnung überlässt, wenn er auf deren Nutzung unter Berücksichtigung des Wohls der im Haushalt lebenden Kinder und der Lebensverhältnisse der Ehegatten in stärkerem Maße angewiesen ist als der andere Ehegatte oder die Überlassung aus anderen Gründen der Billigkeit entspricht.

(2) Ist einer der Ehegatten allein oder gemeinsam mit einem Dritten Eigentümer des Grundstücks, auf dem sich die Ehewohnung befindet, oder steht einem Ehegatten allein oder gemeinsam mit einem Dritten ein Nießbrauch, das Erbbaurecht oder ein dingliches Wohnrecht an dem Grundstück zu, so kann der andere Ehegatte die Überlassung nur verlangen, wenn dies notwendig ist, um eine unbillige Härte zu vermeiden. Entsprechendes gilt für das Wohnungseigentum und das Dauerwohnrecht.

(3) Der Ehegatte, dem die Wohnung überlassen wird, tritt

1. zum Zeitpunkt des Zugangs der Mitteilung der Ehegatten über die Überlassung an den Vermieter oder

2. mit Rechtskraft der Endentscheidung im Wohnungszuweisungsverfahren

an Stelle des zur Überlassung verpflichteten Ehegatten in ein von diesem eingegangenes Mietverhältnis ein oder setzt ein von beiden eingegangenes Mietverhältnis allein fort. § 563 Absatz 4 gilt entsprechend.

(4) Ein Ehegatte kann die Begründung eines Mietverhältnisses über eine Wohnung, die

대방에게 통상적이지 않은 사정에 근거하여 중대하게 가혹하게 되어 신청인의 이해를 고려하더라도 혼인의 유지가 예외적으로 필요한 것으로 보이는 경우에는, 비록 혼인이 파탄되었더라도 이혼할 수 없다.

② (삭제)

제1관의a 이혼시 혼인주거와 가계용품의 처리

제1568조의a [혼인주거]

① 혼인당사자 일방은 가정에 살고 있는 자녀의 복리와 혼인당사자들의 생활상태를 고려할 때 그 혼인당사자 일방이 배우자보다 혼인주거 이용에 더 많이 의존하고 있거나 혼인주거의 인도가 다른 사유에 의하여 공평에 부합하는 경우, 이혼할 때 자신에게 혼인주거를 인도할 것을 배우자에게 청구할 수 있다.

② 혼인당사자 일방이 혼인주거가 존재하는 부동산을 단독으로 또는 제3자와 공동으로 소유하거나, 혼인당사자 일방에게 단독으로 또는 제3자와 공동으로 그 부동산에 대한 용익권, 지상권 또는 물권적 주거권이 귀속하는 경우, 배우자는 불공평한 가혹함을 피하기 위하여 인도가 필요한 경우에만 인도를 청구할 수 있다. 이는 주거소유권과 영속적 주거권에 대해서도 같다.

③ 주거를 인도받는 혼인당사자는
 1. 인도에 관한 혼인당사자들의 통지가 임대인에게 도달하는 시점이나
 2. 주거배분절차에서 재판이 확정된 때에
인도할 의무가 있는 혼인당사자에 의하여 발생한 임대차관계를 그를 대신하여 승계하거나, 혼인당사자 쌍방에 의하여 발생한 임대차관계를 단독으로 승계한다. 제563조 제4항을 준용한다.

④ 혼인당사자 일방은 어느 혼인당사자와 제3자 사이에 존재하는 고용 또는

die Ehegatten auf Grund eines Dienst- oder Arbeitsverhältnisses innehaben, das zwischen einem von ihnen und einem Dritten besteht, nur verlangen, wenn der Dritte einverstanden oder dies notwendig ist, um eine schwere Härte zu vermeiden.

(5) Besteht kein Mietverhältnis über die Ehewohnung, so kann sowohl der Ehegatte, der Anspruch auf deren Überlassung hat, als auch die zur Vermietung berechtigte Person die Begründung eines Mietverhältnisses zu ortsüblichen Bedingungen verlangen. Unter den Voraussetzungen des § 575 Absatz 1 oder wenn die Begründung eines unbefristeten Mietverhältnisses unter Würdigung der berechtigten Interessen des Vermieters unbillig ist, kann der Vermieter eine angemessene Befristung des Mietverhältnisses verlangen. Kommt eine Einigung über die Höhe der Miete nicht zustande, kann der Vermieter eine angemessene Miete, im Zweifel die ortsübliche Vergleichsmiete, verlangen.

(6) In den Fällen der Absätze 3 und 5 erlischt der Anspruch auf Eintritt in ein Mietverhältnis oder auf seine Begründung ein Jahr nach Rechtskraft der Endentscheidung in der Scheidungssache, wenn er nicht vorher rechtshängig gemacht worden ist.

§ 1568b   Haushaltsgegenstände

(1) Jeder Ehegatte kann verlangen, dass ihm der andere Ehegatte anlässlich der Scheidung die im gemeinsamen Eigentum stehenden Haushaltsgegenstände überlässt und übereignet, wenn er auf deren Nutzung unter Berücksichtigung des Wohls der im Haushalt lebenden Kinder und der Lebensverhältnisse der Ehegatten in stärkerem Maße angewiesen ist als der andere Ehegatte oder dies aus anderen Gründen der Billigkeit entspricht.

(2) Haushaltsgegenstände, die während der Ehe für den gemeinsamen Haushalt angeschafft wurden, gelten für die Verteilung als gemeinsames Eigentum der Ehegatten, es sei denn, das Alleineigentum eines Ehegatten steht fest.

(3) Der Ehegatte, der sein Eigentum nach Absatz 1 überträgt, kann eine angemessene Ausgleichszahlung verlangen.

근로관계에 근거하여 혼인당사자들이 점유하는 주거에 대해 임대차관계의 성립을 청구할 수 있는데, 제3자가 이에 동의하거나 중대한 가혹함을 피하기 위하여 필요한 경우에만 그러하다.

⑤ 혼인주거에 관하여 임대차관계가 존재하지 않는 경우, 혼인주거 인도청구권을 가지는 혼인당사자와 그 임대권한이 있는 자는 지역상례적 조건에 따른 임대차관계의 성립을 청구할 수 있다. 제575조 제1항의 요건이 존재하는 경우 또는 임대인의 정당한 이익을 고려할 때 기한이 없는 임대차관계의 성립이 불공평할 경우, 임대인은 적절한 기간의 임대차관계를 청구할 수 있다. 차임 금액에 대한 합의가 성립하지 않은 경우에 임대인은 적절한 차임을, 의심스러운 때에는 지역상례적 비교차임을 청구할 수 있다.

⑥ 제3항 및 제5항의 경우에 임대차관계의 승계 또는 성립을 요구하는 청구권은 이혼사건에서 최종 재판이 확정된 때부터 1년이 지나면, 그 전에 그 청구권의 소송이 계속되지 않은 경우에는 소멸한다.

제1568조의b [가계용품]

① 가계에 살고 있는 자녀의 복리와 혼인당사자들의 생활상태를 고려할 때 혼인당사자 일방이 배우자보다 그 가계용품의 이용에 더 많이 의존하고 있거나 그것이 다른 이유로 공평에 부합하는 경우, 혼인당사자 각자는 이혼할 때 배우자가 자신에게 공동으로 소유하는 가계용품을 인도하고 소유권을 양도할 것을 청구할 수 있다.

② 혼인 중 공동 가계를 위하여 취득한 가계용품은 분배를 위해서 혼인당사자들의 공동소유로 인정되지만, 혼인당사자 일방의 단독 소유가 확인된 경우에는 그렇지 않다.

③ 자신의 소유권을 제1항에 따라 양도한 혼인당사자 일방은 적절한 보상의 지급을 청구할 수 있다.

Untertitel 2　　Unterhalt des geschiedenen Ehegatten

Kapitel 1　　Grundsatz

§ 1569　Grundsatz der Eigenverantwortung

Nach der Scheidung obliegt es jedem Ehegatten, selbst für seinen Unterhalt zu sorgen. Ist er dazu außerstande, hat er gegen den anderen Ehegatten einen Anspruch auf Unterhalt nur nach den folgenden Vorschriften.

Kapitel 2　　Unterhaltsberechtigung

§ 1570　Unterhalt wegen Betreuung eines Kindes

(1) Ein geschiedener Ehegatte kann von dem anderen wegen der Pflege oder Erziehung eines gemeinschaftlichen Kindes für mindestens drei Jahre nach der Geburt Unterhalt verlangen. Die Dauer des Unterhaltsanspruchs verlängert sich, solange und soweit dies der Billigkeit entspricht. Dabei sind die Belange des Kindes und die bestehenden Möglichkeiten der Kinderbetreuung zu berücksichtigen.

(2) Die Dauer des Unterhaltsanspruchs verlängert sich darüber hinaus, wenn dies unter Berücksichtigung der Gestaltung von Kinderbetreuung und Erwerbstätigkeit in der Ehe sowie der Dauer der Ehe der Billigkeit entspricht.

§ 1571　Unterhalt wegen Alters

Ein geschiedener Ehegatte kann von dem anderen Unterhalt verlangen, soweit von ihm im Zeitpunkt

1. der Scheidung,

2. der Beendigung der Pflege oder Erziehung eines gemeinschaftlichen Kindes oder

3. des Wegfalls der Voraussetzungen für einen Unterhaltsanspruch nach den §§ 1572 und 1573 wegen seines Alters eine Erwerbstätigkeit nicht mehr erwartet werden kann.

§ 1572　Unterhalt wegen Krankheit oder Gebrechen

Ein geschiedener Ehegatte kann von dem anderen Unterhalt verlangen, solange und soweit von ihm vom Zeitpunkt

제2관 이혼 배우자의 부양

제1항 원칙

제1569조 [자기책임 원칙]

이혼 이후 혼인당사자 각자는 자신의 부양을 스스로 돌보아야 한다. 그가 그런 상태에 있지 않은 경우, 그는 다음 규정들에 따라서만 배우자에 대해 부양청구권을 갖는다.

제2항 부양권

제1570조 [자녀 돌봄을 이유로 한 부양]

① 이혼한 배우자는 상대방 배우자에게 공동 자녀의 보호와 양육을 이유로 최소한 출생 후 3년까지 부양을 청구할 수 있다. 부양청구권의 기간은 공평에 부합하는 범위에서 연장된다. 이 경우 자녀의 이해관계와 기존의 자녀 돌봄 가능성을 고려해야 한다.

② 혼인 중 자녀 돌봄과 소득활동의 형상, 혼인기간을 고려할 때 공평에 부합하는 경우, 부양청구권의 기간은 그보다 연장될 수 있다.

제1571조 [노령을 이유로 한 부양]

이혼한 배우자는 상대방 배우자에게

1. 이혼 시점,
2. 공동 자녀의 보호 또는 양육의 종료 시점 또는
3. 제1572조 및 제1573조에 따른 부양청구권의 요건이 소멸한 시점에

그의 노령 때문에 소득활동이 더 이상 기대될 수 없는 범위에서 부양을 청구할 수 있다.

제1572조 [질병 또는 장애를 이유로 한 부양]

이혼한 배우자는 상대방 배우자에게

1. der Scheidung,

2. der Beendigung der Pflege oder Erziehung eines gemeinschaftlichen Kindes,

3. der Beendigung der Ausbildung, Fortbildung oder Umschulung oder

4. des Wegfalls der Voraussetzungen für einen Unterhaltsanspruch nach § 1573 an wegen Krankheit oder anderer Gebrechen oder Schwäche seiner körperlichen oder geistigen Kräfte eine Erwerbstätigkeit nicht erwartet werden kann.

§ 1573   Unterhalt wegen Erwerbslosigkeit und Aufstockungsunterhalt

(1) Soweit ein geschiedener Ehegatte keinen Unterhaltsanspruch nach den §§ 1570 bis 1572 hat, kann er gleichwohl Unterhalt verlangen, solange und soweit er nach der Scheidung keine angemessene Erwerbstätigkeit zu finden vermag.

(2) Reichen die Einkünfte aus einer angemessenen Erwerbstätigkeit zum vollen Unterhalt (§ 1578) nicht aus, kann er, soweit er nicht bereits einen Unterhaltsanspruch nach den §§ 1570 bis 1572 hat, den Unterschiedsbetrag zwischen den Einkünften und dem vollen Unterhalt verlangen.

(3) Absätze 1 und 2 gelten entsprechend, wenn Unterhalt nach den §§ 1570 bis 1572, 1575 zu gewähren war, die Voraussetzungen dieser Vorschriften aber entfallen sind.

(4) Der geschiedene Ehegatte kann auch dann Unterhalt verlangen, wenn die Einkünfte aus einer angemessenen Erwerbstätigkeit wegfallen, weil es ihm trotz seiner Bemühungen nicht gelungen war, den Unterhalt durch die Erwerbstätigkeit nach der Scheidung nachhaltig zu sichern. War es ihm gelungen, den Unterhalt teilweise nachhaltig zu sichern, so kann er den Unterschiedsbetrag zwischen dem nachhaltig gesicherten und dem vollen Unterhalt verlangen.

(5) (weggefallen)

Fußnote

§ 1573 Abs. 2: Mit dem GG vereinbar, BVerfGE v. 14.7.1981 I 826 - 1 BvL 28/77 u. a. -

§ 1574   Angemessene Erwerbstätigkeit

(1) Dem geschiedenen Ehegatten obliegt es, eine angemessene Erwerbstätigkeit auszuüben.

(2) Angemessen ist eine Erwerbstätigkeit, die der Ausbildung, den Fähigkeiten, einer früheren Erwerbstätigkeit, dem Lebensalter und dem Gesundheitszustand des geschiede-

1. 이혼 시점,
2. 공동 자녀의 보호 또는 양육의 종료 시점,
3. 직업교육, 계속교육, 전환교육의 종료 시점 또는
4. 제1573조에 따른 부양청구권의 요건이 소멸한 시점부터

질병이나 그 밖의 신체적 또는 정신적 능력의 장애 또는 허약함 때문에 그에게 소득활동이 기대될 수 없는 범위에서 부양을 청구할 수 있다.

제1573조 [소득상실을 이유로 한 부양과 추가 부양]

① 이혼한 배우자가 제1570조 내지 제1572조에 따른 부양청구권을 가지지 못하는 경우에도, 그가 이혼 이후에 적절한 소득활동을 구할 수 없는 범위에서 부양을 청구할 수 있다.

② 적절한 소득활동으로부터 수입이 완전한 부양(제1578조)을 위하여 충분하지 않은 경우, 그가 이미 제1570조 내지 제1572조에 따른 부양청구권을 가지지 못하는 범위에서, 수입과 완전한 부양 사이의 차액을 청구할 수 있다.

③ 부양이 제1570조 내지 제1572조, 제1575조에 따라 제공될 수 있었으나, 이 규정들의 요건이 소멸된 경우, 제1항과 제2항을 준용한다.

④ 이혼한 배우자가 그의 노력에도 불구하고 이혼 이후 소득활동에 의한 부양을 지속적으로 확보하는 데에 성공하지 못하였기 때문에, 적절한 소득활동으로부터 수입이 소멸한 경우에도, 그는 부양을 청구할 수 있다. 부양을 지속적으로 확보하는 것이 부분적으로 성공한 경우에는, 그는 지속적으로 확보된 부양과 완전한 부양 사이의 차액을 청구할 수 있다.

⑤ (삭제)

각주

제1573조 제2항: 기본법에 합치, BVerfGE v. 14.7.1981 I 826 − 1 BvL 28/77 등

제1574조 [적절한 소득활동]

① 이혼한 배우자는 적절한 소득활동을 하여야 한다.

② 이혼한 배우자의 교육, 능력, 종전 소득활동, 연령, 건강상태에 부합하는 소득활동은 그러한 활동이 혼인 생활상태에 비추어 불공평하지 않은 범위에

nen Ehegatten entspricht, soweit eine solche Tätigkeit nicht nach den ehelichen Lebens-verhältnissen unbillig wäre. Bei den ehelichen Lebensverhältnissen sind insbesondere die Dauer der Ehe sowie die Dauer der Pflege oder Erziehung eines gemeinschaftlichen Kindes zu berücksichtigen.

(3) Soweit es zur Aufnahme einer angemessenen Erwerbstätigkeit erforderlich ist, obliegt es dem geschiedenen Ehegatten, sich ausbilden, fortbilden oder umschulen zu lassen, wenn ein erfolgreicher Abschluss der Ausbildung zu erwarten ist.

§ 1575   Ausbildung, Fortbildung oder Umschulung

(1) Ein geschiedener Ehegatte, der in Erwartung der Ehe oder während der Ehe eine Schul- oder Berufsausbildung nicht aufgenommen oder abgebrochen hat, kann von dem anderen Ehegatten Unterhalt verlangen, wenn er diese oder eine entsprechende Ausbildung sobald wie möglich aufnimmt, um eine angemessene Erwerbstätigkeit, die den Unterhalt nachhaltig sichert, zu erlangen und der erfolgreiche Abschluss der Ausbildung zu erwarten ist. Der Anspruch besteht längstens für die Zeit, in der eine solche Ausbildung im Allgemeinen abgeschlossen wird; dabei sind ehebedingte Verzögerungen der Ausbildung zu berücksichtigen.

(2) Entsprechendes gilt, wenn sich der geschiedene Ehegatte fortbilden oder umschulen lässt, um Nachteile auszugleichen, die durch die Ehe eingetreten sind.

(3) Verlangt der geschiedene Ehegatte nach Beendigung der Ausbildung, Fortbildung oder Umschulung Unterhalt nach § 1573, so bleibt bei der Bestimmung der ihm angemessenen Erwerbstätigkeit (§ 1574 Abs. 2) der erreichte höhere Ausbildungsstand außer Betracht.

§ 1576   Unterhalt aus Billigkeitsgründen

Ein geschiedener Ehegatte kann von dem anderen Unterhalt verlangen, soweit und solange von ihm aus sonstigen schwerwiegenden Gründen eine Erwerbstätigkeit nicht erwartet werden kann und die Versagung von Unterhalt unter Berücksichtigung der Belange beider Ehegatten grob unbillig wäre. Schwerwiegende Gründe dürfen nicht allein deswegen berücksichtigt werden, weil sie zum Scheitern der Ehe geführt haben.

서 적절하다. 혼인 생활상태에서는 특히 혼인기간과 공동 자녀의 보호 또는
양육 기간이 고려되어야 한다.

③ 교육의 성공적인 수료가 기대될 수 있는 경우, 이혼한 배우자는 적절한
소득활동의 착수를 위하여 필요한 범위에서 직업교육, 계속교육, 전환교육
을 받아야 한다.

제1575조 [직업교육, 계속교육, 전환교육]

① 혼인을 기대하거나 혼인 중이어서 학교교육 또는 직업교육을 착수하지 않
았거나 중단한 배우자는, 그가 부양을 지속적으로 확보하는 적절한 소득활동
을 얻기 위하여 이러한 교육 또는 이에 상응하는 교육을 가능한 한 빨리 착
수하고, 그러한 교육의 성공적인 수료를 기대할 수 있는 경우에는, 상대방
배우자에게 부양을 청구할 수 있다. 그 청구권은 그러한 교육의 일반적인 수
료기간을 최대 한도로 하여 존재한다; 혼인으로 인한 교육의 지연이 고려되
어야 한다.

② 이혼한 배우자가 혼인에 의하여 발생한 손실을 보상하기 위하여 계속교육
이나 전환교육을 받는 경우에도 같다.
③ 이혼한 배우자가 직업교육, 계속교육, 전환교육의 종료 후에 제1573조에
따른 부양을 청구한 경우, 그에게 적절한 소득활동(제1574조 제2항)을 결정
함에 있어서는 그렇게 취득한 보다 높은 교육 수준은 고려되지 않는다.

제1576조 [공평에 근거한 부양]

이혼한 배우자에게 그 밖의 중대한 사유로 소득활동이 기대될 수 없으며, 부
양의 거부가 배우자 쌍방의 이해관계를 고려할 때 중대하게 불공평하게 될
범위에서, 그는 상대방 배우자에게 부양을 청구할 수 있다. 중대한 사유는 그
것이 혼인의 파탄을 초래하였다는 사실만으로 고려돼서는 안 된다.

§ 1577 Bedürftigkeit

(1) Der geschiedene Ehegatte kann den Unterhalt nach den §§ 1570 bis 1573, 1575 und 1576 nicht verlangen, solange und soweit er sich aus seinen Einkünften und seinem Vermögen selbst unterhalten kann.

(2) Einkünfte sind nicht anzurechnen, soweit der Verpflichtete nicht den vollen Unterhalt (§§ 1578 und 1578b) leistet. Einkünfte, die den vollen Unterhalt übersteigen, sind insoweit anzurechnen, als dies unter Berücksichtigung der beiderseitigen wirtschaftlichen Verhältnisse der Billigkeit entspricht.

(3) Den Stamm des Vermögens braucht der Berechtigte nicht zu verwerten, soweit die Verwertung unwirtschaftlich oder unter Berücksichtigung der beiderseitigen wirtschaftlichen Verhältnisse unbillig wäre.

(4) War zum Zeitpunkt der Ehescheidung zu erwarten, dass der Unterhalt des Berechtigten aus seinem Vermögen nachhaltig gesichert sein würde, fällt das Vermögen aber später weg, so besteht kein Anspruch auf Unterhalt. Dies gilt nicht, wenn im Zeitpunkt des Vermögenswegfalls von dem Ehegatten wegen der Pflege oder Erziehung eines gemeinschaftlichen Kindes eine Erwerbstätigkeit nicht erwartet werden kann.

§ 1578 Maß des Unterhalts

(1) Das Maß des Unterhalts bestimmt sich nach den ehelichen Lebensverhältnissen. Der Unterhalt umfasst den gesamten Lebensbedarf.

(2) Zum Lebensbedarf gehören auch die Kosten einer angemessenen Versicherung für den Fall der Krankheit und der Pflegebedürftigkeit sowie die Kosten einer Schul- oder Berufsausbildung, einer Fortbildung oder einer Umschulung nach den §§ 1574, 1575.

(3) Hat der geschiedene Ehegatte einen Unterhaltsanspruch nach den §§ 1570 bis 1573 oder § 1576, so gehören zum Lebensbedarf auch die Kosten einer angemessenen Versicherung für den Fall des Alters sowie der verminderten Erwerbsfähigkeit.

§ 1578a Deckungsvermutung bei schadensbedingten Mehraufwendungen

Für Aufwendungen infolge eines Körper- oder Gesundheitsschadens gilt § 1610a.

제1577조 [부양의 필요]

① 이혼한 배우자가 자신의 수입과 재산으로 스스로 부양할 수 있는 범위에서, 그는 제1570조 내지 제1573조, 제1575조 및 제1576조에 따른 부양을 청구할 수 없다.

② 의무자가 완전한 부양(제1578조 및 제1578조의b)을 하지 않는 한, 수입은 공제되지 않아야 한다. 완전한 부양을 넘는 수입은, 배우자 쌍방의 경제상태를 고려하여 공평에 부합하는 범위에서 공제되어야 한다.

③ 기본재산의 환가가 비경제적이거나 배우자 쌍방의 경제상태를 고려하였을 때 불공평하게 될 범위에서, 권리자는 기본재산을 환가할 필요가 없다.

④ 권리자의 부양이 그의 재산으로 지속적으로 확보될 것이라고 이혼 당시 기대될 수 있었지만, 그 재산이 이후에 소멸되는 경우, 부양청구권은 존재하지 않는다. 재산의 소멸 시점에 공동 자녀의 보호 또는 양육 때문에 그 배우자에게 소득활동을 기대할 수 없는 경우에는 그렇지 않다.

제1578조 [부양 정도]

① 부양의 정도는 혼인 생활상태에 따라 결정된다. 부양은 모든 생활수요를 포함한다.

② 질병과 보호 필요를 대비한 적절한 보험비용과 제1574조 및 제1575조에 따른 학교교육, 직업교육, 계속교육, 전환교육의 비용도 생활수요에 포함된다.

③ 이혼한 배우자가 제1570조 내지 제1573조 또는 제1576조에 따라 부양청구권을 갖는 경우, 노령 및 감소되는 소득능력을 대비한 적절한 보험비용도 생활수요에 포함된다.

제1578조의a [침해로 인한 증가비용에서 보상 추정]

신체 또는 건강 침해로 인한 비용지출에 대하여는 제1610조의a를 적용한다.

§ 1578b Herabsetzung und zeitliche Begrenzung des Unterhalts wegen Unbilligkeit

(1) Der Unterhaltsanspruch des geschiedenen Ehegatten ist auf den angemessenen Lebensbedarf herabzusetzen, wenn eine an den ehelichen Lebensverhältnissen orientierte Bemessung des Unterhaltsanspruchs auch unter Wahrung der Belange eines dem Berechtigten zur Pflege oder Erziehung anvertrauten gemeinschaftlichen Kindes unbillig wäre. Dabei ist insbesondere zu berücksichtigen, inwieweit durch die Ehe Nachteile im Hinblick auf die Möglichkeit eingetreten sind, für den eigenen Unterhalt zu sorgen, oder eine Herabsetzung des Unterhaltsanspruchs unter Berücksichtigung der Dauer der Ehe unbillig wäre. Nachteile im Sinne des Satzes 2 können sich vor allem aus der Dauer der Pflege oder Erziehung eines gemeinschaftlichen Kindes sowie aus der Gestaltung von Haushaltsführung und Erwerbstätigkeit während der Ehe ergeben.

(2) Der Unterhaltsanspruch des geschiedenen Ehegatten ist zeitlich zu begrenzen, wenn ein zeitlich unbegrenzter Unterhaltsanspruch auch unter Wahrung der Belange eines dem Berechtigten zur Pflege oder Erziehung anvertrauten gemeinschaftlichen Kindes unbillig wäre. Absatz 1 Satz 2 und 3 gilt entsprechend.

(3) Herabsetzung und zeitliche Begrenzung des Unterhaltsanspruchs können miteinander verbunden werden.

§ 1579 Beschränkung oder Versagung des Unterhalts wegen grober Unbilligkeit

Ein Unterhaltsanspruch ist zu versagen, herabzusetzen oder zeitlich zu begrenzen, soweit die Inanspruchnahme des Verpflichteten auch unter Wahrung der Belange eines dem Berechtigten zur Pflege oder Erziehung anvertrauten gemeinschaftlichen Kindes grob unbillig wäre, weil

1. die Ehe von kurzer Dauer war; dabei ist die Zeit zu berücksichtigen, in welcher der Berechtigte wegen der Pflege oder Erziehung eines gemeinschaftlichen Kindes nach § 1570 Unterhalt verlangen kann,

2. der Berechtigte in einer verfestigten Lebensgemeinschaft lebt,

3. der Berechtigte sich eines Verbrechens oder eines schweren vorsätzlichen Vergehens gegen den Verpflichteten oder einen nahen Angehörigen des Verpflichteten schuldig gemacht hat,

제1578조의b [불공평을 이유로 한 부양 감경과 기간 제한]

① 혼인 생활상태에 따른 부양청구권의 산정이 보호 또는 양육을 위해 부양권리자에게 맡겨진 공동 자녀의 이익을 준수하더라도 불공평할 경우, 이혼한 배우자의 부양청구권은 적절한 생활수요로 감경될 수 있다. 이 경우 특히 자신의 부양을 돌볼 가능성과 관련하여 혼인에 의하여 얼마나 불이익이 발생하였는지 또는 혼인기간을 고려할 때 부양청구권의 감경이 얼마나 불공평한 것으로 되는지를 고려하여야 한다. 제2문이 의미하는 불이익은 특히 공동 자녀의 보호 또는 양육 기간과 혼인 중 가계 운영 및 소득활동의 형상으로부터 도출될 수 있다.

② 보호 또는 양육을 위해 그 권리자에게 맡겨진 공동 자녀의 이익을 준수하더라도 기간의 제한이 없는 부양청구권이 불공평할 경우, 이혼한 배우자의 부양청구권은 기간이 제한될 수 있다. 제1항 제2문과 제3문을 준용한다.

③ 부양청구권의 감경 및 기간의 제한은 서로 결합될 수 있다.

제1579조 [중대한 불공평을 이유로 한 부양 제한 또는 거부]

부양의무자에 대한 부양청구권의 행사가 보호 또는 양육을 위해 부양권리자에게 맡겨진 공동 자녀의 이익을 준수하더라도 중대하게 불공평하게 되는 범위에서, 부양청구권은 다음 각 호의 사유를 이유로 거부 또는 감경되거나 기간이 제한될 수 있다.

1. 혼인기간이 짧은 경우; 이 경우 부양권리자가 공동 자녀의 보호 또는 양육을 이유로 제1570조에 따라 부양을 청구할 수 있는 기간이 고려되어야 한다.
2. 부양권리자가 안정된 생활공동체에서 생활하고 있는 경우,
3. 부양권리자가 부양의무자 또는 부양의무자의 가까운 친족에 대해 중범죄 행위 또는 중대한 고의적인 경범죄 행위를 유책적으로 한 경우,

4. der Berechtigte seine Bedürftigkeit mutwillig herbeigeführt hat,

5. der Berechtigte sich über schwerwiegende Vermögensinteressen des Verpflichteten mutwillig hinweggesetzt hat,

6. der Berechtigte vor der Trennung längere Zeit hindurch seine Pflicht, zum Familienunterhalt beizutragen, gröblich verletzt hat,

7. dem Berechtigten ein offensichtlich schwerwiegendes, eindeutig bei ihm liegendes Fehlverhalten gegen den Verpflichteten zur Last fällt oder

8. ein anderer Grund vorliegt, der ebenso schwer wiegt wie die in den Nummern 1 bis 7 aufgeführten Gründe.

§ 1580　Auskunftspflicht

Die geschiedenen Ehegatten sind einander verpflichtet, auf Verlangen über ihre Einkünfte und ihr Vermögen Auskunft zu erteilen. § 1605 ist entsprechend anzuwenden.

Kapitel 3　Leistungsfähigkeit und Rangfolge

§ 1581　Leistungsfähigkeit

Ist der Verpflichtete nach seinen Erwerbs- und Vermögensverhältnissen unter Berücksichtigung seiner sonstigen Verpflichtungen außerstande, ohne Gefährdung des eigenen angemessenen Unterhalts dem Berechtigten Unterhalt zu gewähren, so braucht er nur insoweit Unterhalt zu leisten, als es mit Rücksicht auf die Bedürfnisse und die Erwerbs- und Vermögensverhältnisse der geschiedenen Ehegatten der Billigkeit entspricht. Den Stamm des Vermögens braucht er nicht zu verwerten, soweit die Verwertung unwirtschaftlich oder unter Berücksichtigung der beiderseitigen wirtschaftlichen Verhältnisse unbillig wäre.

§ 1582　Rang des geschiedenen Ehegatten bei mehreren Unterhaltsberechtigten

Sind mehrere Unterhaltsberechtigte vorhanden, richtet sich der Rang des geschiedenen Ehegatten nach § 1609.

§ 1583　Einfluss des Güterstands

Lebt der Verpflichtete im Falle der Wiederheirat mit seinem neuen Ehegatten im Güterstand der Gütergemeinschaft, so ist § 1604 entsprechend anzuwenden.

4. 부양권리자가 부양이 필요한 상태를 의도적으로 초래한 경우,

5. 부양권리자가 부양의무자의 중대한 재산적 이익을 의도적으로 무시한 경우,

6. 부양권리자가 별거 이전에 가족부양을 위해 기여할 의무를 장기간 중대하게 위반한 경우,

7. 부양권리자가 명백히 중대하고, 분명하게 그에게 존재하는 부양의무자에 대한 비행에 책임이 있는 경우, 또는

8. 제1호 내지 제7호에 열거된 사유와 동일한 정도로 중대한 다른 사유가 존재하는 경우.

제1580조 [정보제공의무]

이혼한 혼인당사자들은 청구가 있는 경우, 자신의 수입과 재산에 관한 정보를 제공할 의무를 서로 부담한다. 제1605조를 준용한다.

제3항 부양능력과 부양순위

제1581조 [부양능력]

부양의무자가 그의 다른 의무를 고려하였을 때 그의 소득 및 재산상태에 비추어 자신의 적절한 부양에 위협을 받지 않고 부양권리자에게 부양을 제공할 수 있는 형편에 있지 않은 경우, 그는 이혼한 배우자의 부양필요와 소득 및 재산상태를 고려하여 공평에 부합하는 범위에서만 부양할 필요가 있다. 기본재산의 환가가 비경제적이거나 배우자 쌍방의 경제상태를 고려할 때 불공평하게 될 범위에서, 부양의무자는 기본재산을 환가할 필요가 없다.

제1582조 [부양권리자가 여러 명인 경우 이혼한 배우자의 순위]

부양권리자가 여러 명인 경우, 이혼한 배우자의 순위는 제1609조에 따라 정해진다.

제1583조 [혼인재산제의 영향]

부양의무자가 재혼하여 자신의 새로운 배우자와 공동재산제의 혼인재산제에서 생활하는 경우, 제1604조를 준용한다.

§ 1584 Rangverhältnisse mehrerer Unterhaltsverpflichteter

Der unterhaltspflichtige geschiedene Ehegatte haftet vor den Verwandten des Berechtigten. Soweit jedoch der Verpflichtete nicht leistungsfähig ist, haften die Verwandten vor dem geschiedenen Ehegatten. § 1607 Abs. 2 und 4 gilt entsprechend.

Kapitel 4   Gestaltung des Unterhaltsanspruchs

§ 1585 Art der Unterhaltsgewährung

(1) Der laufende Unterhalt ist durch Zahlung einer Geldrente zu gewähren. Die Rente ist monatlich im Voraus zu entrichten. Der Verpflichtete schuldet den vollen Monatsbetrag auch dann, wenn der Unterhaltsanspruch im Laufe des Monats durch Wiederheirat oder Tod des Berechtigten erlischt.

(2) Statt der Rente kann der Berechtigte eine Abfindung in Kapital verlangen, wenn ein wichtiger Grund vorliegt und der Verpflichtete dadurch nicht unbillig belastet wird.

§ 1585a Sicherheitsleistung

(1) Der Verpflichtete hat auf Verlangen Sicherheit zu leisten. Die Verpflichtung, Sicherheit zu leisten, entfällt, wenn kein Grund zu der Annahme besteht, dass die Unterhaltsleistung gefährdet ist oder wenn der Verpflichtete durch die Sicherheitsleistung unbillig belastet würde. Der Betrag, für den Sicherheit zu leisten ist, soll den einfachen Jahresbetrag der Unterhaltsrente nicht übersteigen, sofern nicht nach den besonderen Umständen des Falles eine höhere Sicherheitsleistung angemessen erscheint.

(2) Die Art der Sicherheitsleistung bestimmt sich nach den Umständen; die Beschränkung des § 232 gilt nicht.

§ 1585b Unterhalt für die Vergangenheit

(1) Wegen eines Sonderbedarfs (§ 1613 Abs. 2) kann der Berechtigte Unterhalt für die Vergangenheit verlangen.

(2) Im Übrigen kann der Berechtigte für die Vergangenheit Erfüllung oder Schadensersatz wegen Nichterfüllung nur entsprechend § 1613 Abs. 1 fordern.

(3) Für eine mehr als ein Jahr vor der Rechtshängigkeit liegende Zeit kann Erfüllung oder Schadensersatz wegen Nichterfüllung nur verlangt werden, wenn anzunehmen ist,

제1584조 [여러 명의 부양의무자의 순위관계]

부양의무가 있는 이혼한 배우자는 부양권리자의 혈족에 우선하여 책임이 있다. 그러나 그 부양의무자가 부양능력이 없는 범위에서, 혈족이 이혼한 배우자에 우선하여 책임이 있다. 제1607조 제2항 및 제4항을 준용한다.

제4항 부양청구권의 내용

제1585조 [부양 방법]

① 현재의 부양은 정기금의 지급으로 해야 한다. 정기금은 매달 선급으로 지급되어야 한다. 부양청구권이 그달의 중간에 부양권리자의 재혼이나 사망에 의하여 소멸한 경우에도, 의무자는 그달의 정기금 전액에 대해 의무가 있다.

② 중대한 사유가 존재하고 의무자가 이로 인해 불공평한 부담을 지지 않는 경우, 권리자는 정기금을 대신하여 일시금을 청구할 수 있다.

제1585조의a [담보제공]

① 의무자는 청구가 있으면 담보를 제공해야 한다. 부양 이행이 위험하다고 인정할 사유가 존재하지 않는 경우 또는 의무자가 담보제공으로 인해 불공평한 부담을 지게 되는 경우, 담보를 제공할 의무가 소멸한다. 사안의 특별한 사정에 비추어 보다 많은 담보제공이 적절한 것으로 보이지 않는 한, 담보제공 금액은 연간 부양정기금액을 초과하여서는 안 된다.

② 담보제공의 방식은 사정에 따라 결정된다; 제232조의 제한을 적용하지 않는다.

제1585조의b [과거에 대한 부양]

① 권리자는 특별한 필요를 이유로(제1613조 제2항) 과거에 대한 부양을 청구할 수 있다.
② 그 밖에 권리자는 과거에 대해 이행 또는 불이행을 이유로 한 손해배상을 제1613조 제1항에 따라서만 청구할 수 있다.
③ 소송이 계속되기 1년 이전에 있었던 기간에 대하여는, 의무자가 의도적으로 이행하지 않았다는 것이 인정될 수 있는 경우에만, 이행 또는 불이행을 이

dass der Verpflichtete sich der Leistung absichtlich entzogen hat.

§ 1585c Vereinbarungen über den Unterhalt

Die Ehegatten können über die Unterhaltspflicht für die Zeit nach der Scheidung Vereinbarungen treffen. Eine Vereinbarung, die vor der Rechtskraft der Scheidung getroffen wird, bedarf der notariellen Beurkundung. § 127a findet auch auf eine Vereinbarung Anwendung, die in einem Verfahren in Ehesachen vor dem Prozessgericht protokolliert wird.

Kapitel 5   Ende des Unterhaltsanspruchs

§ 1586 Wiederverheiratung, Begründung einer Lebenspartnerschaft oder Tod des Berechtigten

(1) Der Unterhaltsanspruch erlischt mit der Wiederheirat, der Begründung einer Lebenspartnerschaft oder dem Tode des Berechtigten.

(2) Ansprüche auf Erfüllung oder Schadensersatz wegen Nichterfüllung für die Vergangenheit bleiben bestehen. Das Gleiche gilt für den Anspruch auf den zur Zeit der Wiederheirat, der Begründung einer Lebenspartnerschaft oder des Todes fälligen Monatsbetrag.

§ 1586a Wiederaufleben des Unterhaltsanspruchs

(1) Geht ein geschiedener Ehegatte eine neue Ehe oder Lebenspartnerschaft ein und wird die Ehe oder Lebenspartnerschaft wieder aufgelöst, so kann er von dem früheren Ehegatten Unterhalt nach § 1570 verlangen, wenn er ein Kind aus der früheren Ehe oder Lebenspartnerschaft zu pflegen oder zu erziehen hat.

(2) Der Ehegatte der später aufgelösten Ehe haftet vor dem Ehegatten der früher aufgelösten Ehe. Satz 1 findet auf Lebenspartnerschaften entsprechende Anwendung.

§ 1586b Kein Erlöschen bei Tod des Verpflichteten

(1) Mit dem Tode des Verpflichteten geht die Unterhaltspflicht auf den Erben als Nachlassverbindlichkeit über. Die Beschränkungen nach § 1581 fallen weg. Der Erbe haftet jedoch nicht über einen Betrag hinaus, der dem Pflichtteil entspricht, welcher dem Berechtigten zustände, wenn die Ehe nicht geschieden worden wäre.

(2) Für die Berechnung des Pflichtteils bleiben Besonderheiten auf Grund des Güterstands, in dem die geschiedenen Ehegatten gelebt haben, außer Betracht.

유로 한 손해배상을 청구할 수 있다.

제1585조의c [부양에 관한 약정]

혼인당사자들은 이혼 이후의 기간에 대한 부양의무에 대해 약정할 수 있다. 이혼이 확정되기 이전에 한 약정은 공정증서로 작성될 것이 요구된다. 제127조의a는 소송법원에 앞선 혼인사건절차에서 작성된 약정에도 적용한다.

제5항　부양청구권의 종료

제1586조 [재혼, 생활동반자관계의 성립 또는 권리자의 사망]

① 부양청구권은 권리자의 재혼, 생활동반자관계의 성립 또는 사망으로 소멸한다.

② 과거에 대한 이행청구권 또는 불이행을 이유로 한 손해배상청구권은 존속한다. 재혼, 생활동반자관계의 성립 또는 사망 당시 이행기가 도래한 월 정기금청구권에 대해서도 같다.

제1586조의a [부양청구권의 부활]

① 이혼한 배우자가 새로운 혼인 또는 생활동반자관계를 시작하고 그 혼인 또는 생활동반자관계가 다시 해소된 경우, 그가 그 전의 혼인 또는 생활동반자관계에서의 자녀를 보호 또는 양육해야 한다면, 그 전의 배우자에게 제1570조에 따른 부양을 청구할 수 있다.

② 이후에 해소되는 혼인의 배우자는 이전에 해소된 혼인의 배우자에 우선하여 책임이 있다. 제1문을 생활동반자관계에 준용한다.

제1586조의b [의무자의 사망시 불소멸]

① 의무자의 사망으로 부양의무는 상속채무로서 상속인에게 이전된다. 제1581조에 따른 제한은 적용하지 않는다. 그러나 상속인은 이혼하지 않았을 경우에 권리자에게 귀속되었을 유류분에 상응하는 금액을 넘어서 책임을 부담하지 않는다.

② 유류분의 산정에 있어서, 이혼한 배우자가 생활하였던 혼인재산제에 근거한 특수성은 고려되지 않는다.

Untertitel 3   Versorgungsausgleich

§ 1587   Verweis auf das Versorgungsausgleichsgesetz

Nach Maßgabe des Versorgungsausgleichsgesetzes findet zwischen den geschiedenen Ehegatten ein Ausgleich von im In- oder Ausland bestehenden Anrechten statt, insbesondere aus der gesetzlichen Rentenversicherung, aus anderen Regelsicherungssystemen wie der Beamtenversorgung oder der berufsständischen Versorgung, aus der betrieblichen Altersversorgung oder aus der privaten Alters- und Invaliditätsvorsorge.

Titel 8   Kirchliche Verpflichtungen

§ 1588   (keine Überschrift)

Die kirchlichen Verpflichtungen in Ansehung der Ehe werden durch die Vorschriften dieses Abschnitts nicht berührt.

제3관　연금청산

제1587조 [연금청산법 적용]

이혼한 배우자 사이에는 연금청산법이 정하는 바에 따라 국내 또는 국외에 있는 권리들, 특히 법정 연금보험상의 권리, 공무원연금, 직능별 연금과 같은 그 밖의 통상적 보장체계상의 권리, 기업 노령연금상의 권리, 사적 노령연금과 장애연금상의 권리의 청산이 일어난다.

제8절　교회의 의무

제1588조 (조문명 없음)

혼인에 관한 교회의 의무는 본 장의 규정에 영향을 받지 않는다.

Abschnitt 2   Verwandtschaft

Titel 1   Allgemeine Vorschriften

§ 1589   Verwandtschaft

(1) Personen, deren eine von der anderen abstammt, sind in gerader Linie verwandt. Personen, die nicht in gerader Linie verwandt sind, aber von derselben dritten Person abstammen, sind in der Seitenlinie verwandt. Der Grad der Verwandtschaft bestimmt sich nach der Zahl der sie vermittelnden Geburten.

(2) (weggefallen)

§ 1590   Schwägerschaft

(1) Die Verwandten eines Ehegatten sind mit dem anderen Ehegatten verschwägert. Die Linie und der Grad der Schwägerschaft bestimmen sich nach der Linie und dem Grade der sie vermittelnden Verwandtschaft.

(2) Die Schwägerschaft dauert fort, auch wenn die Ehe, durch die sie begründet wurde, aufgelöst ist.

Titel 2   Abstammung

§ 1591   Mutterschaft

Mutter eines Kindes ist die Frau, die es geboren hat.

§ 1592   Vaterschaft

Vater eines Kindes ist der Mann,

1. der zum Zeitpunkt der Geburt mit der Mutter des Kindes verheiratet ist,
2. der die Vaterschaft anerkannt hat oder
3. dessen Vaterschaft nach § 1600d oder § 182 Abs. 1 des Gesetzes über das Verfahren in Familiensachen und in den Angelegenheiten der freiwilligen Gerichtsbarkeit gerichtlich festgestellt ist.

제2장 친족

제1절 일반규정

제1589조 [혈족]
① 일방의 혈통이 상대방에서 유래하는 관계에 있는 자들은 직계혈족이다. 직계혈족관계에 있지 않지만, 혈통이 동일한 제3자에서 유래하는 관계에 있는 자는 방계혈족이다. 혈족의 촌수는 혈족을 매개하는 출생의 수에 따라 정한다.
② (삭제)

제1590조 [인척]
① 혼인당사자 일방의 혈족은 배우자와 인척이 된다. 인척의 친계와 촌수는 그 인척을 매개하는 혈족의 친계와 촌수에 따른다.

② 인척관계는 그 인척관계를 발생시킨 혼인이 해소되어도 존속한다.

제2절 친자관계

제1591조 [모자관계]
자녀를 출산한 여성이 그 자녀의 모이다.

제1592조 [부자관계]
자녀의 부는
1. 출생 당시 자녀의 모와 혼인 중인 남성,
2. 부자관계를 인지한 남성 또는
3. 그 부자관계가 제1600조의d 또는 「가사 및 비송사건절차법」 제182조 제1항에 따라 재판상 확인을 받은 남성이다.

§ 1593 Vaterschaft bei Auflösung der Ehe durch Tod

§ 1592 Nr. 1 gilt entsprechend, wenn die Ehe durch Tod aufgelöst wurde und innerhalb von 300 Tagen nach der Auflösung ein Kind geboren wird. Steht fest, dass das Kind mehr als 300 Tage vor seiner Geburt empfangen wurde, so ist dieser Zeitraum maßgebend. Wird von einer Frau, die eine weitere Ehe geschlossen hat, ein Kind geboren, das sowohl nach den Sätzen 1 und 2 Kind des früheren Ehemanns als auch nach § 1592 Nr. 1 Kind des neuen Ehemanns wäre, so ist es nur als Kind des neuen Ehemanns anzusehen. Wird die Vaterschaft angefochten und wird rechtskräftig festgestellt, dass der neue Ehemann nicht Vater des Kindes ist, so ist es Kind des früheren Ehemanns.

§ 1594 Anerkennung der Vaterschaft

(1) Die Rechtswirkungen der Anerkennung können, soweit sich nicht aus dem Gesetz anderes ergibt, erst von dem Zeitpunkt an geltend gemacht werden, zu dem die Anerkennung wirksam wird.

(2) Eine Anerkennung der Vaterschaft ist nicht wirksam, solange die Vaterschaft eines anderen Mannes besteht.

(3) Eine Anerkennung unter einer Bedingung oder Zeitbestimmung ist unwirksam.

(4) Die Anerkennung ist schon vor der Geburt des Kindes zulässig.

§ 1595 Zustimmungsbedürftigkeit der Anerkennung

(1) Die Anerkennung bedarf der Zustimmung der Mutter.

(2) Die Anerkennung bedarf auch der Zustimmung des Kindes, wenn der Mutter insoweit die elterliche Sorge nicht zusteht.

(3) Für die Zustimmung gilt § 1594 Abs. 3 und 4 entsprechend.

§ 1596 Anerkennung und Zustimmung bei fehlender oder beschränkter Geschäftsfähigkeit

(1) Wer in der Geschäftsfähigkeit beschränkt ist, kann nur selbst anerkennen. Die Zustimmung des gesetzlichen Vertreters ist erforderlich. Für einen Geschäftsunfähigen kann der gesetzliche Vertreter mit Genehmigung des Familiengerichts anerkennen; ist der gesetzliche Vertreter ein Betreuer, ist die Genehmigung des Betreuungsgerichts erforderlich. Für die Zustimmung der Mutter gelten die Sätze 1 bis 3 entsprechend.

제1593조 [사망으로 혼인이 해소된 경우의 부자관계]

혼인이 사망에 의해 해소되고 해소 이후 300일 이내에 자녀가 출생한 경우에 제1592조 제1호를 준용한다. 자녀가 출생 300일 전에 임신되었음이 확인되는 경우에는, 이 기간이 기준이 된다. 재혼한 여성이 제1문과 제2문에 따라 이전 남편의 자녀가 될 수도 있고, 제1592조 제1호에 따라 재혼한 남편의 자녀가 될 수도 있는 자녀를 출산한 경우, 그는 재혼한 남편의 자녀로만 본다. 부자관계가 취소되고, 재혼한 남편이 자녀의 부가 아니라는 것이 재판상 확정된 경우, 그 자녀는 이전 남편의 자녀이다.

제1594조 [부자관계의 인지]

① 법률에 의해 달리 정해지지 않는 한, 인지의 법적 효력은 인지가 유효하게 되는 시점부터 주장될 수 있다.

② 부자관계의 인지는 다른 남성과 부자관계가 존재하는 동안에는 효력이 없다.

③ 조건부 또는 기한부 인지는 무효이다.
④ 인지는 자녀의 출생 이전에도 허용된다.

제1595조 [인지의 동의 필요]

① 인지는 모의 동의를 필요로 한다.
② 모에게 동의에 관하여 친권이 귀속되지 않는 경우, 인지는 자녀의 동의도 필요로 한다.
③ 동의에 대해 제1594조 제3항 및 제4항을 준용한다.

제1596조 [행위무능력 또는 제한능력인 경우의 인지와 동의]

① 행위능력이 제한된 자 본인만이 인지할 수 있다. 법정대리인의 동의는 필요하다. 행위무능력자를 위해 법정대리인은 가정법원의 허가를 얻어 인지할 수 있다. 법정대리인이 성년후견인인 경우, 성년후견법원의 허가가 필요하다. 모의 동의에 대해 제1문 내지 제3문을 준용한다.

(2) Für ein Kind, das geschäftsunfähig oder noch nicht 14 Jahre alt ist, kann nur der gesetzliche Vertreter der Anerkennung zustimmen. Im Übrigen kann ein Kind, das in der Geschäftsfähigkeit beschränkt ist, nur selbst zustimmen; es bedarf hierzu der Zustimmung des gesetzlichen Vertreters.

(3) Ein geschäftsfähiger Betreuter kann nur selbst anerkennen oder zustimmen; § 1903 bleibt unberührt.

(4) Anerkennung und Zustimmung können nicht durch einen Bevollmächtigten erklärt werden.

§ 1597 Formerfordernisse; Widerruf

(1) Anerkennung und Zustimmung müssen öffentlich beurkundet werden.

(2) Beglaubigte Abschriften der Anerkennung und aller Erklärungen, die für die Wirksamkeit der Anerkennung bedeutsam sind, sind dem Vater, der Mutter und dem Kind sowie dem Standesamt zu übersenden.

(3) Der Mann kann die Anerkennung widerrufen, wenn sie ein Jahr nach der Beurkundung noch nicht wirksam geworden ist. Für den Widerruf gelten die Absätze 1 und 2 sowie § 1594 Abs. 3 und § 1596 Abs. 1, 3 und 4 entsprechend.

§ 1597a Verbot der missbräuchlichen Anerkennung der Vaterschaft

(1) Die Vaterschaft darf nicht gezielt gerade zu dem Zweck anerkannt werden, die rechtlichen Voraussetzungen für die erlaubte Einreise oder den erlaubten Aufenthalt des Kindes, des Anerkennenden oder der Mutter zu schaffen, auch nicht, um die rechtlichen Voraussetzungen für die erlaubte Einreise oder den erlaubten Aufenthalt des Kindes durch den Erwerb der deutschen Staatsangehörigkeit des Kindes nach § 4 Absatz 1 oder Absatz 3 Satz 1 des Staatsangehörigkeitsgesetzes zu schaffen (missbräuchliche Anerkennung der Vaterschaft).

(2) Bestehen konkrete Anhaltspunkte für eine missbräuchliche Anerkennung der Vaterschaft, hat die Behörde oder die Urkundsperson dies der nach § 85a des Aufenthaltsgesetzes zuständigen Behörde nach Anhörung des Anerkennenden und der Mutter mitzuteilen und die Beurkundung auszusetzen. Ein Anzeichen für das Vorliegen konkreter Anhaltspunkte ist insbesondere:

② 행위무능력자이거나 14세 미만인 자녀를 위해서는 법정대리인만이 인지에 동의할 수 있다. 그 밖에 행위능력이 제한된 자녀 본인만이 동의할 수 있다. 이를 위해서는 법정대리인의 동의가 필요하다.

③ 행위능력자인 피성년후견인 본인만이 인지하거나 동의할 수 있다. 이 경우 제1903조는 영향을 받지 않는다.
④ 인지와 동의의 의사표시는 임의대리인이 할 수 없다.

제1597조 [방식요건; 철회]
① 인지와 동의는 공증되어야 한다.
② 인지의 인증사본과 인지의 유효를 위해 필요한 모든 의사표시의 인증사본은 부, 모, 자녀 및 신분등록청에 송부되어야 한다.

③ 인지가 증서작성 후 1년이 경과하도록 유효하게 되지 않은 경우, 그 남성은 인지를 철회할 수 있다. 철회에 대해 제1항 및 제2항, 제1594조 제3항, 제1596조 제1항, 제3항 및 제4항을 준용한다.

제1597조의a [부자관계의 남용적 인지 금지]
① 자녀, 인지자 또는 모의 입국허가나 체류허가를 위한 법적 요건을 창출하기 위한 목적 또는 국적법 제4조 제1항 또는 제3항 제1문에 따라 자녀가 독일 국적을 취득함으로써 자녀의 입국허가나 체류허가를 위한 법적 요건을 창출하기 위한 목적으로 부자관계가 인지되어서는 안 된다(부자관계의 남용적 인지).
② 부자관계의 남용적 인지에 대한 구체적 근거가 존재하는 경우, 증서작성 관청 또는 증서작성인은 인지자와 모를 청문한 후 체류법 제85조의a에 따른 관할 관청에 이를 통지하고 증서작성을 중단해야 한다. 구체적 근거의 존재를 위한 징표는 특히 다음 각 호와 같다:

1. das Bestehen einer vollziehbaren Ausreisepflicht des Anerkennenden oder der Mutter oder des Kindes,

2. wenn der Anerkennende oder die Mutter oder das Kind einen Asylantrag gestellt hat und die Staatsangehörigkeit eines sicheren Herkunftsstaates nach § 29a des Asylgesetzes besitzt,

3. das Fehlen von persönlichen Beziehungen zwischen dem Anerkennenden und der Mutter oder dem Kind,

4. der Verdacht, dass der Anerkennende bereits mehrfach die Vaterschaft von Kindern verschiedener ausländischer Mütter anerkannt hat und jeweils die rechtlichen Voraussetzungen für die erlaubte Einreise oder den erlaubten Aufenthalt des Kindes oder der Mutter durch die Anerkennung geschaffen hat, auch wenn das Kind durch die Anerkennung die deutsche Staatsangehörigkeit erworben hat, oder

5. der Verdacht, dass dem Anerkennenden oder der Mutter ein Vermögensvorteil für die Anerkennung der Vaterschaft oder die Zustimmung hierzu gewährt oder versprochen worden ist.

Die beurkundende Behörde oder die Urkundsperson hat die Aussetzung dem Anerkennenden, der Mutter und dem Standesamt mitzuteilen. Hat die nach § 85a des Aufenthaltsgesetzes zuständige Behörde gemäß § 85a Absatz 1 des Aufenthaltsgesetzes das Vorliegen einer missbräuchlichen Anerkennung der Vaterschaft festgestellt und ist diese Entscheidung unanfechtbar, so ist die Beurkundung abzulehnen.

(3) Solange die Beurkundung gemäß Absatz 2 Satz 1 ausgesetzt ist, kann die Anerkennung auch nicht wirksam von einer anderen beurkundenden Behörde oder Urkundsperson beurkundet werden. Das Gleiche gilt, wenn die Voraussetzungen des Absatzes 2 Satz 4 vorliegen.

(4) Für die Zustimmung der Mutter nach § 1595 Absatz 1 gelten die Absätze 1 bis 3 entsprechend.

(5) Eine Anerkennung der Vaterschaft kann nicht missbräuchlich sein, wenn der Anerkennende der leibliche Vater des anzuerkennenden Kindes ist.

1. 인지자, 모 또는 자녀에 대한 집행력 있는 출국의무의 존재,

2. 인지자, 모 또는 자녀가 망명신청을 하였고 망명법 제29조의a에 따른 안정적인 출신국가의 국적을 보유한 경우,

3. 인지자와 모 또는 자녀 사이에 개인적 관계의 부존재,

4. 인지자가 이미 여러 번 서로 다른 외국국적인 모의 자녀들을 인지하였고, 비록 그 자녀들이 인지에 의해 독일 국적을 취득하였더라도, 그때마다 자녀 또는 모의 입국허가나 체류허가를 위한 법적 요건을 인지에 의해 창출하였다는 의심, 또는

5. 부자관계의 인지나 이를 위한 동의를 위해 인지자 또는 모에게 재산적 이익이 제공되었거나 약속되었다는 의심.

증서작성관청 또는 증서작성인은 인지자, 모 그리고 신분등록청에 중단사실을 통지해야 한다. 체류법 제85조의a에 따른 관할 관청이 체류법 제85조의a 제1항에 따라 부자관계의 남용적 인지를 확인하였고, 이 결정이 취소될 수 없는 경우, 증서작성은 거부되어야 한다.

③ 제2항 제1문에 따라 증서작성이 중단된 동안에는, 인지는 다른 증서작성관청이나 증서작성인에 의해서도 유효하게 작성될 수 없다. 제2항 제4문의 요건이 존재하는 경우에도 같다.

④ 제1595조 제1항에 따른 모의 동의에 대해 제1항 내지 제3항을 준용한다.

⑤ 인지자가 인지될 자녀의 친생부인 경우, 부자관계를 인지하는 것은 남용일 수 없다.

§ 1598 Unwirksamkeit von Anerkennung, Zustimmung und Widerruf

(1) Anerkennung, Zustimmung und Widerruf sind nur unwirksam, wenn sie den Erfordernissen nach § 1594 Absatz 2 bis 4 und der §§ 1595 bis 1597 nicht genügen. Anerkennung und Zustimmung sind auch im Fall des § 1597a Absatz 3 und im Fall des § 1597a Absatz 4 in Verbindung mit Absatz 3 unwirksam.

(2) Sind seit der Eintragung in ein deutsches Personenstandsregister fünf Jahre verstrichen, so ist die Anerkennung wirksam, auch wenn sie den Erfordernissen der vorstehenden Vorschriften nicht genügt.

§ 1598a Anspruch auf Einwilligung in eine genetische Untersuchung zur Klärung der leiblichen Abstammung

(1) Zur Klärung der leiblichen Abstammung des Kindes können

1. der Vater jeweils von Mutter und Kind,

2. die Mutter jeweils von Vater und Kind und

3. das Kind jeweils von beiden Elternteilen

verlangen, dass diese in eine genetische Abstammungsuntersuchung einwilligen und die Entnahme einer für die Untersuchung geeigneten genetischen Probe dulden. Die Probe muss nach den anerkannten Grundsätzen der Wissenschaft entnommen werden.

(2) Auf Antrag eines Klärungsberechtigten hat das Familiengericht eine nicht erteilte Einwilligung zu ersetzen und die Duldung einer Probeentnahme anzuordnen.

(3) Das Gericht setzt das Verfahren aus, wenn und solange die Klärung der leiblichen Abstammung eine erhebliche Beeinträchtigung des Wohls des minderjährigen Kindes begründen würde, die auch unter Berücksichtigung der Belange des Klärungsberechtigten für das Kind unzumutbar wäre.

(4) Wer in eine genetische Abstammungsuntersuchung eingewilligt und eine genetische Probe abgegeben hat, kann von dem Klärungsberechtigten, der eine Abstammungsuntersuchung hat durchführen lassen, Einsicht in das Abstammungsgutachten oder Aushändigung einer Abschrift verlangen. Über Streitigkeiten aus dem Anspruch nach Satz 1 entscheidet das Familiengericht.

제1598조 [인지, 동의, 철회의 무효]

① 인지, 동의, 철회는 제1594조 제2항 내지 제4항 및 제1595조 내지 제1597조의 요건을 충족하지 않는 경우에만 무효이다. 인지와 동의는 제1597조의a 제3항의 경우 그리고 제1597조의a 제3항과 결합한 제4항의 경우에도 무효이다.

② 독일 신분등록부에 등록된 이후 5년이 경과한 경우에는, 인지가 전술한 규정들의 요건을 충족하지 못했더라도 인지는 유효하다.

제1598조의a [친생 혈연관계 규명을 위한 유전자 검사에 대한 동의청구권]

① 자녀의 친생 혈연관계 규명을 위해
 1. 부는 모와 자녀 각각에게,
 2. 모는 부와 자녀 각각에게,
 3. 자녀는 부와 모 각각에게
이들이 유전자 혈연검사에 동의하고 검사를 위해 적절한 유전자 표본의 채취를 수인할 것을 청구할 수 있다. 표본은 승인된 학문적 원칙에 따라 채취되어야 한다.

② 가정법원은 규명권자의 신청에 기하여 거부된 동의를 갈음하고 표본채취의 수인을 명해야 한다.

③ 친생 혈연관계의 규명이 미성년 자녀의 복리를 현저하게 해치고, 그 규명이 규명권자의 이익을 고려하더라도 자녀에게 기대될 수 없는 것인 경우, 법원은 절차를 중단한다.

④ 유전자 혈연검사에 동의하고 유전자 표본을 제출한 자는 혈연검사가 이루어지도록 한 규명권자에게 혈연감정서의 열람 또는 사본의 교부를 청구할 수 있다. 제1문의 청구권에서 발생하는 분쟁에 대해서는 가정법원이 결정한다.

§ 1599 Nichtbestehen der Vaterschaft

(1) § 1592 Nr. 1 und 2 und § 1593 gelten nicht, wenn auf Grund einer Anfechtung rechtskräftig festgestellt ist, dass der Mann nicht der Vater des Kindes ist.

(2) § 1592 Nr. 1 und § 1593 gelten auch nicht, wenn das Kind nach Anhängigkeit eines Scheidungsantrags geboren wird und ein Dritter spätestens bis zum Ablauf eines Jahres nach Rechtskraft des dem Scheidungsantrag stattgebenden Beschlusses die Vaterschaft anerkennt; § 1594 Abs. 2 ist nicht anzuwenden. Neben den nach den §§ 1595 und 1596 notwendigen Erklärungen bedarf die Anerkennung der Zustimmung des Mannes, der im Zeitpunkt der Geburt mit der Mutter des Kindes verheiratet ist; für diese Zustimmung gelten § 1594 Abs. 3 und 4, § 1596 Abs. 1 Satz 1 bis 3, Abs. 3 und 4, § 1597 Abs. 1 und 2 und § 1598 Abs. 1 entsprechend. Die Anerkennung wird frühestens mit Rechtskraft des dem Scheidungsantrag stattgebenden Beschlusses wirksam.

§ 1600 Anfechtungsberechtigte

(1) Berechtigt, die Vaterschaft anzufechten, sind:

1. der Mann, dessen Vaterschaft nach § 1592 Nr. 1 und 2, § 1593 besteht,

2. der Mann, der an Eides statt versichert, der Mutter des Kindes während der Empfäng-
    niszeit beigewohnt zu haben,

3. die Mutter und

4. das Kind.

(2) Die Anfechtung nach Absatz 1 Nr. 2 setzt voraus, dass zwischen dem Kind und seinem Vater im Sinne von Absatz 1 Nr. 1 keine sozial-familiäre Beziehung besteht oder im Zeitpunkt seines Todes bestanden hat und dass der Anfechtende leiblicher Vater des Kindes ist.

(3) Eine sozial-familiäre Beziehung nach Absatz 2 besteht, wenn der Vater im Sinne von Absatz 1 Nr. 1 zum maßgeblichen Zeitpunkt für das Kind tatsächliche Verantwortung trägt oder getragen hat. Eine Übernahme tatsächlicher Verantwortung liegt in der Regel vor, wenn der Vater im Sinne von Absatz 1 Nr. 1 mit der Mutter des Kindes verheiratet ist oder mit dem Kind längere Zeit in häuslicher Gemeinschaft zusammengelebt hat.

제1599조 [부자관계의 부존재]

① 남성이 자녀의 부가 아니라는 것이 취소에 근거하여 재판상 확정된 경우, 제1592조 제1호 및 제2호, 제1593조는 적용하지 않는다.

② 이혼신청이 계속된 이후 자녀가 출생했고, 이혼신청을 인용하는 결정이 확정된 후 늦어도 1년이 경과하기 전까지 제3자가 부자관계를 인지한 경우에도, 제1592조 제1호 및 제1593조는 적용하지 않는다; 이 경우 제1594조 제2항은 적용하지 않는다. 인지는 제1595조 및 제1596조에 따라 필요한 의사표시 외에 출생시 자녀의 모와 혼인하고 있던 남성의 동의를 필요로 한다; 이러한 동의에 대해 제1594조 제3항 및 제4항, 제1596조 제1항 제1문 내지 제3문, 제3항 및 제4항, 제1597조 제1항 및 제2항, 제1598조 제1항을 준용한다. 인지는 이혼신청을 인용하는 결정이 확정된 이후에야 비로소 유효하다.

제1600조 [취소권자]

① 부자관계를 취소할 권리가 있는 자는 다음 각 호와 같다:

1. 제1592조 제1호 및 제2호, 제1593조에 따라 부자관계가 존재하는 남성,
2. 자녀의 모와 임신기간 동안 성행위를 하였음을 선서에 갈음하여 보증한 남성,
3. 모, 그리고
4. 자녀.

② 제1항 제2호에 따른 취소는 자녀와 제1항 제1호가 의미하는 부 사이에 사회적 가족관계가 존재하지 않거나 그 부의 사망 시점에 존재하지 않았으며, 취소하는 자가 자녀의 친생부일 것을 요건으로 한다.

③ 제2항에 따른 사회적 가족관계는 제1항 제1호가 의미하는 부가 기준이 되는 시점에서 자녀에 대해 실질적 책임을 부담하거나 부담하였던 경우에 인정된다. 실질적 책임의 인수는 원칙적으로, 제1항 제1호가 의미하는 부가 자녀의 모와 혼인관계에 있거나 자녀와 오랜 기간 동안 가족공동체에서 함께 생활하였던 경우에 인정된다.

(4) Ist das Kind mit Einwilligung des Mannes und der Mutter durch künstliche Befruchtung mittels Samenspende eines Dritten gezeugt worden, so ist die Anfechtung der Vaterschaft durch den Mann oder die Mutter ausgeschlossen.

§ 1600a   Persönliche Anfechtung; Anfechtung bei fehlender oder beschränkter Geschäftsfähigkeit

(1) Die Anfechtung kann nicht durch einen Bevollmächtigten erfolgen.

(2) Die Anfechtungsberechtigten im Sinne von § 1600 Abs. 1 Nr. 1 bis 3 können die Vaterschaft nur selbst anfechten. Dies gilt auch, wenn sie in der Geschäftsfähigkeit beschränkt sind; sie bedürfen hierzu nicht der Zustimmung ihres gesetzlichen Vertreters. Sind sie geschäftsunfähig, so kann nur ihr gesetzlicher Vertreter anfechten.

(3) Für ein geschäftsunfähiges oder in der Geschäftsfähigkeit beschränktes Kind kann nur der gesetzliche Vertreter anfechten.

(4) Die Anfechtung durch den gesetzlichen Vertreter ist nur zulässig, wenn sie dem Wohl des Vertretenen dient.

(5) Ein geschäftsfähiger Betreuter kann die Vaterschaft nur selbst anfechten.

§ 1600b   Anfechtungsfristen

(1) Die Vaterschaft kann binnen zwei Jahren gerichtlich angefochten werden. Die Frist beginnt mit dem Zeitpunkt, in dem der Berechtigte von den Umständen erfährt, die gegen die Vaterschaft sprechen; das Vorliegen einer sozial-familiären Beziehung im Sinne des § 1600 Abs. 2 erste Alternative hindert den Lauf der Frist nicht.

(1a) (weggefallen)

(2) Die Frist beginnt nicht vor der Geburt des Kindes und nicht, bevor die Anerkennung wirksam geworden ist. In den Fällen des § 1593 Satz 4 beginnt die Frist nicht vor der Rechtskraft der Entscheidung, durch die festgestellt wird, dass der neue Ehemann der Mutter nicht der Vater des Kindes ist.

(3) Hat der gesetzliche Vertreter eines minderjährigen Kindes die Vaterschaft nicht rechtzeitig angefochten, so kann das Kind nach dem Eintritt der Volljährigkeit selbst anfechten. In diesem Falle beginnt die Frist nicht vor Eintritt der Volljährigkeit und nicht vor dem Zeitpunkt, in dem das Kind von den Umständen erfährt, die gegen die Vaterschaft sprechen.

④ 자녀가 남성과 모의 동의에 의해 제3자가 제공한 정자에 의해 인공수정된 경우, 그 남성 또는 모에 의한 부자관계의 취소는 배제된다.

제1600조의a [일신전속적인 취소; 행위무능력 또는 제한능력인 경우의 취소]

① 취소는 임의대리인이 할 수 없다.

② 제1600조 제1항 제1호 내지 제3호가 의미하는 취소권자 본인만이 부자관계를 취소할 수 있다. 취소권자의 행위능력이 제한된 경우에도 같다; 이 경우 취소권자는 이를 위해서 그의 법정대리인의 동의를 필요로 하지 않는다. 취소권자가 행위무능력인 경우에는 그의 법정대리인만이 취소할 수 있다.

③ 행위무능력 또는 행위능력이 제한된 자녀를 위해서는 그 법정대리인만이 취소할 수 있다.

④ 법정대리인에 의한 취소는 취소가 본인의 복리에 이바지하는 경우에만 허용된다.

⑤ 행위능력이 있는 피성년후견인 본인만이 부자관계를 취소할 수 있다.

제1600조의b [취소기간]

① 부자관계는 2년 이내에 재판상 취소될 수 있다. 그 기간은 취소권자가 부자관계에 반하는 사정을 안 시점부터 진행한다; 이 경우 제1600조 제2항 첫 번째 경우가 의미하는 사회적 가족관계의 존재는 기간의 진행을 방해하지 않는다.

①a (삭제)

② 그 기간은 자녀가 출생하기 전 그리고 인지가 유효하게 되기 전에는 진행하지 않는다. 제1593조 제4문의 경우, 모의 새 남편이 자녀의 부가 아니라는 것을 확인하는 재판이 확정되기 전에는 그 기간은 진행하지 않는다.

③ 미성년 자녀의 법정대리인이 적시에 부자관계를 취소하지 않은 경우, 그 자녀가 성년이 된 이후 자녀 본인이 취소할 수 있다. 이 경우 그 기간은 자녀가 성년에 이르기 전 그리고 부자관계에 반하는 사정을 자녀가 안 시점 전에는 진행하지 않는다.

(4) Hat der gesetzliche Vertreter eines Geschäftsunfähigen die Vaterschaft nicht rechtzeitig angefochten, so kann der Anfechtungsberechtigte nach dem Wegfall der Geschäftsunfähigkeit selbst anfechten. Absatz 3 Satz 2 gilt entsprechend.

(5) Die Frist wird durch die Einleitung eines Verfahrens nach § 1598a Abs. 2 gehemmt; § 204 Abs. 2 gilt entsprechend. Die Frist ist auch gehemmt, solange der Anfechtungsberechtigte widerrechtlich durch Drohung an der Anfechtung gehindert wird. Im Übrigen sind § 204 Absatz 1 Nummer 4, 8, 13, 14 und Absatz 2 sowie die §§ 206 und 210 entsprechend anzuwenden.

(6) Erlangt das Kind Kenntnis von Umständen, auf Grund derer die Folgen der Vaterschaft für es unzumutbar werden, so beginnt für das Kind mit diesem Zeitpunkt die Frist des Absatzes 1 Satz 1 erneut.

§ 1600c Vaterschaftsvermutung im Anfechtungsverfahren

(1) In dem Verfahren auf Anfechtung der Vaterschaft wird vermutet, dass das Kind von dem Mann abstammt, dessen Vaterschaft nach § 1592 Nr. 1 und 2, § 1593 besteht.

(2) Die Vermutung nach Absatz 1 gilt nicht, wenn der Mann, der die Vaterschaft anerkannt hat, die Vaterschaft anficht und seine Anerkennung unter einem Willensmangel nach § 119 Abs. 1, § 123 leidet; in diesem Falle ist § 1600d Abs. 2 und 3 entsprechend anzuwenden.

§ 1600d Gerichtliche Feststellung der Vaterschaft

(1) Besteht keine Vaterschaft nach § 1592 Nr. 1 und 2, § 1593, so ist die Vaterschaft gerichtlich festzustellen.

(2) Im Verfahren auf gerichtliche Feststellung der Vaterschaft wird als Vater vermutet, wer der Mutter während der Empfängniszeit beigewohnt hat. Die Vermutung gilt nicht, wenn schwerwiegende Zweifel an der Vaterschaft bestehen.

(3) Als Empfängniszeit gilt die Zeit von dem 300. bis zu dem 181. Tage vor der Geburt des Kindes, mit Einschluss sowohl des 300. als auch des 181. Tages. Steht fest, dass das Kind außerhalb des Zeitraums des Satzes 1 empfangen worden ist, so gilt dieser abweichende Zeitraum als Empfängniszeit.

④ 행위무능력자의 법정대리인이 적시에 부자관계를 취소하지 않은 경우, 취소권자는 행위무능력에서 벗어난 후 스스로 취소할 수 있다. 제3항 제2문을 준용한다.

⑤ 그 기간은 제1598조의a 제2항에 따른 절차의 개시에 의해 정지된다. 제204조 제2항을 준용한다. 취소권자가 강박에 의해 위법하게 취소를 방해받은 동안에도 그 기간은 정지된다. 그 밖에 제204조 제1항 제4호, 제8호, 제13호, 제14호 및 제2항, 제206조 및 제210조를 준용한다.

⑥ 자녀에 대해 부자관계의 효과를 기대할 수 없게 하는 사정을 자녀가 인식하게 된 경우, 그 자녀에 대해서는 이 시점부터 제1항 제1문의 기간이 새로 진행한다.

제1600조의c [취소절차에서 부자관계의 추정]

① 부자관계의 취소절차에서 자녀는 제1592조 제1호 및 제2호, 제1593조에 따라 부자관계가 존재하는 남성의 친생자로 추정한다.

② 부자관계를 인지했던 남성이 부자관계를 취소하고, 그의 인지에 제119조 제1항 및 제123조에 따른 의사표시의 하자가 있는 경우, 제1항에 따른 추정은 적용하지 않는다; 이 경우 제1600조의d 제2항 및 제3항을 준용한다.

제1600조의d [재판에 의한 부자관계의 확인]

① 제1592조 제1호 및 제2호, 제1593조에 따라 부자관계가 존재하지 않는 경우, 그 부자관계는 재판에 의해 확인되어야 한다.

② 부자관계의 재판상 확인절차에서 모와 임신기간 동안 성행위를 한 자가 부로 추정된다. 부자관계에 대한 중대한 의심이 존재하는 경우, 추정은 적용하지 않는다.

③ 자녀의 출생 전 300일에서 181일까지의 기간이 임신기간으로 인정되며, 300일째와 181일째 날도 포함한다. 자녀가 제1문의 기간 외의 기간에 임신되었음이 확인된 경우, 그 벗어난 기간이 임신기간으로 인정된다.

(4) Ist das Kind durch eine ärztlich unterstützte künstliche Befruchtung in einer Einrichtung der medizinischen Versorgung im Sinne von § 1a Nummer 9 des Transplantationsgesetzes unter heterologer Verwendung von Samen gezeugt worden, der vom Spender einer Entnahmeeinrichtung im Sinne von § 2 Absatz 1 Satz 1 des Samenspenderregistergesetzes zur Verfügung gestellt wurde, so kann der Samenspender nicht als Vater dieses Kindes festgestellt werden.

(5) Die Rechtswirkungen der Vaterschaft können, soweit sich nicht aus dem Gesetz anderes ergibt, erst vom Zeitpunkt ihrer Feststellung an geltend gemacht werden.

Titel 3　Unterhaltspflicht

Untertitel 1　Allgemeine Vorschriften

§ 1601　Unterhaltsverpflichtete

Verwandte in gerader Linie sind verpflichtet, einander Unterhalt zu gewähren.

§ 1602　Bedürftigkeit

(1) Unterhaltsberechtigt ist nur, wer außerstande ist, sich selbst zu unterhalten.

(2) Ein minderjähriges Kind kann von seinen Eltern, auch wenn es Vermögen hat, die Gewährung des Unterhalts insoweit verlangen, als die Einkünfte seines Vermögens und der Ertrag seiner Arbeit zum Unterhalt nicht ausreichen.

§ 1603　Leistungsfähigkeit

(1) Unterhaltspflichtig ist nicht, wer bei Berücksichtigung seiner sonstigen Verpflichtungen außerstande ist, ohne Gefährdung seines angemessenen Unterhalts den Unterhalt zu gewähren.

(2) Befinden sich Eltern in dieser Lage, so sind sie ihren minderjährigen Kindern gegenüber verpflichtet, alle verfügbaren Mittel zu ihrem und der Kinder Unterhalt gleichmäßig zu verwenden. Den minderjährigen Kindern stehen volljährige unverheiratete Kinder bis zur Vollendung des 21. Lebensjahres gleich, solange sie im Haushalt der Eltern oder eines

④ 자녀가 정자기증등록법 제2조 제1항 제1문이 의미하는 채취기관에 기증자가 제공한 정자를 사용하여 이식법 제1조의a 제9호가 의미하는 의료시설에서 의학적으로 지원된 인공수정에 의해 임신된 경우, 그 정자기증자는 자녀의 부로 확인될 수 없다.

⑤ 법률에서 달리 정하지 않는 한, 부자관계의 법적 효력은 확인시점부터 비로소 주장될 수 있다.

제3절 부양의무

제1관 일반규정

제1601조 [부양의무자]

직계혈족은 서로 부양의무가 있다.

제1602조 [부양의 필요]

① 스스로 부양할 수 없는 자만이 부양을 받을 권리가 있다.

② 미성년 자녀는 자신의 재산이 있더라도, 그 재산으로부터의 수입과 자신의 근로에 의한 소득이 부양에 충분하지 않는 한, 자신의 부모에게 부양을 청구할 수 있다.

제1603조 [부양능력]

① 자신의 다른 의무를 고려하였을 때 자기 자신의 적절한 부양을 위태롭게 하지 않고서는 부양을 할 수 없는 자는 부양의무가 없다.

② 부모가 이러한 상태에 있는 경우, 그들은 그들의 미성년 자녀에 대해서, 처분할 수 있는 모든 재원을 그 자신과 자녀의 부양을 위해 동등하게 사용할 의무가 있다. 21세 미만의 미혼 성년 자녀가 부모 또는 부모 중 일방과 가계를 같이 하며 일반적인 학교교육을 받는 중인 경우, 그는 미성년 자녀와 같

Elternteils leben und sich in der allgemeinen Schulausbildung befinden. Diese Verpflichtung tritt nicht ein, wenn ein anderer unterhaltspflichtiger Verwandter vorhanden ist; sie tritt auch nicht ein gegenüber einem Kind, dessen Unterhalt aus dem Stamme seines Vermögens bestritten werden kann.

§ 1604　Einfluss des Güterstands

Lebt der Unterhaltspflichtige in Gütergemeinschaft, bestimmt sich seine Unterhaltspflicht Verwandten gegenüber so, als ob das Gesamtgut ihm gehörte. Haben beide in Gütergemeinschaft lebende Personen bedürftige Verwandte, ist der Unterhalt aus dem Gesamtgut so zu gewähren, als ob die Bedürftigen zu beiden Unterhaltspflichtigen in dem Verwandtschaftsverhältnis stünden, auf dem die Unterhaltspflicht des Verpflichteten beruht.

§ 1605　Auskunftspflicht

(1) Verwandte in gerader Linie sind einander verpflichtet, auf Verlangen über ihre Einkünfte und ihr Vermögen Auskunft zu erteilen, soweit dies zur Feststellung eines Unterhaltsanspruchs oder einer Unterhaltsverpflichtung erforderlich ist. Über die Höhe der Einkünfte sind auf Verlangen Belege, insbesondere Bescheinigungen des Arbeitgebers, vorzulegen. Die §§ 260, 261 sind entsprechend anzuwenden.

(2) Vor Ablauf von zwei Jahren kann Auskunft erneut nur verlangt werden, wenn glaubhaft gemacht wird, dass der zur Auskunft Verpflichtete später wesentlich höhere Einkünfte oder weiteres Vermögen erworben hat.

§ 1606　Rangverhältnisse mehrerer Pflichtiger

(1) Die Abkömmlinge sind vor den Verwandten der aufsteigenden Linie unterhaltspflichtig.

(2) Unter den Abkömmlingen und unter den Verwandten der aufsteigenden Linie haften die näheren vor den entfernteren.

(3) Mehrere gleich nahe Verwandte haften anteilig nach ihren Erwerbs- und Vermögensverhältnissen. Der Elternteil, der ein minderjähriges Kind betreut, erfüllt seine Verpflichtung, zum Unterhalt des Kindes beizutragen, in der Regel durch die Pflege und die Erziehung des Kindes.

다. 부양의무를 부담하는 다른 혈족이 존재하는 경우, 이러한 의무는 발생하지 않는다; 이러한 의무는 자녀의 부양비용이 그의 기본재산으로 지출될 수 있는 자녀에 대해서도 발생하지 않는다.

제1604조 [혼인재산제의 영향]

부양의무자가 공동재산제의 혼인재산제에서 생활하는 경우, 혈족에 대한 그의 부양의무는 마치 공동재산이 그에게 속한 것처럼 하여 결정된다. 공동재산제에서 생활하는 양 당사자에게 부양을 필요로 하는 혈족이 있는 경우에는, 마치 그 부양을 필요로 하는 자들이 양쪽 부양의무자에 대해 부양의무의 근거가 되는 혈족관계에 있는 것처럼 하여, 공동재산에서 부양을 제공한다.

제1605조 [정보제공의무]

① 부양청구권 또는 부양의무의 확인을 위해 필요한 범위에서, 직계혈족들은 요청이 있으면 서로 자신의 수입과 재산에 대해 정보를 제공할 의무가 있다. 요청이 있으면 수입금액에 대한 증빙서류, 특히 사용자의 확인서를 제출해야 한다. 제260조 및 제261조를 준용한다.

② 정보제공의무자가 이후 현저하게 높은 수입 또는 추가 재산을 취득하였다고 신뢰할 수 있게 된 경우에만, 2년이 경과하기 전에 정보제공을 새로 청구할 수 있다.

제1606조 [여러 명의 의무자의 순위]

① 직계비속은 직계존속인 혈족에 앞서 부양의무가 있다.

② 직계비속 사이와 직계존속인 혈족 사이에는 촌수가 가까운 혈족이 먼 혈족에 앞서 책임이 있다.
③ 촌수가 같은 여러 명의 혈족은 그의 소득 및 재산상태에 비례하여 책임이 있다. 미성년 자녀를 돌보는 부 또는 모는 원칙적으로 자녀를 보호하고 양육함으로써 자녀 부양에 기여할 자신의 의무를 이행한다.

§ 1607　Ersatzhaftung und gesetzlicher Forderungsübergang

(1) Soweit ein Verwandter auf Grund des § 1603 nicht unterhaltspflichtig ist, hat der nach ihm haftende Verwandte den Unterhalt zu gewähren.

(2) Das Gleiche gilt, wenn die Rechtsverfolgung gegen einen Verwandten im Inland ausgeschlossen oder erheblich erschwert ist. Der Anspruch gegen einen solchen Verwandten geht, soweit ein anderer nach Absatz 1 verpflichteter Verwandter den Unterhalt gewährt, auf diesen über.

(3) Der Unterhaltsanspruch eines Kindes gegen einen Elternteil geht, soweit unter den Voraussetzungen des Absatzes 2 Satz 1 anstelle des Elternteils ein anderer, nicht unterhaltspflichtiger Verwandter oder der Ehegatte des anderen Elternteils Unterhalt leistet, auf diesen über. Satz 1 gilt entsprechend, wenn dem Kind ein Dritter als Vater Unterhalt gewährt.

(4) Der Übergang des Unterhaltsanspruchs kann nicht zum Nachteil des Unterhaltsberechtigten geltend gemacht werden.

§ 1608　Haftung des Ehegatten oder Lebenspartners

(1) Der Ehegatte des Bedürftigen haftet vor dessen Verwandten. Soweit jedoch der Ehegatte bei Berücksichtigung seiner sonstigen Verpflichtungen außerstande ist, ohne Gefährdung seines angemessenen Unterhalts den Unterhalt zu gewähren, haften die Verwandten vor dem Ehegatten. § 1607 Abs. 2 und 4 gilt entsprechend. Der Lebenspartner des Bedürftigen haftet in gleicher Weise wie ein Ehegatte.

(2) (weggefallen)

§ 1609　Rangfolge mehrerer Unterhaltsberechtigter

Sind mehrere Unterhaltsberechtigte vorhanden und ist der Unterhaltspflichtige außerstande, allen Unterhalt zu gewähren, gilt folgende Rangfolge:

1. minderjährige Kinder und Kinder im Sinne des § 1603 Abs. 2 Satz 2,
2. Elternteile, die wegen der Betreuung eines Kindes unterhaltsberechtigt sind oder im Fall einer Scheidung wären, sowie Ehegatten und geschiedene Ehegatten bei einer Ehe von langer Dauer; bei der Feststellung einer Ehe von langer Dauer sind auch Nachteile im Sinne des § 1578b Abs. 1 Satz 2 und 3 zu berücksichtigen,

제1607조 [대체책임과 법정 채권이전]

① 혈족이 제1603조에 근거하여 부양의무가 없는 범위에서, 그 다음으로 책임이 있는 혈족이 부양하여야 한다.

② 국내에 있는 혈족에 대한 권리 추급이 배제되거나 현저하게 어려운 경우에도 같다. 이러한 혈족에 대한 청구권은, 제1항에 따라 의무를 부담하는 다른 혈족이 부양을 한 범위에서, 그에게 이전된다.

③ 부 또는 모에 대한 자녀의 부양청구권은, 제2항 제1문의 요건 하에서 그 부 또는 모를 대신하여 부양의무 없는 다른 혈족이 부양하거나 다른 부 또는 모의 배우자가 부양을 한 범위에서, 그에게 이전된다. 제3자가 부로서 자녀를 부양한 경우, 제1문을 준용한다.

④ 이전된 부양청구권은 부양권리자에게 불리하게 행사될 수 없다.

제1608조 [배우자 또는 생활동반자의 책임]

① 부양을 필요로 하는 자의 배우자는 그의 혈족에 앞서 책임이 있다. 그러나 배우자가 그의 다른 의무를 고려할 때 자기 자신의 적절한 부양을 위태롭게 하지 않고서는 부양을 할 수 없는 범위에서, 혈족이 배우자에 앞서 책임이 있다. 제1607조 제2항 및 제4항을 준용한다. 부양을 필요로 하는 자의 생활동반자는 배우자와 마찬가지로 책임이 있다.

② (삭제)

제1609조 [여러 명의 부양권리자의 순위]

부양권리자가 여러 명 존재하고 부양의무자가 모두를 부양할 수 없는 경우, 다음의 순서에 따른다:

1. 미성년 자녀와 제1603조 제2항 제2문이 의미하는 자녀,
2. 자녀 양육을 이유로 부양받을 권리가 있거나 이혼할 경우에 그러한 권리가 있게 될 부 또는 모, 장기간 지속된 혼인에서 배우자 및 이혼한 배우자; 장기간 지속된 혼인을 확인함에 있어서는 제1578조의b 제1항 제2문 및 제3문의 불이익도 고려되어야 한다.

3. Ehegatten und geschiedene Ehegatten, die nicht unter Nummer 2 fallen,

4. Kinder, die nicht unter Nummer 1 fallen,

5. Enkelkinder und weitere Abkömmlinge,

6. Eltern,

7. weitere Verwandte der aufsteigenden Linie; unter ihnen gehen die Näheren den Entfernteren vor.

§ 1610   Maß des Unterhalts

(1) Das Maß des zu gewährenden Unterhalts bestimmt sich nach der Lebensstellung des Bedürftigen (angemessener Unterhalt).

(2) Der Unterhalt umfasst den gesamten Lebensbedarf einschließlich der Kosten einer angemessenen Vorbildung zu einem Beruf, bei einer der Erziehung bedürftigen Person auch die Kosten der Erziehung.

§ 1610a   Deckungsvermutung bei schadensbedingten Mehraufwendungen

Werden für Aufwendungen infolge eines Körper- oder Gesundheitsschadens Sozialleistungen in Anspruch genommen, wird bei der Feststellung eines Unterhaltsanspruchs vermutet, dass die Kosten der Aufwendungen nicht geringer sind als die Höhe dieser Sozialleistungen.

§ 1611   Beschränkung oder Wegfall der Verpflichtung

(1) Ist der Unterhaltsberechtigte durch sein sittliches Verschulden bedürftig geworden, hat er seine eigene Unterhaltspflicht gegenüber dem Unterhaltspflichtigen gröblich vernachlässigt oder sich vorsätzlich einer schweren Verfehlung gegen den Unterhaltspflichtigen oder einen nahen Angehörigen des Unterhaltspflichtigen schuldig gemacht, so braucht der Verpflichtete nur einen Beitrag zum Unterhalt in der Höhe zu leisten, die der Billigkeit entspricht. Die Verpflichtung fällt ganz weg, wenn die Inanspruchnahme des Verpflichteten grob unbillig wäre.

(2) Die Vorschriften des Absatzes 1 sind auf die Unterhaltspflicht von Eltern gegenüber ihren minderjährigen Kindern nicht anzuwenden.

(3) Der Bedürftige kann wegen einer nach diesen Vorschriften eintretenden Beschränkung seines Anspruchs nicht andere Unterhaltspflichtige in Anspruch nehmen.

3. 제2호에 해당하지 않는 배우자 및 이혼한 배우자,
4. 제1호에 해당하지 않는 자녀,
5. 손자녀 및 그 밖의 비속,
6. 부모,
7. 그 밖의 존속인 혈족; 그들 사이에서는 근친이 우선한다.

제1610조 [부양정도]

① 부양의 정도는 부양을 필요로 하는 자의 생활상 지위에 따라 결정된다(적절한 부양).

② 부양은 직업을 위한 적절한 교육비용을 포함한 모든 생활수요를 포함하며, 교육이 필요한 사람의 경우에는 교육비용도 포함한다.

제1610조의a [침해로 인한 증가비용에서 보상 추정]

신체적 또는 건강상 침해로 인한 비용지출에 대하여 사회보장급여가 청구되는 경우, 부양청구권을 확인함에 있어서는, 그 비용지출액이 이러한 사회보장급여액보다 적지 않은 것으로 추정한다.

제1611조 [의무의 제한 또는 소멸]

① 부양권리자가 그의 도덕적 과책으로 부양이 필요한 상태가 되었거나, 부양의무자에 대한 그 자신의 부양의무를 중대하게 소홀히 하였거나, 부양의무자 또는 부양의무자의 근친에 대해 고의적인 중대한 비행을 유책하게 한 경우, 의무자는 공평에 부합하는 금액의 부양금만 지급하면 된다. 의무자에 대한 청구가 중대하게 공평에 반하는 경우에는 의무가 완전히 소멸한다.

② 미성년 자녀에 대한 부모의 부양의무에는 제1항의 규정을 적용하지 않는다.

③ 부양을 필요로 하는 자는 이 규정에 따른 청구권의 제한을 이유로 다른 부양의무자에게 청구할 수 없다.

§ 1612　Art der Unterhaltsgewährung

(1) Der Unterhalt ist durch Entrichtung einer Geldrente zu gewähren. Der Verpflichtete kann verlangen, dass ihm die Gewährung des Unterhalts in anderer Art gestattet wird, wenn besondere Gründe es rechtfertigen.

(2) Haben Eltern einem unverheirateten Kind Unterhalt zu gewähren, können sie bestimmen, in welcher Art und für welche Zeit im Voraus der Unterhalt gewährt werden soll, sofern auf die Belange des Kindes die gebotene Rücksicht genommen wird. Ist das Kind minderjährig, kann ein Elternteil, dem die Sorge für die Person des Kindes nicht zusteht, eine Bestimmung nur für die Zeit treffen, in der das Kind in seinen Haushalt aufgenommen ist.

(3) Eine Geldrente ist monatlich im Voraus zu zahlen. Der Verpflichtete schuldet den vollen Monatsbetrag auch dann, wenn der Berechtigte im Laufe des Monats stirbt.

§ 1612a　Mindestunterhalt minderjähriger Kinder; Verordnungsermächtigung

(1) Ein minderjähriges Kind kann von einem Elternteil, mit dem es nicht in einem Haushalt lebt, den Unterhalt als Prozentsatz des jeweiligen Mindestunterhalts verlangen. Der Mindestunterhalt richtet sich nach dem steuerfrei zu stellenden sächlichen Existenzminimum des minderjährigen Kindes. Er beträgt monatlich entsprechend dem Alter des Kindes

1. für die Zeit bis zur Vollendung des sechsten Lebensjahrs (erste Altersstufe) 87 Prozent,

2. für die Zeit vom siebten bis zur Vollendung des zwölften Lebensjahrs (zweite Altersstufe) 100 Prozent und

3. für die Zeit vom 13. Lebensjahr an (dritte Altersstufe) 117 Prozent

   des steuerfrei zu stellenden sächlichen Existenzminimums des minderjährigen Kindes.

(2) Der Prozentsatz ist auf eine Dezimalstelle zu begrenzen; jede weitere sich ergebende Dezimalstelle wird nicht berücksichtigt. Der sich bei der Berechnung des Unterhalts ergebende Betrag ist auf volle Euro aufzurunden.

(3) Der Unterhalt einer höheren Altersstufe ist ab dem Beginn des Monats maßgebend, in dem das Kind das betreffende Lebensjahr vollendet.

(4) Das Bundesministerium der Justiz und für Verbraucherschutz hat den Mindestunterhalt erstmals zum 1. Januar 2016 und dann alle zwei Jahre durch Rechtsverordnung, die nicht der Zustimmung des Bundesrates bedarf, festzulegen.

(5) (weggefallen)

제1612조 [부양 방법]

① 부양은 정기금의 지급으로 하여야 한다. 정당화할 특별한 사유가 있는 경우, 의무자는 부양을 다른 방법으로 하도록 허용할 것을 청구할 수 있다.

② 부모가 미혼 자녀를 부양해야 하는 경우, 부모는 자녀의 이익을 고려하여 어떤 방법으로 어느 기간 동안 부양이 이루어져야 하는지를 미리 결정할 수 있다. 자녀가 미성년인 경우, 자녀의 신상돌봄이 귀속하지 않는 부 또는 모는 자녀가 자신과 가계를 같이 하는 기간 동안에 대해서만 이 결정을 할 수 있다.

③ 정기금은 매달 선급으로 지급되어야 한다. 부양권리자가 그달의 중간에 사망하더라도 의무자는 그달의 정기금 전액에 대해 의무가 있다.

제1612조의a [미성년 자녀의 최소부양료; 위임명령수권]

① 미성년 자녀는 가계를 같이 하지 않는 부 또는 모에게 각 단계별 최소부양료의 백분율로 부양을 청구할 수 있다. 최소부양료는 미성년 자녀의 세금이 면제되는 실질적인 생계보장최소소득에 따라 산정된다. 최소부양료는 자녀의 연령에 따라 매달

1. 6세 미만까지는(제1 연령단계) 미성년 자녀의 세금이 면제되는 실질적인 생계보장최소소득의 87%
2. 6세부터 12세 미만까지는(제2 연령단계) 미성년 자녀의 세금이 면제되는 실질적인 생계보장최소소득의 100%
3. 12세부터는(제3 연령단계) 미성년 자녀의 세금이 면제되는 실질적인 생계보장최소소득의 117%의 금액이다.

② 백분율은 소수점 첫 번째 자리까지로 한정한다; 그 이상의 소수 자리는 고려하지 않는다. 산정된 부양료 금액은 절상하여 유로(Euro)로 계산한다.

③ 더 높은 연령단계의 부양료는 자녀가 해당 연령에 이르는 달의 시작을 기준으로 한다.

④ 연방법무부는 2016년 1월 1일 최초로 그리고 2년마다 연방상원의 동의를 필요로 하지 않는 법규명령으로 최소부양료를 확정해야 한다.

⑤ (삭제)

§ 1612b Deckung des Barbedarfs durch Kindergeld

(1) Das auf das Kind entfallende Kindergeld ist zur Deckung seines Barbedarfs zu verwenden:

1. zur Hälfte, wenn ein Elternteil seine Unterhaltspflicht durch Betreuung des Kindes erfüllt (§ 1606 Abs. 3 Satz 2);

2. in allen anderen Fällen in voller Höhe.
   In diesem Umfang mindert es den Barbedarf des Kindes.

(2) Ist das Kindergeld wegen der Berücksichtigung eines nicht gemeinschaftlichen Kindes erhöht, ist es im Umfang der Erhöhung nicht bedarfsmindernd zu berücksichtigen.

§ 1612c Anrechnung anderer kindbezogener Leistungen

§ 1612b gilt entsprechend für regelmäßig wiederkehrende kindbezogene Leistungen, soweit sie den Anspruch auf Kindergeld ausschließen.

§ 1613 Unterhalt für die Vergangenheit

(1) Für die Vergangenheit kann der Berechtigte Erfüllung oder Schadensersatz wegen Nichterfüllung nur von dem Zeitpunkt an fordern, zu welchem der Verpflichtete zum Zwecke der Geltendmachung des Unterhaltsanspruchs aufgefordert worden ist, über seine Einkünfte und sein Vermögen Auskunft zu erteilen, zu welchem der Verpflichtete in Verzug gekommen oder der Unterhaltsanspruch rechtshängig geworden ist. Der Unterhalt wird ab dem Ersten des Monats, in den die bezeichneten Ereignisse fallen, geschuldet, wenn der Unterhaltsanspruch dem Grunde nach zu diesem Zeitpunkt bestanden hat.

(2) Der Berechtigte kann für die Vergangenheit ohne die Einschränkung des Absatzes 1 Erfüllung verlangen

1. wegen eines unregelmäßigen außergewöhnlich hohen Bedarfs (Sonderbedarf); nach Ablauf eines Jahres seit seiner Entstehung kann dieser Anspruch nur geltend gemacht werden, wenn vorher der Verpflichtete in Verzug gekommen oder der Anspruch rechtshängig geworden ist;

2. für den Zeitraum, in dem er
   a) aus rechtlichen Gründen oder
   b) aus tatsächlichen Gründen, die in den Verantwortungsbereich des Unterhaltspflichtigen fallen,

제1612조의b [아동수당에 의한 현금수요의 보상]

① 자녀를 위한 아동수당은 다음 각 호와 같이 자녀의 현금수요를 보상하기 위해 사용되어야 한다:

1. 부 또는 모 일방이 자신의 부양의무를 자녀를 양육함으로써 이행하는 경우(제1606조 제3항 제2문)에는 절반;

2. 그 밖에 모든 경우에는 전액.

이러한 범위에서 자녀의 현금수요는 감소한다.

② 혼인당사자들의 공동의 자녀가 아닌 자녀로 인해 아동수당이 증가한 경우, 그 아동수당은 증가된 범위에서 수요를 감소시키는 것으로 고려되어서는 안 된다.

제1612조의c [자녀에 관한 다른 급부의 공제]

자녀에 관한 주기적인 급부가 아동수당청구권을 배제하는 범위에서, 그 급부에 대해 제1612조의b를 준용한다.

제1613조 [과거에 대한 부양]

① 부양권리자가 과거에 대해 이행 또는 불이행으로 인한 손해배상을 청구할 수 있는 것은, 부양청구권을 행사할 목적으로 부양의무자의 수입과 재산에 대해 정보를 제공할 것이 의무자에게 요구되거나, 의무자가 이행지체에 빠지거나, 부양청구권소송이 계속된 시점부터일 뿐이다. 전술한 원인에 따라 그 시점에 부양청구권이 발생한 경우, 부양의무는 전술한 사건이 일어난 달의 1일부터 부담한다.

② 부양권리자는 다음 각 호의 경우에는 제1항의 제한 없이 과거에 대해 부양의무의 이행을 청구할 수 있다,

1. 통상적이지 않고 비정상적으로 높은 필요(특별필요)를 이유로 하는 경우; 청구권이 발생한지 1년이 지난 후에는, 그 전에 의무자가 이행지체에 빠졌거나 청구권에 대해 소송이 계속된 경우에만 이 청구권이 행사될 수 있다.

2. 부양권리자가

   a) 법적 원인 또는

   b) 부양의무자의 책임범위에 속하는 사실적 원인으로 부양청구권의 행사를 방해받은 기간에 대한 경우.

165

an der Geltendmachung des Unterhaltsanspruchs gehindert war.

(3) In den Fällen des Absatzes 2 Nr. 2 kann Erfüllung nicht, nur in Teilbeträgen oder erst zu einem späteren Zeitpunkt verlangt werden, soweit die volle oder die sofortige Erfüllung für den Verpflichteten eine unbillige Härte bedeuten würde. Dies gilt auch, soweit ein Dritter vom Verpflichteten Ersatz verlangt, weil er anstelle des Verpflichteten Unterhalt gewährt hat.

§ 1614   Verzicht auf den Unterhaltsanspruch; Vorausleistung

(1) Für die Zukunft kann auf den Unterhalt nicht verzichtet werden.

(2) Durch eine Vorausleistung wird der Verpflichtete bei erneuter Bedürftigkeit des Berechtigten nur für den im § 760 Abs. 2 bestimmten Zeitabschnitt oder, wenn er selbst den Zeitabschnitt zu bestimmen hatte, für einen den Umständen nach angemessenen Zeitabschnitt befreit.

§ 1615   Erlöschen des Unterhaltsanspruchs

(1) Der Unterhaltsanspruch erlischt mit dem Tode des Berechtigten oder des Verpflichteten, soweit er nicht auf Erfüllung oder Schadensersatz wegen Nichterfüllung für die Vergangenheit oder auf solche im Voraus zu bewirkende Leistungen gerichtet ist, die zur Zeit des Todes des Berechtigten oder des Verpflichteten fällig sind.

(2) Im Falle des Todes des Berechtigten hat der Verpflichtete die Kosten der Beerdigung zu tragen, soweit ihre Bezahlung nicht von dem Erben zu erlangen ist.

Untertitel 2   Besondere Vorschriften für das Kind und seine nicht miteinander verheirateten Eltern

§ 1615a   Anwendbare Vorschriften

Besteht für ein Kind keine Vaterschaft nach § 1592 Nr. 1, § 1593 und haben die Eltern das Kind auch nicht während ihrer Ehe gezeugt oder nach seiner Geburt die Ehe miteinander geschlossen, gelten die allgemeinen Vorschriften, soweit sich nichts anderes aus den folgenden Vorschriften ergibt.

③ 제2항 제2호의 경우, 전부 또는 즉시 이행이 부양의무자에게 불공평하게 가혹한 범위에서, 이행이 청구될 수 없거나 일부 금액 또는 일정 시점 이후에만 이행이 청구될 수 있다. 이는 제3자가 부양의무자를 대신하여 부양하였음을 이유로 의무자에게 배상을 요구하는 경우에도 같다.

제1614조 [부양청구권의 포기; 선지급]

① 부양은 장래를 향하여 포기할 수 없다.

② 권리자에게 새로운 부양이 필요한 경우, 의무자가 선지급에 의해 면제되는 것은 제760조 제2항에 정한 기간 동안만 또는 그가 스스로 단위기간을 정한 경우에는 사정에 따른 적정한 단위기간 동안만이다.

제1615조 [부양청구권의 소멸]

① 부양청구권은 그것이 과거에 대한 이행청구 또는 불이행으로 인한 손해배상을 목적으로 하지 않거나 권리자나 의무자의 사망 시점에 이행기가 도래한 선지급급부를 목적으로 하지 않는 한, 권리자 또는 의무자의 사망으로 소멸한다.

② 권리자가 사망한 경우, 그 장례비용이 상속인으로부터 지급될 수 없는 범위에서 의무자가 그 장례비용을 부담한다.

제2관 자녀와 그의 혼인하지 않은 부모에 대한 특별규정

제1615조의a [적용규정]

자녀에 대해 제1592조 제1호, 제1593조에 따른 부자관계가 존재하지 않으며, 부모가 그들의 혼인 중에 자녀를 임신하지 않았거나 자녀가 출생한 후 혼인하지 않은 경우, 이하의 규정에서 달리 정하지 않는 한, 일반규정들을 적용한다.

§§ 1615b bis 1615k (weggefallen)

§ 1615l   Unterhaltsanspruch von Mutter und Vater aus Anlass der Geburt

(1) Der Vater hat der Mutter für die Dauer von sechs Wochen vor und acht Wochen nach der Geburt des Kindes Unterhalt zu gewähren. Dies gilt auch hinsichtlich der Kosten, die infolge der Schwangerschaft oder der Entbindung außerhalb dieses Zeitraums entstehen.

(2) Soweit die Mutter einer Erwerbstätigkeit nicht nachgeht, weil sie infolge der Schwangerschaft oder einer durch die Schwangerschaft oder die Entbindung verursachten Krankheit dazu außerstande ist, ist der Vater verpflichtet, ihr über die in Absatz 1 Satz 1 bezeichnete Zeit hinaus Unterhalt zu gewähren. Das Gleiche gilt, soweit von der Mutter wegen der Pflege oder Erziehung des Kindes eine Erwerbstätigkeit nicht erwartet werden kann. Die Unterhaltspflicht beginnt frühestens vier Monate vor der Geburt und besteht für mindestens drei Jahre nach der Geburt. Sie verlängert sich, solange und soweit dies der Billigkeit entspricht. Dabei sind insbesondere die Belange des Kindes und die bestehenden Möglichkeiten der Kinderbetreuung zu berücksichtigen.

(3) Die Vorschriften über die Unterhaltspflicht zwischen Verwandten sind entsprechend anzuwenden. Die Verpflichtung des Vaters geht der Verpflichtung der Verwandten der Mutter vor. § 1613 Abs. 2 gilt entsprechend. Der Anspruch erlischt nicht mit dem Tode des Vaters.

(4) Wenn der Vater das Kind betreut, steht ihm der Anspruch nach Absatz 2 Satz 2 gegen die Mutter zu. In diesem Falle gilt Absatz 3 entsprechend.

§ 1615m   Beerdigungskosten für die Mutter

Stirbt die Mutter infolge der Schwangerschaft oder der Entbindung, so hat der Vater die Kosten der Beerdigung zu tragen, soweit ihre Bezahlung nicht von dem Erben der Mutter zu erlangen ist.

§ 1615n   Kein Erlöschen bei Tod des Vaters oder Totgeburt

Die Ansprüche nach den §§ 1615l, 1615m bestehen auch dann, wenn der Vater vor der Geburt des Kindes gestorben oder wenn das Kind tot geboren ist. Bei einer Fehlgeburt gelten die Vorschriften der §§ 1615l, 1615m sinngemäß.

제1615조의b 내지 제1615조의k (삭제)

제1615조의l [출생을 이유로 한 모와 부의 부양청구권]

① 부는 자녀의 출생 전 6주 그리고 출생 후 8주 동안 모를 부양해야 한다. 이 기간 외에 임신 또는 출산으로 인해 발생한 비용에 대해서도 같다.

② 모가 임신으로 인해 또는 임신이나 출산으로 인한 질병으로 인해 소득활동을 하지 못하는 범위에서, 부는 제1항 제1문에서 정한 기간을 넘어서도 모를 부양해야 한다. 자녀의 보호와 양육으로 인해 모에게 소득활동을 기대할 수 없는 경우에도 같다. 부양의무는 출생으로부터 빠르면 4개월 전에 시작하고 출생 이후 적어도 3년 동안 존재한다. 공평에 부합하는 범위에서 부양의무는 연장된다. 이 경우 자녀의 이해관계와 기존의 자녀돌봄 가능성이 특히 고려되어야 한다.

③ 혈족 사이의 부양의무에 관한 규정을 준용한다. 부의 의무는 모의 혈족의 의무에 우선한다. 제1613조 제2항을 준용한다. 이 청구권은 부의 사망으로 소멸하지 않는다.

④ 부가 자녀를 돌보는 경우, 그는 제2항 제2문에 따른 청구권을 모에 대해 갖는다. 이 경우 제3항을 준용한다.

제1615조의m [모에 대한 장례비용]

임신 또는 출산으로 인해 모가 사망한 경우, 그 장례비용이 모의 상속인으로부터 지급될 수 없는 범위에서 부가 그 장례비용을 부담해야 한다.

제1615조의n [부의 사망 또는 사산(死産)한 경우의 불소멸]

제1615조의l, 제1615조의m에 따른 청구권은 자녀가 출생하기 전에 부가 사망하거나 자녀가 사산된 경우에도 존재한다. 유산한 경우에는 제1615조의l, 제1615조의m의 규정을 의미에 맞게 적용한다.

Titel 4　Rechtsverhältnis zwischen den Eltern und dem Kind im Allgemeinen

§ 1616　Geburtsname bei Eltern mit Ehenamen

Das Kind erhält den Ehenamen seiner Eltern als Geburtsnamen.

§ 1617　Geburtsname bei Eltern ohne Ehenamen und gemeinsamer Sorge

(1) Führen die Eltern keinen Ehenamen und steht ihnen die Sorge gemeinsam zu, so bestimmen sie durch Erklärung gegenüber dem Standesamt den Namen, den der Vater oder die Mutter zur Zeit der Erklärung führt, zum Geburtsnamen des Kindes. Eine nach der Beurkundung der Geburt abgegebene Erklärung muss öffentlich beglaubigt werden. Die Bestimmung der Eltern gilt auch für ihre weiteren Kinder.

(2) Treffen die Eltern binnen eines Monats nach der Geburt des Kindes keine Bestimmung, überträgt das Familiengericht das Bestimmungsrecht einem Elternteil. Absatz 1 gilt entsprechend. Das Gericht kann dem Elternteil für die Ausübung des Bestimmungsrechts eine Frist setzen. Ist nach Ablauf der Frist das Bestimmungsrecht nicht ausgeübt worden, so erhält das Kind den Namen des Elternteils, dem das Bestimmungsrecht übertragen ist.

(3) Ist ein Kind nicht im Inland geboren, so überträgt das Gericht einem Elternteil das Bestimmungsrecht nach Absatz 2 nur dann, wenn ein Elternteil oder das Kind dies beantragt oder die Eintragung des Namens des Kindes in ein deutsches Personenstandsregister oder in ein amtliches deutsches Identitätspapier erforderlich wird.

Fußnote

§ 1617 Abs. 1 Satz 1: Nach Maßgabe der Entscheidungsformel mit GG (100-1) vereinbar gem. BVerfGE v. 30.1.2002 I 950 (1 BvL 23/96)

§ 1617a　Geburtsname bei Eltern ohne Ehenamen und Alleinsorge

(1) Führen die Eltern keinen Ehenamen und steht die elterliche Sorge nur einem Elternteil zu, so erhält das Kind den Namen, den dieser Elternteil im Zeitpunkt der Geburt des Kindes führt.

(2) Der Elternteil, dem die elterliche Sorge für ein Kind allein zusteht, kann dem Kind durch Erklärung gegenüber dem Standesamt den Namen des anderen Elternteils erteilen.

제4절 부모와 자녀 사이의 일반적인 법률관계

제1616조 [혼인姓이 있는 부모의 경우 자녀의 출생姓]

자녀는 그 부모의 혼인姓을 출생姓으로 한다.

제1617조 [부모가 혼인姓이 없고 공동 친권자인 경우 자녀의 출생姓]

① 부모가 혼인姓을 가지고 있지 않고 공동 친권자인 경우, 그들은 신분등록청에 대한 의사표시로 표시 시점의 부 또는 모의 姓을 자녀의 출생姓으로 지정한다. 출생신고 후에 하는 그 의사표시는 공적으로 인증되어야 한다. 부모의 결정은 이후의 자녀에게도 적용한다.

② 부모가 자녀의 출생 이후 1개월 이내에 결정을 하지 않는 경우, 가정법원은 부모 일방에게 지정권을 이전한다. 제1항을 준용한다. 가정법원은 그 부모 일방에게 지정권 행사를 위한 기간을 정할 수 있다. 이 기간이 지나도록 지정권이 행사되지 않은 경우, 지정권이 이전된 부모 일방의 姓을 자녀의 姓으로 한다.

③ 자녀가 국내에서 출생되지 않은 경우, 법원이 제2항에 따라 지정권을 부모 일방에게 이전하는 것은 부모 일방 또는 자녀가 이를 신청하거나 자녀의 姓을 독일 신분등록부 또는 공적 독일 신분증서에 등록하는 것이 필요한 경우에 한한다.

각주

제1617조 제1항 제1문: BVerfGE v. 30.1.2002 I 950 (1 BvL 23/96)의 주문에 따르면 기본법(100-1)과 합치

제1617조의a [부모가 혼인姓이 없고 단독 친권자인 경우 자녀의 출생姓]

① 부모가 혼인姓을 가지고 있지 않고 부모 중 일방이 단독 친권자인 경우, 자녀의 출생 시점에 단독 친권자인 부모 일방의 姓을 자녀의 姓으로 한다.

② 자녀에 대해 단독 친권자인 부모 일방은 신분등록청에 대한 의사표시로 배우자의 姓을 자녀의 姓으로 할 수 있다. 이를 위해서는 다른 부모의 동의

Die Erteilung des Namens bedarf der Einwilligung des anderen Elternteils und, wenn das Kind das fünfte Lebensjahr vollendet hat, auch der Einwilligung des Kindes. Die Erklärungen müssen öffentlich beglaubigt werden. Für die Einwilligung des Kindes gilt § 1617c Abs. 1 entsprechend.

§ 1617b   Name bei nachträglicher gemeinsamer Sorge oder Scheinvaterschaft

(1) Wird eine gemeinsame Sorge der Eltern erst begründet, wenn das Kind bereits einen Namen führt, so kann der Name des Kindes binnen drei Monaten nach der Begründung der gemeinsamen Sorge neu bestimmt werden. Die Frist endet, wenn ein Elternteil bei Begründung der gemeinsamen Sorge seinen gewöhnlichen Aufenthalt nicht im Inland hat, nicht vor Ablauf eines Monats nach Rückkehr in das Inland. Hat das Kind das fünfte Lebensjahr vollendet, so ist die Bestimmung nur wirksam, wenn es sich der Bestimmung anschließt. § 1617 Abs. 1 und § 1617c Abs. 1 Satz 2 und 3 und Abs. 3 gelten entsprechend.

(2) Wird rechtskräftig festgestellt, dass ein Mann, dessen Familienname Geburtsname des Kindes geworden ist, nicht der Vater des Kindes ist, so erhält das Kind auf seinen Antrag oder, wenn das Kind das fünfte Lebensjahr noch nicht vollendet hat, auch auf Antrag des Mannes den Namen, den die Mutter im Zeitpunkt der Geburt des Kindes führt, als Geburtsnamen. Der Antrag erfolgt durch Erklärung gegenüber dem Standesamt, die öffentlich beglaubigt werden muss. Für den Antrag des Kindes gilt § 1617c Abs. 1 Satz 2 und 3 entsprechend.

§ 1617c   Name bei Namensänderung der Eltern

(1) Bestimmen die Eltern einen Ehenamen oder Lebenspartnerschaftsnamen, nachdem das Kind das fünfte Lebensjahr vollendet hat, so erstreckt sich der Ehename oder Lebenspartnerschaftsname auf den Geburtsnamen des Kindes nur dann, wenn es sich der Namensgebung anschließt. Ein in der Geschäftsfähigkeit beschränktes Kind, welches das 14. Lebensjahr vollendet hat, kann die Erklärung nur selbst abgeben; es bedarf hierzu der Zustimmung seines gesetzlichen Vertreters. Die Erklärung ist gegenüber dem Standesamt abzugeben; sie muss öffentlich beglaubigt werden.

(2) Absatz 1 gilt entsprechend,

1. wenn sich der Ehename oder Lebenspartnerschaftsname, der Geburtsname eines Kindes geworden ist, ändert oder

172

가 필요하며, 자녀가 5세 이상인 경우에는 자녀의 동의도 필요하다. 이 의사표시는 공적으로 인증되어야 한다. 자녀의 동의에 대해서는 제1617조의c 제1항을 준용한다.

제1617조의b [사후적인 공동 친권 또는 허위부자관계인 경우 자녀의 姓]

① 자녀가 이미 姓을 가지고 나서 부모의 공동 친권이 성립하게 된 경우, 공동 친권이 성립된 후 3개월 내에 자녀의 姓을 새로 지정할 수 있다. 공동 친권이 성립한 때에 부모 중 일방이 국내에 통상적 거소를 갖지 않은 경우, 그가 국내로 돌아온 후 1개월이 지나기 전까지 이 기간은 종료하지 않는다. 자녀가 5세 이상인 때에는, 자녀가 그 지정에 찬성하는 경우에만 지정이 유효하다. 제1617조 제1항, 제1617조의c 제1항 제2문 및 제3문, 제3항을 준용한다.

② 자녀의 출생姓이 되었던 남성이 자녀의 부가 아니라는 것이 재판상 확정된 경우, 자녀는 그의 신청에 기하여, 만일 자녀가 5세 미만인 때에는 그 남성의 신청에 기하여서도 모가 자녀의 출생 시점에 사용했던 姓을 자녀의 출생姓으로 한다. 이 신청은 신분등록청에 대한 의사표시로 하며, 의사표시는 공적으로 인증되어야 한다. 자녀의 신청에 대해서는 제1617조의c 제1항 제2문 및 제3문을 준용한다.

제1617조의c [부모가 姓을 변경한 경우 자녀의 姓]

① 자녀가 5세 이상이 된 후 부모가 혼인姓 또는 생활동반자姓을 정한 경우, 그 혼인姓 또는 생활동반자姓은 자녀가 姓 부여를 찬성하는 때에만 자녀의 출생姓으로 된다. 14세 이상의 행위능력이 제한된 자녀는 본인만 의사표시를 할 수 있다. 이를 위해서는 법정대리인의 동의가 필요하다. 의사표시는 신분등록청에 대해 해야 한다; 이는 공적으로 인증되어야 한다.

② 다음 각 호의 경우에는 제1항을 준용한다,
  1. 자녀의 출생姓이 되었던 혼인姓 또는 생활동반자姓이 변경된 경우 또는는

2. wenn sich in den Fällen der §§ 1617, 1617a und 1617b der Familienname eines Eltern-teils, der Geburtsname eines Kindes geworden ist, auf andere Weise als durch Ehe-schließung oder Begründung einer Lebenspartnerschaft ändert.

(3) Eine Änderung des Geburtsnamens erstreckt sich auf den Ehenamen oder den Le-benspartnerschaftsnamen des Kindes nur dann, wenn sich auch der Ehegatte oder der Le-benspartner der Namensänderung anschließt; Absatz 1 Satz 3 gilt entsprechend.

§ 1618　Einbenennung

Der Elternteil, dem die elterliche Sorge für ein Kind allein oder gemeinsam mit dem anderen Elternteil zusteht, und sein Ehegatte, der nicht Elternteil des Kindes ist, können dem Kind, das sie in ihren gemeinsamen Haushalt aufgenommen haben, durch Erklärung gegenüber dem Standesamt ihren Ehenamen erteilen. Sie können diesen Namen auch dem von dem Kind zur Zeit der Erklärung geführten Namen voranstellen oder anfügen; ein bereits zuvor nach Halbsatz 1 vorangestellter oder angefügter Ehename entfällt. Die Er-teilung, Voranstellung oder Anfügung des Namens bedarf der Einwilligung des anderen Elternteils, wenn ihm die elterliche Sorge gemeinsam mit dem den Namen erteilenden Elternteil zusteht oder das Kind seinen Namen führt, und, wenn das Kind das fünfte Le-bensjahr vollendet hat, auch der Einwilligung des Kindes. Das Familiengericht kann die Einwilligung des anderen Elternteils ersetzen, wenn die Erteilung, Voranstellung oder An-fügung des Namens zum Wohl des Kindes erforderlich ist. Die Erklärungen müssen öffent-lich beglaubigt werden. § 1617c gilt entsprechend.

§ 1618a　Pflicht zu Beistand und Rücksicht

Eltern und Kinder sind einander Beistand und Rücksicht schuldig.

§ 1619　Dienstleistungen in Haus und Geschäft

Das Kind ist, solange es dem elterlichen Hausstand angehört und von den Eltern erzo-gen oder unterhalten wird, verpflichtet, in einer seinen Kräften und seiner Lebensstellung entsprechenden Weise den Eltern in ihrem Hauswesen und Geschäft Dienste zu leisten.

§ 1620　Aufwendungen des Kindes für den elterlichen Haushalt

Macht ein dem elterlichen Hausstand angehörendes volljähriges Kind zur Bestreitung der Kosten des Haushalts aus seinem Vermögen eine Aufwendung oder überlässt es den

2. 제1617조, 제1617조의a, 제1617조의b의 경우에 자녀의 출생姓이 되었던 부모 일방의 姓이 혼인 체결이나 생활동반자관계 성립 이외의 다른 방법으로 변경된 경우.

③ 출생姓의 변경이 자녀의 혼인姓 또는 생활동반자姓에 미치는 것은, 그의 배우자 또는 생활동반자도 姓의 변경에 찬성하는 경우에만 그러하다; 제1항 제3문을 준용한다.

제1618조 [姓의 부여와 추가]

자녀에 대해 단독 친권자이거나 다른 부모와 공동 친권자인 부모 일방과 자녀의 부모가 아닌 그의 배우자는 그들과 가계를 같이 하는 자녀에게 그들의 혼인姓을 신분등록청에 대한 의사표시로 부여할 수 있다. 또한 그들은 그들의 혼인姓을 의사표시 시점의 자녀의 姓 앞에 두거나 추가할 수도 있다; 전단에 따라 앞에 두었거나 추가되었던 혼인姓은 소멸한다. 姓을 부여하거나 앞에 두거나 추가하기 위해 다른 부모의 동의가 필요한 것은, 그 다른 부모가 姓을 부여하려는 부모와 공동 친권자이거나 자녀가 그 다른 부모의 姓을 가지고 있는 경우이며, 자녀가 5세 이상인 경우에는 자녀의 동의도 필요하다. 姓을 부여하거나 앞에 두거나 추가하는 것이 자녀의 복리를 위해 필요한 경우, 가정법원은 다른 부모의 동의를 갈음할 수 있다. 의사표시는 공적으로 인증되어야 한다. 제1617조의c를 준용한다.

제1618조의a [원조 및 배려 의무]

부모와 자녀는 서로 원조하고 배려할 의무를 부담한다.

제1619조 [가사와 영업에서의 노무제공]

자녀가 부모의 가계에 속해 있고 부모에 의해 양육되는 동안, 자녀는 자신의 노동력과 생활수준에 상응한 방법으로 부모에게 그의 가사와 영업에서 노무를 제공할 의무가 있다.

제1620조 [부모의 가사를 위한 자녀의 비용지출]

부모의 가계에 속한 성년의 자녀가 가사 비용을 지급하기 위해 자신의 재산에서 비용을 지출하거나 이러한 목적으로 자신의 재산에서 부모에게 인도한

Eltern zu diesem Zwecke etwas aus seinem Vermögen, so ist im Zweifel anzunehmen, dass die Absicht fehlt, Ersatz zu verlangen.

§§ 1621 bis 1623 (weggefallen)

§ 1624 Ausstattung aus dem Elternvermögen

(1) Was einem Kind mit Rücksicht auf seine Verheiratung, auf seine Begründung einer Lebenspartnerschaft oder auf die Erlangung einer selbständigen Lebensstellung zur Begründung oder zur Erhaltung der Wirtschaft oder der Lebensstellung von dem Vater oder der Mutter zugewendet wird (Ausstattung), gilt, auch wenn eine Verpflichtung nicht besteht, nur insoweit als Schenkung, als die Ausstattung das den Umständen, insbesondere den Vermögensverhältnissen des Vaters oder der Mutter, entsprechende Maß übersteigt.

(2) Die Verpflichtung des Ausstattenden zur Gewährleistung wegen eines Mangels im Recht oder wegen eines Fehlers der Sache bestimmt sich, auch soweit die Ausstattung nicht als Schenkung gilt, nach den für die Gewährleistungspflicht des Schenkers geltenden Vorschriften.

§ 1625 Ausstattung aus dem Kindesvermögen

Gewährt der Vater einem Kind, dessen Vermögen kraft elterlicher Sorge, Vormundschaft oder Betreuung seiner Verwaltung unterliegt, eine Ausstattung, so ist im Zweifel anzunehmen, dass er sie aus diesem Vermögen gewährt. Diese Vorschrift findet auf die Mutter entsprechende Anwendung.

Titel 5 Elterliche Sorge

§ 1626 Elterliche Sorge, Grundsätze

(1) Die Eltern haben die Pflicht und das Recht, für das minderjährige Kind zu sorgen (elterliche Sorge). Die elterliche Sorge umfasst die Sorge für die Person des Kindes (Personensorge) und das Vermögen des Kindes (Vermögenssorge).

것이 있는 경우, 의심스러운 때에는 배상을 요구할 의도가 없는 것으로 인정
되어야 한다.

제1621조 내지 제1623조 (삭제)

제1624조 [부모재산에서의 독립자금]

① 자녀의 혼인, 생활동반자관계의 성립 또는 독자적인 생활상 지위의 획득
과 관련하여 부 또는 모가 자녀에게 가계나 생활상 지위의 성립 또는 유지
를 위해 출연한 것(독립자금)은, 비록 의무가 존재하지 않더라도, 그 독립자
금이 사정 특히 부 또는 모의 재산상태에 상응한 정도를 초과하는 범위에서
만 증여로 인정된다.

② 권리의 하자 또는 물건의 하자로 인한 독립자금제공자의 담보책임은, 독
립자금이 증여로 인정되지 않는 경우에도, 증여자의 담보책임에 관한 규정
에 따라 결정된다.

제1625조 [자녀재산에서의 독립자금]

자녀의 재산이 친권, 미성년후견 또는 성년후견으로 인해 부의 관리를 받고
있는 상태에서, 부가 자녀에게 독립자금을 제공한 경우, 의심스러운 때에는
부가 이 재산에서 독립자금을 제공한 것으로 추정한다. 이 규정은 모에게도
준용한다.

제5절 친권

제1626조 [친권, 원칙]

① 부모는 미성년 자녀를 돌볼 의무와 권리가 있다(친권).* 친권은 자녀의
신상에 대한 돌봄(신상돌봄)*과 자녀의 재산에 대한 돌봄(재산돌봄)*을 포
함한다.

---

* '일러두기 7' 참조.

177

(2) Bei der Pflege und Erziehung berücksichtigen die Eltern die wachsende Fähigkeit und das wachsende Bedürfnis des Kindes zu selbständigem verantwortungsbewusstem Handeln. Sie besprechen mit dem Kind, soweit es nach dessen Entwicklungsstand angezeigt ist, Fragen der elterlichen Sorge und streben Einvernehmen an.

(3) Zum Wohl des Kindes gehört in der Regel der Umgang mit beiden Elternteilen. Gleiches gilt für den Umgang mit anderen Personen, zu denen das Kind Bindungen besitzt, wenn ihre Aufrechterhaltung für seine Entwicklung förderlich ist.

§ 1626a   Elterliche Sorge nicht miteinander verheirateter Eltern; Sorgeerklärungen

(1) Sind die Eltern bei der Geburt des Kindes nicht miteinander verheiratet, so steht ihnen die elterliche Sorge gemeinsam zu,

1. wenn sie erklären, dass sie die Sorge gemeinsam übernehmen wollen (Sorgeerklärungen),

2. wenn sie einander heiraten oder

3. soweit ihnen das Familiengericht die elterliche Sorge gemeinsam überträgt.

(2) Das Familiengericht überträgt gemäß Absatz 1 Nummer 3 auf Antrag eines Elternteils die elterliche Sorge oder einen Teil der elterlichen Sorge beiden Eltern gemeinsam, wenn die Übertragung dem Kindeswohl nicht widerspricht. Trägt der andere Elternteil keine Gründe vor, die der Übertragung der gemeinsamen elterlichen Sorge entgegenstehen können, und sind solche Gründe auch sonst nicht ersichtlich, wird vermutet, dass die gemeinsame elterliche Sorge dem Kindeswohl nicht widerspricht.

(3) Im Übrigen hat die Mutter die elterliche Sorge.

§ 1626b   Besondere Wirksamkeitsvoraussetzungen der Sorgeerklärung

(1) Eine Sorgeerklärung unter einer Bedingung oder einer Zeitbestimmung ist unwirksam.

(2) Die Sorgeerklärung kann schon vor der Geburt des Kindes abgegeben werden.

(3) Eine Sorgeerklärung ist unwirksam, soweit eine gerichtliche Entscheidung über die elterliche Sorge nach den § 1626a Absatz 1 Nummer 3 oder § 1671 getroffen oder eine solche Entscheidung nach § 1696 Absatz 1 Satz 1 geändert wurde.

§ 1626c   Persönliche Abgabe; beschränkt geschäftsfähiger Elternteil

(1) Die Eltern können die Sorgeerklärungen nur selbst abgeben.

② 자녀를 보호하고 양육할 때에 부모는 책임을 인식한 독자적인 행위에 대한 자녀의 증대하는 능력과 필요를 고려해야 한다. 자녀의 발전단계에 따라 적절한 범위에서, 부모는 자녀와 친권에 관한 문제를 협의하고 합의를 이루도록 노력한다.

③ 부모 쌍방과 면접교섭하는 것은 원칙적으로 자녀의 복리에 속한다. 이는 자녀와 유대관계가 있고 이를 유지하는 것이 자녀의 발달에 유익한 다른 사람과의 면접교섭에 대해서도 같다.

제1626조의a [서로 혼인하지 않은 부모의 친권; 친권의사표시]

① 자녀의 출생 당시 부모가 서로 혼인하지 않은 경우, 다음 각 호의 경우에 친권은 그들에게 공동으로 귀속된다.

1. 그들이 공동으로 친권을 인수하기를 원한다는 의사를 표시한 경우(친권의사표시),
2. 그들이 서로 혼인한 경우 또는
3. 가정법원이 그들에게 공동 친권을 부여한 경우.

② 가정법원은 자녀의 복리에 반하지 않는 경우, 부모 일방의 신청에 기하여 제1항 제3호에 따라 친권 또는 친권의 일부를 부모 쌍방에게 공동으로 부여한다. 공동 친권의 부여에 반할 수 있는 사유를 다른 부모가 주장하지 않고, 이러한 사유가 달리 명백하지도 않은 경우, 공동 친권은 자녀의 복리에 반하지 않는다고 추정한다.

③ 그 밖에는 모가 친권을 갖는다.

제1626조의b [친권의사표시의 특별 유효요건]

① 조건 또는 기한을 붙인 친권의사표시는 무효이다.

② 자녀가 출생하기 전에도 친권의사표시를 할 수 있다.

③ 친권에 대한 법원의 재판이 제1626조의a 제1항 제3호 또는 제1671조에 따라 있었거나, 이러한 재판이 제1696조 제1항 제1문에 따라 변경된 범위에서, 친권의사표시는 무효이다.

제1626조의c [일신전속적 행위; 제한능력자인 부모 일방]

① 부모 본인만 친권의사표시를 할 수 있다.

(2) Die Sorgeerklärung eines beschränkt geschäftsfähigen Elternteils bedarf der Zu-stimmung seines gesetzlichen Vertreters. Die Zustimmung kann nur von diesem selbst abgegeben werden; § 1626b Abs. 1 und 2 gilt entsprechend. Das Familiengericht hat die Zustimmung auf Antrag des beschränkt geschäftsfähigen Elternteils zu ersetzen, wenn die Sorgeerklärung dem Wohl dieses Elternteils nicht widerspricht.

§ 1626d   Form; Mitteilungspflicht

(1) Sorgeerklärungen und Zustimmungen müssen öffentlich beurkundet werden.

(2) Die beurkundende Stelle teilt die Abgabe von Sorgeerklärungen und Zustimmungen unter Angabe des Geburtsdatums und des Geburtsorts des Kindes sowie des Namens, den das Kind zur Zeit der Beurkundung seiner Geburt geführt hat, dem nach § 87c Abs. 6 Satz 2 des Achten Buches Sozialgesetzbuch zuständigen Jugendamt zu den in § 58a des Achten Buches Sozialgesetzbuch genannten Zwecken unverzüglich mit.

§ 1626e   Unwirksamkeit

Sorgeerklärungen und Zustimmungen sind nur unwirksam, wenn sie den Erfordernis-sen der vorstehenden Vorschriften nicht genügen.

§ 1627   Ausübung der elterlichen Sorge

Die Eltern haben die elterliche Sorge in eigener Verantwortung und in gegenseitigem Einvernehmen zum Wohl des Kindes auszuüben. Bei Meinungsverschiedenheiten müssen sie versuchen, sich zu einigen.

§ 1628   Gerichtliche Entscheidung bei Meinungsverschiedenheiten der Eltern

Können sich die Eltern in einer einzelnen Angelegenheit oder in einer bestimmten Art von Angelegenheiten der elterlichen Sorge, deren Regelung für das Kind von erheblicher Bedeutung ist, nicht einigen, so kann das Familiengericht auf Antrag eines Elternteils die Entscheidung einem Elternteil übertragen. Die Übertragung kann mit Beschränkungen oder mit Auflagen verbunden werden.

§ 1629   Vertretung des Kindes

(1) Die elterliche Sorge umfasst die Vertretung des Kindes. Die Eltern vertreten das Kind gemeinschaftlich; ist eine Willenserklärung gegenüber dem Kind abzugeben, so ge-

② 제한능력자인 부모 일방의 친권의사표시는 법정대리인의 동의를 필요로 한다. 동의는 법정대리인 본인만 할 수 있다; 제1626조의b 제1항 및 제2항을 준용한다. 친권의사표시가 제한능력자인 부모의 복리에 반하지 않는 경우, 가정법원은 제한능력자인 부모의 신청에 기하여 동의를 갈음해야 한다.

제1626조의d [방식; 통지의무]

① 친권의사표시와 동의는 공증되어야 한다.

② 공증기관은 사회법 제8편 제58조의a에서 정한 목적을 위해 사회법 제8편 제87조의c 제6항 제2문에 따라 관할권 있는 청소년청에 자녀의 출생일시와 출생 장소, 자녀의 출생을 공증할 당시 자녀의 성명을 진술하여 지체 없이 친권의사표시와 동의를 통지한다.

제1626조의e [무효]

친권의사표시와 동의는 위 규정들의 요건을 충족하지 못하는 때에만 무효이다.

제1627조 [친권의 행사]

부모는 자녀의 복리를 위하여 자신의 책임 하에 그리고 쌍방이 일치하여 친권을 행사해야 한다. 부모는 의견이 서로 다를 경우에는 일치하도록 노력해야 한다.

제1628조 [부모의 의견이 다른 경우 법원의 결정]

자녀에게 그 규율이 중대한 의미가 있는 친권의 개별사무 또는 특정한 유형의 사무에 대해 부모의 의견이 일치될 수 없는 경우, 가정법원은 부모 일방의 신청에 기하여 그 결정을 부모 일방에게 위임할 수 있다. 이 위임은 제한 또는 부담과 결합될 수 있다.

제1629조 [자녀의 대리]

① 친권은 자녀의 대리를 포함한다. 부모는 공동으로 자녀를 대리한다. 자녀에 대해 의사표시를 해야 하는 경우에는, 부모 일방에 대해 의사표시를 하면

nügt die Abgabe gegenüber einem Elternteil. Ein Elternteil vertritt das Kind allein, soweit er die elterliche Sorge allein ausübt oder ihm die Entscheidung nach § 1628 übertragen ist. Bei Gefahr im Verzug ist jeder Elternteil dazu berechtigt, alle Rechtshandlungen vorzunehmen, die zum Wohl des Kindes notwendig sind; der andere Elternteil ist unverzüglich zu unterrichten.

(2) Der Vater und die Mutter können das Kind insoweit nicht vertreten, als nach § 1795 ein Vormund von der Vertretung des Kindes ausgeschlossen ist. Steht die elterliche Sorge für ein Kind den Eltern gemeinsam zu, so kann der Elternteil, in dessen Obhut sich das Kind befindet, Unterhaltsansprüche des Kindes gegen den anderen Elternteil geltend machen. Das Familiengericht kann dem Vater und der Mutter nach § 1796 die Vertretung entziehen; dies gilt nicht für die Feststellung der Vaterschaft.

(2a) Der Vater und die Mutter können das Kind in einem gerichtlichen Verfahren nach § 1598a Abs. 2 nicht vertreten.

(3) Sind die Eltern des Kindes miteinander verheiratet oder besteht zwischen ihnen eine Lebenspartnerschaft, so kann ein Elternteil Unterhaltsansprüche des Kindes gegen den anderen Elternteil nur im eigenen Namen geltend machen, solange

1. die Eltern getrennt leben oder

2. eine Ehesache oder eine Lebenspartnerschaftssache im Sinne von § 269 Absatz 1 Nummer 1 oder 2 des Gesetzes über das Verfahren in Familiensachen und in den Angelegenheiten der freiwilligen Gerichtsbarkeit zwischen ihnen anhängig ist.

Eine von einem Elternteil erwirkte gerichtliche Entscheidung und ein zwischen den Eltern geschlossener gerichtlicher Vergleich wirken auch für und gegen das Kind.

§ 1629a　Beschränkung der Minderjährigenhaftung

(1) Die Haftung für Verbindlichkeiten, die die Eltern im Rahmen ihrer gesetzlichen Vertretungsmacht oder sonstige vertretungsberechtigte Personen im Rahmen ihrer Vertretungsmacht durch Rechtsgeschäft oder eine sonstige Handlung mit Wirkung für das Kind begründet haben, oder die auf Grund eines während der Minderjährigkeit erfolgten Erwerbs von Todes wegen entstanden sind, beschränkt sich auf den Bestand des bei Eintritt der Volljährigkeit vorhandenen Vermögens des Kindes; dasselbe gilt für Verbindlichkeiten aus Rechtsgeschäften, die der Minderjährige gemäß §§ 107, 108 oder § 111 mit Zustim-

충분하다. 부모 일방이 친권을 단독으로 행사하거나 그에게 제1628조에 따라 결정이 위임된 경우, 그는 자녀를 단독으로 대리한다. 지체하면 위험이 있을 때에는, 부모는 각각 자녀의 복리를 위해 필요한 모든 법률적 행위를 할 권한이 있다; 이 경우 다른 부모에게 지체 없이 알려주어야 한다.

② 제1795조에 따라 미성년후견인이 자녀의 대리에서 배제되는 범위에서, 부와 모는 자녀를 대리할 수 없다. 부모에게 공동 친권이 귀속된 경우, 자녀를 보호하고 있는 부모 일방은 다른 일방에 대한 자녀의 부양청구권을 행사할 수 있다. 가정법원은 제1796조에 따라 부와 모의 대리권을 박탈할 수 있다; 부자관계 확인에 대해서는 이를 적용하지 않는다.

②a 부와 모는 제1598조의a 제2항에 따른 재판절차에서 자녀를 대리할 수 없다.

③ 부모가 서로 혼인했거나 그들 사이에 생활동반자관계가 성립한 경우, 다음 각 호의 경우에 부모 일방은 다른 일방에 대한 자녀의 부양청구권을 자신의 이름으로만 행사할 수 있다,
　1. 부모가 별거하고 있는 경우 또는
　2. 가사 및 비송사건절차법 제269조 제1항 제1호 또는 제2호가 의미하는
　　 혼인사건 또는 생활동반자사건이 부모 사이에 계속되어 있는 경우.

부모 일방이 얻어낸 재판과 부모 사이에 이루어진 재판상 화해는 자녀에 대해서도 효력을 가진다.

제1629조의a [미성년자 책임의 제한]
① 부모가 그들의 법정대리권 범위 내에서 또는 그 밖의 대리권 있는 사람이 그들의 대리권 범위 내에서 자녀에게 효력이 있는 법률행위나 그 밖의 행위에 의해 성립시킨 채무에 대한 책임 또는 미성년인 동안 이루어진 사인취득(死因取得)에 근거한 채무에 대한 책임은 성년이 되었을 때 존재하는 자녀의 현존재산으로 제한된다. 미성년자가 부모의 동의를 얻어 제107조, 제108조 또는 제111조에 따라 한 법률행위로부터 발생한 채무 또는 부모가 가정법원의 허가를 받아 한 법률행위로부터 발생한 채무에 대해서도 같다. 성년이 된

mung seiner Eltern vorgenommen hat oder für Verbindlichkeiten aus Rechtsgeschäften, zu denen die Eltern die Genehmigung des Familiengerichts erhalten haben. Beruft sich der volljährig Gewordene auf die Beschränkung der Haftung, so finden die für die Haftung des Erben geltenden Vorschriften der §§ 1990, 1991 entsprechende Anwendung.

(2) Absatz 1 gilt nicht für Verbindlichkeiten aus dem selbständigen Betrieb eines Erwerbsgeschäfts, soweit der Minderjährige hierzu nach § 112 ermächtigt war, und für Verbindlichkeiten aus Rechtsgeschäften, die allein der Befriedigung seiner persönlichen Bedürfnisse dienten.

(3) Die Rechte der Gläubiger gegen Mitschuldner und Mithaftende sowie deren Rechte aus einer für die Forderung bestellten Sicherheit oder aus einer deren Bestellung sichernden Vormerkung werden von Absatz 1 nicht berührt.

(4) Hat das volljährig gewordene Mitglied einer Erbengemeinschaft oder Gesellschaft nicht binnen drei Monaten nach Eintritt der Volljährigkeit die Auseinandersetzung des Nachlasses verlangt oder die Kündigung der Gesellschaft erklärt, ist im Zweifel anzunehmen, dass die aus einem solchen Verhältnis herrührende Verbindlichkeit nach dem Eintritt der Volljährigkeit entstanden ist; Entsprechendes gilt für den volljährig gewordenen Inhaber eines Handelsgeschäfts, der dieses nicht binnen drei Monaten nach Eintritt der Volljährigkeit einstellt. Unter den in Satz 1 bezeichneten Voraussetzungen wird ferner vermutet, dass das gegenwärtige Vermögen des volljährig Gewordenen bereits bei Eintritt der Volljährigkeit vorhanden war.

§ 1630 Elterliche Sorge bei Pflegerbestellung oder Familienpflege

(1) Die elterliche Sorge erstreckt sich nicht auf Angelegenheiten des Kindes, für die ein Pfleger bestellt ist.

(2) Steht die Personensorge oder die Vermögenssorge einem Pfleger zu, so entscheidet das Familiengericht, falls sich die Eltern und der Pfleger in einer Angelegenheit nicht einigen können, die sowohl die Person als auch das Vermögen des Kindes betrifft.

(3) Geben die Eltern das Kind für längere Zeit in Familienpflege, so kann das Familiengericht auf Antrag der Eltern oder der Pflegeperson Angelegenheiten der elterlichen Sorge auf die Pflegeperson übertragen. Für die Übertragung auf Antrag der Pflegeperson ist die Zustimmung der Eltern erforderlich. Im Umfang der Übertragung hat die Pflegeperson die

자가 책임제한을 원용할 경우, 상속인의 책임에 관한 제1990조 및 제1991조의 규정을 준용한다.

② 미성년자가 제112조에 따라 독자적 영업을 할 권한을 부여받은 경우에 그 독립영업에서 발생한 채무와 오직 개인적 필요를 만족시키기 위해서 한 법률행위에서 발생한 채무에 대해서는 제1항을 적용하지 않는다.

③ 공동채무자 및 공동책임자에 대한 채권자의 권리와 그 채권을 위해 설정된 담보 또는 그 설정을 보장하는 가등기에서 발생하는 채권자의 권리는 제1항에 의해 영향을 받지 않는다.
④ 상속인공동체 또는 조합의 구성원이 성년이 된 때로부터 3개월 내에 상속재산의 분할을 요구하거나 조합의 해지 의사표시를 하지 않은 경우, 의심스러운 때에는 이러한 관계로부터 발생하는 채무는 성년이 된 이후 발생한 것으로 인정되어야 한다. 성년이 된 상거래 명의자가 성년이 된 때로부터 3개월 내에 이 거래를 정지하지 않은 때에도 같다. 제1문의 요건 하에서, 성년이 된 자의 현재 재산은 성년이 된 때 이미 존재했던 것으로 추정한다.

제1630조 [보좌인 선임 또는 가정위탁의 경우 친권]
① 자녀의 사무를 위해 보좌인이 선임된 경우, 그 자녀의 사무에 대해서는 친권이 미치지 않는다.
② 신상돌봄 또는 재산돌봄이 보좌인에게 귀속되는 경우, 자녀의 신분과 재산 모두에 관련되는 사무에 대해 부모와 보좌인의 의견이 일치할 수 없는 때에는, 가정법원이 결정한다.
③ 부모가 자녀를 장기간 가정위탁에 둔 경우, 가정법원은 부모 또는 보호자의 신청에 기하여 친권사무를 보호자에게 위임할 수 있다. 보호자의 신청에 기한 위임에 대해서는 부모의 동의가 필요하다. 위임의 범위 내에서 보호자는 보좌인의 권리와 의무를 갖는다.

Rechte und Pflichten eines Pflegers.

§ 1631   Inhalt und Grenzen der Personensorge

(1) Die Personensorge umfasst insbesondere die Pflicht und das Recht, das Kind zu pflegen, zu erziehen, zu beaufsichtigen und seinen Aufenthalt zu bestimmen.

(2) Kinder haben ein Recht auf gewaltfreie Erziehung. Körperliche Bestrafungen, seelische Verletzungen und andere entwürdigende Maßnahmen sind unzulässig.

(3) Das Familiengericht hat die Eltern auf Antrag bei der Ausübung der Personensorge in geeigneten Fällen zu unterstützen.

§ 1631a   Ausbildung und Beruf

In Angelegenheiten der Ausbildung und des Berufs nehmen die Eltern insbesondere auf Eignung und Neigung des Kindes Rücksicht. Bestehen Zweifel, so soll der Rat eines Lehrers oder einer anderen geeigneten Person eingeholt werden.

§ 1631b   Freiheitsentziehende Unterbringung und freiheitsentziehende Maßnahmen

(1) Eine Unterbringung des Kindes, die mit Freiheitsentziehung verbunden ist, bedarf der Genehmigung des Familiengerichts. Die Unterbringung ist zulässig, solange sie zum Wohl des Kindes, insbesondere zur Abwendung einer erheblichen Selbst- oder Fremdgefährdung, erforderlich ist und der Gefahr nicht auf andere Weise, auch nicht durch andere öffentliche Hilfen, begegnet werden kann. Ohne die Genehmigung ist die Unterbringung nur zulässig, wenn mit dem Aufschub Gefahr verbunden ist; die Genehmigung ist unverzüglich nachzuholen.

(2) Die Genehmigung des Familiengerichts ist auch erforderlich, wenn dem Kind, das sich in einem Krankenhaus, einem Heim oder einer sonstigen Einrichtung aufhält, durch mechanische Vorrichtungen, Medikamente oder auf andere Weise über einen längeren Zeitraum oder regelmäßig in nicht altersgerechter Weise die Freiheit entzogen werden soll. Absatz 1 Satz 2 und 3 gilt entsprechend.

§ 1631c   Verbot der Sterilisation

Die Eltern können nicht in eine Sterilisation des Kindes einwilligen. Auch das Kind selbst kann nicht in die Sterilisation einwilligen. § 1909 findet keine Anwendung.

제1631조 [신상돌봄의 내용과 한계]

① 신상돌봄은 특히 자녀를 보호, 교육, 감독하고 그의 거소를 결정할 권리와 의무를 포함한다.

② 자녀는 비폭력적인 교육을 받을 권리를 갖는다. 체벌, 정신적 침해, 그 밖의 모멸적인 조치는 허용되지 않는다.

③ 가정법원은 적절한 경우에 신청에 기하여 신상돌봄을 행사함에 있어서 부모를 지원해야 한다.

제1631조의a [교육과 직업]

교육과 직업의 사무에서 부모는 특히 자녀의 적성과 성향을 고려해야 한다. 의심스러운 때에는 교사나 그 밖의 적합한 사람의 조언을 얻어야 한다.

제1631조의b [자유박탈적 수용 및 자유박탈적 조치]

① 자녀에 대해 자유박탈과 결합된 수용을 하기 위해서는 가정법원의 허가가 있어야 한다. 이 수용이 자녀의 복리, 특히 자기 자신 또는 타인에 대한 중대한 위험을 초래하는 것을 방지하기 위해서 필요하고, 그 밖의 방법에 의해서 그리고 다른 공적 부조에 의해서도 그 위험에 대처할 수 없는 한도에서 수용이 허용된다. 유예하면 위험이 따르는 경우에만 수용이 허가 없이 허용된다; 허가는 그 후 지체 없이 갖추어져야 한다.

② 병원, 보호시설 또는 그 밖의 시설에 체류하는 자녀에게 기계장치, 약물 또는 그 밖의 방법으로 장기간 또는 정기적으로 연령에 적합하지 않은 방법으로 자유가 박탈되는 경우에도 가정법원의 허가가 필요하다. 제1항 제2문 및 제3문을 준용한다.

제1631조의c [불임수술의 금지]

부모는 자녀의 불임수술에 동의할 수 없다. 자녀 본인도 불임수술에 동의할 수 없다. 제1909조는 적용하지 않는다.

§ 1631d Beschneidung des männlichen Kindes

(1) Die Personensorge umfasst auch das Recht, in eine medizinisch nicht erforderliche Beschneidung des nicht einsichts- und urteilsfähigen männlichen Kindes einzuwilligen, wenn diese nach den Regeln der ärztlichen Kunst durchgeführt werden soll. Dies gilt nicht, wenn durch die Beschneidung auch unter Berücksichtigung ihres Zwecks das Kindeswohl gefährdet wird.

(2) In den ersten sechs Monaten nach der Geburt des Kindes dürfen auch von einer Religionsgesellschaft dazu vorgesehene Personen Beschneidungen gemäß Absatz 1 durchführen, wenn sie dafür besonders ausgebildet und, ohne Arzt zu sein, für die Durchführung der Beschneidung vergleichbar befähigt sind.

§ 1631e Behandlung von Kindern mit Varianten der Geschlechtsentwicklung

(1) Die Personensorge umfasst nicht das Recht, in eine Behandlung eines nicht einwilligungsfähigen Kindes mit einer Variante der Geschlechtsentwicklung einzuwilligen oder selbst diese Behandlung durchzuführen, die, ohne dass ein weiterer Grund für die Behandlung hinzutritt, allein in der Absicht erfolgt, das körperliche Erscheinungsbild des Kindes an das des männlichen oder des weiblichen Geschlechts anzugleichen.

(2) In operative Eingriffe an den inneren oder äußeren Geschlechtsmerkmalen des nicht einwilligungsfähigen Kindes mit einer Variante der Geschlechtsentwicklung, die eine Angleichung des körperlichen Erscheinungsbilds des Kindes an das des männlichen oder des weiblichen Geschlechts zur Folge haben könnten und für die nicht bereits nach Absatz 1 die Einwilligungsbefugnis fehlt, können die Eltern nur einwilligen, wenn der Eingriff nicht bis zu einer selbstbestimmten Entscheidung des Kindes aufgeschoben werden kann. § 1809 ist nicht anzuwenden.

(3) Die Einwilligung nach Absatz 2 Satz 1 bedarf der Genehmigung des Familiengerichts, es sei denn, der operative Eingriff ist zur Abwehr einer Gefahr für das Leben oder für die Gesundheit des Kindes erforderlich und kann nicht bis zur Erteilung der Genehmigung aufgeschoben werden. Die Genehmigung ist auf Antrag der Eltern zu erteilen, wenn der geplante Eingriff dem Wohl des Kindes am besten entspricht. Legen die Eltern dem Familiengericht eine den Eingriff befürwortende Stellungnahme einer interdisziplinären Kommission nach Absatz 4 vor, wird vermutet, dass der geplante Eingriff dem Wohl des

제1631조의d [子의 할례]

① 할례가 의술 규칙에 따라 행하여지는 경우, 분별능력과 판단능력이 없는 子에게 의학상 불필요한 할례를 하는 것에 대해 동의할 권리도 신상돌봄에 포함된다. 이는, 할례의 목적을 고려하더라도 할례에 의해 자녀의 복리가 위태롭게 되는 경우에는 그렇지 않다.

② 자녀의 출생 이후 6개월이 되면, 종교단체에서 할례를 위해 예정된 사람도 제1항에 따라 할례시술을 할 수 있는데, 그가 이를 위해 특별한 교육을 받았고, 의사는 아니지만 할례시술에 대해 유사한 능력이 있는 경우에 그러하다.

제1631조의e [性발달변이를 가진 자녀의 치료]

① 자녀의 신체적 외관을 남성 또는 여성의 그것에 맞추려는 의도만으로 치료의 다른 근거 없이 性발달변이가 있는 동의능력이 없는 자녀의 치료에 동의하거나 스스로 치료를 실행할 권리는 신상돌봄에 포함되지 않는다.

② 자녀의 내적 또는 외적 성별 표지에 대한 수술이 자녀의 신체적 외관을 남성 또는 여성의 그것에 맞추는 결과를 가져올 수 있고, 침습에 대해 제1항에 따라 이미 동의권이 결여되는 것이 아닌 경우, 부모는 자녀가 스스로 결정할 때까지 침습을 연기할 수 없을 경우에만 이 침습에 동의할 수 있다. 제1809조는 적용하지 않는다.

③ 제2항 제1문에 따른 동의에는 가정법원의 허가가 필요하지만, 수술에 의한 침습이 자녀의 생명과 건강의 위험을 예방하기 위해 필요하고 허가가 있을 때까지 연기될 수 없을 경우에는 그렇지 않다. 계획된 침습이 자녀의 최선의 복리에 부합하는 경우, 부모의 신청에 기하여 허가해야 한다. 제4항에 따라 학제간 위원회의 침습에 찬성하는 의견을 부모가 가정법원에 제출하면, 계획된 침습이 자녀의 최선의 이익에 부합하는 것으로 추정한다.

Kindes am besten entspricht.

(4) Einer interdisziplinären Kommission sollen zumindest die folgenden Personen angehören:

1. der das Kind Behandelnde gemäß § 630a,

2. mindestens eine weitere ärztliche Person,

3. eine Person, die über eine psychologische, kinder- und jugendlichenpsychotherapeutische oder kinder- und jugendpsychiatrische Berufsqualifikation verfügt, und

4. eine in Ethik aus-, weiter- oder fortgebildete Person.

Die ärztlichen Kommissionsmitglieder müssen unterschiedliche kinderheilkundliche Spezialisierungen aufweisen. Unter ihnen muss ein Facharzt für Kinder- und Jugendmedizin mit dem Schwerpunkt Kinderendokrinologie und -diabetologie sein. Ein Kommissionsmitglied nach Satz 1 Nummer 2 darf nicht in der Einrichtung der medizinischen Versorgung beschäftigt sein, in der der operative Eingriff durchgeführt werden soll. Sämtliche Kommissionsmitglieder müssen Erfahrung im Umgang mit Kindern mit Varianten der Geschlechtsentwicklung haben. Auf Wunsch der Eltern soll die Kommission eine Beratungsperson mit einer Variante der Geschlechtsentwicklung beteiligen.

(5) Die den operativen Eingriff nach Absatz 2 Satz 1 befürwortende Stellungnahme der interdisziplinären Kommission hat insbesondere folgende Angaben zu enthalten:

1. die Bezeichnung der Mitglieder der Kommission und Informationen zu ihrer Befähigung,

2. das Alter des Kindes und ob und welche Variante der Geschlechtsentwicklung es aufweist,

3. die Bezeichnung des geplanten Eingriffs und welche Indikation für diesen besteht,

4. warum die Kommission den Eingriff unter Berücksichtigung des Kindeswohls befürwortet und ob er aus ihrer Sicht dem Wohl des Kindes am besten entspricht, insbesondere welche Risiken mit diesem Eingriff, mit einer anderen Behandlung oder mit dem Verzicht auf einen Eingriff bis zu einer selbstbestimmten Entscheidung des Kindes verbunden sind,

5. ob und durch welche Kommissionsmitglieder ein Gespräch mit den Eltern und dem Kind geführt wurde und ob und durch welche Kommissionsmitglieder die Eltern und das Kind zum Umgang mit dieser Variante der Geschlechtsentwicklung aufgeklärt und beraten wurden,

④ 학제간 위원회에는 최소한 다음의 사람들이 포함되어야 한다:

1. 제630조의a에 따라 자녀를 치료하는 사람,
2. 그 밖에 최소한 한 명 이상의 의료인,
3. 심리학, 아동·청소년 심리치료 또는 아동·청소년 정신치료의 전문자
   격을 가진 사람 1인,
4. 윤리학 직업교육, 재교육 또는 계속교육을 받은 사람 1인,

의료인인 위원회 위원은 소아과 전문분야가 달라야 한다. 이들 중에는 아동
내분비학과 아동당뇨병에 중점을 둔 아동·청소년 의학전문의가 있어야 한
다. 제1문 제2호에 따른 위원회 위원 1인은 수술에 의한 침습이 이루어지는
의료기관에 근무해서는 안 된다. 위원회 위원은 모두 性발달변이를 가진 아
동을 다룬 경험이 있어야 한다. 부모가 소망하면 性발달변이를 가진 상담가
가 위원회에 참여한다.

⑤ 제2항 제1문에 따른 수술에 의한 침습에 찬성하는 학제간 위원회의 의견
은 특히 다음의 정보를 포함해야 한다:
1. 위원회 위원의 표기 및 그들의 자격에 대한 정보,
2. 자녀의 연령과 性발달변이 여부 및 유형,
3. 계획된 침습의 표기 및 그 침습을 위한 징후,
4. 왜 위원회가 아동의 복리를 고려하여 침습에 찬성하는지 그리고 그들의
   견해에 따르면 그 침습이 아동의 최선의 이익에 부합하는지, 특히 이 침
   습이나 다른 치료 또는 아동이 스스로 결정하여 판단할 때까지 침습을
   포기하는 것에 어떤 위험이 있는지,

5. 위원회 위원이 부모 및 자녀와 대화를 했는지 그리고 했다면 어떤 위원
   이 했는지, 위원이 부모 및 자녀에게 性발달변이에 관해 설명하고 조언
   을 했는지 그리고 했다면 어떤 위원이 했는지,

6. ob eine Beratung der Eltern und des Kindes durch eine Beratungsperson mit einer Variante der Geschlechtsentwicklung stattgefunden hat,

7. inwieweit das Kind in der Lage ist, sich eine Meinung zu bilden und zu äußern und ob der geplante Eingriff seinem Willen entspricht, sowie

8. ob die nach Absatz 4 Satz 6 beteiligte Beratungsperson mit einer Variante der Geschlechtsentwicklung die befürwortende Stellungnahme mitträgt.

Die Stellungnahme muss von allen Mitgliedern der interdisziplinären Kommission unterschrieben sein.

(6) Der Behandelnde gemäß § 630a hat, wenn eine Behandlung an den inneren oder äußeren Geschlechtsmerkmalen erfolgt ist, die Patientenakte bis zu dem Tag aufzubewahren, an dem die behandelte Person ihr 48. Lebensjahr vollendet.

§ 1632 Herausgabe des Kindes; Bestimmung des Umgangs; Verbleibensanordnung bei Familienpflege

(1) Die Personensorge umfasst das Recht, die Herausgabe des Kindes von jedem zu verlangen, der es den Eltern oder einem Elternteil widerrechtlich vorenthält.

(2) Die Personensorge umfasst ferner das Recht, den Umgang des Kindes auch mit Wirkung für und gegen Dritte zu bestimmen.

(3) Über Streitigkeiten, die eine Angelegenheit nach Absatz 1 oder 2 betreffen, entscheidet das Familiengericht auf Antrag eines Elternteils.

(4) Lebt das Kind seit längerer Zeit in Familienpflege und wollen die Eltern das Kind von der Pflegeperson wegnehmen, so kann das Familiengericht von Amts wegen oder auf Antrag der Pflegeperson anordnen, dass das Kind bei der Pflegeperson verbleibt, wenn und solange das Kindeswohl durch die Wegnahme gefährdet würde. Das Familiengericht kann in Verfahren nach Satz 1 von Amts wegen oder auf Antrag der Pflegeperson zusätzlich anordnen, dass der Verbleib bei der Pflegeperson auf Dauer ist, wenn

1. sich innerhalb eines im Hinblick auf die Entwicklung des Kindes vertretbaren Zeitraums trotz angebotener geeigneter Beratungs- und Unterstützungsmaßnahmen die Erziehungsverhältnisse bei den Eltern nicht nachhaltig verbessert haben und eine derartige Verbesserung mit hoher Wahrscheinlichkeit auch zukünftig nicht zu erwarten ist und

2. die Anordnung zum Wohl des Kindes erforderlich ist.

6. 性발달변이를 가진 상담가가 부모와 자녀에게 조언했는지,

7. 자녀가 의견을 형성하고 표현할 능력이 어느 정도 있는지 그리고 계획된 침습이 그의 의사에 부합하는지,

8. 제4항 제6문에 따라 참여한 性발달변이를 가진 상담가가 그 찬성의견을 함께 하는지.

학제간 위원회의 모든 위원이 의견에 서명해야 한다.

⑥ 내적 또는 외적 성별 표지에 대한 치료가 성공한 경우, 제630조의a에 따른 치료자는 피치료자가 47세가 만료되는 날까지 환자기록을 보관해야 한다.

제1632조 [자녀의 인도; 면접교섭의 결정; 가정위탁 체류명령]

① 신상돌봄은 부모 또는 부모 일방으로부터 위법하게 자녀를 억류하고 있는 자에게 자녀의 인도를 요구할 수 있는 권리를 포함한다.

② 신상돌봄은 또한 제3자에 대해서도 효력이 있는 자녀의 면접교섭을 결정할 권리를 포함한다.

③ 제1항 및 제2항에 따른 사무에 관한 분쟁에 대해서는 부모 일방의 신청에 기하여 가정법원이 결정한다.

④ 자녀가 장기간 가정위탁에서 생활하였고, 부모가 위탁보호자로부터 자녀를 데려가기 원하는 경우, 자녀를 데려가는 것이 자녀의 복리를 위태롭게 할 수 있는 한, 가정법원은 직권으로 또는 위탁보호자의 신청에 기하여 자녀가 위탁보호자에게 머물 것을 명할 수 있다. 가정법원은 제1문에 따른 절차에서 다음의 상황이 존재하면 직권으로 또는 위탁보호자의 신청에 기하여, 자녀가 위탁보호자에게 지속적으로 머물 것을 추가로 명할 수 있다,

1. 제공된 적절한 조언 및 원조 조치에도 불구하고 자녀의 발달을 고려하였을 때 납득할 만한 기간 내에 부모의 양육 상황이 지속적으로 개선되지 않았고 이러한 개선이 장래에도 매우 높은 개연성으로 기대되지 않으며,

2. 자녀의 복리를 위해 명령이 필요한 경우.

§ 1633 **(weggefallen)**

§§ 1634 bis 1637 **(weggefallen)**

§ 1638 **Beschränkung der Vermögenssorge**

(1) Die Vermögenssorge erstreckt sich nicht auf das Vermögen, welches das Kind von Todes wegen erwirbt oder welches ihm unter Lebenden unentgeltlich zugewendet wird, wenn der Erblasser durch letztwillige Verfügung, der Zuwendende bei der Zuwendung bestimmt hat, dass die Eltern das Vermögen nicht verwalten sollen.

(2) Was das Kind auf Grund eines zu einem solchen Vermögen gehörenden Rechts oder als Ersatz für die Zerstörung, Beschädigung oder Entziehung eines zu dem Vermögen gehörenden Gegenstands oder durch ein Rechtsgeschäft erwirbt, das sich auf das Vermögen bezieht, können die Eltern gleichfalls nicht verwalten.

(3) Ist durch letztwillige Verfügung oder bei der Zuwendung bestimmt, dass ein Elternteil das Vermögen nicht verwalten soll, so verwaltet es der andere Elternteil. Insoweit vertritt dieser das Kind.

§ 1639 **Anordnungen des Erblassers oder Zuwendenden**

(1) Was das Kind von Todes wegen, durch unentgeltliche Zuwendung auf den Todesfall oder unter Lebenden erwirbt, haben die Eltern nach den Anordnungen zu verwalten, die durch letztwillige Verfügung oder bei der Zuwendung getroffen worden sind.

(2) § 1837 Absatz 2 gilt entsprechend.

§ 1640 **Vermögensverzeichnis**

(1) Die Eltern haben das ihrer Verwaltung unterliegende Vermögen, welches das Kind von Todes wegen erwirbt, zu verzeichnen, das Verzeichnis mit der Versicherung der Richtigkeit und Vollständigkeit zu versehen und dem Familiengericht einzureichen. Gleiches gilt für Vermögen, welches das Kind sonst anlässlich eines Sterbefalls erwirbt, sowie für Abfindungen, die anstelle von Unterhalt gewährt werden, und unentgeltliche Zuwendungen. Bei Haushaltsgegenständen genügt die Angabe des Gesamtwerts.

(2) Absatz 1 gilt nicht,

1. wenn der Wert eines Vermögenserwerbs 15.000 Euro nicht übersteigt oder

제1633조 (삭제)

제1634조 내지 제1637조 (삭제)

제1638조 [재산돌봄의 제한]

① 피상속인이 최종의사처분으로 또는 출연자가 출연할 때 부모가 그 재산을 관리할 수 없다고 정한 경우, 자녀가 사인취득한 재산 또는 자녀에게 생전에 무상으로 출연된 재산에 대해서는 재산돌봄이 미치지 않는다.

② 자녀가 이러한 재산에 속하는 권리에 근거하거나 이러한 재산에 속하는 목적물의 멸실, 훼손, 침탈에 대한 배상으로 취득한 것 또는 그 재산에 관련된 법률행위로 인해 취득한 것도 부모는 마찬가지로 관리할 수 없다.

③ 최종의사처분으로 또는 출연할 때 부모 중 일방이 그 재산을 관리할 수 없다고 정한 경우에는, 다른 일방이 이를 관리한다. 그러한 범위에서 그는 자녀를 대리한다.

제1639조 [피상속인 또는 출연자의 지시]

① 부모는 자녀가 사인취득한 것이나 사망시 또는 생전의 무상출연에 의해 취득한 것을 최종의사처분으로 또는 출연할 때 행한 지시에 따라 관리해야 한다.
② 제1837조 제2항을 준용한다.

제1640조 [재산목록]

① 부모는 자녀가 사인취득한 것으로서 그가 관리하는 재산의 목록을 작성해야 하고, 목록의 정확성과 완전성을 보증하여 가정법원에 제출해야 한다. 자녀가 그 밖에 사망을 계기로 취득한 재산, 부양을 대신해 제공된 보상과 무상출연에 대해서도 같다. 가계용품의 경우에는 전체 가치를 진술하면 충분하다.

② 제1항은 다음 각 호의 경우에는 적용하지 않는다.
  1. 재산취득의 가치가 15,000유로를 초과하지 않거나

2. soweit der Erblasser durch letztwillige Verfügung oder der Zuwendende bei der Zuwendung eine abweichende Anordnung getroffen hat.

(3) Reichen die Eltern entgegen Absatz 1, 2 ein Verzeichnis nicht ein oder ist das eingereichte Verzeichnis ungenügend, so kann das Familiengericht anordnen, dass das Verzeichnis durch eine zuständige Behörde oder einen zuständigen Beamten oder Notar aufgenommen wird.

§ 1641   Schenkungsverbot

Die Eltern können nicht in Vertretung des Kindes Schenkungen machen. Ausgenommen sind Schenkungen, durch die einer sittlichen Pflicht oder einer auf den Anstand zu nehmenden Rücksicht entsprochen wird.

§ 1642   Anlegung von Geld

Die Eltern haben das ihrer Verwaltung unterliegende Geld des Kindes nach den Grundsätzen einer wirtschaftlichen Vermögensverwaltung anzulegen, soweit es nicht zur Bestreitung von Ausgaben bereitzuhalten ist.

§ 1643   Genehmigungsbedürftige Rechtsgeschäfte

(1) Die Eltern bedürfen der Genehmigung des Familiengerichts in den Fällen, in denen ein Betreuer nach den §§ 1850 bis 1854 der Genehmigung des Betreuungsgerichts bedarf, soweit sich nicht aus den Absätzen 2 bis 5 etwas anderes ergibt.

(2) Nicht genehmigungsbedürftig gemäß § 1850 sind Verfügungen über Grundpfandrechte sowie Verpflichtungen zu einer solchen Verfügung.

(3) Tritt der Anfall einer Erbschaft oder eines Vermächtnisses an das Kind erst infolge der Ausschlagung eines Elternteils ein, der das Kind allein oder gemeinsam mit dem anderen Elternteil vertritt, ist die Genehmigung abweichend von § 1851 Nummer 1 nur dann erforderlich, wenn der Elternteil neben dem Kind berufen war. Ein Auseinandersetzungsvertrag und eine Vereinbarung, mit der das Kind aus einer Erbengemeinschaft ausscheidet, bedarf keiner Genehmigung.

(4) Die Eltern bedürfen abweichend von § 1853 Satz 1 Nummer 1 der Genehmigung zum Abschluss eines Miet- oder Pachtvertrags oder eines anderen Vertrags, durch den das Kind zu wiederkehrenden Leistungen verpflichtet wird, wenn das Vertragsverhältnis

2. 피상속인이 최종의사처분으로 또는 출연자가 출연할 때 이와 다른 지시를 한 경우.

③ 제1항 및 제2항을 위반하여 부모가 목록을 제출하지 않거나 제출된 목록이 불충분한 경우, 가정법원은 관할 관청 또는 담당 공무원이나 공증인이 목록을 작성할 것을 명할 수 있다.

제1641조 [증여의 금지]

부모는 자녀를 대리하여 증여할 수 없다. 윤리적 의무 또는 도의관념에 적합한 증여에 좇아 행해진 증여는 예외로 한다.

제1642조 [금전의 투자]

부모는 그들이 관리하는 자녀의 금전을, 그것이 비용지출을 위해 준비되어야 하는 것이 아닌 한, 경제적 재산관리의 원칙에 따라 투자해야 한다.

제1643조 [허가가 필요한 법률행위]

① 제2항 내지 제5항에서 달리 정하지 않는 한, 성년후견인이 제1850조 내지 제1854조에 따라 성년후견법원의 허가가 필요한 경우에 부모는 가정법원의 허가가 필요하다.

② 부동산담보권의 처분 및 이러한 처분을 할 의무를 부담하는 데에는 제1850조에 따른 허가가 필요하지 않다.

③ 단독으로 또는 다른 부모와 함께 자녀를 대리하는 부모 일방의 포기로 인해 비로소 자녀에게 상속이나 유증이 귀속하는 경우, 제1851조 제1호와 달리, 그 부모가 자녀와 함께 상속인으로 된 경우에만 허가가 필요하다. 상속재산 분할계약과 자녀가 상속인공동체로부터 배제되기로 하는 약정은 허가를 필요로 하지 않는다.

④ 사용임대차계약, 용익임대차계약, 그 밖에 자녀가 회귀적 급부의무를 부담하는 계약을 체결하기 위해서는, 제1853조 제1문 제1호와 달리, 계약관계가 자녀가 성년에 이른 후 1년 넘게 지속되는 경우, 부모는 허가를 필요로 한

länger als ein Jahr nach dem Eintritt der Volljährigkeit des Kindes fortdauern soll. Eine Genehmigung ist nicht erforderlich, wenn

1. es sich um einen Ausbildungs-, Dienst- oder Arbeitsvertrag handelt,

2. der Vertrag geringe wirtschaftliche Bedeutung für das Kind hat oder

3. das Vertragsverhältnis von dem Kind nach Eintritt der Volljährigkeit spätestens zum Ablauf des 19. Lebensjahres ohne eigene Nachteile gekündigt werden kann.

§ 1853 Satz 1 Nummer 2 ist nicht anzuwenden.

(5) § 1854 Nummer 6 bis 8 ist nicht anzuwenden.

§ 1644 Ergänzende Vorschriften für genehmigungsbedürftige Rechtsgeschäfte

(1) Das Familiengericht erteilt die Genehmigung, wenn das Rechtsgeschäft dem Wohl des Kindes unter Berücksichtigung der Grundsätze einer wirtschaftlichen Vermögensverwaltung nicht widerspricht.

(2) § 1860 Absatz 2 gilt entsprechend.

(3) Für die Erteilung der Genehmigung gelten die §§ 1855 bis 1856 Absatz 2 sowie die §§ 1857 und 1858 entsprechend. Ist das Kind volljährig geworden, so tritt seine Genehmigung an die Stelle der Genehmigung des Familiengerichts.

§ 1645 Anzeigepflicht für Erwerbsgeschäfte

Die Eltern haben Beginn, Art und Umfang eines neuen Erwerbsgeschäfts im Namen des Kindes beim Familiengericht anzuzeigen.

§ 1646 Erwerb mit Mitteln des Kindes

(1) Erwerben die Eltern mit Mitteln des Kindes bewegliche Sachen, so geht mit dem Erwerb das Eigentum auf das Kind über, es sei denn, dass die Eltern nicht für Rechnung des Kindes erwerben wollen. Dies gilt insbesondere auch von Inhaberpapieren und von Orderpapieren, die mit Blankoindossament versehen sind.

(2) Die Vorschriften des Absatzes 1 sind entsprechend anzuwenden, wenn die Eltern mit Mitteln des Kindes ein Recht an Sachen der bezeichneten Art oder ein anderes Recht erwerben, zu dessen Übertragung der Abtretungsvertrag genügt.

§ 1647 (weggefallen)

다. 다음 각 호의 경우에는 허가가 필요하지 않다.

1. 교육계약, 고용계약 또는 근로계약의 경우,
2. 자녀에게 경제적인 의미가 경미한 계약의 경우 또는
3. 자녀가 성년이 된 후 늦어도 18세가 만료할 때까지는 자기 자신에게 불이익 없이 계약을 해지할 수 있는 경우.

제1853조 제1문 제2호는 적용하지 않는다.
⑤ 제1854조 제6호 내지 제8호는 적용하지 않는다.

제1644조 [허가가 필요한 법률행위를 위한 보충 규정]

① 경제적인 재산관리의 원칙을 고려했을 때 법률행위가 자녀의 복리에 반하지 않는다면, 가정법원은 허가한다.

② 제1860조 제2항을 준용한다.
③ 허가에 대해서는 제1855조 내지 제1856조 제2항 및 제1857조, 제1858조를 준용한다. 자녀가 성년이 되면, 그의 추인은 가정법원의 허가를 갈음한다.

제1645조 [영업행위에 대한 고지의무]

부모는 자녀의 이름으로 행해지는 새로운 영업행위의 개시, 종류, 범위를 가정법원에 고지해야 한다.

제1646조 [자녀의 재산으로 한 취득]

① 부모가 자녀의 재산으로 동산을 취득한 경우, 취득과 함께 소유권은 자녀에게 이전하지만, 부모가 자녀의 계산으로 취득하기를 원하지 않는 경우에는 그렇지 않다. 특히 무기명증권 또는 백지식으로 배서된 지시증권에 대해서도 같다.
② 부모가 자녀의 재산으로 전술한 종류의 물건에 대한 권리 또는 양도계약만으로 이전되는 그 밖의 권리를 취득한 경우, 제1항의 규정을 준용한다.

제1647조 (삭제)

§ 1648 Ersatz von Aufwendungen

Machen die Eltern bei der Ausübung der Personensorge oder der Vermögenssorge Aufwendungen, die sie den Umständen nach für erforderlich halten dürfen, so können sie von dem Kind Ersatz verlangen, sofern nicht die Aufwendungen ihnen selbst zur Last fallen.

§ 1649 Verwendung der Einkünfte des Kindesvermögens

(1) Die Einkünfte des Kindesvermögens, die zur ordnungsmäßigen Verwaltung des Vermögens nicht benötigt werden, sind für den Unterhalt des Kindes zu verwenden. Soweit die Vermögenseinkünfte nicht ausreichen, können die Einkünfte verwendet werden, die das Kind durch seine Arbeit oder durch den ihm nach § 112 gestatteten selbständigen Betrieb eines Erwerbsgeschäfts erwirbt.

(2) Die Eltern können die Einkünfte des Vermögens, die zur ordnungsmäßigen Verwaltung des Vermögens und für den Unterhalt des Kindes nicht benötigt werden, für ihren eigenen Unterhalt und für den Unterhalt der minderjährigen Geschwister des Kindes verwenden, soweit dies unter Berücksichtigung der Vermögens- und Erwerbsverhältnisse der Beteiligten der Billigkeit entspricht.

§§ 1650 bis 1663 (weggefallen)

§ 1664 Beschränkte Haftung der Eltern

(1) Die Eltern haben bei der Ausübung der elterlichen Sorge dem Kind gegenüber nur für die Sorgfalt einzustehen, die sie in eigenen Angelegenheiten anzuwenden pflegen.

(2) Sind für einen Schaden beide Eltern verantwortlich, so haften sie als Gesamtschuldner.

§ 1665 (weggefallen)

§ 1666 Gerichtliche Maßnahmen bei Gefährdung des Kindeswohls

(1) Wird das körperliche, geistige oder seelische Wohl des Kindes oder sein Vermögen gefährdet und sind die Eltern nicht gewillt oder nicht in der Lage, die Gefahr abzuwenden, so hat das Familiengericht die Maßnahmen zu treffen, die zur Abwendung der Gefahr erforderlich sind.

(2) In der Regel ist anzunehmen, dass das Vermögen des Kindes gefährdet ist, wenn der Inhaber der Vermögenssorge seine Unterhaltspflicht gegenüber dem Kind oder seine mit

제1648조 [비용상환]

부모가 신상돌봄 또는 재산돌봄을 행사하면서 그들이 상황에 따라 필요하다고 볼 수 있는 비용을 지출한 경우, 부모는 그들 자신이 비용을 부담하는 것이 아닌 범위에서 자녀에게 상환청구를 할 수 있다.

제1649조 [자녀 재산에서 수입의 사용]

① 자녀 재산의 수입으로서 그 재산의 정상적인 관리를 위해 필요하지 않은 수입은 자녀의 부양을 위해 사용할 수 있다. 재산의 수입이 충분하지 않은 범위에서, 자녀가 그의 노동으로 또는 제112조에 따라 허가되는 독자적 영업행위로 취득한 수입을 사용할 수 있다.

② 부모는 재산의 정상적인 관리와 자녀의 부양을 위해 필요하지 않은 자녀 재산의 수입을, 관계인의 재산 및 소득상태를 고려했을 때 공평에 부합하는 범위에서, 자기 자신의 부양과 자녀의 미성년 형제자매의 부양을 위해 사용할 수 있다.

제1650조 내지 제1663조 (삭제)

제1664조 [부모 책임의 제한]

① 부모는 친권을 행사함에 있어서 자녀에 대해 자기 자신의 사무에 관하여 통상 행사하는 주의에 대해서만 책임을 부담한다.
② 부모 쌍방이 손해에 대해 책임이 있는 경우, 그들은 연대채무자로서 책임을 진다.

제1665조 (삭제)

제1666조 [자녀의 복리가 위험해지는 경우 법원의 조치]

① 자녀의 신체적, 정신적, 심리적 복리 또는 재산이 위험해지고, 부모가 이 위험을 회피하려 하지 않거나 할 수 없는 경우, 가정법원은 이 위험을 회피하는 데 필요한 조치를 해야 한다.

② 재산돌봄권자가 자녀에 대한 자신의 부양의무 또는 재산돌봄과 결합된 의무를 위반하거나 재산돌봄에 관한 법원의 명령을 따르지 않는 경우, 일반적

der Vermögenssorge verbundenen Pflichten verletzt oder Anordnungen des Gerichts, die sich auf die Vermögenssorge beziehen, nicht befolgt.

(3) Zu den gerichtlichen Maßnahmen nach Absatz 1 gehören insbesondere

1. Gebote, öffentliche Hilfen wie zum Beispiel Leistungen der Kinder- und Jugendhilfe und der Gesundheitsfürsorge in Anspruch zu nehmen,

2. Gebote, für die Einhaltung der Schulpflicht zu sorgen,

3. Verbote, vorübergehend oder auf unbestimmte Zeit die Familienwohnung oder eine andere Wohnung zu nutzen, sich in einem bestimmten Umkreis der Wohnung aufzuhalten oder zu bestimmende andere Orte aufzusuchen, an denen sich das Kind regelmäßig aufhält,

4. Verbote, Verbindung zum Kind aufzunehmen oder ein Zusammentreffen mit dem Kind herbeizuführen,

5. die Ersetzung von Erklärungen des Inhabers der elterlichen Sorge,

6. die teilweise oder vollständige Entziehung der elterlichen Sorge.

(4) In Angelegenheiten der Personensorge kann das Gericht auch Maßnahmen mit Wirkung gegen einen Dritten treffen.

§ 1666a Grundsatz der Verhältnismäßigkeit; Vorrang öffentlicher Hilfen

(1) Maßnahmen, mit denen eine Trennung des Kindes von der elterlichen Familie verbunden ist, sind nur zulässig, wenn der Gefahr nicht auf andere Weise, auch nicht durch öffentliche Hilfen, begegnet werden kann. Dies gilt auch, wenn einem Elternteil vorübergehend oder auf unbestimmte Zeit die Nutzung der Familienwohnung untersagt werden soll. Wird einem Elternteil oder einem Dritten die Nutzung der vom Kind mitbewohnten oder einer anderen Wohnung untersagt, ist bei der Bemessung der Dauer der Maßnahme auch zu berücksichtigen, ob diesem das Eigentum, das Erbbaurecht oder der Nießbrauch an dem Grundstück zusteht, auf dem sich die Wohnung befindet; Entsprechendes gilt für das Wohnungseigentum, das Dauerwohnrecht, das dingliche Wohnrecht oder wenn der Elternteil oder Dritte Mieter der Wohnung ist.

(2) Die gesamte Personensorge darf nur entzogen werden, wenn andere Maßnahmen erfolglos geblieben sind oder wenn anzunehmen ist, dass sie zur Abwendung der Gefahr nicht ausreichen.

202

으로 자녀의 재산이 위험해졌다고 인정될 수 있다.

③ 제1항에 따른 법원의 조치에는 특히 다음 각 호가 포함된다.
  1. 예를 들어 아동 및 청소년 보호급여와 의료급여와 같은 공적 부조를 청구하게 하는 지시,
  2. 의무교육을 준수하게 하는 지시,
  3. 일시적으로 또는 불특정 기간 동안 가족의 주거나 다른 주거를 사용하는 것, 주거의 특정 영역에 체류하는 것 또는 자녀가 통상 체류하는 그 밖의 특정한 장소를 방문하는 것의 금지,

  4. 자녀와 연락하거나 만남을 유도하는 것의 금지,

  5. 친권자 의사표시의 대체,
  6. 친권의 일부 또는 전부의 박탈.
④ 법원은 신상돌봄의 사무에서 제3자에 대해 효력이 있는 조치도 할 수 있다.

제1666조의a [비례원칙; 공적 부조의 우선]
① 자녀를 부모의 가족에서 분리하는 것과 관련된 조치는, 위험이 다른 방법에 의해서 또한 공적 부조에 의해서도 대처될 수 없는 경우에만 허용된다. 부모 일방에게 일시적으로 또는 불특정 기간 동안 가족주거의 사용을 금지하여야 하는 경우에도 같다. 자녀가 함께 사는 주거 또는 다른 주거의 사용이 부모 일방 또는 제3자에게 금지되는 경우, 금지조치의 기간을 산정함에 있어서는 해당 주거가 위치하고 있는 부동산에 대한 소유권, 지상권 또는 용익권이 그에게 귀속되어 있는지 여부도 고려해야 한다. 이를 주거소유권, 영속적 거주권, 물권적 거주권에 대해 준용하며, 그 부모 일방이나 제3자가 주거의 임차인인 경우에 준용한다.

② 다른 조치가 성공하지 못하거나 위험을 회피하기 위해 충분하지 않다고 인정되는 경우에만, 신상돌봄 전부를 박탈할 수 있다.

§ 1667 Gerichtliche Maßnahmen bei Gefährdung des Kindesvermögens

(1) Das Familiengericht kann anordnen, dass die Eltern ein Verzeichnis des Vermögens des Kindes einreichen und über die Verwaltung Rechnung legen. Die Eltern haben das Verzeichnis mit der Versicherung der Richtigkeit und Vollständigkeit zu versehen. Ist das eingereichte Verzeichnis ungenügend, so kann das Familiengericht anordnen, dass das Verzeichnis durch eine zuständige Behörde oder durch einen zuständigen Beamten oder Notar aufgenommen wird.

(2) Das Familiengericht kann anordnen, dass das Geld des Kindes in bestimmter Weise anzulegen und zur Abhebung seine Genehmigung erforderlich ist. Gehören Wertpapiere oder Wertgegenstände zum Vermögen des Kindes, so kann das Familiengericht dem Elternteil, der das Kind vertritt, die gleichen Verpflichtungen auferlegen, die nach den §§ 1843 bis 1845 einem Betreuer obliegen; die §§ 1842 und 1849 Absatz 1 sind entsprechend anzuwenden.

(3) Das Familiengericht kann dem Elternteil, der das Vermögen des Kindes gefährdet, Sicherheitsleistung für das seiner Verwaltung unterliegende Vermögen auferlegen. Die Art und den Umfang der Sicherheitsleistung bestimmt das Familiengericht nach seinem Ermessen. Bei der Bestellung und Aufhebung der Sicherheit wird die Mitwirkung des Kindes durch die Anordnung des Familiengerichts ersetzt. Die Sicherheitsleistung darf nur dadurch erzwungen werden, dass die Vermögenssorge gemäß § 1666 Abs. 1 ganz oder teilweise entzogen wird.

(4) Die Kosten der angeordneten Maßnahmen trägt der Elternteil, der sie veranlasst hat.

§§ 1668 bis 1670 (weggefallen)

§ 1671 Übertragung der Alleinsorge bei Getrenntleben der Eltern

(1) Leben Eltern nicht nur vorübergehend getrennt und steht ihnen die elterliche Sorge gemeinsam zu, so kann jeder Elternteil beantragen, dass ihm das Familiengericht die elterliche Sorge oder einen Teil der elterlichen Sorge allein überträgt. Dem Antrag ist stattzugeben, soweit

1. der andere Elternteil zustimmt, es sei denn, das Kind hat das 14. Lebensjahr vollendet und widerspricht der Übertragung, oder

제1667조 [자녀 재산이 위험해지는 경우 법원의 조치]

① 가정법원은 부모에게 자녀의 재산목록을 제출하고 그 관리에 대한 계산을 제출할 것을 명할 수 있다. 부모는 목록의 정확성과 완전성을 보증해야 한다. 제출된 목록이 불충분한 경우, 가정법원은 관할 관청이나 담당 공무원 또는 공증인이 목록을 작성하도록 명할 수 있다.

② 가정법원은 자녀의 금전이 특정한 방법으로 투자될 것을 그리고 그 인출을 위해서는 가정법원의 허가가 필요하다는 것을 명할 수 있다. 유가증권이나 귀중품이 자녀의 재산에 속하는 경우, 가정법원은 자녀를 대리하는 부모에게 제1843조 내지 제1845조에 따라 성년후견인이 부담하는 것과 동일한 의무를 부과할 수 있다; 제1842조, 제1849조 제1항을 준용한다.

③ 가정법원은 자녀의 재산을 위험하게 한 부모에게 그의 관리 하에 있는 재산을 위하여 담보제공을 부과할 수 있다. 담보제공의 종류와 범위는 가정법원이 재량으로 정한다. 담보를 설정하고 소멸시킬 때 자녀의 협력은 가정법원의 명령으로 대체된다. 담보제공은 제1666조 제1항에 따라 재산돌봄을 전부 또는 일부 박탈하는 것에 의해서만 강제될 수 있다.

④ 명령된 조치로 인한 비용은 이를 야기한 부모가 부담한다.

제1668조 내지 제1670조 (삭제)

제1671조 [부모가 별거하는 경우 단독 친권의 이전]

① 부모가 일시적으로만 별거하는 것이 아니고 그들이 공동 친권자인 경우, 각 부모는 가정법원이 친권 또는 친권의 일부를 자신에게 단독으로 이전해 줄 것을 신청할 수 있다. 다음 각 호의 경우, 신청은 인용될 수 있다;

1. 다른 부모가 동의한 경우, 그러나 자녀가 14세 이상이고 친권의 이전에 반대하는 경우에는 그렇지 않다, 또는

2. zu erwarten ist, dass die Aufhebung der gemeinsamen Sorge und die Übertragung auf den Antragsteller dem Wohl des Kindes am besten entspricht.

(2) Leben Eltern nicht nur vorübergehend getrennt und steht die elterliche Sorge nach § 1626a Absatz 3 der Mutter zu, so kann der Vater beantragen, dass ihm das Familiengericht die elterliche Sorge oder einen Teil der elterlichen Sorge allein überträgt. Dem Antrag ist stattzugeben, soweit

1. die Mutter zustimmt, es sei denn, die Übertragung widerspricht dem Wohl des Kindes oder das Kind hat das 14. Lebensjahr vollendet und widerspricht der Übertragung, oder

2. eine gemeinsame Sorge nicht in Betracht kommt und zu erwarten ist, dass die Übertragung auf den Vater dem Wohl des Kindes am besten entspricht.

(3) Ruht die elterliche Sorge der Mutter nach § 1751 Absatz 1 Satz 1, so gilt der Antrag des Vaters auf Übertragung der gemeinsamen elterlichen Sorge nach § 1626a Absatz 2 als Antrag nach Absatz 2. Dem Antrag ist stattzugeben, soweit die Übertragung der elterlichen Sorge auf den Vater dem Wohl des Kindes nicht widerspricht.

(4) Den Anträgen nach den Absätzen 1 und 2 ist nicht stattzugeben, soweit die elterliche Sorge auf Grund anderer Vorschriften abweichend geregelt werden muss.

§ 1672　(weggefallen)

§ 1673　Ruhen der elterlichen Sorge bei rechtlichem Hindernis

(1) Die elterliche Sorge eines Elternteils ruht, wenn er geschäftsunfähig ist.

(2) Das Gleiche gilt, wenn er in der Geschäftsfähigkeit beschränkt ist. Die Personensorge für das Kind steht ihm neben dem gesetzlichen Vertreter des Kindes zu; zur Vertretung des Kindes ist er nicht berechtigt. Bei einer Meinungsverschiedenheit geht die Meinung des minderjährigen Elternteils vor, wenn der gesetzliche Vertreter des Kindes ein Vormund oder Pfleger ist; andernfalls gelten § 1627 Satz 2 und § 1628.

§ 1674　Ruhen der elterlichen Sorge bei tatsächlichem Hindernis

(1) Die elterliche Sorge eines Elternteils ruht, wenn das Familiengericht feststellt, dass er auf längere Zeit die elterliche Sorge tatsächlich nicht ausüben kann.

(2) Die elterliche Sorge lebt wieder auf, wenn das Familiengericht feststellt, dass der Grund des Ruhens nicht mehr besteht.

  2. 공동 친권을 해소하고 신청자에게 친권을 이전하는 것이 자녀의 복리에 가장 잘 부합할 것으로 기대되는 경우.

② 부모가 일시적으로만 별거하는 것이 아니고 제1626조의a 제3항에 따라 모가 친권자인 경우, 부는 친권 또는 친권의 일부를 자신에게 단독으로 이전해 줄 것을 가정법원에 신청할 수 있다. 다음 각 호의 경우, 신청은 인용될 수 있다.

  1. 모가 동의한 경우, 그러나 친권의 이전이 자녀의 복리에 반하거나 자녀가 14세 이상이고 친권의 이전에 반대하는 경우에는 그렇지 않다, 또는

  2. 공동 친권이 고려되지 않고, 부에게 친권을 이전하는 것이 자녀의 복리에 가장 잘 부합할 것으로 기대되는 경우.

③ 모의 친권이 제1751조 제1항 제1문에 따라 정지된 경우, 부의 제1626조의a 제2항에 따른 공동 친권의 이전 신청은 제2항에 따른 신청으로 본다. 부에게 친권을 이전하는 것이 자녀의 복리에 반하지 않는 한, 신청은 인용된다.

④ 친권이 다른 규정에 근거하여 달리 규율되어야 하는 경우, 제1항 및 제2항에 따른 신청은 인용되어서는 안 된다.

제1672조 (삭제)

제1673조 [법률상 장애의 경우 친권의 정지]

① 부모 일방의 친권은 그가 행위무능력일 때 정지한다.

② 부모 일방의 행위능력이 제한된 경우에도 같다. 자녀를 위한 신상돌봄은 자녀의 법정대리인과 함께 행위능력이 제한된 부모에게도 귀속하지만, 행위능력이 제한된 부모는 자녀를 대리할 권한은 없다. 의견이 불일치하는 때에는, 자녀의 법정대리인이 미성년후견인 또는 보좌인인 경우, 미성년자인 부모의 의견이 우선한다; 다른 경우에는 제1627조 제2문과 제1628조를 적용한다.

제1674조 [사실상 장애의 경우 친권의 정지]

① 부모 일방이 장기간 친권을 사실상 행사할 수 없다는 것을 가정법원이 확인한 경우, 그의 친권은 정지한다.

② 정지사유가 더 이상 존재하지 않는다는 것을 가정법원이 확인한 경우, 친권은 부활한다.

§ 1674a   Ruhen der elterlichen Sorge der Mutter für ein vertraulich geborenes Kind

Die elterliche Sorge der Eltern für ein nach § 25 Absatz 1 des Schwangerschaftskonfliktgesetzes vertraulich geborenes Kind ruht. Die elterliche Sorge lebt wieder auf, wenn das Familiengericht feststellt, dass ein Elternteil ihm gegenüber die für den Geburtseintrag des Kindes erforderlichen Angaben gemacht hat.

§ 1675   Wirkung des Ruhens

Solange die elterliche Sorge ruht, ist ein Elternteil nicht berechtigt, sie auszuüben.

§ 1676   (weggefallen)

§ 1677   Beendigung der Sorge durch Todeserklärung

Die elterliche Sorge eines Elternteils endet, wenn er für tot erklärt oder seine Todeszeit nach den Vorschriften des Verschollenheitsgesetzes festgestellt wird, mit dem Zeitpunkt, der als Zeitpunkt des Todes gilt.

§ 1678   Folgen der tatsächlichen Verhinderung oder des Ruhens für den anderen Elternteil

(1) Ist ein Elternteil tatsächlich verhindert, die elterliche Sorge auszuüben, oder ruht seine elterliche Sorge, so übt der andere Teil die elterliche Sorge allein aus; dies gilt nicht, wenn die elterliche Sorge dem Elternteil nach § 1626a Absatz 3 oder § 1671 allein zustand.

(2) Ruht die elterliche Sorge des Elternteils, dem sie gemäß § 1626a Absatz 3 oder § 1671 allein zustand, und besteht keine Aussicht, dass der Grund des Ruhens wegfallen werde, so hat das Familiengericht die elterliche Sorge dem anderen Elternteil zu übertragen, wenn dies dem Wohl des Kindes nicht widerspricht.

§ 1679   (weggefallen)

§ 1680   Tod eines Elternteils oder Entziehung des Sorgerechts

(1) Stand die elterliche Sorge den Eltern gemeinsam zu und ist ein Elternteil gestorben, so steht die elterliche Sorge dem überlebenden Elternteil zu.

(2) Ist ein Elternteil, dem die elterliche Sorge gemäß § 1626a Absatz 3 oder § 1671 allein zustand, gestorben, so hat das Familiengericht die elterliche Sorge dem überlebenden

제1674조의a [신뢰출생한 자녀에 대한 모의 친권의 정지]

임신갈등법 제25조 제1항 따라 신뢰출생한 자녀에 대한 부모의 친권은 정지된다. 부모 일방이 자녀의 출생신고를 위해 필요한 진술을 가정법원에 제공하였음을 가정법원이 확인한 경우, 친권이 부활한다.

제1675조 [정지의 효과]

친권이 정지하는 동안 부모는 친권을 행사할 수 없다.

제1676조 (삭제)

제1677조 [사망선고에 의한 친권의 종료]

부모 일방의 사망이 선고되거나 실종법 규정에 따라 사망 시점이 확인된 경우, 사망한 것으로 간주되는 시점에 친권이 종료한다.

제1678조 [사실상 장애 또는 정지가 다른 부모 일방에 미치는 효과]

① 부모 일방이 사실상 친권을 행사할 수 없거나 그의 친권이 정지하면, 다른 일방이 단독으로 친권을 행사한다. 제1626조의a 제3항 또는 제1671조에 따라 그 부모 일방이 단독 친권자였을 때에는 그렇지 않다.
② 제1626조의a 제3항 또는 제1671조에 따라 단독 친권자였던 부모 일방의 친권이 정지하고 정지의 근거가 소멸할 가망이 없는 경우, 가정법원은 자녀의 복리에 반하지 않는다면, 다른 일방에게 친권을 이전해야 한다.

제1679조 (삭제)

제1680조 [부모 일방의 사망 또는 친권의 박탈]

① 부모가 공동 친권자였고 부모 일방이 사망한 경우, 친권은 생존한 다른 일방에게 귀속한다.
② 제1626조의a 제3항 또는 제1671조에 따라 단독 친권자였던 부모 일방이 사망한 경우, 가정법원은 자녀의 복리에 반하지 않는다면, 친권을 생존한 다

Elternteil zu übertragen, wenn dies dem Wohl des Kindes nicht widerspricht.

(3) Die Absätze 1 und 2 gelten entsprechend, soweit einem Elternteil die elterliche Sorge entzogen wird.

§ 1681 Todeserklärung eines Elternteils

(1) § 1680 Abs. 1 und 2 gilt entsprechend, wenn die elterliche Sorge eines Elternteils endet, weil er für tot erklärt oder seine Todeszeit nach den Vorschriften des Verschollenheitsgesetzes festgestellt worden ist.

(2) Lebt dieser Elternteil noch, so hat ihm das Familiengericht auf Antrag die elterliche Sorge in dem Umfang zu übertragen, in dem sie ihm vor dem nach § 1677 maßgebenden Zeitpunkt zustand, wenn dies dem Wohl des Kindes nicht widerspricht.

§ 1682 Verbleibensanordnung zugunsten von Bezugspersonen

Hat das Kind seit längerer Zeit in einem Haushalt mit einem Elternteil und dessen Ehegatten gelebt und will der andere Elternteil, der nach den §§ 1678, 1680, 1681 den Aufenthalt des Kindes nunmehr allein bestimmen kann, das Kind von dem Ehegatten wegnehmen, so kann das Familiengericht von Amts wegen oder auf Antrag des Ehegatten anordnen, dass das Kind bei dem Ehegatten verbleibt, wenn und solange das Kindeswohl durch die Wegnahme gefährdet würde. Satz 1 gilt entsprechend, wenn das Kind seit längerer Zeit in einem Haushalt mit einem Elternteil und dessen Lebenspartner oder einer nach § 1685 Abs. 1 umgangsberechtigten volljährigen Person gelebt hat.

§ 1683 (weggefallen)

§ 1684 [Umgang des Kindes mit den Eltern]

(1) Das Kind hat das Recht auf Umgang mit jedem Elternteil; jeder Elternteil ist zum Umgang mit dem Kind verpflichtet und berechtigt.

(2) Die Eltern haben alles zu unterlassen, was das Verhältnis des Kindes zum jeweils anderen Elternteil beeinträchtigt oder die Erziehung erschwert. Entsprechendes gilt, wenn sich das Kind in der Obhut einer anderen Person befindet.

(3) Das Familiengericht kann über den Umfang des Umgangsrechts entscheiden und seine Ausübung, auch gegenüber Dritten, näher regeln. Es kann die Beteiligten durch Anordnungen zur Erfüllung der in Absatz 2 geregelten Pflicht anhalten. Wird die Pflicht nach

른 일방에게 이전해야 한다.

③ 제1항 및 제2항을 부모 일방의 친권이 박탈된 경우에 준용한다.

제1681조 [부모 일방의 사망선고]

① 부모 일방의 사망이 선고되거나 실종법 규정에 따라 그의 사망 시점이 확인되었기 때문에 그의 친권이 종료하는 경우, 제1680조 제1항 및 제2항을 준용한다.

② 그 부모 일방이 아직 생존한 경우, 자녀의 복리에 반하지 않는다면, 가정법원은 신청에 기하여 제1677조에 따라 기준이 되는 시점 이전에 그에게 귀속되어 있었던 범위에서 친권을 그에게 이전하여야 한다.

제1682조 [관계인을 위한 체류명령]

자녀가 장기간 부모 일방 및 그의 배우자와 가계를 같이 하였는데, 제1678조, 제1680조 및 제1681조에 따라 이제부터 자녀의 거소를 단독으로 결정할 수 있는 다른 부모가 자녀를 그 배우자로부터 데려가려고 하는 경우, 자녀를 그 배우자에게서 데려가는 것이 자녀의 복리를 위험하게 할 수 있는 한, 가정법원은 직권 또는 그 배우자의 신청에 기하여 자녀가 그 배우자에게 머물 것을 명할 수 있다. 자녀가 장기간 부모 일방 및 그의 생활동반자 또는 제1685조 제1항에 따라 면접교섭권이 있는 성년자와 가계를 같이 한 경우에 제1문을 준용한다.

제1683조 (삭제)

제1684조 [부모와 자녀의 면접교섭]

① 자녀는 부모와 각각 면접교섭할 권리를 갖는다. 부모는 각자 자녀와 면접교섭할 권리와 의무가 있다.

② 부모는 자녀와 다른 부모 간의 관계를 침해하거나 양육을 어렵게 하는 모든 것을 하지 않아야 한다. 자녀가 다른 사람의 보호 하에 있는 경우에도 같다.

③ 가정법원은 면접교섭권의 범위를 결정하고 그 행사에 대하여, 제3자에 대한 것도 포함하여 상세하게 규율할 수 있다. 가정법원은 제2항에 규정된 의무를 이행하도록 하기 위해 관계인에게 명령할 수 있다. 제2항에 따른 의무가

Absatz 2 dauerhaft oder wiederholt erheblich verletzt, kann das Familiengericht auch eine Pflegschaft für die Durchführung des Umgangs anordnen (Umgangspflegschaft). Die Umgangspflegschaft umfasst das Recht, die Herausgabe des Kindes zur Durchführung des Umgangs zu verlangen und für die Dauer des Umgangs dessen Aufenthalt zu bestimmen. Die Anordnung ist zu befristen. Für den Ersatz von Aufwendungen und die Vergütung des Umgangspflegers gilt § 277 des Gesetzes über das Verfahren in Familiensachen und in den Angelegenheiten der freiwilligen Gerichtsbarkeit entsprechend.

(4) Das Familiengericht kann das Umgangsrecht oder den Vollzug früherer Entscheidungen über das Umgangsrecht einschränken oder ausschließen, soweit dies zum Wohl des Kindes erforderlich ist. Eine Entscheidung, die das Umgangsrecht oder seinen Vollzug für längere Zeit oder auf Dauer einschränkt oder ausschließt, kann nur ergehen, wenn andernfalls das Wohl des Kindes gefährdet wäre. Das Familiengericht kann insbesondere anordnen, dass der Umgang nur stattfinden darf, wenn ein mitwirkungsbereiter Dritter anwesend ist. Dritter kann auch ein Träger der Jugendhilfe oder ein Verein sein; dieser bestimmt dann jeweils, welche Einzelperson die Aufgabe wahrnimmt.

§ 1685   Umgang des Kindes mit anderen Bezugspersonen

(1) Großeltern und Geschwister haben ein Recht auf Umgang mit dem Kind, wenn dieser dem Wohl des Kindes dient.

(2) Gleiches gilt für enge Bezugspersonen des Kindes, wenn diese für das Kind tatsächliche Verantwortung tragen oder getragen haben (sozial-familiäre Beziehung). Eine Übernahme tatsächlicher Verantwortung ist in der Regel anzunehmen, wenn die Person mit dem Kind längere Zeit in häuslicher Gemeinschaft zusammengelebt hat.

(3) § 1684 Abs. 2 bis 4 gilt entsprechend. Eine Umgangspflegschaft nach § 1684 Abs. 3 Satz 3 bis 5 kann das Familiengericht nur anordnen, wenn die Voraussetzungen des § 1666 Abs. 1 erfüllt sind.

§ 1686   Auskunft über die persönlichen Verhältnisse des Kindes

Jeder Elternteil kann vom anderen Elternteil bei berechtigtem Interesse Auskunft über die persönlichen Verhältnisse des Kindes verlangen, soweit dies dem Wohl des Kindes nicht widerspricht.

지속적으로 또는 반복적으로 현저하게 침해된 경우, 가정법원은 면접교섭의 실행을 위한 보좌도 명할 수 있다(면접교섭보좌). 면접교섭보좌는 면접교섭권의 실행을 위해 자녀의 인도를 요구하고, 면접교섭기간 동안 자녀의 거소를 결정할 권리를 포함한다. 명령은 기간을 정해서 한다. 비용상환과 면접교섭보좌인의 보수에 대해서는 가사 및 비송사건절차법 제277조를 적용한다.

④ 가정법원은 자녀의 복리를 위해 필요한 범위에서 면접교섭권 또는 면접교섭권에 관한 이전 재판의 집행을 제한하거나 배제할 수 있다. 면접교섭권 또는 그 집행을 장기간이나 지속적으로 제한하거나 배제하는 재판은, 그렇게 하지 않으면 자녀의 복리가 위험해질 수 있는 경우에만 할 수 있다. 가정법원은 특히 협력할 준비가 되어있는 제3자가 참석한 경우에만 면접교섭이 이루어질 수 있다고 명할 수 있다. 제3자는 청소년보호기관이나 사단도 될 수 있다; 이 경우 그들은 어떤 사람이 업무를 수행할지 지정한다.

제1685조 [다른 관계인과 자녀의 면접교섭]
① 자녀의 복리에 이바지하는 경우, 조부모와 형제자매는 자녀와 면접교섭할 권리를 갖는다.
② 자녀를 위해 실질적인 책임을 부담하고 있거나 부담하였던 자녀의 밀접한 관계인에 대해서도 같다(사회적 가족관계). 자녀와 장기간 가계공동체에서 생활한 경우, 원칙적으로 실질적인 책임의 인수가 인정될 수 있다.

③ 제1684조 제2항 내지 제4항을 준용한다. 가정법원은 제1666조 제1항의 요건이 충족된 경우에만 제1684조 제3항 제3문 내지 제5문에 따른 면접교섭보좌를 명령할 수 있다.

제1686조 [자녀의 개인적 사정에 대한 정보제공]
부모 일방은 정당한 이익이 있는 경우, 자녀의 복리에 반하지 않는 한, 다른 일방에게 자녀의 개인적 상황에 대한 정보제공을 요구할 수 있다.

§ 1686a　Rechte des leiblichen, nicht rechtlichen Vaters

(1) Solange die Vaterschaft eines anderen Mannes besteht, hat der leibliche Vater, der ernsthaftes Interesse an dem Kind gezeigt hat,

1.　ein Recht auf Umgang mit dem Kind, wenn der Umgang dem Kindeswohl dient, und

2.　ein Recht auf Auskunft von jedem Elternteil über die persönlichen Verhältnisse des Kindes, soweit er ein berechtigtes Interesse hat und dies dem Wohl des Kindes nicht widerspricht.

(2) Hinsichtlich des Rechts auf Umgang mit dem Kind nach Absatz 1 Nummer 1 gilt § 1684 Absatz 2 bis 4 entsprechend. Eine Umgangspflegschaft nach § 1684 Absatz 3 Satz 3 bis 5 kann das Familiengericht nur anordnen, wenn die Voraussetzungen des § 1666 Absatz 1 erfüllt sind.

§ 1687　Ausübung der gemeinsamen Sorge bei Getrenntleben

(1) Leben Eltern, denen die elterliche Sorge gemeinsam zusteht, nicht nur vorübergehend getrennt, so ist bei Entscheidungen in Angelegenheiten, deren Regelung für das Kind von erheblicher Bedeutung ist, ihr gegenseitiges Einvernehmen erforderlich. Der Elternteil, bei dem sich das Kind mit Einwilligung des anderen Elternteils oder auf Grund einer gerichtlichen Entscheidung gewöhnlich aufhält, hat die Befugnis zur alleinigen Entscheidung in Angelegenheiten des täglichen Lebens. Entscheidungen in Angelegenheiten des täglichen Lebens sind in der Regel solche, die häufig vorkommen und die keine schwer abzuändernden Auswirkungen auf die Entwicklung des Kindes haben. Solange sich das Kind mit Einwilligung dieses Elternteils oder auf Grund einer gerichtlichen Entscheidung bei dem anderen Elternteil aufhält, hat dieser die Befugnis zur alleinigen Entscheidung in Angelegenheiten der tatsächlichen Betreuung. § 1629 Abs. 1 Satz 4 und § 1684 Abs. 2 Satz 1 gelten entsprechend.

(2) Das Familiengericht kann die Befugnisse nach Absatz 1 Satz 2 und 4 einschränken oder ausschließen, wenn dies zum Wohl des Kindes erforderlich ist.

§ 1687a　Entscheidungsbefugnisse des nicht sorgeberechtigten Elternteils

Für jeden Elternteil, der nicht Inhaber der elterlichen Sorge ist und bei dem sich das Kind mit Einwilligung des anderen Elternteils oder eines sonstigen Inhabers der Sorge

제1686조의a [법률상 부가 아닌 친생부의 권리]

① 다른 남성과 부자관계가 존재하는 동안에는, 자녀에 대해 진지한 관심을 보인 친생부는 다음 각 호의 권리를 갖는다.

1. 면접교섭이 자녀의 복리에 이바지하는 경우, 자녀와의 면접교섭권, 그리고
2. 그가 정당한 이익을 가지고 있고, 자녀의 복리에 반하지 않는 범위에서, 각 부모에게 자녀의 개인적 상황에 대한 정보제공을 요구할 권리.

② 제1항 제1호에 따라 자녀와 면접교섭할 권리에 관하여 제1684조 제2항 내지 제4항을 준용한다. 가정법원은 제1666조 제1항의 요건이 충족되었을 경우에만 제1684조 제3항 제3문 내지 제5문에 따른 면접교섭보좌를 명할 수 있다.

제1687조 [별거한 경우 공동 친권의 행사]

① 공동 친권자인 부모가 일시적으로만 별거하는 것이 아닌 경우, 그 규율이 자녀에게 중대한 의미를 가지는 사무를 결정함에 있어서는 쌍방의 합의가 필요하다. 자녀와 통상 함께 살고 있는 부모 일방은 다른 부모 일방의 동의를 받아 또는 재판에 근거하여 일상적 사무에 대해 단독으로 결정할 권한이 있다. 원칙적으로 일상적 사무에 대한 결정이란 자주 일어나며, 자녀의 발달에 변경하기 어려운 영향을 미치지 않는 것을 의미한다. 자녀가 부모 일방의 동의를 받아 또는 재판에 근거하여 다른 부모 일방에게 체류하는 동안에는, 그 다른 부모가 실질적 돌봄사무에 대해 단독으로 결정한다. 제1629조 제1항 제4문 및 제1684조 제2항 제1문을 준용한다.

② 자녀의 복리를 위해 필요한 경우, 가정법원은 제1항 제2문 및 제4문에 따른 권한을 제한하거나 배제할 수 있다.

제1687조의a [친권자 아닌 부모의 결정권한]

친권자는 아니지만 다른 부모 일방이나 그 밖의 돌봄권자의 동의를 받아서 또는 재판에 근거하여 자녀가 체류하고 있는 부모에 대해서는 제1687조 제1

oder auf Grund einer gerichtlichen Entscheidung aufhält, gilt § 1687 Abs. 1 Satz 4 und 5 und Abs. 2 entsprechend.

§ 1687b   Sorgerechtliche Befugnisse des Ehegatten

(1) Der Ehegatte eines allein sorgeberechtigten Elternteils, der nicht Elternteil des Kindes ist, hat im Einvernehmen mit dem sorgeberechtigten Elternteil die Befugnis zur Mitentscheidung in Angelegenheiten des täglichen Lebens des Kindes. § 1629 Abs. 2 Satz 1 gilt entsprechend.

(2) Bei Gefahr im Verzug ist der Ehegatte dazu berechtigt, alle Rechtshandlungen vorzunehmen, die zum Wohl des Kindes notwendig sind; der sorgeberechtigte Elternteil ist unverzüglich zu unterrichten.

(3) Das Familiengericht kann die Befugnisse nach Absatz 1 einschränken oder ausschließen, wenn dies zum Wohl des Kindes erforderlich ist.

(4) Die Befugnisse nach Absatz 1 bestehen nicht, wenn die Ehegatten nicht nur vorübergehend getrennt leben.

§ 1688   Entscheidungsbefugnisse der Pflegeperson

(1) Lebt ein Kind für längere Zeit in Familienpflege, so ist die Pflegeperson berechtigt, in Angelegenheiten des täglichen Lebens zu entscheiden sowie den Inhaber der elterlichen Sorge in solchen Angelegenheiten zu vertreten. Sie ist befugt, den Arbeitsverdienst des Kindes zu verwalten sowie Unterhalts-, Versicherungs-, Versorgungs- und sonstige Sozialleistungen für das Kind geltend zu machen und zu verwalten. § 1629 Abs. 1 Satz 4 gilt entsprechend.

(2) Der Pflegeperson steht eine Person gleich, die im Rahmen der Hilfe nach den §§ 34, 35 und 35a Absatz 2 Nummer 3 und 4 des Achten Buches Sozialgesetzbuch die Erziehung und Betreuung eines Kindes übernommen hat.

(3) Die Absätze 1 und 2 gelten nicht, wenn der Inhaber der elterlichen Sorge etwas anderes erklärt. Das Familiengericht kann die Befugnisse nach den Absätzen 1 und 2 einschränken oder ausschließen, wenn dies zum Wohl des Kindes erforderlich ist.

(4) Für eine Person, bei der sich das Kind auf Grund einer gerichtlichen Entscheidung nach § 1632 Abs. 4 oder § 1682 aufhält, gelten die Absätze 1 und 3 mit der Maßgabe, dass die genannten Befugnisse nur das Familiengericht einschränken oder ausschließen kann.

항 제4문 및 제5문, 제2항을 준용한다.

제1687조의b [배우자의 돌봄권한]

① 단독 친권자인 부모 일방의 배우자로서 자녀의 부모가 아닌 자는, 친권자인 부모의 동의가 있으면, 자녀의 일상적 사무에 대해 함께 결정할 권한을 갖는다. 제1629조 제2항 제1문을 준용한다.

② 지체하면 위험이 있는 경우, 그 배우자는 자녀의 복리를 위해 필요한 모든 법적 행위를 할 권한이 있다; 친권자인 부모에게 지체 없이 알려야 한다.

③ 자녀의 복리를 위해 필요한 경우, 가정법원은 제1항에 따른 권한을 제한하거나 배제할 수 있다.
④ 혼인당사자들이 일시적으로만 별거하는 것이 아닌 경우, 제1항에 따른 권한은 존재하지 않는다.

제1688조 [위탁보호자의 결정권한]

① 자녀가 장기간 가정위탁 안에서 생활하는 경우, 위탁보호자는 일상적 사무에 관해 결정할 권한과 이들 사무에 있어서 친권자를 대리할 권한이 있다. 위탁보호자는 자녀의 노동수익을 관리하고, 자녀를 위한 부양급여, 보험급여, 생계보장급여 그 밖의 사회급여를 청구하고 관리할 권한이 있다. 제1629조 제1항 제4문을 준용한다.

② 사회법 제8편 제34조, 제35조, 제35조의a 제2항 제3호 및 제4호에 따른 부조와 관련하여, 자녀의 양육 및 돌봄을 인수한 사람과 위탁보호자는 같다.

③ 제1항 및 제2항은 친권자가 달리 의사표시한 경우에는 적용하지 않는다. 자녀의 복리를 위해 필요한 경우, 가정법원은 제1항 및 제2항에 따른 권한을 제한하거나 배제할 수 있다.
④ 제1632조 제4항 또는 제1682조에 따른 재판에 근거해서 자녀가 체류하고 있는 사람에 대해서는, 위 권한을 가정법원만이 제한하거나 배제할 수 있는 것으로 하여 제1항 및 제3항을 적용한다.

§§ 1689 bis 1692 (weggefallen)

§ 1693 Gerichtliche Maßnahmen bei Verhinderung der Eltern

Sind die Eltern verhindert, die elterliche Sorge auszuüben, so hat das Familiengericht die im Interesse des Kindes erforderlichen Maßregeln zu treffen.

§§ 1694 und 1695 (weggefallen)

§ 1696 Abänderung gerichtlicher Entscheidungen und gerichtlich gebilligter Vergleiche

(1) Eine Entscheidung zum Sorge- oder Umgangsrecht oder ein gerichtlich gebilligter Vergleich ist zu ändern, wenn dies aus triftigen, das Wohl des Kindes nachhaltig berührenden Gründen angezeigt ist. Entscheidungen nach § 1626a Absatz 2 können gemäß § 1671 Absatz 1 geändert werden; § 1671 Absatz 4 gilt entsprechend. § 1678 Absatz 2, § 1680 Absatz 2 sowie § 1681 Absatz 1 und 2 bleiben unberührt.

(2) Eine Maßnahme nach den §§ 1666 bis 1667 oder einer anderen Vorschrift des Bürgerlichen Gesetzbuchs, die nur ergriffen werden darf, wenn dies zur Abwendung einer Kindeswohlgefährdung oder zum Wohl des Kindes erforderlich ist (kindesschutzrechtliche Maßnahme), ist aufzuheben, wenn eine Gefahr für das Wohl des Kindes nicht mehr besteht oder die Erforderlichkeit der Maßnahme entfallen ist.

(3) Eine Anordnung nach § 1632 Absatz 4 ist auf Antrag der Eltern aufzuheben, wenn die Wegnahme des Kindes von der Pflegeperson das Kindeswohl nicht gefährdet.

§ 1697 (weggefallen)

§ 1697a Kindeswohlprinzip

(1) Soweit nichts anderes bestimmt ist, trifft das Gericht in Verfahren über die in diesem Titel geregelten Angelegenheiten diejenige Entscheidung, die unter Berücksichtigung der tatsächlichen Gegebenheiten und Möglichkeiten sowie der berechtigten Interessen der Beteiligten dem Wohl des Kindes am besten entspricht.

(2) Lebt das Kind in Familienpflege, so hat das Gericht, soweit nichts anderes bestimmt ist, in Verfahren über die in diesem Titel geregelten Angelegenheiten auch zu berücksichtigen, ob und inwieweit sich innerhalb eines im Hinblick auf die Entwicklung des Kindes

제1689조 내지 제1692조 (삭제)

제1693조 [부모에게 장애가 있는 경우 법원의 조치]

부모가 친권을 행사함에 있어서 장애가 있는 경우, 가정법원은 자녀의 이익을 위해 필요한 조치를 해야 한다.

제1694조 내지 제1695조 (삭제)

제1696조 [재판과 재판상 승인된 화해의 변경]

① 자녀의 복리에 지속적으로 영향을 주는 타당한 사유로 인해 필요한 경우, 친권과 면접교섭권에 관한 재판 또는 재판상 승인된 화해는 변경될 수 있다. 제1626조의a 제2항에 따른 재판은 제1671조 제1항에 따라 변경될 수 있다. 제1671조 제4항을 준용한다. 제1678조 제2항, 제1680조 제2항, 제1681조 제1항 및 제2항은 영향을 받지 않는다.

② 제1666조 내지 제1667조 또는 민법전의 다른 규정에 따른 조치로서 자녀의 복리에 대한 위험 방지나 자녀의 복리를 위해 필요한 때에만 취할 수 있는 조치(아동보호법상 조치)는, 자녀의 복리에 대한 위험이 더 이상 존재하지 않거나 조치의 필요성이 소멸한 경우에는 취소될 수 있다.

③ 자녀를 위탁보호자에게서 데려가는 것이 자녀의 복리를 위험하게 하지 않는 경우, 제1632조 제4항에 따른 명령은 부모의 신청에 기하여 취소할 수 있다.

제1697조 (삭제)

제1697조의a [자녀의 복리 원칙]

① 달리 규정되지 않는 한, 법원은 이 절에 규정된 사무에 관한 절차에서 실제 사정과 가능성 및 관계된 사람의 정당한 이익을 고려하여 자녀의 이익에 가장 잘 부합하는 결정을 한다.

② 자녀가 가정위탁 안에서 생활하는 경우, 달리 규정되지 않는 한, 법원은 이 절에 규정된 사무에 관한 절차에서, 자녀의 발달을 고려하여 납득할 만한 기간 내에 부모가 자녀를 스스로 양육할 수 있을 정도로 부모의 양육상황이

vertretbaren Zeitraums die Erziehungsverhältnisse bei den Eltern derart verbessert haben, dass diese das Kind selbst erziehen können. Liegen die Voraussetzungen des § 1632 Absatz 4 Satz 2 Nummer 1 vor, so hat das Gericht bei seiner Entscheidung auch das Bedürfnis des Kindes nach kontinuierlichen und stabilen Lebensverhältnissen zu berücksichtigen. Die Sätze 1 und 2 gelten entsprechend, wenn das Kind im Rahmen einer Hilfe nach § 34 oder 35a Absatz 2 Nummer 4 des Achten Buches Sozialgesetzbuch erzogen und betreut wird.

§ 1698 Herausgabe des Kindesvermögens; Rechnungslegung

(1) Endet oder ruht die elterliche Sorge der Eltern oder hört aus einem anderen Grunde ihre Vermögenssorge auf, so haben sie dem Kind das Vermögen herauszugeben und auf Verlangen über die Verwaltung Rechenschaft abzulegen.

(2) Über die Nutzungen des Kindesvermögens brauchen die Eltern nur insoweit Rechenschaft abzulegen, als Grund zu der Annahme besteht, dass sie die Nutzungen entgegen den Vorschriften des § 1649 verwendet haben.

§ 1698a Fortführung der Geschäfte in Unkenntnis der Beendigung der elterlichen Sorge

(1) Die Eltern dürfen die mit der Personensorge und mit der Vermögenssorge für das Kind verbundenen Geschäfte fortführen, bis sie von der Beendigung der elterlichen Sorge Kenntnis erlangen oder sie kennen müssen. Ein Dritter kann sich auf diese Befugnis nicht berufen, wenn er bei der Vornahme eines Rechtsgeschäfts die Beendigung kennt oder kennen muss.

(2) Diese Vorschriften sind entsprechend anzuwenden, wenn die elterliche Sorge ruht.

§ 1698b Fortführung dringender Geschäfte nach Tod des Kindes

Endet die elterliche Sorge durch den Tod des Kindes, so haben die Eltern die Geschäfte, die nicht ohne Gefahr aufgeschoben werden können, zu besorgen, bis der Erbe anderweit Fürsorge treffen kann.

§§ 1699 bis 1711 (weggefallen)

지속적으로 개선되었는지, 되었다면 어느 정도 개선되었는지를 고려해야 한
다. 제1632조 제4항 제2문 제1호의 요건이 존재하는 경우, 법원은 이 결정
을 할 때에 지속적이고 안정적인 생활환경에 대한 자녀의 필요 역시 고려해
야 한다. 자녀가 사회법 제8편 제34조 또는 제35조 제2항 제4호에 따른 부
조 내에서 양육되고 돌봐지는 경우, 제1문 및 제2문을 준용한다.

제1698조 [자녀재산의 반환; 계산의 제출]

① 부모의 친권이 종료 또는 정지하거나 다른 이유로 재산돌봄이 종료한 경
우, 부모는 자녀에게 재산을 반환하고 요청이 있으면 관리에 대한 계산을 제
출해야 한다.

② 부모가 제1649조의 규정에 반하여 자녀재산의 수익을 사용했다고 인정
할 근거가 존재하는 범위에서만, 부모는 자녀재산의 수익에 관해 계산을 제
출할 필요가 있다.

제1698조의a [친권의 종료를 알지 못하고 한 거래의 계속]

① 부모는 친권이 종료되었음을 인식하거나 인식했어야 할 때까지 자녀를 위
한 신상돌봄 및 재산돌봄과 결합된 거래를 계속할 수 있다. 거래를 할 때 제
3자가 그 종료를 인식했거나 인식했어야 하는 경우, 제3자는 이 권한을 원
용할 수 없다.

② 친권이 정지한 경우, 이 규정들을 준용한다.

제1698조의b [자녀의 사망 후 급박한 거래의 계속]

자녀의 사망으로 인해 친권이 종료된 경우, 상속인이 다른 조치를 취할 수 있
을 때까지, 부모는 위험 없이는 연기될 수 없는 거래를 처리해야 한다.

제1699조 내지 제1711조 (삭제)

Titel 6　Beistandschaft

§ 1712　Beistandschaft des Jugendamts; Aufgaben

(1) Auf schriftlichen Antrag eines Elternteils wird das Jugendamt Beistand des Kindes für folgende Aufgaben:

1. die Feststellung der Vaterschaft,

2. die Geltendmachung von Unterhaltsansprüchen sowie die Verfügung über diese Ansprüche; ist das Kind bei einem Dritten entgeltlich in Pflege, so ist der Beistand berechtigt, aus dem vom Unterhaltspflichtigen Geleisteten den Dritten zu befriedigen.

(2) Der Antrag kann auf einzelne der in Absatz 1 bezeichneten Aufgaben beschränkt werden.

§ 1713　Antragsberechtigte

(1) Den Antrag kann ein Elternteil stellen, dem für den Aufgabenkreis der beantragten Beistandschaft die alleinige elterliche Sorge zusteht oder zustünde, wenn das Kind bereits geboren wäre. Steht die elterliche Sorge für das Kind den Eltern gemeinsam zu, kann der Antrag von dem Elternteil gestellt werden, in dessen Obhut sich das Kind befindet. Der Antrag kann auch von einem ehrenamtlichen Vormund, sowie von einer Pflegeperson, der nach § 1630 Absatz 3 Angelegenheiten der elterlichen Sorge übertragen wurden gestellt werden. Er kann nicht durch einen Vertreter gestellt werden.

(2) Vor der Geburt des Kindes kann die werdende Mutter den Antrag auch dann stellen, wenn das Kind, sofern es bereits geboren wäre, unter Vormundschaft stünde. Ist die werdende Mutter in der Geschäftsfähigkeit beschränkt, so kann sie den Antrag nur selbst stellen; sie bedarf hierzu nicht der Zustimmung ihres gesetzlichen Vertreters. Für eine geschäftsunfähige werdende Mutter kann nur ihr gesetzlicher Vertreter den Antrag stellen.

§ 1714　Eintritt der Beistandschaft

Die Beistandschaft tritt ein, sobald der Antrag dem Jugendamt zugeht. Dies gilt auch, wenn der Antrag vor der Geburt des Kindes gestellt wird.

§ 1715　Beendigung der Beistandschaft

(1) Die Beistandschaft endet, wenn der Antragsteller dies schriftlich verlangt. § 1712 Abs. 2 und § 1714 gelten entsprechend.

제6절 　보조

제1712조 [청소년청의 보조; 임무]

① 청소년청은 부모 일방의 서면 신청에 기하여 다음의 임무에 대해 자녀의 보조인이 된다:

1. 부자관계의 확인,
2. 부양청구권의 행사 및 그 청구권의 처분; 자녀가 유상으로 제3자의 보호에 맡겨져 있는 경우, 보조인은 부양의무자가 급부한 것으로 그 제3자를 만족시킬 권한이 있다.

② 신청은 제1항에 표시된 임무 중 개별임무로 제한될 수 있다.

제1713조 [신청권자]

① 신청된 보조의 업무범위에 대해 단독으로 친권을 가지거나, 자녀가 이미 출생했더라면 단독 친권을 가질 부모 일방이 신청할 수 있다. 부모가 공동 친권자인 경우, 자녀를 보호하고 있는 부모 일방이 신청할 수 있다. 또한 명예직미성년후견인과 제1630조 제3항에 따라 친권사무를 위임받은 위탁보호자도 신청할 수 있다. 대리인에 의해 신청될 수 없다.

② 자녀가 이미 출생하였더라면 미성년후견을 받게 될 경우, 모가 될 여성은 자녀의 출생 전이라도 신청할 수 있다. 모가 될 여성이 행위능력이 제한된 자인 경우, 모가 될 여성 본인만 신청할 수 있다. 이에 대하여 법정대리인의 동의는 필요하지 않다. 모가 될 여성이 행위무능력자인 경우, 그 법정대리인만이 신청할 수 있다.

제1714조 [보조의 개시]

신청이 청소년청에 도달하는 즉시 보조가 개시된다. 자녀의 출생 이전에 신청된 경우에도 같다.

제1715조 [보조의 종료]

① 신청자가 보조의 종료를 서면으로 요구한 경우, 보조가 종료된다. 제1712조 제2항 및 제1714조를 준용한다.

(2) Die Beistandschaft endet auch, sobald der Antragsteller keine der in § 1713 genannten Voraussetzungen mehr erfüllt.

§ 1716   Wirkungen der Beistandschaft

Durch die Beistandschaft wird die elterliche Sorge nicht eingeschränkt. Im Übrigen gelten die Vorschriften über die Pflegschaft für Minderjährige mit Ausnahme derjenigen über die Aufsicht des Familiengerichts und die Rechnungslegung sinngemäß.

§ 1717   Erfordernis des gewöhnlichen Aufenthalts im Inland

Die Beistandschaft tritt nur ein, wenn das Kind seinen gewöhnlichen Aufenthalt im Inland hat; sie endet, wenn das Kind seinen gewöhnlichen Aufenthalt im Ausland begründet. Dies gilt für die Beistandschaft vor der Geburt des Kindes entsprechend.

§§ 1718 bis 1740 (weggefallen)

Titel 7   Annahme als Kind

Untertitel 1   Annahme Minderjähriger

§ 1741   Zulässigkeit der Annahme

(1) Die Annahme als Kind ist zulässig, wenn sie dem Wohl des Kindes dient und zu erwarten ist, dass zwischen dem Annehmenden und dem Kind ein Eltern-Kind-Verhältnis entsteht. Wer an einer gesetzes- oder sittenwidrigen Vermittlung oder Verbringung eines Kindes zum Zwecke der Annahme mitgewirkt oder einen Dritten hiermit beauftragt oder hierfür belohnt hat, soll ein Kind nur dann annehmen, wenn dies zum Wohl des Kindes erforderlich ist.

(2) Wer nicht verheiratet ist, kann ein Kind nur allein annehmen. Ein Ehepaar kann ein Kind nur gemeinschaftlich annehmen. Ein Ehegatte kann ein Kind seines Ehegatten allein annehmen. Er kann ein Kind auch dann allein annehmen, wenn der andere Ehegatte das Kind nicht annehmen kann, weil er geschäftsunfähig ist oder das 21. Lebensjahr noch nicht vollendet hat.

② 신청자가 제1713조에서 정한 요건을 더 이상 충족하지 않는 경우에도, 보조가 즉시 종료된다.

제1716조 [보조의 효과]

보조에 의해 친권은 제한되지 않는다. 그 밖에 가정법원의 감독과 계산제출에 관한 규정을 제외하고 미성년자의 보좌에 관한 규정을 의미에 맞게 적용한다.

제1717조 [국내의 통상적 거주 요건]

자녀가 국내에 통상적으로 거주하는 경우에만 보조가 개시된다. 자녀가 외국에 통상적으로 거주하는 경우, 보조는 종료된다. 이를 자녀의 출생 전 보조에 대해 준용한다.

제1718조 내지 제1740조 (삭제)

제7절   입양

제1관   미성년자 입양

제1741조 [입양의 허용요건]

① 입양이 미성년자의 복리에 이바지하고, 입양하려는 사람과 미성년자 사이에 부모−자녀관계가 발생할 것으로 예상되는 경우에, 미성년자의 입양이 허용된다. 입양을 목적으로 법률 또는 양속에 위반하여 미성년자의 중개 또는 이동에 협력하거나, 이를 제3자에게 위임하거나 이를 위해 보수를 지급한 자는, 그 미성년자의 복리를 위해 필요한 경우에만 미성년자를 입양할 수 있다.
② 혼인하지 않은 자는 단독으로만 미성년자를 입양할 수 있다. 혼인당사자들은 공동으로만 미성년자를 입양할 수 있다. 혼인당사자 일방은 배우자의 자녀를 단독으로 입양할 수 있다. 혼인당사자 일방은 배우자가 행위무능력자이거나 21세 미만이어서 미성년자를 입양할 수 없는 경우에도 단독으로 입양할 수 있다.

§ 1742 Annahme nur als gemeinschaftliches Kind

Ein angenommenes Kind kann, solange das Annahmeverhältnis besteht, bei Lebzeiten eines Annehmenden nur von dessen Ehegatten angenommen werden.

§ 1743 Mindestalter

Der Annehmende muss das 25., in den Fällen des § 1741 Abs. 2 Satz 3 das 21. Lebensjahr vollendet haben. In den Fällen des § 1741 Abs. 2 Satz 2 muss ein Ehegatte das 25. Lebensjahr, der andere Ehegatte das 21. Lebensjahr vollendet haben.

§ 1744 Probezeit

Die Annahme soll in der Regel erst ausgesprochen werden, wenn der Annehmende das Kind eine angemessene Zeit in Pflege gehabt hat.

§ 1745 Verbot der Annahme

Die Annahme darf nicht ausgesprochen werden, wenn ihr überwiegende Interessen der Kinder des Annehmenden oder des Anzunehmenden entgegenstehen oder wenn zu befürchten ist, dass Interessen des Anzunehmenden durch Kinder des Annehmenden gefährdet werden. Vermögensrechtliche Interessen sollen nicht ausschlaggebend sein.

§ 1746 Einwilligung des Kindes

(1) Zur Annahme ist die Einwilligung des Kindes erforderlich. Für ein Kind, das geschäftsunfähig oder noch nicht 14 Jahre alt ist, kann nur sein gesetzlicher Vertreter die Einwilligung erteilen. Im Übrigen kann das Kind die Einwilligung nur selbst erteilen; es bedarf hierzu der Zustimmung seines gesetzlichen Vertreters. Die Einwilligung bedarf bei unterschiedlicher Staatsangehörigkeit des Annehmenden und des Kindes der Genehmigung des Familiengerichts; dies gilt nicht, wenn die Annahme deutschem Recht unterliegt.

(2) Hat das Kind das 14. Lebensjahr vollendet und ist es nicht geschäftsunfähig, so kann es die Einwilligung bis zum Wirksamwerden des Ausspruchs der Annahme gegenüber dem Familiengericht widerrufen. Der Widerruf bedarf der öffentlichen Beurkundung. Eine Zustimmung des gesetzlichen Vertreters ist nicht erforderlich.

(3) Verweigert der Vormund oder Pfleger die Einwilligung oder Zustimmung ohne triftigen Grund, so kann das Familiengericht sie ersetzen; einer Erklärung nach Absatz 1 durch

제1742조 [공동의 자녀로서만 입양]

입양된 미성년자는 그 입양관계가 존재하는 한, 양친의 생전에는 그의 배우자에 의해서만 입양될 수 있다.

제1743조 [최소연령]

입양하려는 사람은 25세 이상이어야 하며, 제1741조 제2항 제3문의 경우에는 21세 이상이어야 한다. 제1741조 제2항 제2문의 경우, 혼인당사자 일방은 25세, 배우자는 21세 이상이어야 한다.

제1744조 [시험기간]

입양은 원칙적으로 입양하려는 사람이 미성년자를 상당한 기간 동안 보호한 경우에 비로소 선고된다.

제1745조 [입양 금지]

입양하려는 사람의 자녀들 또는 양자가 될 미성년자의 우세한 이익이 입양에 반하거나, 양자가 될 미성년자의 이익이 입양하려는 사람의 자녀에 의해 위험하게 될 우려가 있는 경우, 입양은 선고될 수 없다. 재산법상 이익이 결정적이어서는 안 된다.

제1746조 [미성년자의 동의]

① 입양을 위해서는 미성년자의 동의가 필요하다. 행위무능력자 또는 14세 미만의 미성년자를 위해서 그의 법정대리인만이 동의할 수 있다. 그 밖에는 미성년자 본인만 동의할 수 있다. 이 경우 그의 법정대리인의 동의가 필요하다. 입양하려는 사람과 미성년자의 국적이 서로 다른 경우, 동의에는 가정법원의 허가가 필요하지만, 입양이 독일법에 따라 이루어지는 경우에는 그렇지 않다.

② 미성년자가 14세 이상이고 행위무능력자가 아닌 경우, 그는 입양의 선고가 효력을 발생할 때까지 가정법원에 대해 자신의 동의를 철회할 수 있다. 이 철회는 공증을 필요로 한다. 법정대리인의 동의는 필요하지 않다.

③ 미성년후견인 또는 보좌인이 타당한 근거 없이 동의를 거부한 경우, 가정법원이 이를 갈음할 수 있다. 제1747조, 제1750조에 따라 부모가 철회가 불가능하게 입양에 동의하였거나, 가정법원이 제1748조에 따라 그들의 동의를

die Eltern bedarf es nicht, soweit diese nach den §§ 1747, 1750 unwiderruflich in die Annahme eingewilligt haben oder ihre Einwilligung nach § 1748 durch das Familiengericht ersetzt worden ist.

§ 1747   Einwilligung der Eltern des Kindes

(1) Zur Annahme eines Kindes ist die Einwilligung der Eltern erforderlich. Sofern kein anderer Mann nach § 1592 als Vater anzusehen ist, gilt im Sinne des Satzes 1 und des § 1748 Abs. 4 als Vater, wer die Voraussetzung des § 1600d Abs. 2 Satz 1 glaubhaft macht.

(2) Die Einwilligung kann erst erteilt werden, wenn das Kind acht Wochen alt ist. Sie ist auch dann wirksam, wenn der Einwilligende die schon feststehenden Annehmenden nicht kennt.

(3) Steht nicht miteinander verheirateten Eltern die elterliche Sorge nicht gemeinsam zu, so

1. kann die Einwilligung des Vaters bereits vor der Geburt erteilt werden;

2. kann der Vater durch öffentlich beurkundete Erklärung darauf verzichten, die Übertragung der Sorge nach § 1626a Absatz 2 und § 1671 Absatz 2 zu beantragen; § 1750 gilt sinngemäß mit Ausnahme von Absatz 1 Satz 2 und Absatz 4 Satz 1;

3. darf, wenn der Vater die Übertragung der Sorge nach § 1626a Absatz 2 oder § 1671 Absatz 2 beantragt hat, eine Annahme erst ausgesprochen werden, nachdem über den Antrag des Vaters entschieden worden ist.

(4) Die Einwilligung eines Elternteils ist nicht erforderlich, wenn er zur Abgabe einer Erklärung dauernd außerstande oder sein Aufenthalt dauernd unbekannt ist. Der Aufenthalt der Mutter eines gemäß § 25 Absatz 1 des Schwangerschaftskonfliktgesetzes vertraulich geborenen Kindes gilt als dauernd unbekannt, bis sie gegenüber dem Familiengericht die für den Geburtseintrag ihres Kindes erforderlichen Angaben macht.

§ 1748   Ersetzung der Einwilligung eines Elternteils

(1) Das Familiengericht hat auf Antrag des Kindes die Einwilligung eines Elternteils zu ersetzen, wenn dieser seine Pflichten gegenüber dem Kind anhaltend gröblich verletzt hat oder durch sein Verhalten gezeigt hat, dass ihm das Kind gleichgültig ist, und wenn das Unterbleiben der Annahme dem Kind zu unverhältnismäßigem Nachteil gereichen würde. Die Einwilligung kann auch ersetzt werden, wenn die Pflichtverletzung zwar nicht an-

갈음한 경우, 제1항에 따른 부모의 의사표시는 필요하지 않다.

제1747조 [미성년자의 부모의 동의]

① 미성년자의 입양을 위해서는 부모의 동의가 필요하다. 제1592조에 따라 부로 인정될 수 있는 다른 남성이 없는 한, 제1600조의d 제2항 제1문의 요건을 소명한 자를 제1문과 제1748조 제4항이 의미하는 부로 한다.

② 미성년자가 출생한 후 8주가 되어야 비로소 부모는 입양 동의를 할 수 있다. 이미 확정된 입양하려는 사람을 동의할 자가 알지 못한 경우에도, 동의는 유효하다.

③ 서로 혼인하지 않은 부모가 공동 친권자가 아닌 경우,

1. 부의 동의는 출생 전에 이루어질 수 있다;
2. 부는 공증된 의사표시로 제1626조의a 제2항과 제1671조 제2항에 따라 친권의 이전을 신청하는 것을 포기할 수 있다; 제1750조를, 제1항 제2문 및 제4항 제1문을 제외하고, 의미에 맞게 적용한다;
3. 부가 제1626조의a 제2항 또는 제1671조 제2항에 따라 친권의 이전을 신청한 경우, 부의 신청에 대한 결정 이후에야 비로소 입양이 선고될 수 있다.

④ 부모 일방이 지속적으로 의사표시를 할 수 없거나, 그의 거주가 지속적으로 알려지지 않은 경우, 그의 동의는 필요하지 않다. 임신갈등법 제25조 제1항에 따라 신뢰출산한 자녀의 모의 거주는, 그 모가 자녀의 출생신고를 위해 필요한 정보를 가정법원에 제공할 때까지는, 지속적으로 알려지지 않은 것으로 본다.

제1748조 [부모 일방의 동의의 대체]

① 부모 일방이 미성년자에 대한 의무를 지속적으로 중대하게 위반하였거나 미성년자에게 무관심한 것이 그의 행위에 나타났으며, 입양을 하지 않으면 미성년자에게 과도한 불이익이 발생하게 될 경우, 가정법원은 미성년자의 신청에 기하여 부모의 동의를 갈음하여야 한다. 의무 위반이 지속적이지는 않으나 매우 중대하고, 자녀가 더 이상 지속적으로 부모의 보호를 신뢰할 수 없

haltend, aber besonders schwer ist und das Kind voraussichtlich dauernd nicht mehr der Obhut des Elternteils anvertraut werden kann.

(2) Wegen Gleichgültigkeit, die nicht zugleich eine anhaltende gröbliche Pflichtverletzung ist, darf die Einwilligung nicht ersetzt werden, bevor der Elternteil vom Jugendamt über die Möglichkeit ihrer Ersetzung belehrt und nach Maßgabe des § 51 Abs. 2 des Achten Buches Sozialgesetzbuch beraten worden ist und seit der Belehrung wenigstens drei Monate verstrichen sind; in der Belehrung ist auf die Frist hinzuweisen. Der Belehrung bedarf es nicht, wenn der Elternteil seinen Aufenthaltsort ohne Hinterlassung seiner neuen Anschrift gewechselt hat und der Aufenthaltsort vom Jugendamt während eines Zeitraums von drei Monaten trotz angemessener Nachforschungen nicht ermittelt werden konnte; in diesem Falle beginnt die Frist mit der ersten auf die Belehrung und Beratung oder auf die Ermittlung des Aufenthaltsorts gerichteten Handlung des Jugendamts. Die Fristen laufen frühestens fünf Monate nach der Geburt des Kindes ab.

(3) Die Einwilligung eines Elternteils kann ferner ersetzt werden, wenn er wegen einer besonders schweren psychischen Krankheit oder einer besonders schweren geistigen oder seelischen Behinderung zur Pflege und Erziehung des Kindes dauernd unfähig ist und wenn das Kind bei Unterbleiben der Annahme nicht in einer Familie aufwachsen könnte und dadurch in seiner Entwicklung schwer gefährdet wäre.

(4) In den Fällen des § 1626a Absatz 3 hat das Familiengericht die Einwilligung des Vaters zu ersetzen, wenn das Unterbleiben der Annahme dem Kind zu unverhältnismäßigem Nachteil gereichen würde.

§ 1749 Einwilligung des Ehegatten

(1) Zur Annahme eines Kindes durch einen Ehegatten allein ist die Einwilligung des anderen Ehegatten erforderlich. Das Familiengericht kann auf Antrag des Annehmenden die Einwilligung ersetzen. Die Einwilligung darf nicht ersetzt werden, wenn berechtigte Interessen des anderen Ehegatten und der Familie der Annahme entgegenstehen.

(2) Die Einwilligung des Ehegatten ist nicht erforderlich, wenn er zur Abgabe der Erklärung dauernd außerstande oder sein Aufenthalt dauernd unbekannt ist.

으리라고 예상되는 경우에도, 동의를 갈음할 수 있다.

② 부모가 청소년청으로부터 자신의 동의가 갈음될 수 있음을 통지받고, 사회법 제8편 제51조 제2항의 기준에 따라 조언을 받았으며, 통지받은 때로부터 최소한 3개월이 지나기 전에는, 지속적이며 중대한 의무 위반이 아닌 무관심을 이유로 그의 동의가 갈음되어서는 안 된다; 통지에는 상기한 기간이 지적되어야 한다. 그 부모 일방이 새 주소를 남기지 않고 거주지를 바꾸었고, 청소년청이 3개월 동안 적절히 탐색했음에도 불구하고 거주지를 탐색할 수 없었던 경우, 통지는 필요하지 않다; 이 경우 통지와 조언을 위한 첫 번째 청소년청의 행위 또는 거주지 탐색을 위한 첫 번째 청소년청의 행위와 함께 그 기간이 진행한다. 미성년자의 출생 이후 적어도 5개월이 지나야 그 기간이 진행한다.

③ 그 밖에 부모 일방이 특별히 중대한 심인성 질병이나 지적 장애로 인해 미성년자를 지속적으로 보호하고 양육할 수 없고, 입양이 되지 않으면 미성년자가 가족 내에서 성장할 수 없어서 그의 발달이 심각하게 위험해질 경우에도, 그 부모 일방의 동의는 갈음될 수 있다.

④ 제1626조의a 제3항의 경우에서, 입양이 되지 않으면 미성년자에게 과도한 불이익이 발생하게 될 경우, 가정법원은 부의 동의를 갈음해야 한다.

제1749조 [배우자의 동의]
① 혼인당사자 일방이 단독으로 미성년자를 입양하기 위해서는 배우자의 동의가 필요하다. 가정법원은 입양하려는 사람의 신청에 기하여 동의를 갈음할 수 있다. 배우자와 가족의 정당한 이익이 입양에 반하는 경우에는, 동의는 갈음되어서는 안 된다.
② 배우자가 지속적으로 의사표시를 할 수 없거나 그의 거주가 지속적으로 알려지지 않은 경우, 배우자의 동의는 필요하지 않다.

§ 1750   Einwilligungserklärung

(1) Die Einwilligung nach §§ 1746, 1747 und 1749 ist dem Familiengericht gegenüber zu erklären. Die Erklärung bedarf der notariellen Beurkundung. Die Einwilligung wird in dem Zeitpunkt wirksam, in dem sie dem Familiengericht zugeht.

(2) Die Einwilligung kann nicht unter einer Bedingung oder einer Zeitbestimmung erteilt werden. Sie ist unwiderruflich; die Vorschrift des § 1746 Abs. 2 bleibt unberührt.

(3) Die Einwilligung kann nicht durch einen Vertreter erteilt werden. Ist der Einwilligende in der Geschäftsfähigkeit beschränkt, so bedarf seine Einwilligung nicht der Zustimmung seines gesetzlichen Vertreters. Die Vorschrift des § 1746 Abs. 1 Satz 2, 3 bleibt unberührt.

(4) Die Einwilligung verliert ihre Kraft, wenn der Antrag zurückgenommen oder die Annahme versagt wird. Die Einwilligung eines Elternteils verliert ferner ihre Kraft, wenn das Kind nicht innerhalb von drei Jahren seit dem Wirksamwerden der Einwilligung angenommen wird.

§ 1751   Wirkung der elterlichen Einwilligung, Verpflichtung zum Unterhalt

(1) Mit der Einwilligung eines Elternteils in die Annahme ruht die elterliche Sorge dieses Elternteils; die Befugnis zum persönlichen Umgang mit dem Kind darf nicht ausgeübt werden. Das Jugendamt wird Vormund; dies gilt nicht, wenn der andere Elternteil die elterliche Sorge allein ausübt oder wenn bereits ein Vormund bestellt ist. Eine bestehende Pflegschaft bleibt unberührt. Für den Annehmenden gilt während der Zeit der Adoptionspflege § 1688 Abs. 1 und 3 entsprechend.

(2) Absatz 1 ist nicht anzuwenden auf einen Ehegatten, dessen Kind vom anderen Ehegatten angenommen wird.

(3) Hat die Einwilligung eines Elternteils ihre Kraft verloren, so hat das Familiengericht die elterliche Sorge dem Elternteil zu übertragen, wenn und soweit dies dem Wohl des Kindes nicht widerspricht.

(4) Der Annehmende ist dem Kind vor den Verwandten des Kindes zur Gewährung des Unterhalts verpflichtet, sobald die Eltern des Kindes die erforderliche Einwilligung erteilt haben und das Kind in die Obhut des Annehmenden mit dem Ziel der Annahme aufgenommen ist. Will ein Ehegatte ein Kind seines Ehegatten annehmen, so sind die Ehegatten dem

제1750조 [동의의 의사표시]

① 제1746조, 제1747조 및 제1749조에 따른 동의는 가정법원에 대해 표시되어야 한다. 그 의사표시는 공정증서의 작성을 필요로 한다. 동의는 가정법원에 도달한 시점에 유효하게 된다.

② 동의는 조건부나 기한부로 할 수 없다. 동의는 철회할 수 없다; 제1746조 제2항의 규정은 영향을 받지 않는다.

③ 동의는 대리인이 할 수 없다. 동의자의 행위능력이 제한된 경우, 그의 동의는 법정대리인의 동의를 필요로 하지 않는다. 제1746조 제1항 제2문, 제3문의 규정은 영향을 받지 않는다.

④ 신청이 철회되거나 입양이 거절된 경우에 동의는 효력을 상실한다. 동의가 유효하게 된 때로부터 3년 내에 미성년자가 입양되지 않은 경우에도, 부모 일방의 동의는 효력을 상실한다.

제1751조 [부모 동의의 효력, 부양의무]

① 입양에 동의한 부 또는 모의 친권은 정지한다; 미성년자를 개인적으로 면접교섭할 권한을 더 이상 행사해서는 안 된다. 청소년청이 미성년후견인이 된다; 다른 부 또는 모가 친권을 단독으로 행사하고 있거나, 이미 미성년후견인이 선임된 경우에는 그렇지 않다. 기존의 보좌관계는 영향을 받지 않는다. 입양하려는 사람에 대해서는 입양보호기간 동안 제1688조 제1항 및 제3항을 준용한다.

② 제1항은 혼인당사자 일방의 자녀가 배우자에 의해 입양되는 경우, 그 혼인당사자 일방에게는 적용하지 않는다.

③ 부 또는 모의 동의가 효력을 상실한 경우, 미성년자의 복리에 반하지 않는 한, 가정법원은 그 부 또는 모에게 친권을 이전하여야 한다.

④ 미성년자의 부모가 필요한 동의를 하고, 입양하려는 사람이 입양을 목적으로 미성년자를 보호하게 되는 즉시, 입양하려는 사람은 미성년자의 혈족보다 우선해서 그 미성년자에게 부양의무를 부담한다. 혼인당사자 일방이 배우자의 미성년 자녀를 입양하려 할 경우, 미성년자의 부모가 필요한 동의를 하고 미성년자를 혼인당사자들이 보호하게 되는 즉시, 혼인당사자들은 미성년

233

Kind vor den anderen Verwandten des Kindes zur Gewährung des Unterhalts verpflichtet, sobald die erforderliche Einwilligung der Eltern des Kindes erteilt und das Kind in die Obhut der Ehegatten aufgenommen ist.

§ 1752 Beschluss des Familiengerichts, Antrag

(1) Die Annahme als Kind wird auf Antrag des Annehmenden vom Familiengericht ausgesprochen.

(2) Der Antrag kann nicht unter einer Bedingung oder einer Zeitbestimmung oder durch einen Vertreter gestellt werden. Er bedarf der notariellen Beurkundung.

§ 1753 Annahme nach dem Tode

(1) Der Ausspruch der Annahme kann nicht nach dem Tode des Kindes erfolgen.

(2) Nach dem Tode des Annehmenden ist der Ausspruch nur zulässig, wenn der Annehmende den Antrag beim Familiengericht eingereicht oder bei oder nach der notariellen Beurkundung des Antrags den Notar damit betraut hat, den Antrag einzureichen.

(3) Wird die Annahme nach dem Tode des Annehmenden ausgesprochen, so hat sie die gleiche Wirkung, wie wenn sie vor dem Tode erfolgt wäre.

§ 1754 Wirkung der Annahme

(1) Nimmt ein Ehepaar ein Kind an oder nimmt ein Ehegatte ein Kind des anderen Ehegatten an, so erlangt das Kind die rechtliche Stellung eines gemeinschaftlichen Kindes der Ehegatten.

(2) In den anderen Fällen erlangt das Kind die rechtliche Stellung eines Kindes des Annehmenden.

(3) Die elterliche Sorge steht in den Fällen des Absatzes 1 den Ehegatten gemeinsam, in den Fällen des Absatzes 2 dem Annehmenden zu.

Fußnote

§ 1754 Abs. 1 u. Abs. 2: Nach Maßgabe der Entscheidungsformel mit Art. 3 Abs. 1 GG (100-1) unvereinbar gem. Nr. 1 BVerfGE v. 26.3.2019 I 737 - 1 BvR 673/17 - ; Gem. Nr. 2 ist der Gesetzgeber verpflichtet, bis zum 31.3.2020 eine verfassungsgemäße Regelung zu treffen. Bis zur gesetzlichen Neuregelung ist das geltende Recht auf nichteheliche Stiefkindfamilien nicht anwendbar; Verfahren sind insoweit bis zu dieser Neuregelung auszusetzen.

자의 다른 혈족에 우선해서 미성년자에게 부양의무를 부담한다.

제1752조 [가정법원의 결정, 신청]

① 미성년자의 입양은 입양하려는 사람의 신청에 기하여 가정법원이 선고한다.

② 신청은 조건부 또는 기한부로 하거나 대리인에 의해 할 수 없다. 신청은 공정증서로 작성되어야 한다.

제1753조 [사후(死後) 입양]

① 입양의 선고는 미성년자의 사망 이후에 할 수 없다.

② 입양하려는 사람이 사망한 이후에는, 그가 이미 입양신청을 가정법원에 제출하였거나, 신청을 공증하면서 또는 그 후에 공증인에게 신청을 제출하도록 위임한 경우에만, 입양선고가 허용된다.

③ 입양하려는 사람이 사망한 이후 입양이 선고된 경우, 입양은 사망 전에 선고된 것과 동일한 효력을 갖는다.

제1754조 [입양의 효력]

① 혼인당사자들이 미성년자를 입양하거나, 혼인당사자 일방이 배우자의 미성년 자녀를 입양하는 경우, 그 미성년자는 혼인당사자들의 공동 자녀로서 법적 지위를 취득한다.

② 그 밖의 경우에 미성년자는 입양한 사람의 자녀로서 법적 지위를 취득한다.

③ 제1항의 경우에는 혼인당사자들이 공동 친권자가 되고, 제2항의 경우에는 입양한 사람이 친권자가 된다.

각주

제1754조 제1항 및 제2항: BVerfGE v. 26.3.2019 I 737 (1 BvR 673/17) 결정문에 따르면, BVerfGE v. 26.3.2019 I 737-1 673/17 1번에 따라 기본법 제3조 제1항(100-1)과 합치하지 않는다; 2번에 따라 입법자는, 2020년 3월 31일까지 헌법합치적으로 법률을 개정할 의무를 부담한다. 법률이 개정될 때까지 현행법은 혼인외 계부모가족에게 적용하지 않는다; 이 범위에서 법률이 개정될 때까지 절차는 중단되어야 한다.

§ 1755   Erlöschen von Verwandtschaftsverhältnissen

(1) Mit der Annahme erlöschen das Verwandtschaftsverhältnis des Kindes und seiner Abkömmlinge zu den bisherigen Verwandten und die sich aus ihm ergebenden Rechte und Pflichten. Ansprüche des Kindes, die bis zur Annahme entstanden sind, insbesondere auf Renten, Waisengeld und andere entsprechende wiederkehrende Leistungen, werden durch die Annahme nicht berührt; dies gilt nicht für Unterhaltsansprüche.

(2) Nimmt ein Ehegatte das Kind seines Ehegatten an, so tritt das Erlöschen nur im Verhältnis zu dem anderen Elternteil und dessen Verwandten ein.

Fußnote

§ 1755 Abs. 1 Satz 1: Nach Maßgabe der Entscheidungsformel mit Art. 3 Abs. 1 GG (100-1) unvereinbar gem. Nr. 1 BVerfGE v. 26.3.2019 I 737 - 1 BvR 673/17 - ; Gem. Nr. 2 ist der Gesetzgeber verpflichtet, bis zum 31.3.2020 eine verfassungsgemäße Regelung zu treffen. Bis zur gesetzlichen Neuregelung ist das geltende Recht auf nichteheliche Stiefkindfamilien nicht anwendbar; Verfahren sind insoweit bis zu dieser Neuregelung auszusetzen.

§ 1755 Abs. 2: Nach Maßgabe der Entscheidungsformel mit Art. 3 Abs. 1 GG (100-1) unvereinbar gem. Nr. 1 BVerfGE v. 26.3.2019 I 737 - 1 BvR 673/17 - ; Gem. Nr. 2 ist der Gesetzgeber verpflichtet, bis zum 31.3.2020 eine verfassungsgemäße Regelung zu treffen. Bis zur gesetzlichen Neuregelung ist das geltende Recht auf nichteheliche Stiefkindfamilien nicht anwendbar; Verfahren sind insoweit bis zu dieser Neuregelung auszusetzen.

§ 1756   Bestehenbleiben von Verwandtschaftsverhältnissen

(1) Sind die Annehmenden mit dem Kind im zweiten oder dritten Grad verwandt oder verschwägert, so erlöschen nur das Verwandtschaftsverhältnis des Kindes und seiner Abkömmlinge zu den Eltern des Kindes und die sich aus ihm ergebenden Rechte und Pflichten.

(2) Nimmt ein Ehegatte das Kind seines Ehegatten an, so erlischt das Verwandtschaftsverhältnis nicht im Verhältnis zu den Verwandten des anderen Elternteils, wenn dieser die elterliche Sorge hatte und verstorben ist.

§ 1757   Name des Kindes

(1) Das Kind erhält als Geburtsnamen den Familiennamen des Annehmenden. Als Familienname gilt nicht der dem Ehenamen oder dem Lebenspartnerschaftsnamen hinzuge-

제1755조 [혈족관계의 소멸]

① 입양과 함께 미성년자 및 그 직계비속의 종전 혈족에 대한 혈족관계와 그로부터 발생하는 권리와 의무는 소멸한다. 입양할 때까지 발생하였던 미성년자의 청구권, 특히 연금, 고아연금청구권 그 밖의 유사한 정기적 급부청구권은 입양에 의해 영향을 받지 않는다; 이는 부양청구권에 대해서는 적용하지 적용하지 않는다.

② 혼인당사자 일방이 배우자의 자녀를 입양한 경우에는 다른 부모 일방과 그의 혈족에 대한 관계에서만 소멸이 일어난다.

각주

제1755조 제1항 제1문: BVerfGE v. 26.3.2019 I 737 (1 BvR 673/17) 결정문에 따르면, BVerfGE v. 26.3.2019 I 737-1 673/17 1번에 따라 기본법 제3조 제1항(100-1)과 합치하지 않는다; 2번에 따라 입법자는, 2020년 3월 31일까지 헌법합치적으로 법률을 개정할 의무를 부담한다. 법률이 개정될 때까지 현행법은 혼인외 계부모가족에게 적용하지 않는다; 이 범위에서 법률이 개정될 때까지 절차는 중단되어야 한다.

제1756조 [혈족관계의 존속]

① 양부모와 양자가 2촌 또는 3촌의 혈족 또는 인척의 관계에 있는 경우, 양자의 부모에 대한 양자 및 그 직계비속의 혈족관계와 그로부터 발생하는 권리와 의무만 소멸한다.

② 혼인당사자 일방이 배우자의 자녀를 입양한 경우, 다른 부모 일방이 친권자였고 사망하였다면, 그 다른 부모의 혈족에 대한 관계에서는 혈족관계가 소멸하지 않는다.

제1757조 [양자의 姓]

① 양친의 姓이 양자의 출생姓이 된다. 혼인姓 또는 생활동반자姓에 추가된 姓(제1355조 제4항; 생활동반자법 제3조 제2항)은 姓에 해당하지 않는다.

fügte Name (§ 1355 Abs. 4; § 3 Abs. 2 des Lebenspartnerschaftsgesetzes).

(2) Nimmt ein Ehepaar ein Kind an oder nimmt ein Ehegatte ein Kind des anderen Ehegatten an und führen die Ehegatten keinen Ehenamen, so bestimmen sie den Geburtsnamen des Kindes vor dem Ausspruch der Annahme durch Erklärung gegenüber dem Familiengericht; § 1617 Abs. 1 gilt entsprechend. Hat das Kind das fünfte Lebensjahr vollendet, so ist die Bestimmung nur wirksam, wenn es sich der Bestimmung vor dem Ausspruch der Annahme durch Erklärung gegenüber dem Familiengericht anschließt; § 1617c Abs. 1 Satz 2 gilt entsprechend.

(3) Das Familiengericht kann auf Antrag des Annehmenden mit Einwilligung des Kindes mit dem Ausspruch der Annahme

1. Vornamen des Kindes ändern oder ihm einen oder mehrere neue Vornamen beigeben, wenn dies dem Wohl des Kindes entspricht;

2. dem neuen Familiennamen des Kindes den bisherigen Familiennamen voranstellen oder anfügen, wenn dies aus schwerwiegenden Gründen zum Wohl des Kindes erforderlich ist.

§ 1746 Abs. 1 Satz 2, 3, Abs. 3 erster Halbsatz ist entsprechend anzuwenden.

§ 1758 Offenbarungs- und Ausforschungsverbot

(1) Tatsachen, die geeignet sind, die Annahme und ihre Umstände aufzudecken, dürfen ohne Zustimmung des Annehmenden und des Kindes nicht offenbart oder ausgeforscht werden, es sei denn, dass besondere Gründe des öffentlichen Interesses dies erfordern.

(2) Absatz 1 gilt sinngemäß, wenn die nach § 1747 erforderliche Einwilligung erteilt ist. Das Familiengericht kann anordnen, dass die Wirkungen des Absatzes 1 eintreten, wenn ein Antrag auf Ersetzung der Einwilligung eines Elternteils gestellt worden ist.

§ 1759 Aufhebung des Annahmeverhältnisses

Das Annahmeverhältnis kann nur in den Fällen der §§ 1760, 1763 aufgehoben werden.

§ 1760 Aufhebung wegen fehlender Erklärungen

(1) Das Annahmeverhältnis kann auf Antrag vom Familiengericht aufgehoben werden, wenn es ohne Antrag des Annehmenden, ohne die Einwilligung des Kindes oder ohne die erforderliche Einwilligung eines Elternteils begründet worden ist.

② 혼인당사자 일방이 미성년자를 입양하거나 배우자의 자녀를 입양하였고, 혼인당사자들이 혼인姓을 쓰지 않는 경우, 그들은 입양선고가 있기 전에 가정법원에 대한 의사표시로 양자의 출생姓을 정한다; 제1617조 제1항을 준용한다. 양자가 5세 이상인 경우, 양자가 입양선고 전에 가정법원에 대한 의사표시로 출생姓 결정에 동의한 때에만 그 결정이 유효하다; 제1617조의c 제1항 제2문을 준용한다.

③ 가정법원은 입양하려는 사람의 신청과 양자가 될 미성년자의 동의가 있으면 입양선고와 함께,
1. 양자의 복리에 부합하는 경우, 양자의 이름을 변경하거나 하나 또는 여러 개의 새로운 이름을 부가할 수 있으며,
2. 중대한 이유로 양자의 복리를 위해 필요한 경우, 양자의 새로운 姓 앞에 종전 姓을 두거나 추가할 수 있다.

제1746조 제1항 제2문 및 제3문, 제3항 전단을 준용한다.

제1758조 [공개 및 조사의 금지]
① 입양과 그 상황을 드러낼 수 있는 사실은 양친과 양자의 동의 없이 공개되거나 조사되어서는 안 되지만, 공공 이익상 특별한 사유로 인해 필요한 경우에는 그렇지 않다.
② 제1747조에 따라 필요한 동의가 있는 경우, 제1항을 의미에 맞게 적용한다. 부모 일방의 동의의 대체를 요구하는 신청이 제출된 경우, 가정법원은 제1항의 효과가 발생함을 명할 수 있다.

제1759조 [입양관계의 취소]
입양관계는 제1760조, 제1763조의 경우에만 취소될 수 있다.

제1760조 [의사표시의 결여로 인한 취소]
① 입양관계가 양친의 신청 없이 또는 양자의 동의 없이 또는 필요한 부모의 동의 없이 성립한 경우, 가정법원은 신청에 기하여 입양관계를 취소할 수 있다.

(2) Der Antrag oder eine Einwilligung ist nur dann unwirksam, wenn der Erklärende

a) zur Zeit der Erklärung sich im Zustand der Bewusstlosigkeit oder vorübergehenden Störung der Geistestätigkeit befand, wenn der Antragsteller geschäftsunfähig war oder das geschäftsunfähige oder noch nicht 14 Jahre alte Kind die Einwilligung selbst erteilt hat,

b) nicht gewusst hat, dass es sich um eine Annahme als Kind handelt, oder wenn er dies zwar gewusst hat, aber einen Annahmeantrag nicht hat stellen oder eine Einwilligung zur Annahme nicht hat abgeben wollen oder wenn sich der Annehmende in der Person des anzunehmenden Kindes oder wenn sich das anzunehmende Kind in der Person des Annehmenden geirrt hat,

c) durch arglistige Täuschung über wesentliche Umstände zur Erklärung bestimmt worden ist,

d) widerrechtlich durch Drohung zur Erklärung bestimmt worden ist,

e) die Einwilligung vor Ablauf der in § 1747 Abs. 2 Satz 1 bestimmten Frist erteilt hat.

(3) Die Aufhebung ist ausgeschlossen, wenn der Erklärende nach Wegfall der Geschäftsunfähigkeit, der Bewusstlosigkeit, der Störung der Geistestätigkeit, der durch die Drohung bestimmten Zwangslage, nach der Entdeckung des Irrtums oder nach Ablauf der in § 1747 Abs. 2 Satz 1 bestimmten Frist den Antrag oder die Einwilligung nachgeholt oder sonst zu erkennen gegeben hat, dass das Annahmeverhältnis aufrechterhalten werden soll. Die Vorschriften des § 1746 Abs. 1 Satz 2, 3 und des § 1750 Abs. 3 Satz 1, 2 sind entsprechend anzuwenden.

(4) Die Aufhebung wegen arglistiger Täuschung über wesentliche Umstände ist ferner ausgeschlossen, wenn über Vermögensverhältnisse des Annehmenden oder des Kindes getäuscht worden ist oder wenn die Täuschung ohne Wissen eines Antrags- oder Einwilligungsberechtigten von jemand verübt worden ist, der weder antrags- noch einwilligungsberechtigt noch zur Vermittlung der Annahme befugt war.

(5) Ist beim Ausspruch der Annahme zu Unrecht angenommen worden, dass ein Elternteil zur Abgabe der Erklärung dauernd außerstande oder sein Aufenthalt dauernd unbekannt sei, so ist die Aufhebung ausgeschlossen, wenn der Elternteil die Einwilligung nachgeholt oder sonst zu erkennen gegeben hat, dass das Annahmeverhältnis aufrechterhalten

② 신청이나 동의는 다음의 경우에만 효력이 없다,

    a) 의사표시를 한 자가 의사표시 시점에 의식상실 또는 정신활동의 일시적 장애의 상태에 있었던 경우, 신청인이 행위무능력이었거나, 행위무능력이거나 14세에 미달한 양자 본인이 동의한 경우,

    b) 의사표시를 한 자가 양자로서 입양에 관한 것임을 알지 못한 경우, 또는 의사표시를 한 자가 이를 알고 있었으나 입양신청을 하거나 입양동의를 하는 것을 원하지 않았거나, 양친이 양자의 신분에 대해 또는 양자가 양친의 신분에 대해 착오가 있었던 경우,

    c) 의사표시를 한 자가 본질적인 상황에 대한 악의적 기망에 의해 의사표시를 결정하게 된 경우,

    d) 의사표시를 한 자가 위법하게 강박에 의한 의사표시를 결정하게 된 경우,

    e) 의사표시를 한 자가 제1747조 제2항 제1문에서 정한 기간이 도과하기 전에 동의한 경우.

③ 의사표시를 한 자가 행위무능력, 의식상실, 정신활동의 일시적 장애상태, 강박에 의한 강박상태가 소멸한 후, 착오를 발견한 후 또는 제1747조 제2항 제1문에서 정해진 기간이 경과한 후 신청 또는 동의를 추완한 경우, 그 밖에 입양관계가 유지되어야 한다고 다른 방법으로 인식할 수 있게 한 경우에는 취소가 배제된다. 제1746조 제1항 제2문 및 제3문, 제1750조 제3항 제1문 및 제2문의 규정을 준용한다.

④ 본질적인 상황에 대한 악의적 기망을 이유로 한 취소는, 양친 또는 양자의 재산상태에 대해 기망된 경우이거나, 기망행위가 신청권자나 동의권자가 아니며 입양을 중개할 권한도 없는 자에 의해 행하여지고 신청권자나 동의권자가 이를 인식하지 못한 경우에도 배제된다.

⑤ 입양선고에서 부모 일방이 의사표시를 지속적으로 할 수 없거나 그의 거소가 지속적으로 알려지지 않았다고 부당하게 인정된 경우에도, 그 부모 일방이 동의를 추완하거나 그 밖에 입양관계가 유지되어야 한다고 다른 방법으로 인식할 수 있게 한 경우에는 취소가 배제된다. 제1750조 제3항 제1문 및

werden soll. Die Vorschrift des § 1750 Abs. 3 Satz 1, 2 ist entsprechend anzuwenden.

§ 1761 Aufhebungshindernisse

(1) Das Annahmeverhältnis kann nicht aufgehoben werden, weil eine erforderliche Einwilligung nicht eingeholt worden oder nach § 1760 Abs. 2 unwirksam ist, wenn die Voraussetzungen für die Ersetzung der Einwilligung beim Ausspruch der Annahme vorgelegen haben oder wenn sie zum Zeitpunkt der Entscheidung über den Aufhebungsantrag vorliegen; dabei ist es unschädlich, wenn eine Belehrung oder Beratung nach § 1748 Abs. 2 nicht erfolgt ist.

(2) Das Annahmeverhältnis darf nicht aufgehoben werden, wenn dadurch das Wohl des Kindes erheblich gefährdet würde, es sei denn, dass überwiegende Interessen des Annehmenden die Aufhebung erfordern.

§ 1762 Antragsberechtigung; Antragsfrist, Form

(1) Antragsberechtigt ist nur derjenige, ohne dessen Antrag oder Einwilligung das Kind angenommen worden ist. Für ein Kind, das geschäftsunfähig oder noch nicht 14 Jahre alt ist, und für den Annehmenden, der geschäftsunfähig ist, können die gesetzlichen Vertreter den Antrag stellen. Im Übrigen kann der Antrag nicht durch einen Vertreter gestellt werden. Ist der Antragsberechtigte in der Geschäftsfähigkeit beschränkt, so ist die Zustimmung des gesetzlichen Vertreters nicht erforderlich.

(2) Der Antrag kann nur innerhalb eines Jahres gestellt werden, wenn seit der Annahme noch keine drei Jahre verstrichen sind. Die Frist beginnt

a) in den Fällen des § 1760 Abs. 2 Buchstabe a mit dem Zeitpunkt, in dem der Erklärende zumindest die beschränkte Geschäftsfähigkeit erlangt hat oder in dem dem gesetzlichen Vertreter des geschäftsunfähigen Annehmenden oder des noch nicht 14 Jahre alten oder geschäftsunfähigen Kindes die Erklärung bekannt wird;

b) in den Fällen des § 1760 Abs. 2 Buchstaben b, c mit dem Zeitpunkt, in dem der Erklärende den Irrtum oder die Täuschung entdeckt;

c) in dem Falle des § 1760 Abs. 2 Buchstabe d mit dem Zeitpunkt, in dem die Zwangslage aufhört;

d) in dem Falle des § 1760 Abs. 2 Buchstabe e nach Ablauf der in § 1747 Abs. 2 Satz 1 bestimmten Frist;

제2문의 규정을 준용한다.

제1761조 [취소장애사유]

① 필요한 동의를 받지 않았거나 제1760조 제2항에 따라 동의가 무효라 하더라도, 동의를 갈음할 수 있는 요건이 입양선고 시점에 존재하였거나, 취소신청에 대해 결정할 시점에 존재하는 경우, 입양관계는 취소될 수 없다; 제1748조 제2항에 따른 통지나 조언이 없었던 것은 해가 되지 않는다.

② 입양관계가 취소되면 양자의 복리가 현저하게 위험해질 수 있는 경우, 입양관계가 취소되어서는 안 되지만, 양친의 우세한 이익이 취소를 요구하는 경우에는 그렇지 않다.

제1762조 [신청권; 신청기간, 방식]

① 자신의 신청이나 동의 없이 입양이 이루어진 그 사람만이 취소신청을 할 수 있다. 행위무능력 또는 14세 미만인 양자와 행위무능력자인 양친을 위해서는 법정대리인이 신청할 수 있다. 그 밖의 경우에는 대리인이 신청할 수 없다. 신청권자의 행위능력이 제한된 경우, 법정대리인의 동의는 필요하지 않다.

② 입양한 때로부터 3년이 경과하지 않은 경우, 신청은 1년 내에만 제기될 수 있다. 그 기간은 다음 각 시점부터 진행한다

    a) 제1760조 제2항 a목의 경우, 의사표시를 한 자가 적어도 제한행위능력을 취득한 시점, 또는 행위무능력자인 양친의 법정대리인 또는 아직 14세 미만이거나 행위무능력자인 양자의 법정대리인이 그 의사표시를 알았던 시점;

    b) 제1760조 제2항 b목 및 c목의 경우, 의사표시를 한 자가 착오나 기망을 발견한 시점;

    c) 제1760조 제2항 d목의 경우, 강박상태가 종료한 시점;

    d) 제1760조 제2항 e목의 경우, 제1747조 제2항 제1문에서 정한 기간이 경과한 시점;

e) in den Fällen des § 1760 Abs. 5 mit dem Zeitpunkt, in dem dem Elternteil bekannt
wird, dass die Annahme ohne seine Einwilligung erfolgt ist.

Die für die Verjährung geltenden Vorschriften der §§ 206, 210 sind entsprechend anzuwenden.

(3) Der Antrag bedarf der notariellen Beurkundung.

§ 1763   Aufhebung von Amts wegen

(1) Während der Minderjährigkeit des Kindes kann das Familiengericht das Annahmeverhältnis von Amts wegen aufheben, wenn dies aus schwerwiegenden Gründen zum
Wohl des Kindes erforderlich ist.

(2) Ist das Kind von einem Ehepaar angenommen, so kann auch das zwischen dem Kind
und einem Ehegatten bestehende Annahmeverhältnis aufgehoben werden.

(3) Das Annahmeverhältnis darf nur aufgehoben werden,

a) wenn in dem Falle des Absatzes 2 der andere Ehegatte oder wenn ein leiblicher Elternteil bereit ist, die Pflege und Erziehung des Kindes zu übernehmen, und wenn die
Ausübung der elterlichen Sorge durch ihn dem Wohl des Kindes nicht widersprechen
würde oder

b) wenn die Aufhebung eine erneute Annahme des Kindes ermöglichen soll.

§ 1764   Wirkung der Aufhebung

(1) Die Aufhebung wirkt nur für die Zukunft. Hebt das Familiengericht das Annahmeverhältnis nach dem Tode des Annehmenden auf dessen Antrag oder nach dem Tode des
Kindes auf dessen Antrag auf, so hat dies die gleiche Wirkung, wie wenn das Annahmeverhältnis vor dem Tode aufgehoben worden wäre.

(2) Mit der Aufhebung der Annahme als Kind erlöschen das durch die Annahme begründete Verwandtschaftsverhältnis des Kindes und seiner Abkömmlinge zu den bisherigen Verwandten und die sich aus ihm ergebenden Rechte und Pflichten.

(3) Gleichzeitig leben das Verwandtschaftsverhältnis des Kindes und seiner Abkömmlinge zu den leiblichen Verwandten des Kindes und die sich aus ihm ergebenden Rechte
und Pflichten, mit Ausnahme der elterlichen Sorge, wieder auf.

(4) Das Familiengericht hat den leiblichen Eltern die elterliche Sorge zurückzuüber-

e) 제1760조 제5항의 경우, 입양이 자신의 동의 없이 이루어졌다는 것을 부모 일방이 알게 된 시점.

소멸시효에 관한 제206조 및 제210조의 규정을 준용한다.

③ 신청은 공증인에 의해 공증되어야 한다.

제1763조 [직권 취소]

① 중대한 사유로 자녀의 복리를 위해 필요한 경우, 가정법원은 양자가 미성년인 동안 입양관계를 직권으로 취소할 수 있다.

② 양자가 혼인당사자 쌍방에 의해 입양된 경우, 양자와 혼인당사자 일방 사이의 입양관계도 취소될 수 있다.

③ 입양관계는 다음의 경우에만 취소될 수 있다,

    a) 제2항의 경우에는 그 혼인당사자의 배우자 또는 친생부모 일방이 양자의 보호와 양육을 인수할 준비가 되어 있고 그에 의한 친권의 행사가 양자의 복리에 반하지 않을 경우, 또는

    b) 입양취소가 그 양자의 새로운 입양을 가능하게 할 경우.

제1764조 [취소의 효과]

① 취소는 장래효만 가진다. 가정법원이 양친의 신청에 기하여 그의 사망 후에 또는 양자의 신청에 기하여 그의 사망 후에 입양관계를 취소한 경우, 사망 전에 입양관계가 취소되었을 경우와 동일한 효과가 생긴다.

② 입양이 취소되면, 입양으로 인해 성립된 양자 및 그 직계비속의 그때까지의 혈족에 대한 혈족관계와 그로부터 발생한 권리와 의무는 소멸한다.

③ 동시에 양자와 그 직계비속의 양자의 친생혈족에 대한 혈족관계와 그로부터 발생하는 권리와 의무는 친권을 제외하고 다시 부활한다.

④ 가정법원은 자녀의 복리에 반하지 않는 한 친생부모에게 친권을 다시 이

245

tragen, wenn und soweit dies dem Wohl des Kindes nicht widerspricht; andernfalls bestellt es einen Vormund oder Pfleger.

(5) Besteht das Annahmeverhältnis zu einem Ehepaar und erfolgt die Aufhebung nur im Verhältnis zu einem Ehegatten, so treten die Wirkungen des Absatzes 2 nur zwischen dem Kind und seinen Abkömmlingen und diesem Ehegatten und dessen Verwandten ein; die Wirkungen des Absatzes 3 treten nicht ein.

§ 1765 Name des Kindes nach der Aufhebung

(1) Mit der Aufhebung der Annahme als Kind verliert das Kind das Recht, den Familiennamen des Annehmenden als Geburtsnamen zu führen. Satz 1 ist in den Fällen des § 1754 Abs. 1 nicht anzuwenden, wenn das Kind einen Geburtsnamen nach § 1757 Abs. 1 führt und das Annahmeverhältnis zu einem Ehegatten allein aufgehoben wird. Ist der Geburtsname zum Ehenamen oder Lebenspartnerschaftsnamen des Kindes geworden, so bleibt dieser unberührt.

(2) Auf Antrag des Kindes kann das Familiengericht mit der Aufhebung anordnen, dass das Kind den Familiennamen behält, den es durch die Annahme erworben hat, wenn das Kind ein berechtigtes Interesse an der Führung dieses Namens hat. § 1746 Abs. 1 Satz 2, 3 ist entsprechend anzuwenden.

(3) Ist der durch die Annahme erworbene Name zum Ehenamen oder Lebenspartnerschaftsnamen geworden, so hat das Familiengericht auf gemeinsamen Antrag der Ehegatten oder Lebenspartner mit der Aufhebung anzuordnen, dass die Ehegatten oder Lebenspartner als Ehenamen oder Lebenspartnerschaftsnamen den Geburtsnamen führen, den das Kind vor der Annahme geführt hat.

§ 1766 Ehe zwischen Annehmendem und Kind

Schließt ein Annehmender mit dem Angenommenen oder einem seiner Abkömmlinge den eherechtlichen Vorschriften zuwider die Ehe, so wird mit der Eheschließung das durch die Annahme zwischen ihnen begründete Rechtsverhältnis aufgehoben. §§ 1764, 1765 sind nicht anzuwenden.

전해야 한다. 그렇지 않은 경우에는 미성년후견인 또는 보좌인을 선임한다.

⑤ 입양관계가 혼인당사자 쌍방에 대해 존재하는데, 혼인당사자 일방에 대한 관계에서만 취소가 있는 경우, 제2항의 효과는 양자 및 그 직계비속과 그 혼인당사자 일방 및 그 혈족 사이에서만 일어난다; 제3항의 효과는 발생하지 않는다.

제1765조 [취소 후 양자의 姓]

① 입양이 취소되면 양자는 양친의 姓을 출생姓으로 사용할 권리를 상실한다. 제1754조 제1항의 경우에서, 양자가 제1757조 제1항에 따라 출생姓을 사용하고, 입양관계가 혼인당사자 일방에 대해서만 취소된 경우, 제1문은 적용하지 않는다. 출생姓이 양자의 혼인姓 또는 생활동반자姓이 된 경우, 이 姓은 영향을 받지 않는다.

② 양자가 입양에 의해 취득한 姓을 사용하는 데 정당한 이익이 있는 경우, 가정법원은 양자의 신청에 기하여 그 姓을 유지할 것을 취소와 함께 명할 수 있다. 제1746조 제1항 제2문, 제3문을 준용한다.

③ 입양에 의해 취득한 姓이 혼인姓 또는 생활동반자姓이 된 경우, 가정법원은 혼인당사자 쌍방 또는 생활동반자들의 공동신청에 기하여 양자가 입양 전에 사용했던 출생姓을 그 혼인당사자 또는 생활동반자들의 혼인姓 또는 생활동반자姓으로 사용할 것을 명해야 한다.

제1766조 [양친과 양자 사이의 혼인]

양친이 혼인법 규정에 반하여 양자 또는 양자의 직계비속과 혼인한 경우, 입양에 의해 형성한 그들 사이의 법률관계는 혼인이 체결됨으로써 소멸한다. 제1764조 및 제1765조는 적용하지 않는다.

§ 1766a   Annahme von Kindern des nichtehelichen Partners

(1) Für zwei Personen, die in einer verfestigten Lebensgemeinschaft in einem gemeinsamen Haushalt leben, gelten die Vorschriften dieses Untertitels über die Annahme eines Kindes des anderen Ehegatten entsprechend.

(2) Eine verfestigte Lebensgemeinschaft im Sinne des Absatzes 1 liegt in der Regel vor, wenn die Personen

1. seit mindestens vier Jahren oder

2. als Eltern eines gemeinschaftlichen Kindes mit diesem

eheähnlich zusammenleben. Sie liegt in der Regel nicht vor, wenn ein Partner mit einem Dritten verheiratet ist.

(3) Ist der Annehmende mit einem Dritten verheiratet, so kann er das Kind seines Partners nur allein annehmen. Die Einwilligung des Dritten in die Annahme ist erforderlich. § 1749 Absatz 1 Satz 2 und 3 und Absatz 2 gilt entsprechend.

Untertitel 2   Annahme Volljähriger

§ 1767   Zulässigkeit der Annahme, anzuwendende Vorschriften

(1) Ein Volljähriger kann als Kind angenommen werden, wenn die Annahme sittlich gerechtfertigt ist; dies ist insbesondere anzunehmen, wenn zwischen dem Annehmenden und dem Anzunehmenden ein Eltern-Kind-Verhältnis bereits entstanden ist.

(2) Für die Annahme Volljähriger gelten die Vorschriften über die Annahme Minderjähriger sinngemäß, soweit sich aus den folgenden Vorschriften nichts anderes ergibt. Zur Annahme eines Verheirateten oder einer Person, die eine Lebenspartnerschaft führt, ist die Einwilligung seines Ehegatten oder ihres Lebenspartners erforderlich. Die Änderung des Geburtsnamens erstreckt sich auf den Ehe- oder Lebenspartnerschaftsnamen des Angenommenen nur dann, wenn sich auch der Ehegatte oder Lebenspartner der Namensänderung vor dem Ausspruch der Annahme durch Erklärung gegenüber dem Familiengericht anschließt; die Erklärung muss öffentlich beglaubigt werden.

제1766조의a [혼인외 동반자 자녀의 입양]

① 안정된 생활공동체에서 공동의 가계로 생활하는 두 사람에 대해서는 배우자 자녀의 입양에 관한 이 관의 규정을 준용한다.

② 제1항에서 의미하는 안정된 생활공동체는 원칙적으로 다음의 경우에 존재한다. 그 사람들이

1. 최소 4년간 혼인과 유사하게 동거하거나,
2. 공동의 자녀의 부모로서 그 자녀와 함께 혼인과 유사하게 동거하는 경우. 동반자 일방이 제3자와 혼인한 경우에는 원칙적으로 안정된 생활공동체는 존재하지 않는다.

③ 입양하려는 사람이 제3자와 혼인한 경우, 그는 동반자의 자녀를 단독으로만 입양할 수 있다. 입양에 대한 제3자의 동의가 필요하다. 제1749조 제1항 제2문 및 제3문, 제2항을 준용한다.

제2관 성년자 입양

제1767조 [입양의 요건, 적용규정]

① 성년자는 입양이 도의적으로 정당화되는 경우에 양자로서 입양될 수 있다; 특히 입양하려는 사람과 양자가 될 사람 사이에 이미 부모-자녀 관계가 발생한 경우, 이는 인정될 수 있다.

② 이하의 규정에서 달리 정하지 않는 한, 미성년자 입양에 관한 규정들을 성년자 입양에 대해 의미에 맞게 적용한다. 혼인한 자 또는 생활동반자관계를 영위하고 있는 사람을 입양하기 위해서는 그의 배우자 또는 생활동반자의 동의가 요구된다. 출생姓의 변경은, 배우자 또는 생활동반자 역시 입양선고에 앞서 가정법원에 대한 의사표시로 姓의 변경에 동의한 경우에만 양자의 혼인姓 또는 생활동반자姓에 미친다; 의사표시는 공적으로 인증되어야 한다.

§ 1768   Antrag

(1) Die Annahme eines Volljährigen wird auf Antrag des Annehmenden und des Anzunehmenden vom Familiengericht ausgesprochen. §§ 1742, 1744, 1745, 1746 Abs. 1, 2, § 1747 sind nicht anzuwenden.

(2) Für einen Anzunehmenden, der geschäftsunfähig ist, kann der Antrag nur von seinem gesetzlichen Vertreter gestellt werden.

§ 1769   Verbot der Annahme

Die Annahme eines Volljährigen darf nicht ausgesprochen werden, wenn ihr überwiegende Interessen der Kinder des Annehmenden oder des Anzunehmenden entgegenstehen.

§ 1770   Wirkung der Annahme

(1) Die Wirkungen der Annahme eines Volljährigen erstrecken sich nicht auf die Verwandten des Annehmenden. Der Ehegatte oder Lebenspartner des Annehmenden wird nicht mit dem Angenommenen, dessen Ehegatte oder Lebenspartner wird nicht mit dem Annehmenden verschwägert.

(2) Die Rechte und Pflichten aus dem Verwandtschaftsverhältnis des Angenommenen und seiner Abkömmlinge zu ihren Verwandten werden durch die Annahme nicht berührt, soweit das Gesetz nichts anderes vorschreibt.

(3) Der Annehmende ist dem Angenommenen und dessen Abkömmlingen vor den leiblichen Verwandten des Angenommenen zur Gewährung des Unterhalts verpflichtet.

§ 1771   Aufhebung des Annahmeverhältnisses

Das Familiengericht kann das Annahmeverhältnis, das zu einem Volljährigen begründet worden ist, auf Antrag des Annehmenden und des Angenommenen aufheben, wenn ein wichtiger Grund vorliegt. Im Übrigen kann das Annahmeverhältnis nur in sinngemäßer Anwendung der Vorschriften des § 1760 Abs. 1 bis 5 aufgehoben werden. An die Stelle der Einwilligung des Kindes tritt der Antrag des Anzunehmenden.

§ 1772   Annahme mit den Wirkungen der Minderjährigenannahme

(1) Das Familiengericht kann beim Ausspruch der Annahme eines Volljährigen auf Antrag des Annehmenden und des Anzunehmenden bestimmen, dass sich die Wirkungen der

제1768조 [신청]

① 성년자 입양은 입양하려는 사람과 양자가 될 사람의 신청에 기하여 가정법원이 선고한다. 제1742조, 제1744조, 제1745조, 제1746조 제1항 및 제2항, 제1747조는 적용하지 않는다.

② 행위무능력자인 양자가 될 사람을 위해서는 법정대리인만이 신청할 수 있다.

제1769조 [입양 금지]

입양하려는 사람의 자녀 또는 양자가 될 사람의 자녀의 우세한 이익에 반하는 경우, 성년자 입양은 선고되어서는 안 된다.

제1770조 [입양의 효과]

① 성년자 입양의 효과는 양친의 혈족에게는 미치지 않는다. 양친의 배우자 또는 생활동반자는 양자와 인척이 되지 않으며, 양자의 배우자 또는 생활동반자는 양친과 인척이 되지 않는다.

② 양자 및 그 직계비속의 혈족에 대한 혈족관계에서 생기는 권리와 의무는, 법률에서 달리 규정하지 않는 한, 입양에 의해 영향을 받지 않는다.

③ 양친은 양자와 그 직계비속에게 양자의 친생혈족에 우선하여 부양의무를 부담한다.

제1771조 [입양관계의 취소]

중대한 사유가 있는 경우, 가정법원은 양친 및 양자의 신청에 기하여 성년자에 대한 입양관계를 취소할 수 있다. 입양관계는 그 밖에 제1760조 제1항 내지 제5항 규정을 의미에 맞게 적용함으로써만 취소될 수 있다. 양자의 신청은 양자의 동의를 대신한다.

제1772조 [미성년자 입양의 효과가 있는 입양]

① 다음 각 목의 경우, 가정법원은 성년자 입양을 선고할 때, 입양하려는 사람과 양자가 될 사람의 신청에 기하여, 입양의 효과가 미성년자의 입양 또는 혈족인 미성년자의 입양에 관한 규정(제1754조 내지 제1756조)을 따른다고

Annahme nach den Vorschriften über die Annahme eines Minderjährigen oder eines verwandten Minderjährigen richten (§§ 1754 bis 1756), wenn

a) ein minderjähriger Bruder oder eine minderjährige Schwester des Anzunehmenden von dem Annehmenden als Kind angenommen worden ist oder gleichzeitig angenommen wird oder

b) der Anzunehmende bereits als Minderjähriger in die Familie des Annehmenden aufgenommen worden ist oder

c) der Annehmende das Kind seines Ehegatten annimmt oder

d) der Anzunehmende in dem Zeitpunkt, in dem der Antrag auf Annahme bei dem Familiengericht eingereicht wird, noch nicht volljährig ist.

Eine solche Bestimmung darf nicht getroffen werden, wenn ihr überwiegende Interessen der Eltern des Anzunehmenden entgegenstehen.

(2) Das Annahmeverhältnis kann in den Fällen des Absatzes 1 nur in sinngemäßer Anwendung der Vorschriften des § 1760 Abs. 1 bis 5 aufgehoben werden. An die Stelle der Einwilligung des Kindes tritt der Antrag des Anzunehmenden.

결정할 수 있다,

> a) 양자가 될 사람의 미성년 형제자매가 입양하려는 사람에 의해 양자로 입양되었거나 동시에 입양되는 경우 또는
>
> b) 양자가 될 사람이 이미 미성년자일 때부터 입양하려는 사람의 가족 내에 받아들여진 경우 또는
> c) 입양하려는 사람이 배우자의 자녀를 입양하는 경우 또는
> d) 입양신청이 가정법원에 제출된 시점에 양자가 될 사람이 아직 성년자가 아닌 경우.

양자가 될 사람의 부모의 압도적 이익에 반하는 경우에는, 이러한 결정을 해서는 안 된다.

② 제1항의 경우, 입양관계는 제1760조 제1항 내지 제5항의 규정을 의미에 맞게 적용함으로써만 취소될 수 있다. 양자의 신청은 양자의 동의를 대신한다.

Abschnitt 3   Vormundschaft, Rechtliche Betreuung, Pflegschaft

Titel 1   Vormundschaft

Untertitel 1   Begründung der Vormundschaft

Kapitel 1   Bestellte Vormundschaft

Unterkapitel 1   Allgemeine Vorschriften

§ 1773   Voraussetzungen der Vormundschaft; Bestellung des Vormunds

(1) Das Familiengericht hat die Vormundschaft für einen Minderjährigen anzuordnen und ihm einen Vormund zu bestellen, wenn

1. er nicht unter elterlicher Sorge steht,

2. seine Eltern nicht berechtigt sind, ihn in den seine Person und sein Vermögen betreffenden Angelegenheiten zu vertreten, oder

3. sein Familienstand nicht zu ermitteln ist.

(2) Ist anzunehmen, dass ein Kind mit seiner Geburt einen Vormund benötigt, so kann schon vor der Geburt des Kindes eine Vormundschaft angeordnet und ein Vormund bestellt werden. Die Bestellung wird mit der Geburt des Kindes wirksam.

§ 1774   Vormund

(1) Zum Vormund kann bestellt werden:

1. eine natürliche Person, die die Vormundschaft ehrenamtlich führt,

2. eine natürliche Person, die die Vormundschaft beruflich selbständig führt (Berufsvormund),

3. ein Mitarbeiter eines vom überörtlichen Träger der Jugendhilfe anerkannten Vormundschaftsvereins, wenn der Mitarbeiter dort ausschließlich oder teilweise als Vormund tätig ist (Vereinsvormund), oder

4. das Jugendamt.

제3장 미성년후견, 성년후견, 그 밖의 보좌

제1절 미성년후견

제1관 미성년후견의 성립

제1항 선임에 의한 미성년후견

제1목 일반규정

제1773조 [미성년후견의 요건; 미성년후견인의 선임]

① 가정법원은 다음 각 호의 경우에 미성년자를 위하여 미성년후견을 명하여야 하고, 그 미성년자에게 미성년후견인을 선임하여야 한다,

　1. 미성년자가 친권에 따르지 않거나,

　2. 미성년자의 부모가 미성년자의 신상과 재산에 관한 사무에서 미성년자를 대리할 권한이 없거나, 또는

　3. 미성년자의 가족관계를 알 수 없는 경우.

② 아동이 출생할 때 미성년후견인이 필요할 것으로 인정되는 경우, 아동의 출생 전에 미성년후견이 명하여지고, 미성년후견인이 선임될 수 있다. 선임은 아동의 출생으로 효력이 있다.

제1774조 [미성년후견인]

① 다음 각 호의 자는 미성년후견인으로 선임될 수 있다:

　1. 미성년후견을 명예직으로 수행하는 자연인,

　2. 미성년후견을 직업으로 독자적으로 수행하는 자연인(직업미성년후견인),

　3. 초지역적 청소년복지기관이 승인하는 미성년후견사단법인의 직원으로, 그 법인에서 전적으로 또는 부분적으로 미성년후견인으로서 근무하는 경우(사단법인미성년후견인), 또는

　4. 청소년청.

(2) Zum vorläufigen Vormund kann bestellt werden:

1. ein vom überörtlichen Träger der Jugendhilfe anerkannter Vormundschaftsverein,

2. das Jugendamt.

§ 1775 Mehrere Vormünder

(1) Ehegatten können gemeinschaftlich zu Vormündern bestellt werden.

(2) Für Geschwister soll nur ein Vormund bestellt werden, es sei denn, es liegen besondere Gründe vor, jeweils einen Vormund für einzelne Geschwister zu bestellen.

§ 1776 Zusätzlicher Pfleger

(1) Das Familiengericht kann bei Bestellung eines ehrenamtlichen Vormunds mit dessen Einverständnis einzelne Sorgeangelegenheiten oder eine bestimmte Art von Sorgeangelegenheiten auf einen Pfleger übertragen, wenn die Übertragung dieser Angelegenheiten dem Wohl des Mündels dient. Die Übertragung ist auch nachträglich möglich, wenn der Vormund zustimmt.

(2) Die Übertragung ist ganz oder teilweise aufzuheben,

1. wenn sie dem Wohl des Mündels widerspricht,

2. auf Antrag des Vormunds oder des Pflegers, wenn der jeweils andere Teil zustimmt und die Aufhebung dem Wohl des Mündels nicht widerspricht, oder

3. auf Antrag des Mündels, der das 14. Lebensjahr vollendet hat, wenn Vormund und Pfleger der Aufhebung zustimmen.

Die Zustimmung gemäß Satz 1 Nummer 2 und 3 ist entbehrlich, wenn ein wichtiger Grund für die Aufhebung vorliegt.

(3) Im Übrigen gelten die Vorschriften über die Pflegschaft für Minderjährige entsprechend. Neben einem Pfleger nach § 1809 oder § 1777 kann ein Pfleger nach Absatz 1 nicht bestellt werden.

§ 1777 Übertragung von Sorgeangelegenheiten auf die Pflegeperson als Pfleger

(1) Das Familiengericht überträgt auf Antrag des Vormunds oder der Pflegeperson einzelne Sorgeangelegenheiten oder eine bestimmte Art von Sorgeangelegenheiten auf die Pflegeperson als Pfleger, wenn

② 다음 각 호의 자는 임시미성년후견인으로 선임될 수 있다:

　1. 초지역적 청소년복지기관이 승인하는 미성년후견사단법인,

　2. 청소년청.

제1775조 [여러 명의 미성년후견인]

① 혼인당사자들은 공동으로 미성년후견인으로 선임될 수 있다.

② 형제자매에 대해서는 1인의 미성년후견인만이 선임되어야 하지만, 미성년후견인을 각각 1인씩 선임하여야 하는 특별한 사유가 있는 경우에는 그렇지 않다.

제1776조 [추가보좌인]

① 가정법원은 개별 돌봄사무 또는 특정한 유형의 돌봄사무를 보좌인에게 위임하는 것이 피미성년후견인*의 복리를 위해 필요한 경우, 명예직미성년후견인을 선임할 때 그의 동의를 얻어 이러한 사무를 보좌인에게 위임할 수 있다. 미성년후견인이 동의하는 경우, 위임은 사후적으로도 가능하다.

② 다음 각 호의 경우, 위임은 전부 또는 일부 취소되어야 한다.

　1. 위임이 피미성년후견인의 복리에 반하는 경우,

　2. 미성년후견인 또는 보좌인의 신청이 있고, 다른 일방이 동의하고, 취소가 피미성년후견인의 복리에 반하지 않는 경우, 또는

　3. 14세 이상의 피미성년후견인의 신청이 있고, 미성년후견인과 보좌인이 취소에 동의하는 경우.

취소하여야 하는 중대한 사유가 있는 경우, 제1문 제2호 및 제3호에 따른 동의는 불필요하다.

③ 그 밖에 미성년보좌에 관한 규정을 준용한다. 제1809조 또는 제1777조에 따른 미성년보좌인이 있으면, 제1항에 따라 미성년보좌인이 선임될 수 없다.

제1777조 [보좌인인 위탁보호자에 대한 돌봄사무의 위임]

① 다음의 경우, 가정법원은 미성년후견인 또는 위탁보호자의 신청에 기하여 개별 돌봄사무 또는 특정한 유형의 돌봄사무를 보좌인인 위탁보호자에게 위임한다.

---

* '일러두기 8' 참조.

1. der Mündel seit längerer Zeit bei der Pflegeperson lebt oder bereits bei Begründung des Pflegeverhältnisses eine persönliche Bindung zwischen dem Mündel und der Pflegeperson besteht,

2. die Pflegeperson oder der Vormund dem Antrag des jeweils anderen auf Übertragung zustimmt und

3. die Übertragung dem Wohl des Mündels dient.

Ein entgegenstehender Wille des Mündels ist zu berücksichtigen.

(2) Sorgeangelegenheiten, deren Regelung für den Mündel von erheblicher Bedeutung ist, werden der Pflegeperson nur zur gemeinsamen Wahrnehmung mit dem Vormund übertragen.

(3) Den Antrag auf Übertragung nach Absatz 1 Satz 1 kann auch der Mündel stellen, wenn er das 14. Lebensjahr vollendet hat. Für die Übertragung ist die Zustimmung des Vormunds und der Pflegeperson erforderlich.

(4) § 1776 Absatz 2 gilt entsprechend. Im Übrigen gelten die Vorschriften über die Pflegschaft für Minderjährige entsprechend. Neben einem Pfleger nach § 1809 oder § 1776 kann die Pflegeperson nicht zum Pfleger bestellt werden.

Unterkapitel 2　　Auswahl des Vormunds

§ 1778　Auswahl des Vormunds durch das Familiengericht

(1) Ist die Vormundschaft nicht einem nach § 1782 Benannten zu übertragen, hat das Familiengericht den Vormund auszuwählen, der am besten geeignet ist, für die Person und das Vermögen des Mündels zu sorgen.

(2) Bei der Auswahl sind insbesondere zu berücksichtigen:

1. der Wille des Mündels, seine familiären Beziehungen, seine persönlichen Bindungen, sein religiöses Bekenntnis und sein kultureller Hintergrund,

2. der wirkliche oder mutmaßliche Wille der Eltern und

3. die Lebensumstände des Mündels.

1. 피미성년후견인이 오랜 기간 위탁보호자와 생활하고 있거나 가정위탁관계가 성립할 때 이미 피미성년후견인과 위탁보호자 사이에 개인적 유대가 있고,
2. 위탁보호자 또는 미성년후견인이 다른 일방의 위임 신청에 동의하고,

3. 위임이 피미성년후견인의 복리를 위해 필요한 경우.
피미성년후견인의 반대 의사는 고려되어야 한다.
② 피미성년후견인에게 그 규율이 중대한 의미가 있는 돌봄사무는 미성년후견인과 공동으로 수행하기 위해서만 위탁보호자에게 위임된다.

③ 제1항 제1문에 따른 위임은 14세 이상의 피미성년후견인도 신청할 수 있다. 위임에는 미성년후견인과 위탁보호자의 동의가 필요하다.

④ 제1776조 제2항을 준용한다. 그 밖에 미성년보좌에 관한 규정을 준용한다. 제1809조 또는 제1776조에 따른 미성년보좌인이 있으면, 제1항에 따라 미성년보좌인이 선임될 수 없다.

제2목   미성년후견인의 선정

제1778조 [가정법원의 미성년후견인 선정]
① 미성년후견이 제1782조에 따라 지정된 사람에게 위임될 수 없는 경우, 가정법원은 피미성년후견인의 신상과 재산을 돌보는 데에 가장 적합한 미성년후견인을 선정하여야 한다.
② 선정에는 특히 다음의 사항이 고려되어야 한다:
 1. 피미성년후견인의 의사, 가족관계, 개인적 유대, 종교 및 문화적 배경

 2. 부모의 진정한 의사 또는 추정적 의사 및
 3. 피미성년후견인의 생활환경.

§ 1779 Eignung der Person; Vorrang des ehrenamtlichen Vormunds

(1) Eine natürliche Person muss nach

1. ihren Kenntnissen und Erfahrungen,

2. ihren persönlichen Eigenschaften,

3. ihren persönlichen Verhältnissen und ihrer Vermögenslage sowie

4. ihrer Fähigkeit und Bereitschaft zur Zusammenarbeit mit den anderen an der Erziehung des Mündels beteiligten Personen

geeignet sein, die Vormundschaft so zu führen, wie es das Wohl des Mündels erfordert.

(2) Eine natürliche Person, die geeignet und bereit ist, die Vormundschaft ehrenamtlich zu führen, hat gegenüber den in § 1774 Absatz 1 Nummer 2 bis 4 genannten Vormündern Vorrang. Von ihrer Eignung ist auch dann auszugehen, wenn ein zusätzlicher Pfleger nach § 1776 bestellt wird.

§ 1780 Berücksichtigung der beruflichen Belastung des Berufs- und Vereinsvormunds

Soll ein Berufsvormund oder ein Vereinsvormund bestellt werden, ist seine berufliche Arbeitsbelastung, insbesondere die Anzahl und der Umfang der bereits zu führenden Vormundschaften und Pflegschaften zu berücksichtigen. Er ist dem Familiengericht zur Auskunft hierüber verpflichtet.

§ 1781 Bestellung eines vorläufigen Vormunds

(1) Sind die erforderlichen Ermittlungen zur Auswahl des geeigneten Vormunds insbesondere im persönlichen Umfeld des Mündels im Zeitpunkt der Anordnung der Vormundschaft noch nicht abgeschlossen oder besteht ein vorübergehendes Hindernis für die Bestellung des Vormunds, bestellt das Familiengericht einen vorläufigen Vormund.

(2) Der Vormundschaftsverein überträgt die Aufgaben des vorläufigen Vormunds einzelnen seiner Mitarbeiter; § 1784 gilt entsprechend. Der Vormundschaftsverein hat dem Familiengericht alsbald, spätestens binnen zwei Wochen nach seiner Bestellung zum vorläufigen Vormund mitzuteilen, welchem Mitarbeiter die Ausübung der Aufgaben des vorläufigen Vormunds übertragen worden sind.

제1779조 [인적 적합성; 명예직미성년후견인의 우선]

① 자연인은

1. 그의 지식과 경험,

2. 그의 개인적 특성,

3. 그의 개인적 상황과 재산상태 및

4. 피미성년후견인의 양육에 관여하는 다른 사람들과 협력할 수 있는 능력
   과 용의에 비추어,

피미성년후견인의 복리가 요구하는 대로 미성년후견을 수행하기에 적합하
여야 한다.

② 미성년후견을 명예직으로 수행하기에 적합하고 그러할 용의가 있는 자연
인은 제1774조 제1항 제2호 내지 제4호에서 규정한 미성년후견인에 우선한
다. 제1776조에 따라 추가보좌인이 선임되는 경우에도 미성년후견인의 인적
적합성이 전제되어야 한다.

제1780조 [직업미성년후견인 및 사단법인미성년후견인의 직업상 부담의 고려]

직업미성년후견인 또는 사단법인미성년후견인이 선임되어야 하는 경우, 그
의 직업상 업무부담, 특히 이미 수행하고 있는 미성년후견 및 보좌의 수와
범위가 고려되어야 한다. 그는 가정법원에 이에 관한 정보를 제공해야 할 의
무가 있다.

제1781조 [임시미성년후견인의 선임]

① 적합한 미성년후견인을 선정하는 데 필요한 조사, 특히 피미성년후견인
의 인적 주변 환경의 조사가 미성년후견의 명령 시점에 아직 완료되지 않았
거나, 미성년후견인을 선임하는 데 일시적 장애가 있는 경우, 가정법원은 임
시미성년후견인을 선임한다.

② 미성년후견사단법인은 임시미성년후견인의 업무를 개별 직원에게 위임한
다; 제1784조를 준용한다. 미성년후견사단법인은 임시미성년후견인으로 선
임된 후 즉시, 늦어도 2주 이내에 가정법원에 임시미성년후견인의 업무 수행
이 어느 직원에게 위임되었는지를 통지하여야 한다.

(3) Das Familiengericht hat den Vormund alsbald, längstens aber binnen drei Monaten ab Bestellung des vorläufigen Vormunds zu bestellen. Die Frist kann durch Beschluss des Gerichts nach Anhörung der Beteiligten um höchstens weitere drei Monate verlängert werden, wenn trotz eingeleiteter Ermittlungen des Familiengerichts der für den Mündel am besten geeignete Vormund noch nicht bestellt werden konnte.

(4) Die Bestellung des Jugendamtes oder eines Vereinsmitarbeiters zum Vormund ist auch erforderlich, wenn das Familiengericht das Jugendamt oder einen Vormundschaftsverein zuvor als vorläufigen Vormund ausgewählt hat.

(5) Mit der Bestellung des Vormunds endet das Amt des vorläufigen Vormunds.

§ 1782   Benennung und Ausschluss als Vormund durch die Eltern

(1) Die Eltern können durch letztwillige Verfügung eine natürliche Person als Vormund oder Ehegatten als gemeinschaftliche Vormünder benennen oder von der Vormundschaft ausschließen, wenn ihnen zur Zeit ihres Todes die Sorge für die Person und das Vermögen des Kindes zusteht. Die Benennung und der Ausschluss können schon vor der Geburt des Kindes erfolgen, wenn dem jeweiligen Elternteil die Sorge für die Person und das Vermögen des Kindes zustünde, falls es vor dem Tod des Elternteils geboren wäre.

(2) Haben die Eltern widersprüchliche letztwillige Verfügungen zur Benennung oder zum Ausschluss von Vormündern getroffen, so gilt die Verfügung durch den zuletzt verstorbenen Elternteil.

§ 1783   Übergehen der benannten Person

(1) Die benannte Person darf als Vormund ohne ihre Zustimmung nur übergangen werden, wenn

1. sie nach § 1784 nicht zum Vormund bestellt
werden kann oder soll,

2. ihre Bestellung dem Wohl des Mündels widersprechen würde,

3. der Mündel, der das 14. Lebensjahr vollendet hat, der Bestellung widerspricht,

4. sie aus rechtlichen oder tatsächlichen Gründen an der Übernahme der Vormundschaft verhindert ist oder

5. sie sich nicht binnen vier Wochen ab der Aufforderung des Familiengerichts zur Übernahme der Vormundschaft bereit erklärt hat.

③ 가정법원은 즉시, 늦어도 임시미성년후견인이 선임된 후 3개월 이내에 미성년후견인을 선임하여야 한다. 가정법원의 조사가 개시되었음에도 피미성년후견인을 위하여 가장 적합한 미성년후견인을 아직 선임할 수 없는 경우, 그 기간은 관계인의 의견을 청문한 후 법원의 결정에 따라 최대 3개월까지 연장될 수 있다.

④ 가정법원이 청소년청 또는 미성년후견사단법인을 사전에 임시미성년후견인으로 선정한 경우에도, 청소년청 또는 사단법인의 직원을 미성년후견인으로 선임하는 것이 요구된다.

⑤ 임시미성년후견인의 직무는 미성년후견인의 선임으로 종료한다.

제1782조 [부모의 미성년후견인 지정 및 배제]

① 부모는 사망 시점에 자녀의 신상과 재산에 대한 돌봄이 그들에게 귀속하는 경우, 최종의사처분으로 어느 자연인을 미성년후견인으로 또는 혼인당사자들을 공동미성년후견인으로 지정하거나 미성년후견에서 배제할 수 있다. 자녀가 부모 일방의 사망 전에 출생하였더라면, 자녀의 신상과 재산에 대한 돌봄이 그에게 귀속하였을 경우, 지정과 배제는 자녀의 출생 전에 할 수 있다.

② 부모가 미성년후견인의 지정과 배제에 관하여 서로 모순되는 최종의사처분을 한 경우, 최후에 사망한 부모 일방의 처분이 유효하다.

제1783조 [지정 미성년후견인의 무시]

① 지정된 사람은 다음 각 호의 경우에만 그의 동의 없이 미성년후견인에서 무시될 수 있다.

1. 제1784조에 따라 미성년후견인으로 선임될 수 없거나 선임되지 않아야 하는 경우,
2. 선임이 피미성년후견인의 복리에 반하게 될 경우,
3. 14세 이상의 피미성년후견인이 선임에 반대하는 경우,
4. 법률상 또는 사실상 이유로 미성년후견의 인수에 장애가 있는 경우, 또는
5. 가정법원의 촉구가 있은 후 4주 이내에 미성년후견을 인수할 용의가 있음을 표시하지 않은 경우.

(2) Wurde die benannte Person gemäß Absatz 1 Nummer 4 übergangen und war sie nur vorübergehend verhindert, so ist sie auf ihren Antrag anstelle des bisherigen Vormunds zum Vormund zu bestellen, wenn

1. sie den Antrag innerhalb von sechs Monaten nach der Bestellung des bisherigen Vormunds gestellt hat,

2. die Entlassung des bisherigen Vormunds dem Wohl des Mündels nicht widerspricht und

3. der Mündel, der das 14. Lebensjahr vollendet hat, der Entlassung des bisherigen Vormunds nicht widerspricht.

§ 1784   Ausschlussgründe

(1) Nicht zum Vormund bestellt werden kann, wer geschäftsunfähig ist.

(2) Nicht zum Vormund bestellt werden soll in der Regel eine Person,

1. die minderjährig ist,

2. für die ein Betreuer bestellt ist, sofern die Betreuung die für die Führung der Vormundschaft wesentlichen Angelegenheiten umfasst, oder für die ein Einwilligungsvorbehalt nach § 1825 angeordnet ist,

3. die die Eltern gemäß § 1782 als Vormund ausgeschlossen haben, oder

4. die zu einer Einrichtung, in der der Mündel lebt, in einem Abhängigkeitsverhältnis oder in einer anderen engen Beziehung steht.

§ 1785   Übernahmepflicht; weitere Bestellungsvoraussetzungen

(1) Die vom Familiengericht ausgewählte Person ist verpflichtet, die Vormundschaft zu übernehmen, wenn ihr die Übernahme unter Berücksichtigung ihrer familiären, beruflichen und sonstigen Verhältnisse zugemutet werden kann.

(2) Die ausgewählte Person darf erst dann zum Vormund bestellt werden, wenn sie sich zur Übernahme der Vormundschaft bereit erklärt hat.

(3) Der Vormundschaftsverein und der Vereinsvormund dürfen nur mit Einwilligung des Vereins bestellt werden.

② 지정된 사람이 제1항 제4호에 따라 무시되었고, 그가 일시적으로만 장애가 있었던 때에는, 그는 다음의 경우 그의 신청에 기하여 기존 미성년후견인을 갈음하여 미성년후견인으로 선임될 수 있다.

1. 그가 기존 미성년후견인 선임 후 6개월 이내에 신청하였고,

2. 기존 미성년후견인의 해임이 피미성년후견인의 복리에 반하지 않고,

3. 14세 이상의 피미성년후견인이 기존 미성년후견인의 해임에 반대하지 않는 경우.

제1784조 [배제사유]

① 행위무능력자는 미성년후견인으로 선임될 수 없다.

② 다음 각 호의 사람은 원칙적으로 미성년후견인으로 선임되지 않아야 한다.

1. 미성년자,

2. 성년후견인이 선임되어 있는 사람으로서, 그 성년후견이 미성년후견의 수행에 본질적인 사무를 포함하고 있는 경우 또는 제1825조에 따른 동의유보가 명령되어 있는 경우,

3. 부모가 제1782조에 따라 미성년후견인에서 배제한 사람, 또는

4. 피미성년후견인이 생활하고 있는 시설에서 의존관계 또는 그 밖에 밀접한 관계에 있는 사람.

제1785조 [인수의무; 그 밖의 선임요건]

① 가정법원에 의해 선정된 사람은, 미성년후견의 인수가 그의 가족·직업 및 그 밖의 상황을 고려하여 기대될 수 있는 경우, 이를 인수할 의무가 있다.

② 선정된 사람은 미성년후견을 인수할 용의가 있음을 표시한 후에 비로소 미성년후견인으로 선임될 수 있다.

③ 미성년후견사단법인과 사단법인미성년후견인은 사단법인의 동의가 있어야만 선임될 수 있다.

Kapitel 2   Gesetzliche Amtsvormundschaft

§ 1786   Amtsvormundschaft bei Fehlen eines sorgeberechtigten Elternteils

Mit der Geburt eines Kindes, dessen Eltern nicht miteinander verheiratet sind und das eines Vormunds bedarf, wird das Jugendamt Vormund, wenn das Kind seinen gewöhnlichen Aufenthalt im Inland hat. Dies gilt nicht, wenn bereits vor der Geburt des Kindes ein Vormund bestellt ist. Wurde die Vaterschaft nach § 1592 Nummer 1 oder 2 durch Anfechtung beseitigt und bedarf das Kind eines Vormunds, so wird das Jugendamt in dem Zeitpunkt Vormund, in dem die Entscheidung rechtskräftig wird.

§ 1787   Amtsvormundschaft bei vertraulicher Geburt

Wird ein Kind vertraulich geboren (§ 25 Absatz 1 Satz 2 des Schwangerschaftskonfliktgesetzes), wird das Jugendamt mit der Geburt des Kindes Vormund.

Untertitel 2   Führung der Vormundschaft

Kapitel 1   Allgemeine Vorschriften

§ 1788   Rechte des Mündels

Der Mündel hat insbesondere das Recht auf

1. Förderung seiner Entwicklung und Erziehung zu einer eigenverantwortlichen und gemeinschaftsfähigen Persönlichkeit,

2. Pflege und Erziehung unter Ausschluss von Gewalt, körperlichen Bestrafungen, seelischen Verletzungen und anderen entwürdigenden Maßnahmen,

3. persönlichen Kontakt mit dem Vormund,

4. Achtung seines Willens, seiner persönlichen Bindungen, seines religiösen Bekenntnisses und kulturellen Hintergrunds sowie

5. Beteiligung an ihn betreffenden Angelegenheiten, soweit es nach seinem Entwicklungsstand angezeigt ist.

제2항   법률규정에 의한 관청미성년후견

제1786조 [친권자인 부모가 없는 경우의 관청미성년후견]

부모가 서로 혼인하지 않은 상태이고 미성년후견을 필요로 하는 아동이 국내에 통상의 거소를 갖는 경우, 아동의 출생과 동시에 청소년청이 미성년후견인이 된다; 그러나 아동의 출생 전에 이미 미성년후견인이 선임된 경우에는 그렇지 않다. 제1592조 제1호 또는 제2호에 따른 부자관계가 취소에 의해 소멸되었고 아동이 미성년후견을 필요로 하는 경우, 청소년청이 그 재판이 확정되는 시점에 미성년후견인이 된다.

제1787조 [신뢰출산의 경우의 관청미성년후견]

아동이 신뢰출산으로 출생한 경우(임신갈등법 제25조 제1항 제2문), 청소년청이 아동의 출생과 동시에 미성년후견인이 된다.

제2관   미성년후견의 수행

제1항   일반규정

제1788조 [피미성년후견인의 권리]

피미성년후견인은 특히 다음 각호에 대한 권리를 가진다,

1. 책임감 있고 사회성 있는 인격으로 성장하고 양육되는 데에 대한 지원,

2. 폭력, 신체적 체벌, 정신적 침해 및 그 밖에 품위를 손상시키는 조치가 배제된 상태에서 보호와 양육,
3. 미성년후견인과 개인적 연락,
4. 피미성년후견인의 의사, 개인적 유대, 종교 및 문화적 배경에 대한 존중 및
5. 발달단계에 따라 적절한 범위에서 피미성년후견인에 관한 사무에 참여.

§ 1789 Sorge des Vormunds; Vertretung und Haftung des Mündels

(1) Der Vormund hat die Pflicht und das Recht, für die Person und das Vermögen des Mündels zu sorgen. Ausgenommen sind Angelegenheiten, für die ein Pfleger bestellt ist, es sei denn, die Angelegenheiten sind dem Pfleger mit dem Vormund zur gemeinsamen Wahrnehmung übertragen.

(2) Der Vormund vertritt den Mündel. § 1824 gilt entsprechend. Das Familiengericht kann dem Vormund die Vertretung für einzelne Angelegenheiten entziehen. Die Entziehung soll nur erfolgen, wenn das Interesse des Mündels zu dem Interesse des Vormunds, eines von diesem vertretenen Dritten oder einer der in § 1824 Absatz 1 Nummer 1 bezeichneten Personen in erheblichem Gegensatz steht.

(3) Für Verbindlichkeiten, die im Rahmen der Vertretungsmacht nach Absatz 2 gegenüber dem Mündel begründet werden, haftet der Mündel entsprechend § 1629a.

§ 1790 Amtsführung des Vormunds; Auskunftspflicht

(1) Der Vormund ist unabhängig und hat die Vormundschaft im Interesse des Mündels zu dessen Wohl zu führen.

(2) Der Vormund hat die wachsende Fähigkeit und das wachsende Bedürfnis des Mündels zu selbständigem und verantwortungsbewusstem Handeln zu berücksichtigen und zu fördern. Der Vormund hat Angelegenheiten der Personen- und der Vermögenssorge mit dem Mündel zu besprechen und ihn an Entscheidungen zu beteiligen, soweit es nach dessen Entwicklungsstand angezeigt ist; Einvernehmen ist anzustreben. Der Vormund soll bei seiner Amtsführung im Interesse des Mündels zu dessen Wohl die Beziehung des Mündels zu seinen Eltern einbeziehen.

(3) Der Vormund ist zum persönlichen Kontakt mit dem Mündel verpflichtet und berechtigt. Er soll den Mündel in der Regel einmal im Monat in dessen üblicher Umgebung aufsuchen, es sei denn, im Einzelfall sind kürzere oder längere Besuchsabstände oder ein anderer Ort geboten.

(4) Der Vormund hat bei berechtigtem Interesse nahestehenden Angehörigen oder sonstigen Vertrauenspersonen auf Verlangen Auskunft über die persönlichen Verhältnisse des Mündels zu erteilen, soweit dies dem Wohl des Mündels nicht widerspricht und dem Vormund zuzumuten ist.

제1789조 [미성년후견인의 돌봄; 대리와 피미성년후견인의 책임]

① 미성년후견인은 피미성년후견인의 신상과 재산을 돌볼 권리와 의무가 있다. 보좌인이 선임된 사무는 제외되지만, 그 사무가 미성년후견인과 공동으로 수행하기 위해 보좌인에게 위임된 경우에는 그렇지 않다.

② 미성년후견인은 피미성년후견인을 대리한다. 제1824조를 준용한다. 가정법원은 개별 사무에 대하여 미성년후견인의 대리권을 박탈할 수 있다. 피미성년후견인의 이익이 미성년후견인의 이익, 미성년후견인에 의해 대리되는 제3자의 이익 또는 제1824조 제1항 제1호에서 열거된 사람의 이익과 현저하게 대립하는 경우에만 박탈된다.

③ 제2항에 따른 대리권의 범위에서 피미성년후견인에게 발생하는 채무에 대하여, 피미성년후견인은 제1629조의a에 따라 책임이 있다.

제1790조 [미성년후견인의 직무 수행; 정보제공의무]

① 미성년후견인은 독립적이며, 피미성년후견인의 복리를 위하여 미성년후견을 수행해야 한다.

② 미성년후견인은 독자적이고 책임감 있는 행위에 대한 피미성년후견인의 증가하는 능력과 필요성을 고려하여야 하고, 이를 지원해야 한다. 미성년후견인은 신상과 재산을 돌보는 사무를 피미성년후견인과 논의해야 하고, 발달 단계에 따라 적절한 범위에서 피미성년후견인을 참여시켜야 한다; 협의가 이루어지도록 노력하여야 한다. 미성년후견인은 직무를 수행함에 있어서 피미성년후견인의 복리를 위하여 그의 부모에 대한 관계를 참작해야 한다.

③ 미성년후견인은 피미성년후견인과 인적으로 연락할 의무와 권리가 있다. 미성년후견인은 원칙적으로 한 달에 1회 피미성년후견인의 일반적 환경에서 그를 방문해야 하지만, 개별적으로 더 단기나 장기의 방문 간격이 요구되거나 다른 장소가 요청되는 경우에는 그렇지 않다.

④ 미성년후견인은 정당한 이익이 있는 경우, 피미성년후견인의 복리에 반하지 않으며 미성년후견인에게 기대될 수 있는 한, 피미성년후견인의 근친이나 다른 신뢰할 수 있는 사람에게 그의 요청에 기하여 피미성년후견인의 인적 상황에 관한 정보를 제공해야 한다.

(5) Wird der gewöhnliche Aufenthalt eines Mündels in den Bezirk eines anderen Jugendamts verlegt, so hat der Vormund dem Jugendamt des bisherigen gewöhnlichen Aufenthalts die Verlegung mitzuteilen. Satz 1 gilt nicht für den Vereinsvormund und den Vormundschaftsverein.

§ 1791   Aufnahme des Mündels in den Haushalt des Vormunds

Der Vormund kann den Mündel zur Pflege und Erziehung in seinen Haushalt aufnehmen. In diesem Fall sind Vormund und Mündel einander Beistand und Rücksicht schuldig; § 1619 gilt entsprechend.

§ 1792   Gemeinschaftliche Führung der Vormundschaft, Zusammenarbeit von Vormund und Pfleger

(1) Ehegatten führen die ihnen übertragene Vormundschaft gemeinschaftlich.

(2) Vormünder und Pfleger sind zur gegenseitigen Information und Zusammenarbeit im Interesse des Mündels zu dessen Wohl verpflichtet.

(3) Der nach § 1776 bestellte Pfleger hat bei seinen Entscheidungen die Auffassung des Vormunds einzubeziehen.

(4) Der nach § 1777 bestellte Pfleger und der Vormund entscheiden in Angelegenheiten, für die ihnen die Sorge gemeinsam zusteht, in gegenseitigem Einvernehmen.

(5) In den Fällen der Absätze 1 und 4 gilt § 1629 Absatz 1 Satz 2 und 4 entsprechend.

§ 1793   Entscheidung bei Meinungsverschiedenheiten

(1) Das Familiengericht entscheidet auf Antrag über die hinsichtlich einer Sorgeangelegenheit bestehenden Meinungsverschiedenheiten zwischen

1. gemeinschaftlichen Vormündern,

2. mehreren Vormündern bei Sorgeangelegenheiten, die Geschwister gemeinsam betreffen,

3. dem Vormund und dem nach § 1776 oder § 1777 bestellten Pfleger.

(2) Antragsberechtigt sind der Vormund, der Pfleger und der Mündel, der das 14. Lebensjahr vollendet hat.

§ 1794   Haftung des Vormunds

(1) Der Vormund ist dem Mündel für den aus einer Pflichtverletzung entstehenden Schaden verantwortlich. Dies gilt nicht, wenn der Vormund die Pflichtverletzung nicht zu

⑤ 피미성년후견인의 통상적 거소가 다른 청소년청의 관할 지역으로 이전된 경우, 미성년후견인은 종전의 통상적 거소가 있었던 곳의 청소년청에 이전 사실을 통지해야 한다. 제1문은 사단법인미성년후견인 및 미성년후견사단법인에는 적용하지 않는다.

제1791조 [미성년후견인의 가계로 피미성년후견인의 수용]

미성년후견인은 피미성년후견인의 보호와 양육을 위하여 피미성년후견인을 자신의 가계로 수용할 수 있다. 이 경우 미성년후견인과 피미성년후견인은 서로 원조하고 배려할 의무를 부담한다; 제1619조를 준용한다.

제1792조 [미성년후견의 공동 수행, 미성년후견인과 보좌인의 협력]

① 혼인당사자들은 그들에게 위임된 미성년후견을 공동으로 수행한다.
② 미성년후견인과 보좌인은 피미성년후견인의 복리를 위하여 서로 정보를 제공하고 협력할 의무가 있다.
③ 제1776조에 따라 선임된 보좌인은 결정을 내리는 데 미성년후견인의 의견을 참작해야 한다.
④ 제1777조에 따라 선임된 보좌인과 미성년후견인은 공동으로 귀속하는 돌봄사무에 대하여 서로 협의하여 결정한다.
⑤ 제1항 및 제4항의 경우에 제1629조 제1항 제2문 및 제4문을 준용한다.

제1793조 [의견 불일치인 경우의 결정]

① 가정법원은 다음 각 호의 자 사이에 돌봄사무에 관하여 존재하는 의견 불일치에 대해 신청에 기하여 결정한다,
 1. 공동미성년후견인,
 2. 형제자매에게 공통으로 관계되는 돌봄사무에서 복수의 미성년후견인,
 3. 미성년후견인과 제1776조 또는 제1777조에 따라 선임된 보좌인.
② 미성년후견인, 보좌인 및 14세 이상의 피미성년후견인이 신청할 수 있다.

제1794조 [미성년후견인의 책임]

① 미성년후견인은 의무 위반으로 발생한 손해에 대해 피미성년후견인에 대하여 책임이 있다. 이는 미성년후견인이 의무 위반에 책임이 없는 경우에는

vertreten hat. Im Übrigen gilt § 1826 entsprechend.

(2) Ist der Mündel zur Pflege und Erziehung in den Haushalt des Vormunds, der die Vormundschaft ehrenamtlich führt, aufgenommen, gilt § 1664 entsprechend.

Kapitel 2　　Personensorge

§ 1795　Gegenstand der Personensorge; Genehmigungspflichten

(1) Die Personensorge umfasst insbesondere die Bestimmung des Aufenthalts sowie die Pflege, Erziehung und Beaufsichtigung des Mündels unter Berücksichtigung seiner Rechte aus § 1788. Der Vormund ist auch dann für die Personensorge verantwortlich und hat die Pflege und Erziehung des Mündels persönlich zu fördern und zu gewährleisten, wenn er den Mündel nicht in seinem Haushalt pflegt und erzieht. Die §§ 1631a bis 1632 Absatz 4 Satz 1 gelten entsprechend.

(2) Der Vormund bedarf der Genehmigung des Familiengerichts

1. zu einem Ausbildungsvertrag, der für längere Zeit als ein Jahr geschlossen wird,

2. zu einem auf die Eingehung eines Dienst- oder Arbeitsverhältnisses gerichteten Vertrag, wenn der Mündel zu persönlichen Leistungen für längere Zeit als ein Jahr verpflichtet werden soll, und

3. zum Wechsel des gewöhnlichen Aufenthalts des Mündels ins Ausland.

(3) Das Familiengericht erteilt die Genehmigung nach Absatz 2, wenn das Rechtsgeschäft oder der Aufenthaltswechsel unter Berücksichtigung der Rechte des Mündels aus § 1788 dem Wohl des Mündels nicht widerspricht.

(4) Für die Erteilung der Genehmigung gelten die §§ 1855 bis 1856 Absatz 2 sowie die §§ 1857 und 1858 entsprechend. Ist der Mündel volljährig geworden, so tritt seine Genehmigung an die Stelle der Genehmigung des Familiengerichts.

§ 1796　Verhältnis zwischen Vormund und Pflegeperson

(1) Der Vormund hat auf die Belange der Pflegeperson Rücksicht zu nehmen. Bei Entscheidungen der Personensorge soll er die Auffassung der Pflegeperson einbeziehen.

(2) Für das Zusammenwirken von Vormund und Pflegeperson gilt § 1792 Absatz 2 entsprechend.

그렇지 않다. 그 밖에 제1826조를 준용한다.

② 피미성년후견인이 보호와 양육을 위해 명예직으로 미성년후견을 수행하는 미성년후견인의 가계에 수용된 경우, 제1664조를 준용한다.

제2항 신상돌봄

제1795조 [신상돌봄의 대상; 허가 의무]

① 신상돌봄은, 제1788조에 기한 피미성년후견인의 권리를 고려하여, 특히 거소의 지정, 피미성년후견인의 보호, 양육 및 감독을 포함한다. 미성년후견인은 피미성년후견인을 자신의 가계에서 보호 및 양육하지 않는 경우에도 신상돌봄에 대하여 책임지며, 피미성년후견인의 보호와 양육을 직접 지원하고 보장해야 한다. 제1631조의a 내지 제1632조 제4항 제1문을 준용한다.

② 미성년후견인은 다음 각 호에 대하여 가정법원의 허가가 필요하다,

1. 1년을 넘어 장기간 체결되는 직업교육계약,
2. 피미성년후견인이 1년을 넘어 장기간 인적 급부의무를 부담하는 고용관계 또는 근로관계를 발생시키는 것을 목적으로 하는 계약, 및

3. 피미성년후견인의 통상적 거소를 외국으로 변경.

③ 그 법률행위 또는 거소의 변경이 제1788조에 기한 피미성년후견인의 권리를 고려하여 피미성년후견인의 복리에 반하지 않는 경우, 가정법원은 제2항에 따른 허가를 한다.

④ 허가에는 제1855조 내지 제1856조 제2항, 제1857조 및 제1858조를 준용한다. 피미성년후견인이 성년이 된 경우, 그의 추인은 가정법원의 허가를 갈음한다.

제1796조 [미성년후견인과 위탁보호자의 관계]

① 미성년후견인은 위탁보호자의 이해관계를 고려해야 한다. 미성년후견인은 신상돌봄에 관한 결정에서 위탁보호자의 의견을 참작해야 한다.

② 미성년후견인과 위탁보호자의 협력에는 제1792조 제2항을 준용한다.

(3) Der Pflegeperson steht eine Person gleich, die

1. den Mündel

a) in einer Einrichtung über Tag und Nacht oder

b) in sonstigen Wohnformen

betreut und erzieht oder

2. die intensive sozialpädagogische Betreuung des Mündels übernommen hat.

§ 1797　Entscheidungsbefugnis der Pflegeperson

(1) Lebt der Mündel für längere Zeit bei der Pflegeperson, ist diese berechtigt, in Angelegenheiten des täglichen Lebens zu entscheiden und den Vormund insoweit zu vertreten. § 1629 Absatz 1 Satz 4 gilt entsprechend.

(2) Absatz 1 ist auf die Person gemäß § 1796 Absatz 3 entsprechend anzuwenden.

(3) Der Vormund kann die Befugnisse nach den Absätzen 1 und 2 durch Erklärung gegenüber der Pflegeperson einschränken oder ausschließen, wenn dies zum Wohl des Mündels erforderlich ist.

Kapitel 3　Vermögenssorge

§ 1798　Grundsätze und Pflichten des Vormunds in der Vermögenssorge

(1) Der Vormund hat die Vermögenssorge zum Wohl des Mündels unter Berücksichtigung der Grundsätze einer wirtschaftlichen Vermögensverwaltung und der wachsenden Bedürfnisse des Mündels zu selbständigem und verantwortungsbewusstem Handeln wahrzunehmen. Er ist dabei zum Schutz und Erhalt des Mündelvermögens verpflichtet.

(2) Für die Pflichten des Vormunds bei der Vermögenssorge gelten im Übrigen § 1835 Absatz 1 bis 5 sowie die §§ 1836, 1837 und 1839 bis 1847 entsprechend. Das Vermögensverzeichnis soll das bei Anordnung der Vormundschaft vorhandene Vermögen erfassen. Das Familiengericht hat das Vermögensverzeichnis dem Mündel zur Kenntnis zu geben, soweit dies dem Wohl des Mündels nicht widerspricht und der Mündel aufgrund seines Entwicklungsstands in der Lage ist, das Verzeichnis zur Kenntnis zu nehmen.

(3) Der Vormund kann nicht in Vertretung des Mündels Schenkungen machen. Ausgenommen sind Schenkungen, durch die einer sittlichen Pflicht oder einer auf den Anstand zu nehmenden Rücksicht entsprochen wird.

③ 다음 각 호의 사람은 위탁보호자와 같다.

 1. 피미성년후견인을

   a) 주야간 시설 또는

   b) 그 밖의 주거형태에서 돌보며 양육하는 사람 또는

 2. 피미성년후견인에 대한 집중적 사회교육 돌봄을 인수한 사람.

제1797조 [위탁보호자의 결정권한]

① 피미성년후견인이 장기간 위탁보호자와 생활하는 경우, 위탁보호자는 일상적 사무에 관해 결정할 권한과 그 범위에서 미성년후견인을 대리할 권한이 있다. 제1629조 제1항 제4문을 준용한다.

② 제1항은 제1796조 제3항에 따른 사람에 대하여 준용해야 한다.

③ 미성년후견인은 피미성년후견인의 복리를 위해 필요한 경우, 위탁보호자에 대한 의사표시로 제1항 및 제2항에 따른 권한을 제한하거나 배제할 수 있다.

제3항 재산돌봄

제1798조 [재산돌봄에서 원칙과 미성년후견인의 의무]

① 미성년후견인은 경제적 재산관리의 원칙과 독자적이고 책임감 있는 행위에 대한 피미성년후견인의 증가하는 필요성을 고려하여, 피미성년후견인의 복리를 위하여 재산돌봄을 수행하여야 한다. 이 경우 미성년후견인은 피미성년후견인의 재산을 보호하고 보존할 의무가 있다.

② 재산돌봄에서 미성년후견인의 의무에 대해서, 그 밖에 제1835조 제1항 내지 제5항, 제1836조, 제1837조 및 제1839조 내지 제1847조를 준용한다. 재산목록은 미성년후견을 명할 당시 현존하는 재산을 포함한다. 가정법원은 피미성년후견인의 복리에 반하지 않고 피미성년후견인이 그의 발달단계에서 재산목록을 인식할 수 있는 상황에 있는 한, 재산목록을 피미성년후견인이 인식할 수 있게 하여야 한다.

③ 미성년후견인은 피미성년후견인을 대리하여 증여할 수 없다. 윤리적 의무 또는 도의관념에 적합한 증여는 제외한다.

§ 1799   Genehmigungsbedürftige Rechtsgeschäfte

(1) Der Vormund bedarf der Genehmigung des Familiengerichts in den Fällen, in denen ein Betreuer nach den §§ 1848 bis 1854 Nummer 1 bis 7 der Genehmigung des Betreuungsgerichts bedarf, soweit sich nicht aus Absatz 2 etwas anderes ergibt.

(2) Der Vormund bedarf abweichend von § 1853 Satz 1 Nummer 1 der Genehmigung des Familiengerichts zum Abschluss eines Miet- oder Pachtvertrags oder eines anderen Vertrags, durch den der Mündel zu wiederkehrenden Leistungen verpflichtet wird, wenn das Vertragsverhältnis länger als ein Jahr nach dem Eintritt seiner Volljährigkeit fortdauern soll. Eine Genehmigung ist nicht erforderlich, wenn

1. der Vertrag geringe wirtschaftliche Bedeutung für den Mündel hat oder

2. das Vertragsverhältnis von dem Mündel nach Eintritt der Volljährigkeit spätestens zum Ablauf des 19. Lebensjahres ohne eigene Nachteile gekündigt werden kann.

§ 1800   Erteilung der Genehmigung

(1) Das Familiengericht erteilt die Genehmigung, wenn das Rechtgeschäft den Grundsätzen nach § 1798 Absatz 1 nicht widerspricht.

(2) Für die Erteilung der Genehmigung gelten die §§ 1855 bis 1856 Absatz 2 sowie die §§ 1857 und 1858 entsprechend. Ist der Mündel volljährig geworden, so tritt seine Genehmigung an die Stelle der Genehmigung des Familiengerichts.

§ 1801   Befreite Vormundschaft

(1) Für das Jugendamt, den Vereinsvormund und den Vormundschaftsverein als Vormund gilt § 1859 Absatz 1 entsprechend.

(2) Das Familiengericht kann auf Antrag Vormünder von den Beschränkungen bei der Vermögenssorge befreien, wenn eine Gefährdung des Mündelvermögens nicht zu besorgen ist. § 1860 Absatz 1 bis 3 gilt entsprechend.

(3) Eltern können unter Beachtung der Voraussetzungen des § 1782 einen von ihnen benannten Vormund von den Beschränkungen nach den §§ 1845, 1848 und 1849 Absatz 1 Satz 1 Nummer 1 und 2, Satz 2 sowie § 1865 Absatz 1 befreien. § 1859 Absatz 1 Satz 2 und 3 gilt entsprechend.

(4) Das Familiengericht hat die Befreiungen aufzuheben, wenn ihre Voraussetzungen

제1799조 [허가가 필요한 법률행위]

① 미성년후견인은 제2항에서 달리 정하지 않는 한, 성년후견인이 제1848조 내지 제1854조 제1호 내지 제7호에 따라 성년후견법원의 허가가 필요한 경우에서 가정법원의 허가가 필요하다.

② 미성년후견인은 제1853조 제1문 제1호와 달리, 그 계약관계가 피미성년후견인이 성년이 된 후 1년을 넘어 지속되는 경우에는, 사용임대차계약, 용익임대차계약 또는 피미성년후견인이 회귀적 급부의무를 부담하는 그 밖의 계약의 체결에 가정법원의 동의가 필요하다. 다음 각 호의 경우에는 허가가 필요하지 않다.

1. 계약이 피미성년후견인에게 경미한 경제적 의미가 있는 경우 또는
2. 계약관계가 피미성년후견인이 성년이 된 후 늦어도 18세가 만료할 때까지는 피미성년후견인에 의해 불이익 없이 해지될 수 있는 경우.

제1800조 [허가]

① 가정법원은 법률행위가 제1798조 제1항에 따른 원칙에 반하지 않는 경우, 허가한다.

② 허가에는 제1855조 내지 제1856조 제2항, 제1857조 및 제1858조를 준용한다. 피미성년후견인이 성년이 된 경우, 그의 추인은 가정법원의 허가를 갈음한다.

제1801조 [미성년후견의 면제]

① 미성년후견인인 청소년청, 사단법인미성년후견인 및 미성년후견사단법인에 대해서는 제1859조 제1항을 준용한다.

② 가정법원은 피미성년후견인의 재산에 대한 위험이 우려되지 않는 경우, 미성년후견인들의 신청에 기하여 재산돌봄에서 제한을 면제할 수 있다. 제1860조 제1항 내지 제3항을 준용한다.

③ 부모는 제1782조의 요건을 준수하여 그들에 의해 지정된 미성년후견인을 제1845조, 제1848조, 제1849조 제1항 제1문 제1호 및 제2호, 제2문 그리고 제1865조 제1항에 따른 제한으로부터 면제할 수 있다. 제1859조 제1항 제2문 및 제3문을 준용한다.

④ 가정법원은 면제 요건이 더 이상 존재하지 않거나, 면제가 계속되면 피

nicht mehr vorliegen oder bei ihrer Fortgeltung eine Gefährdung des Mündelvermögens zu besorgen wäre.

Untertitel 3   Beratung und Aufsicht durch das Familiengericht

§ 1802   Allgemeine Vorschriften

(1) Das Familiengericht unterstützt den Vormund und berät ihn über seine Rechte und Pflichten bei der Wahrnehmung seiner Aufgaben. § 1861 Absatz 2 gilt entsprechend.

(2) Das Familiengericht führt über die gesamte Tätigkeit des Vormunds die Aufsicht. Es hat dabei insbesondere auf die Einhaltung der Pflichten der Amtsführung des Vormunds unter Berücksichtigung der Rechte des Mündels sowie der Grundsätze und Pflichten des Vormunds in der Personen- und Vermögenssorge zu achten. § 1862 Absatz 3 und 4 sowie die §§ 1863 bis 1867, 1666, 1666a und 1696 gelten entsprechend. Das Familiengericht kann dem Vormund aufgeben, eine Versicherung gegen Schäden, die er dem Mündel zufügen kann, einzugehen.

§ 1803   Persönliche Anhörung; Besprechung mit dem Mündel

In geeigneten Fällen und soweit es nach dem Entwicklungsstand des Mündels angezeigt ist,

1. hat das Familiengericht den Mündel persönlich anzuhören, wenn Anhaltspunkte bestehen, dass der Vormund pflichtwidrig die Rechte des Mündels nicht oder nicht in geeigneter Weise beachtet oder seinen Pflichten als Vormund in anderer Weise nicht nachkommt,

2. soll das Familiengericht den Anfangs- und Jahresbericht des Vormunds über die persönlichen Verhältnisse des Mündels, die Rechnungslegung des Vormunds, wenn der Umfang des zu verwaltenden Vermögens dies rechtfertigt, sowie wesentliche Änderungen der persönlichen oder wirtschaftlichen Verhältnisse des Mündels mit dem Mündel persönlich besprechen; der Vormund kann hinzugezogen werden.

미성년후견인의 재산에 대한 위험이 우려될 경우, 면제를 취소하여야 한다.

제3관 가정법원의 조언과 감독

제1802조 [일반규정]

① 가정법원은 미성년후견인을 지원하고, 미성년후견인의 임무 수행시 그의 권리와 의무에 관하여 조언을 제공한다. 제1861조 제2항을 준용한다.

② 가정법원은 미성년후견인의 모든 활동을 감독한다. 그 경우에 가정법원은 특히 피미성년후견인의 권리, 신상돌봄과 재산돌봄에서 원칙과 미성년후견인의 의무를 고려하여 미성년후견인의 직무수행 의무의 준수를 유념하여야 한다. 제1862조 제3항과 제4항, 제1863조 내지 1867조, 제1666조, 제1666조의a 및 제1696조를 준용한다. 가정법원은 미성년후견인이 피미성년후견인에게 발생시킬 수 있는 손해에 대비한 보험에 가입할 것을 미성년후견인에게 명할 수 있다.

제1803조 [직접 청문; 피미성년후견인과 면담]

적합한 경우, 피미성년후견인의 발달단계에 따라 적절한 범위에서,

1. 가정법원은 미성년후견인이 의무를 위반하여 피미성년후견인의 권리를 존중하지 않거나 적합한 방식으로 존중하지 않는다는 단서 또는 다른 방법으로 미성년후견인으로서 의무를 이행하지 않는다는 단서가 있는 경우, 피미성년후견인의 의견을 직접 청문하여야 한다.

2. 가정법원은 피미성년후견인의 인적 상황에 관한, 관리할 재산의 범위가 이를 정당화하는 경우에 미성년후견인의 회계에 관한, 그리고 피미성년후견인의 인적 또는 경제적 상황의 본질적 변동에 관한 미성년후견인의 최초 및 연차보고서에 관하여 피미성년후견인과 직접 면담하여야 한다; 미성년후견인도 참여할 수 있다.

Untertitel 4   Beendigung der Vormundschaft

§ 1804   Entlassung des Vormunds

(1) Das Familiengericht hat den Vormund zu entlassen, wenn

1. die Fortführung des Amtes durch ihn, insbesondere wegen Verletzung seiner Pflichten, das Interesse oder Wohl des Mündels gefährden würde,

2. er als Vormund gemäß § 1774 Absatz 1 Nummer 2 bis 4 bestellt wurde und jetzt eine andere Person geeignet und bereit ist, die Vormundschaft ehrenamtlich zu führen, es sei denn, die Entlassung widerspricht dem Wohl des Mündels,

3. er als Vereinsvormund bestellt wurde und aus dem Arbeitsverhältnis mit dem Verein ausscheidet,

4. nach seiner Bestellung Umstände bekannt werden oder eintreten, die seiner Bestellung gemäß § 1784 entgegenstehen oder

5. ein sonstiger wichtiger Grund für die Entlassung vorliegt.

(2) Das Familiengericht hat den Vormund außerdem zu entlassen, wenn

1. nach dessen Bestellung Umstände eintreten, aufgrund derer ihm die Fortführung des Amtes nicht mehr zugemutet werden kann, und der Vormund seine Entlassung beantragt oder

2. er als Vereinsvormund bestellt wurde und der Verein seine Entlassung beantragt.

(3) Das Familiengericht soll auf Antrag den bisherigen Vormund entlassen, wenn der Wechsel des Vormunds dem Wohl des Mündels dient. Ein entgegenstehender Wille des Mündels und der Vorrang des ehrenamtlichen Vormunds sind zu berücksichtigen. Den Antrag nach Satz 1 können stellen:

1. der Vormund,

2. derjenige, der sich im Interesse des Mündels als neuer Vormund anbietet,

3. der Mündel, der das 14. Lebensjahr vollendet hat, sowie

4. jeder andere, der ein berechtigtes Interesse des Mündels geltend macht.

제4관 미성년후견의 종료

제1804조 [미성년후견인의 해임]

① 가정법원은 다음 각 호의 경우에 미성년후견인을 해임하여야 한다,
   1. 미성년후견인에 의한 직무의 계속이 특히 의무 위반으로 인해 피미성년후견인의 복리를 위태롭게 할 경우,
   2. 미성년후견인이 제1774조 제1항 제2호 내지 제4호에 따라 선임되었고, 현재 다른 사람이 미성년후견을 명예직으로 수행하기에 적합하고 그러할 용의가 있는 경우, 다만 해임이 피미성년후견인의 복리에 반하는 때에는 그렇지 않다.
   3. 사단법인미성년후견인이 선임되었고, 그가 사단법인과 근로관계에서 배제된 경우,
   4. 미성년후견인의 선임 후 제1784조에 따라 그의 선임에 반하는 사정이 알려지거나 발생한 경우, 또는
   5. 그 밖에 해임하여야 하는 중대한 사유가 있는 경우.

② 가정법원은 그 밖에 다음 각 호의 경우에도 미성년후견인을 해임하여야 한다,
   1. 미성년후견인의 선임 후 직무의 계속적 수행이 그에게 더 이상 기대될 수 없는 사정이 발생하고, 미성년후견인이 자신의 해임을 신청한 경우 또는

   2. 미성년후견인이 사단법인미성년후견인으로서 선임되었고, 그 사단법인이 그의 해임을 신청하는 경우.

③ 가정법원은 미성년후견인의 변경이 피미성년후견인의 복리를 위해 필요한 경우, 신청에 기하여 미성년후견인을 해임한다. 피미성년후견인의 이에 반대하는 의사 및 명예직미성년후견인의 우선이 고려되어야 한다. 제1문의 신청은 다음 각 호의 자가 제기할 수 있다:
   1. 미성년후견인,
   2. 피미성년후견인의 이익을 위하여 새로운 미성년후견인으로 지원하는 사람,
   3. 14세 이상의 피미성년후견인 및
   4. 피미성년후견인의 정당한 이익을 주장하는 사람.

§ 1805 Bestellung eines neuen Vormunds

(1) Wird der Vormund entlassen oder verstirbt er, hat das Familiengericht unverzüglich einen neuen Vormund zu bestellen. Die §§ 1778 bis 1785 gelten entsprechend.

(2) Wird der Vereinsvormund gemäß § 1804 Absatz 1 Nummer 3 oder Absatz 2 Nummer 2 entlassen, kann das Familiengericht statt der Entlassung des Vereinsvormunds feststellen, dass dieser die Vormundschaft künftig als Privatperson weiterführt, wenn dies dem Wohl des Mündels dient.

§ 1806 Ende der Vormundschaft

Die Vormundschaft endet, wenn die Voraussetzungen für ihre Begründung gemäß § 1773 nicht mehr gegeben sind.

§ 1807 Vermögensherausgabe, Schlussrechnungslegung und Fortführung der Geschäfte

Bei Beendigung der Vormundschaft finden die §§ 1872 bis 1874 mit der Maßgabe entsprechende Anwendung, dass § 1872 Absatz 5 für Vormünder gilt, die bei Beendigung ihres Amtes gemäß § 1801 Absatz 1 und 3 befreit waren.

Untertitel 5   Vergütung und Aufwendungsersatz

§ 1808 Vergütung und Aufwendungsersatz

(1) Die Vormundschaft wird grundsätzlich unentgeltlich geführt.

(2) Der ehrenamtliche Vormund kann vom Mündel für seine zur Führung der Vormundschaft erforderlichen Aufwendungen Vorschuss oder Ersatz gemäß § 1877 oder stattdessen die Aufwandspauschale gemäß § 1878 verlangen; die §§ 1879 und 1880 gelten entsprechend. Das Familiengericht kann ihm abweichend von Absatz 1 eine angemessene Vergütung bewilligen. § 1876 Satz 2 gilt entsprechend.

(3) Die Vormundschaft wird ausnahmsweise berufsmäßig geführt. Die Berufsmäßigkeit sowie Ansprüche des berufsmäßig tätigen Vormunds und des Vormundschaftsvereins auf Vergütung und Aufwendungsersatz bestimmen sich nach dem Vormünder- und Betreuervergütungsgesetz.

제1805조 [새로운 미성년후견인의 선임]

① 미성년후견인이 해임되거나 사망한 경우, 가정법원은 지체 없이 새로운 미성년후견인을 선임하여야 한다. 제1778조 내지 제1785조를 준용한다.

② 사단법인미성년후견인이 제1804조 제1항 제3호 또는 제2항 제2호에 따라 해임되는 경우, 피미성년후견인의 복리를 위해 필요한 때에는, 가정법원은 사단법인미성년후견인의 해임에 갈음하여 그 사단법인미성년후견인이 장래에 사인(私人)으로서 미성년후견을 계속하여 수행할 것을 확인할 수 있다.

제1806조 [미성년후견의 종료]

제1773조에 따른 미성년후견의 성립 요건이 더 이상 존재하지 않는 경우, 미성년후견은 종료한다.

제1807조 [재산의 반환; 결산보고 및 업무의 계속 수행]

미성년후견이 종료하는 경우, 직무 종료시 제1801조 제1항 및 제3항에 따라 면제되었던 미성년후견인들에 대하여는 제1872조 제5항이 적용되는 것으로 하여, 제1872조 내지 제1874조를 준용한다.

제5관 보수와 비용상환

제1808조 [보수와 비용상환]

① 미성년후견은 원칙적으로 무상으로 수행된다.

② 명예직미성년후견인은 미성년후견의 수행에 필요한 비용에 대해 피미성년후견인에게 선지급 또는 비용의 상환을 청구하거나, 그 대신 제1878조에 따른 일괄비용을 청구할 수 있다; 제1879조 및 제1880조를 준용한다. 가정법원은 제1항과 다르게 명예직미성년후견인에게 적절한 보수를 승인할 수 있다. 제1876조 제2문을 준용한다.

③ 미성년후견은 예외적으로 직업적으로 수행된다. 직업성 및 직업적 미성년후견인과 미성년후견사단법인의 보수 및 비용상환청구권은 후견인보수법에 따라 정해진다.

Titel 2   Pflegschaft für Minderjährige

§ 1809   Ergänzungspflegschaft

(1) Wer unter elterlicher Sorge oder unter Vormundschaft steht, erhält für Angelegenheiten, an deren Besorgung die Eltern oder der Vormund verhindert sind, einen Pfleger. Der Pfleger hat die Pflicht und das Recht, die ihm übertragenen Angelegenheiten im Interesse des Pfleglings zu dessen Wohl zu besorgen und diesen zu vertreten.

(2) Wird eine Pflegschaft erforderlich, so haben die Eltern oder der Vormund dies dem Familiengericht unverzüglich anzuzeigen.

§ 1810   Pflegschaft für ein ungeborenes Kind

Für ein bereits gezeugtes Kind kann zur Wahrung seiner künftigen Rechte ein Pfleger bestellt werden, sofern die Eltern an der Ausübung der elterlichen Sorge verhindert wären, wenn das Kind bereits geboren wäre. Mit der Geburt des Kindes endet die Pflegschaft.

§ 1811   Zuwendungspflegschaft

(1) Der Minderjährige erhält einen Zuwendungspfleger, wenn

1. der Minderjährige von Todes wegen, durch unentgeltliche Zuwendung auf den Todesfall oder unter Lebenden Vermögen erwirbt und

2. der Erblasser durch letztwillige Verfügung, der Zuwendende bei der Zuwendung bestimmt hat, dass die Eltern oder der Vormund das Vermögen nicht verwalten sollen.

(2) Der Erblasser kann durch letztwillige Verfügung, der Zuwendende bei der Zuwendung

1. einen Zuwendungspfleger benennen,

2. den Zuwendungspfleger von den Beschränkungen gemäß den §§ 1843, 1845, 1846, 1848, 1849 Absatz 1 Satz 1 Nummer 1 und 2 und Satz 2 sowie § 1865 befreien.

In den Fällen des Satzes 1 Nummer 1 gilt § 1783 entsprechend. In den Fällen des Satzes 1 Nummer 2 gilt § 1859 Absatz 1 Satz 2 und 3 entsprechend.

(3) Das Familiengericht hat die Befreiungen nach Absatz 2 Satz 1 Nummer 2 aufzuheben, wenn sie das Vermögen des Pfleglings erheblich gefährden. Solange der Zuwendende lebt, ist zu einer Abweichung der von ihm erteilten Befreiungen seine Zustimmung er-

제2절   미성년보좌

제1809조 [보충적보좌]

① 친권에 따르거나 미성년후견을 받는 자에게, 부모나 미성년후견인이 사무처리에 장애가 있는 사무를 위해 보좌인을 둔다. 보좌인은 그에게 위임된 사무를 피보좌인의 복리를 위해 처리하고 피보좌인을 대리할 의무와 권리가 있다.

② 보좌가 필요한 경우, 부모나 미성년후견인은 가정법원에 지체 없이 고지하여야 한다.

제1810조 [태아를 위한 보좌]

아동이 이미 출생하였더라면 부모가 친권 행사에 장애가 있었을 경우, 태아에 대해 그의 장래의 권리를 보호하기 위하여 보좌인이 선임될 수 있다. 보좌는 아동의 출생으로 종료한다.

제1811조 [출연을 위한 보좌]

① 다음의 경우에는 미성년자에게 출연보좌인을 둔다.

 1. 미성년자가 사망을 원인으로 재산을 취득하거나, 무상출연으로 사망에 기하여 또는 생전에 재산을 취득하고,
 2. 피상속인이 최종의사처분으로 또는 출연자가 출연할 때, 부모 또는 미성년후견인이 재산을 관리하지 않는 것으로 정한 경우.

② 피상속인은 최종의사처분으로, 출연자는 출연할 때

 1. 출연보좌인을 지정하고,
 2. 출연보좌인을 제1843조, 제1845조, 제1846조, 제1848조, 제1849조 제1항 제1문 제1호 및 제2호, 제2문 그리고 제1865조에 따른 제한에서 면제할 수 있다.

제1문 제1호의 경우에 제1783조를 준용한다. 제1문 제2호의 경우에 제1859조 제1항 제2문 및 제3문을 준용한다.

③ 가정법원은 제2항 제1문 제2호에 따른 면제가 피보좌인의 재산을 중대하게 위험에 처하게 하는 경우, 면제를 취소하여야 한다. 출연자가 생존하는 한, 출연자가 한 면제를 변경하기 위해서는 그의 동의가 필요하고 이로써 충

285

forderlich und genügend. Ist er zur Abgabe einer Erklärung dauerhaft außerstande oder ist sein Aufenthalt dauerhaft unbekannt, so hat das Familiengericht unter Beachtung

der Voraussetzung des Satzes 1 die Zustimmung zu ersetzen.

(4) Sofern der Pflegling nicht mittellos ist, bestimmt sich die Höhe des Stundensatzes des Zuwendungspflegers nach seinen für die Führung der Pflegschaftsgeschäfte nutzbaren Fachkenntnissen sowie nach dem Umfang und der Schwierigkeit der Pflegschaftsgeschäfte. § 1881 gilt entsprechend.

§ 1812   Aufhebung und Ende der Pflegschaft

(1) Die Pflegschaft ist aufzuheben, wenn der Grund für die Anordnung der Pflegschaft weggefallen ist.

(2) Die Pflegschaft endet mit der Beendigung der elterlichen Sorge oder der Vormundschaft, im Falle der Pflegschaft zur Besorgung einer einzelnen Angelegenheit mit deren Erledigung.

§ 1813   Anwendung des Vormundschaftsrechts

(1) Auf die Pflegschaften nach diesem Titel finden die für die Vormundschaft geltenden Vorschriften entsprechende Anwendung, soweit sich aus dem Gesetz nichts anderes ergibt.

(2) Für Pflegschaften nach § 1809 Absatz 1 Satz 1 gelten die §§ 1782 und 1783 nicht.

Titel 3   Rechtliche Betreuung

Untertitel 1   Betreuerbestellung

§ 1814   Voraussetzungen

(1) Kann ein Volljähriger seine Angelegenheiten ganz oder teilweise rechtlich nicht besorgen und beruht dies auf einer Krankheit oder Behinderung, so bestellt das Betreuungsgericht für ihn einen rechtlichen Betreuer (Betreuer).

(2) Gegen den freien Willen des Volljährigen darf ein Betreuer nicht bestellt werden.

(3) Ein Betreuer darf nur bestellt werden, wenn dies erforderlich ist. Die Bestellung eines

분하다. 출연자가 지속적으로 의사표시를 할 수 없는 상태에 있거나 그의 거소가 지속적으로 알려지지 않는 경우, 가정법원이 제1문의 요건을 준수하여 출연자의 동의를 갈음하여야 한다.

④ 피보좌인이 무자력이 아닌 한, 출연보좌인의 시간당 보수액은 보좌업무를 수행하는 데 유용한 그의 전문지식 및 보좌업무의 범위와 난이도에 따라 정해진다. 제1881조를 준용한다.

제1812조 [보좌의 취소 및 종료]

① 보좌를 명해야 하는 사유가 소멸한 경우, 보좌는 취소되어야 한다.

② 보좌는 친권 또는 미성년후견의 종료로 종료하고, 개별적 사무의 처리를 위한 보좌의 경우에는 그 사무의 완료로 종료한다.

제1813조 [미성년후견법의 적용]

① 법률이 달리 정하지 않는 한, 이 절에 따른 보좌에는 미성년후견에 대해 적용하는 규정을 준용한다.

② 제1809조 제1항 제1문에 따른 보좌에 대해서는 제1782조 및 제1783조를 적용하지 않는다.

제3절 성년후견

제1관 성년후견인 선임

제1814조 [요건]

① 성년자가 자신의 사무를 전부 또는 일부 법적으로 처리할 수 없고, 이것이 질병 또는 장애에 기인하는 경우, 성년후견법원은 그의 신청 또는 직권으로 그 성년자를 위해 성년후견인을 선임한다.

② 성년후견인은 성년자의 자유로운 의사에 반하여 선임되어서는 안 된다.

③ 성년후견인은 필요한 경우에만 선임될 수 있다. 특히 성년자의 사무가 다

Betreuers ist insbesondere nicht erforderlich, soweit die Angelegenheiten des Volljährigen

1. durch einen Bevollmächtigten, der nicht zu den in § 1816 Absatz 6 bezeichneten Personen gehört, gleichermaßen besorgt werden können oder

2. durch andere Hilfen, bei denen kein gesetzlicher Vertreter bestellt wird, erledigt werden können, insbesondere durch solche Unterstützung, die auf sozialen Rechten oder anderen Vorschriften beruht.

(4) Die Bestellung eines Betreuers erfolgt auf Antrag des Volljährigen oder von Amts wegen. Soweit der Volljährige seine Angelegenheiten lediglich aufgrund einer körperlichen Krankheit oder Behinderung nicht besorgen kann, darf ein Betreuer nur auf Antrag des Volljährigen bestellt werden, es sei denn, dass dieser seinen Willen nicht kundtun kann.

(5) Ein Betreuer kann auch für einen Minderjährigen, der das 17. Lebensjahr vollendet hat, bestellt werden, wenn anzunehmen ist, dass die Bestellung eines Betreuers bei Eintritt der Volljährigkeit erforderlich sein wird. Die Bestellung des Betreuers wird erst mit dem Eintritt der Volljährigkeit wirksam.

§ 1815 Umfang der Betreuung

(1) Der Aufgabenkreis eines Betreuers besteht aus einem oder mehreren Aufgabenbereichen. Diese sind vom Betreuungsgericht im Einzelnen anzuordnen. Ein Aufgabenbereich darf nur angeordnet werden, wenn und soweit dessen rechtliche Wahrnehmung durch einen Betreuer erforderlich ist.

(2) Folgende Entscheidungen darf der Betreuer nur treffen, wenn sie als Aufgabenbereich vom Betreuungsgericht ausdrücklich angeordnet worden sind:

1. eine mit Freiheitsentziehung verbundene Unterbringung des Betreuten nach § 1831 Absatz 1,

2. eine freiheitsentziehende Maßnahme im Sinne des § 1831 Absatz 4, unabhängig davon, wo der Betreute sich aufhält,

3. die Bestimmung des gewöhnlichen Aufenthalts des Betreuten im Ausland,

4. die Bestimmung des Umgangs des Betreuten,

5. die Entscheidung über die Telekommunikation des Betreuten einschließlich seiner elektronischen Kommunikation,

6. die Entscheidung über die Entgegennahme, das Öffnen und das Anhalten der Post des Betreuten.

음 각 호에 해당하는 경우에는 성년후견인의 선임이 필요하지 않다,

1. 제1816조 제6항에 열거된 사람에 속하지 않는 임의대리인에 의해서 동
   등하게 처리될 수 있거나,
2. 법정대리인이 선임되지 않는 다른 공적 부조, 특히 사회법이나 다른 규
   정에 근거한 지원에 의해서 처리될 수 있는 경우.

④ 성년후견인의 선임은 성년자의 신청에 기하여 또는 직권으로 이루어진다. 성년자가 단지 신체적 질병 또는 장애로 인해 그의 사무를 처리할 수 없는 경우, 성년후견인은 성년자의 신청이 있어야만 선임될 수 있지만, 그 성년자가 자신의 의사를 표시할 수 없는 경우에는 그렇지 않다.
⑤ 17세 이상의 미성년자를 위해서도 그가 성년이 되었을 때 성년후견인을 선임하는 것이 필요하다고 인정되는 경우에는 성년후견인을 선임할 수 있다. 성년후견인의 선임은 그 미성년자가 성년이 될 때 비로소 효력이 발생한다.

제1815조 [성년후견의 범위]

① 성년후견인의 업무범위는 하나 또는 다수의 업무사항으로 이루어진다. 업무사항은 성년후견법원에 의해 개별적으로 명해진다. 업무사항은 성년후견인이 법적으로 수행하는 것이 필요한 경우에만 명할 수 있다.

② 성년후견법원이 업무사항으로 명시적으로 명한 경우에만 성년후견인은 다음 각 호의 결정을 할 수 있다:

1. 제1831조 제1항의 자유박탈과 결합된 피성년후견인의 수용,
2. 피성년후견인이 어디에 거주하는지에 관계없이 제1831조 제4항의 자유박탈적 조치,
3. 피성년후견인의 통상적 거소를 외국으로 결정,
4. 피성년후견인의 면접교섭의 결정,
5. 전자통신을 포함하여 피성년후견인의 통신에 관한 결정,

6. 피성년후견인의 우편의 수령, 개봉, 보관에 관한 결정,

(3) Einem Betreuer können unter den Voraussetzungen des § 1820 Absatz 3 auch die Aufgabenbereiche der Geltendmachung von Rechten des Betreuten gegenüber seinem Bevollmächtigten sowie zusätzlich der Geltendmachung von Auskunfts- und Rechenschaftsansprüchen des Betreuten gegenüber Dritten übertragen werden (Kontrollbetreuer).

§ 1816　Eignung und Auswahl des Betreuers, Berücksichtigung der Wünsche des Volljährigen

(1) Das Betreuungsgericht bestellt einen Betreuer, der geeignet ist, in dem gerichtlich angeordneten Aufgabenkreis die Angelegenheiten des Betreuten nach Maßgabe des § 1821 rechtlich zu besorgen und insbesondere in dem hierfür erforderlichen Umfang persönlichen Kontakt mit dem Betreuten zu halten.

(2) Wünscht der Volljährige eine Person als Betreuer, so ist diesem Wunsch zu entsprechen, es sei denn, die gewünschte Person ist zur Führung der Betreuung nach Absatz 1 nicht geeignet. Lehnt der Volljährige eine bestimmte Person als Betreuer ab, so ist diesem Wunsch zu entsprechen, es sei denn, die Ablehnung bezieht sich nicht auf die Person des Betreuers, sondern auf die Bestellung eines Betreuers als solche. Die Sätze 1 und 2 gelten auch für Wünsche, die der Volljährige vor Einleitung des Betreuungsverfahrens geäußert hat, es sei denn, dass er an diesen erkennbar nicht festhalten will. 4Wer von der Einleitung eines Verfahrens über die Bestellung eines Betreuers für einen Volljährigen Kenntnis erlangt und ein Dokument besitzt, in dem der Volljährige für den Fall, dass für ihn ein Betreuer bestellt werden muss, Wünsche zur Auswahl des Betreuers oder zur Wahrnehmung der Betreuung geäußert hat (Betreuungsverfügung), hat die Betreuungsverfügung dem Betreuungsgericht zu übermitteln.

(3) Schlägt der Volljährige niemanden vor, der zum Betreuer bestellt werden kann oder ist die gewünschte Person nicht geeignet, so sind bei der Auswahl des Betreuers die familiären Beziehungen des Volljährigen, insbesondere zum Ehegatten, zu Eltern und zu Kindern, seine persönlichen Bindungen sowie die Gefahr von Interessenkonflikten zu berücksichtigen.

(4) Eine Person, die keine familiäre Beziehung oder persönliche Bindung zu dem Volljährigen hat, soll nur dann zum ehrenamtlichen Betreuer bestellt werden, wenn sie mit einem nach § 14 des Betreuungsorganisationsgesetzes anerkannten Betreuungsverein oder

③ 임의대리인에 대한 피성년후견인의 권리를 행사하는 업무사항과 추가적으로 제3자에 대한 피성년후견인의 정보제공청구권 및 계산청구권을 행사하는 업무사항도 제1820조 제3항의 요건 하에서 성년후견인에게 위임할 수 있다(감독성년후견인).

제1816조 [성년후견인의 적합성과 선정, 성년자의 소망 고려]

① 성년후견법원은 재판으로 정해진 업무범위에서 피성년후견인의 사무를 제1821조가 정하는 바에 따라서 법적으로 처리하고, 특히 이를 위해 필요한 범위에서 피성년후견인과 인적으로 연락을 유지하는 데 적합한 사람을 성년후견인으로 선임한다.

② 성년자가 어떤 사람을 성년후견인으로 소망한다면 그 소망에 따라야 하지만, 그 소망된 사람이 제1항에 따른 성년후견을 수행하기에 적합하지 않다면 그렇지 않다. 성년자가 어떤 사람을 성년후견인으로 거부한다면 그 소망을 따라야 하지만, 그 거부가 그 사람에 관한 것이 아니라 성년후견인의 선임 그 자체에 관한 것이라면 그렇지 않다. 성년자가 후견인 선임 절차 개시 전에 표명한 소망에 대해서도 제1문과 제2문이 적용되지만, 그가 이를 유지하는 것을 원하지 않는다고 인식 가능한 경우에는 그렇지 않다. 어느 성년자를 위해 성년후견인 선임 절차가 개시되었다는 것을 인식하고, 그 성년자가 자신을 위해 성년후견인이 선임되어야 하는 경우를 대비하여 성년후견인의 선정 또는 성년후견의 수행에 대한 소망을 표명하는 문서(성년후견처분)를 점유하고 있는 사람은 그 성년후견처분을 성년후견법원에 전달해야 한다.

③ 성년자가 성년후견인으로 선임될 수 있는 사람에 대해 아무도 제안하지 않거나 소망된 사람이 적합하지 않은 경우, 성년후견인의 선정에 있어 성년자의 가족관계, 특히 배우자, 부모, 자녀와의 관계, 개인적인 유대 및 이해상반의 위험성도 고려하여야 한다.

④ 성년자에 대해 가족관계나 개인적인 관계에 있지 않은 사람은 성년후견기관법 제14조에 따라 승인된 성년후견사단법인 또는 관할 관청과 성년후견기관법 제15조 제1항 제1문 제4호 또는 제5조 제2항 제3문에 따라 수행과 지원

mit der zuständigen Behörde eine Vereinbarung über eine Begleitung und Unterstützung gemäß § 15 Absatz 1 Satz 1 Nummer 4 oder § 5 Absatz 2 Satz 3 des Betreuungsorganisationsgesetzes geschlossen hat.

(5) Ein beruflicher Betreuer nach § 19 Absatz 2 des Betreuungsorganisationsgesetzes soll nur dann zum Betreuer bestellt werden, wenn keine geeignete Person für die ehrenamtliche Führung der Betreuung zur Verfügung steht. Bei der Entscheidung, ob ein bestimmter beruflicher Betreuer bestellt wird, sind die Anzahl und der Umfang der bereits von diesem zu führenden Betreuungen zu berücksichtigen.

(6) Eine Person, die zu einem Träger von Einrichtungen oder Diensten, der in der Versorgung des Volljährigen tätig ist, in einem Abhängigkeitsverhältnis oder in einer anderen engen Beziehung steht, darf nicht zum Betreuer bestellt werden. Dies gilt nicht, wenn im Einzelfall die konkrete Gefahr einer Interessenkollision nicht besteht.

§ 1817   Mehrere Betreuer; Verhinderungsbetreuer; Ergänzungsbetreuer

(1) Das Betreuungsgericht kann mehrere Betreuer bestellen, wenn die Angelegenheiten des Betreuten hierdurch besser besorgt werden können. In diesem Falle bestimmt es, welcher Betreuer mit welchem Aufgabenbereich betraut wird. Mehrere berufliche Betreuer werden außer in den in den Absätzen 2, 4 und 5 geregelten Fällen nicht bestellt.

(2) Für die Entscheidung über die Einwilligung in eine Sterilisation des Betreuten ist stets ein besonderer Betreuer zu bestellen (Sterilisationsbetreuer).

(3) Sofern mehrere Betreuer mit demselben Aufgabenbereich betraut werden, können sie diese Angelegenheiten des Betreuten nur gemeinsam besorgen, es sei denn, dass das Betreuungsgericht etwas anderes bestimmt hat oder mit dem Aufschub Gefahr verbunden ist.

(4) Das Betreuungsgericht kann auch vorsorglich einen Verhinderungsbetreuer bestellen, der die Angelegenheiten des Betreuten zu besorgen hat, soweit der Betreuer aus tatsächlichen Gründen verhindert ist. Für diesen Fall kann auch ein anerkannter Betreuungsverein zum Verhinderungsbetreuer bestellt werden, ohne dass die Voraussetzungen des § 1818 Absatz 1 Satz 1 vorliegen.

(5) Soweit ein Betreuer aus rechtlichen Gründen gehindert ist, einzelne Angelegenheiten des Betreuten zu besorgen, hat das Betreuungsgericht hierfür einen Ergänzungsbetreuer zu bestellen.

에 관한 약정을 체결한 경우에만 명예직성년후견인으로 선임된다.

⑤ 성년후견기관법 제19조 제2항에 따른 직업성년후견인은, 명예직으로 성년후견을 수행할 다른 적당한 자가 없는 때에만 성년후견인으로 선임되어야 한다. 특정 직업성년후견인을 선임할지 결정할 때에는 그가 이미 수행하고 있는 성년후견의 수(數)와 범위가 고려되어야 한다.

⑥ 성년자를 돌보는 시설이나 서비스의 운영자와 종속적 관계 또는 그 밖에 밀접한 관계에 있는 자는 성년후견인으로 선임되어서는 안 된다. 개별적으로 이해충돌의 구체적 위험이 존재하지 않는 경우에는 그렇지 않다.

제1817조 [여러 명의 성년후견인; 유고성년후견인; 보충성년후견인]

① 성년후견법원은 여러 명의 성년후견인을 선임함으로써 피성년후견인의 사무가 더 잘 처리될 수 있는 경우에는 여러 명의 성년후견인을 선임할 수 있다. 이 경우 성년후견법원은 어떤 성년후견인에게 어떤 업무범위를 위임할지 결정한다. 여러 명의 직업성년후견인은 제2항, 제4항 및 제5항에 규정된 경우들 외에는 선임되지 않는다.

② 피성년후견인의 불임수술에 대한 동의 결정을 위해서는 항상 특별성년후견인이 선임되어야 한다(불임수술성년후견인).

③ 여러 명의 성년후견인에게 동일한 업무사항이 위임된 범위에서 그들은 공동으로만 피성년후견인의 사무를 처리할 수 있지만, 법원이 다르게 결정했거나 지체가 위험과 결부되는 경우에는 그렇지 않다.

④ 성년후견법원은 성년후견인이 사실적 사유로 장애가 있는 범위에서 피성년후견인의 사무를 처리할 유고성년후견인을 미리 선임할 수 있다. 이 경우 제1818조 제1항 제1문의 요건이 존재하지 않더라도 승인된 성년후견사단법인이 유고성년후견인으로 선임될 수 있다.

⑤ 성년후견인이 법적인 사유로 피성년후견인의 개별 사무를 처리할 수 없는 범위에서, 성년후견법원은 이를 위해 보충성년후견인을 선임해야 한다.

§ 1818 Betreuung durch Betreuungsverein oder Betreuungsbehörde

(1) Das Betreuungsgericht bestellt einen anerkannten Betreuungsverein zum Betreuer, wenn der Volljährige dies wünscht, oder wenn er durch eine oder mehrere natürliche Personen nicht hinreichend betreut werden kann. Die Bestellung bedarf der Einwilligung des Betreuungsvereins.

(2) Der Betreuungsverein überträgt die Wahrnehmung der Betreuung einzelnen Personen. Vorschlägen des Volljährigen hat er hierbei zu entsprechen, wenn nicht wichtige Gründe entgegenstehen. Der Betreuungsverein teilt dem Betreuungsgericht alsbald, spätestens binnen zwei Wochen nach seiner Bestellung, mit, wem er die Wahrnehmung der Betreuung übertragen hat. Die Sätze 2 und 3 gelten bei einem Wechsel der Person, die die Betreuung für den Betreuungsverein wahrnimmt, entsprechend.

(3) Werden dem Betreuungsverein Umstände bekannt, aus denen sich ergibt, dass der Volljährige durch eine oder mehrere natürliche Personen hinreichend betreut werden kann, so hat er dies dem Betreuungsgericht mitzuteilen.

(4) Kann der Volljährige weder durch eine oder mehrere natürliche Personen noch durch einen Betreuungsverein hinreichend betreut werden, so bestellt das Betreuungsgericht die zuständige Betreuungsbehörde zum Betreuer. Die Absätze 2 und 3 gelten entsprechend.

(5) Die Entscheidung über die Einwilligung in eine Sterilisation darf weder einem Betreuungsverein noch einer Betreuungsbehörde übertragen werden.

§ 1819 Übernahmepflicht; weitere Bestellungsvoraussetzungen

(1) Die vom Betreuungsgericht ausgewählte Person ist verpflichtet, die Betreuung zu übernehmen, wenn ihr die Übernahme unter Berücksichtigung ihrer familiären, beruflichen und sonstigen Verhältnisse zugemutet werden kann.

(2) Die ausgewählte Person darf erst dann zum Betreuer bestellt werden, wenn sie sich zur Übernahme der Betreuung bereit erklärt hat.

(3) Ein Mitarbeiter eines anerkannten Betreuungsvereins, der dort ausschließlich oder teilweise als Betreuer tätig ist (Vereinsbetreuer), darf nur mit Einwilligung des Betreuungsvereins bestellt werden. Entsprechendes gilt für den Mitarbeiter einer Betreuungsbehörde, der als Betreuer bestellt wird (Behördenbetreuer).

294

제1818조 [성년후견사단법인 또는 성년후견관청에 의한 성년후견]

① 성년자가 이를 원하거나, 그가 1인 또는 여러 명의 자연인에 의해 충분하게 후견될 수 없는 경우, 성년후견법원은 승인된 성년후견사단법인을 성년후견인으로 선임할 수 있다. 선임은 성년후견사단법인의 동의를 필요로 한다.

② 성년후견사단법인은 성년후견의 수행을 개인에게 위임한다. 이 경우 성년후견사단법인은 성년자의 제안에 반하는 중대한 사유가 없는 한, 성년자의 제안에 따라야 한다. 성년후견사단법인은 누구에게 성년후견의 수행을 위임했는지 즉시, 늦어도 선임 후 2주 내에 성년후견법원에 통지한다. 성년후견사단법인을 위해 성년후견을 수행하는 사람이 변경된 경우, 제2문과 제3문을 준용한다.
③ 성년후견사단법인이 1인 또는 여러 명의 자연인이 성년자를 충분히 후견할 수 있음을 알 수 있는 사정을 알게 되는 경우에는 성년후견법원에 이를 통지해야 한다.
④ 성년자가 1인 또는 여러 명의 자연인이나 성년후견사단법인에 의해 충분하게 후견될 수 없는 경우, 성년후견법원은 관할 성년후견관청을 성년후견인으로 선임한다. 제2항과 제3항을 준용한다.
⑤ 피성년후견인의 불임수술에 대한 동의에 관한 결정은 성년후견사단법인 또는 성년후견관청에게 위임해서는 안 된다.

제1819조 [인수의무; 그 밖의 선임요건]

① 성년후견법원이 선정한 자는 그의 가족, 직업, 그 밖의 상황을 고려하였을 때 그에게 성년후견의 인수가 기대될 수 있는 경우, 성년후견을 인수할 의무가 있다.
② 선정된 자가 성년후견을 인수하겠다는 의향을 표시한 후에만 성년후견인으로 선임될 수 있다.
③ 승인된 성년후견사단법인의 직원으로서 그 사단에서 전적으로 또는 부분적으로 성년후견인으로 근무하는 사람(사단법인성년후견인)은 성년후견사단법인의 동의가 있어야만 선임될 수 있다. 성년후견인으로 선임된 성년후견관청(관청성년후견인)의 직원의 경우에도 같다.

§ 1820　Vorsorgevollmacht und Kontrollbetreuung

(1) Wer von der Einleitung eines Verfahrens über die Bestellung eines Betreuers für einen Volljährigen Kenntnis erlangt und ein Dokument besitzt, in dem der Volljährige eine andere Person mit der Wahrnehmung seiner Angelegenheiten bevollmächtigt hat, hat das Betreuungsgericht hierüber unverzüglich zu unterrichten. Das Betreuungsgericht kann die Vorlage einer Abschrift verlangen.

(2) Folgende Maßnahmen eines Bevollmächtigten setzen voraus, dass die Vollmacht schriftlich erteilt ist und diese Maßnahmen ausdrücklich umfasst:

1. die Einwilligung sowie ihr Widerruf oder die Nichteinwilligung in Maßnahmen nach § 1829 Absatz 1 Satz 1 und Absatz 2,

2. die Unterbringung nach § 1831 und die Einwilligung in Maßnahmen nach § 1831 Absatz 4,

3. die Einwilligung in eine ärztliche Zwangsmaßnahme nach § 1832 und die Verbringung nach § 1832 Absatz 4.

(3) Das Betreuungsgericht bestellt einen Kontrollbetreuer, wenn die Bestellung erforderlich ist, weil

1. der Vollmachtgeber aufgrund einer Krankheit oder Behinderung nicht mehr in der Lage ist, seine Rechte gegenüber dem Bevollmächtigten auszuüben, und

2. aufgrund konkreter Anhaltspunkte davon auszugehen ist, dass der Bevollmächtigte die Angelegenheiten des Vollmachtgebers nicht entsprechend der Vereinbarung oder dem erklärten oder mutmaßlichen Willen des Vollmachtgebers besorgt.

(4) Das Betreuungsgericht kann anordnen, dass der Bevollmächtigte die ihm erteilte Vollmacht nicht ausüben darf und die Vollmachtsurkunde an den Betreuer herauszugeben hat, wenn

1. die dringende Gefahr besteht, dass der Bevollmächtigte nicht den Wünschen des Vollmachtgebers entsprechend handelt und dadurch die Person des Vollmachtgebers oder dessen Vermögen erheblich gefährdet oder

2. der Bevollmächtigte den Betreuer bei der Wahrnehmung seiner Aufgaben behindert.

Liegen die Voraussetzungen des Satzes 1 nicht mehr vor, hat das Betreuungsgericht die Anordnung aufzuheben und den Betreuer zu verpflichten, dem Bevollmächtigten die Vollmachtsurkunde herauszugeben, wenn die Vollmacht nicht erloschen ist.

제1820조 [장래임의대리권과 감독성년후견]

① 성년자를 위한 성년후견인 선임 절차가 개시되었다는 것을 인식하게 되고, 그 성년자가 다른 사람에게 자기 사무의 수행을 위임한 문서를 점유하고 있는 사람은 지체 없이 이에 대해 성년후견법원에 알려야 한다. 성년후견법원은 등본의 제출을 요구할 수 있다.

② 임의대리인의 다음 각 호의 조치는 대리권이 서면으로 수여되고 이러한 조치를 명시적으로 포함하고 있을 것을 전제로 한다:
  1. 제1829조 제1항 제1문 및 제2항에 따른 조치에 대한 동의, 철회, 부동의,

  2. 제1831조에 따른 수용 및 제1831조 제4항에 따른 조치에 대한 동의,
  3. 제1832조에 따른 의료적 강제조치에 대한 동의 및 제1832조 제4항에 따른 이송.

③ 성년후견법원은 그 선임이 다음과 같은 이유로 필요한 때에는 감독성년후견인을 선임한다.
  1. 대리권 수여자가 질병이나 장애로 인해 임의대리인에 대해 자신의 권리를 더 이상 행사할 수 없고,
  2. 구체적 근거에 의해 임의대리인이 대리권 수여자의 사무를 약정에 따라 또는 대리권 수여자의 표시되거나 추정되는 의사에 따라 처리할 수 없다고 전제되는 경우.

④ 성년후견법원은 다음 각 호의 경우에 임의대리인이 그에게 수여된 대리권을 행사해서는 안 되며, 대리권증서를 성년후견인에게 반환할 것을 명할 수 있다.
  1. 임의대리인이 대리권 수여자의 소망에 따라 행위하지 않고, 이로써 대리권 수여자의 신상 또는 그의 재산을 현저히 위태롭게 할 급박한 위험이 존재하거나,
  2. 성년후견인이 그의 임무를 수행하는 것을 임의대리인이 방해한 경우.

제1문의 요건이 더 이상 존재하지 않은 경우, 성년후견법원은 명령을 취소해야 하고, 대리권이 소멸하지 않았으면 임의대리인에게 대리권증서를 반환할 의무를 성년후견인에게 부과해야 한다.

(5) Der Betreuer darf eine Vollmacht oder einen Teil einer Vollmacht, die den Bevollmächtigten zu Maßnahmen der Personensorge oder zu Maßnahmen in wesentlichen Bereichen der Vermögenssorge ermächtigt, nur widerrufen, wenn das Festhalten an der Vollmacht eine künftige Verletzung der Person oder des Vermögens des Betreuten mit hinreichender Wahrscheinlichkeit und in erheblicher Schwere befürchten lässt und mildere Maßnahmen nicht zur Abwehr eines Schadens für den Betreuten geeignet erscheinen. Der Widerruf bedarf der Genehmigung des Betreuungsgerichts. Mit der Genehmigung des Widerrufs einer Vollmacht kann das Betreuungsgericht die Herausgabe der Vollmachtsurkunde an den Betreuer anordnen.

Untertitel 2   Führung der Betreuung

Kapitel 1   Allgemeine Vorschriften

§ 1821   Pflichten des Betreuers; Wünsche des Betreuten

(1) Der Betreuer nimmt alle Tätigkeiten vor, die erforderlich sind, um die Angelegenheiten des Betreuten rechtlich zu besorgen. Er unterstützt den Betreuten dabei, seine Angelegenheiten rechtlich selbst zu besorgen, und macht von seiner Vertretungsmacht nach § 1823 nur Gebrauch, soweit dies erforderlich ist.

(2) Der Betreuer hat die Angelegenheiten des Betreuten so zu besorgen, dass dieser im Rahmen seiner Möglichkeiten sein Leben nach seinen Wünschen gestalten kann. Hierzu hat der Betreuer die Wünsche des Betreuten festzustellen. Diesen hat der Betreuer vorbehaltlich des Absatzes 3 zu entsprechen und den Betreuten bei deren Umsetzung rechtlich zu unterstützen. Dies gilt auch für die Wünsche, die der Betreute vor der Bestellung des Betreuers geäußert hat, es sei denn, dass er an diesen Wünschen erkennbar nicht festhalten will.

(3) Den Wünschen des Betreuten hat der Betreuer nicht zu entsprechen, soweit

1. die Person des Betreuten oder dessen Vermögen hierdurch erheblich gefährdet würde und der Betreute diese Gefahr aufgrund seiner Krankheit oder Behinderung nicht erkennen oder nicht nach dieser Einsicht handeln kann oder

⑤ 성년후견인은 대리권을 유지하는 것이 장래 피성년후견인의 신상이나 재산을 현저히 중대하게 침해할 개연성이 충분히 높다고 우려되고, 완화된 조치로는 피성년후견인을 위한 손해를 예방하기에 적합하지 않다고 보이는 경우에만, 신상돌봄을 위한 조치 또는 재산돌봄의 중요영역에서의 조치에 대해 임의대리인에게 권한을 수여하는 대리권 또는 대리권의 일부를 철회할 수 있다. 철회는 성년후견법원의 허가가 필요하다. 대리권 철회의 허가와 함께 성년후견법원은 대리권증서를 성년후견인에게 반환할 것을 명할 수 있다.

제2관   성년후견의 수행

제1항   일반규정

제1821조 [성년후견인의 의무; 피성년후견인의 소망]

① 성년후견인은 피성년후견인의 사무를 법적으로 처리하는 데 필요한 모든 활동을 한다. 성년후견인은 피성년후견인이 자신의 사무를 법적으로 스스로 처리하는 것을 지원하고, 필요한 범위에서만 제1823조에 따라 대리권을 행사한다.

② 성년후견인은 피성년후견인이 그의 능력 내에서 그의 삶을 자신의 소망에 따라 형성할 수 있도록 피성년후견인의 사무를 처리해야 한다. 이를 위해서 성년후견인은 피성년후견인의 소망을 확인해야 한다. 제3항을 제외하고 성년후견인은 이 소망을 따라야 하며, 이를 실현함에 있어 피성년후견인을 법적으로 지원해야 한다. 성년후견인이 선임되기 전에 피성년후견인이 표시한 소망에 대해서도 마찬가지이지만, 피성년후견인이 이 소망을 유지하기를 원하지 않는다는 것이 인식될 수 있으면 그렇지 않다.

③ 다음 각 호의 경우에 성년후견인은 피성년후견인의 소망을 따라서는 안 된다.

 1. 소망을 따르게 되면 피성년후견인의 신상 또는 재산이 현저하게 위태로워지고, 피성년후견인이 자신의 질병이나 장애로 인해 이 위험을 인식할 수 없거나 그 인식에 따라 행위할 수 없는 경우 또는

2. dies dem Betreuer nicht zuzumuten ist.

(4) Kann der Betreuer die Wünsche des Betreuten nicht feststellen oder darf er ihnen nach Absatz 3 Nummer 1 nicht entsprechen, hat er den mutmaßlichen Willen des Betreuten aufgrund konkreter Anhaltspunkte zu ermitteln und ihm Geltung zu verschaffen. Zu berücksichtigen sind insbesondere frühere Äußerungen, ethische oder religiöse Überzeugungen und sonstige persönliche Wertvorstellungen des Betreuten. Bei der Feststellung des mutmaßlichen Willens soll nahen Angehörigen und sonstigen Vertrauenspersonen des Betreuten Gelegenheit zur Äußerung gegeben werden.

(5) Der Betreuer hat den erforderlichen persönlichen Kontakt mit dem Betreuten zu halten, sich regelmäßig einen persönlichen Eindruck von ihm zu verschaffen und dessen Angelegenheiten mit ihm zu besprechen.

(6) Der Betreuer hat innerhalb seines Aufgabenkreises dazu beizutragen, dass Möglichkeiten genutzt werden, die Fähigkeit des Betreuten, seine eigenen Angelegenheiten zu besorgen, wiederherzustellen oder zu verbessern.

§ 1822 Auskunftspflicht gegenüber nahestehenden Angehörigen

Der Betreuer hat nahestehenden Angehörigen und sonstigen Vertrauenspersonen des Betreuten auf Verlangen Auskunft über dessen persönliche Lebensumstände zu erteilen, soweit dies einem nach § 1821 Absatz 2 bis 4 zu beachtenden Wunsch oder dem mutmaßlichen Willen des Betreuten entspricht und dem Betreuer zuzumuten ist.

§ 1823 Vertretungsmacht des Betreuers

In seinem Aufgabenkreis kann der Betreuer den Betreuten gerichtlich und außergerichtlich vertreten.

§ 1824 Ausschluss der Vertretungsmacht

(1) Der Betreuer kann den Betreuten nicht vertreten:

1. bei einem Rechtsgeschäft zwischen seinem Ehegatten oder einem seiner Verwandten in gerader Linie einerseits und dem Betreuten andererseits, es sei denn, dass das Rechtsgeschäft ausschließlich in der Erfüllung einer Verbindlichkeit besteht,

2. bei einem Rechtsgeschäft, das die Übertragung oder Belastung einer durch Pfandrecht,

2. 성년후견인에게 이를 기대할 수 없는 경우.

④ 성년후견인이 피성년후견인의 소망을 확인할 수 없거나 제3항 제1호에 따라 소망을 따라서는 안 되는 경우, 성년후견인은 피성년후견인의 추정적 의사를 구체적 근거에 기초하여 확인하고 그에게 효력이 발생하도록 해야 한다. 특히 피성년후견인의 과거의 언명, 윤리적 또는 종교적 신념과 그 밖의 개인적 가치관이 고려되어야 한다. 추정적 의사를 확인할 때 피성년후견인의 가까운 친척이나 그 밖의 신뢰하는 사람에게 의견을 표명할 기회를 주어야 한다.

⑤ 성년후견인은 피성년후견인과 필요한 개인적 연락을 유지해야 하고, 정기적으로 그의 상태를 확인해야 하며, 그와 그의 사무를 협의해야 한다.

⑥ 성년후견인은 그의 업무범위 내에서 자신의 사무를 처리할 피성년후견인의 능력을 회복하거나 개선할 가능성을 활용하는 데에 기여해야 한다.

제1822조 [가까운 친척에 대한 정보제공의무]

성년후견인은 요청이 있는 경우, 피성년후견인의 가까운 친척이나 그 밖의 신뢰하는 사람에게 피성년후견인의 개인적 생활환경에 대한 정보를 제공하여야 하는데, 이것이 제1821조 제2항 내지 제4항에 따라 고려되어야 하는 피성년후견인의 소망 또는 추정적 의사에 상응하고 성년후견인에게 기대할 수 있는 범위에서 그러하다.

제1823조 [성년후견인의 법정대리권]

성년후견인은 그의 업무범위 내에서 피성년후견인을 재판에 관해 그리고 재판 외에서 대리한다.

제1824조 [법정대리권의 배제]

① 성년후견인은 다음 각 호의 경우에 피성년후견인을 대리할 수 없다:

1. 성년후견인의 배우자 또는 직계혈족과 피성년후견인 사이의 법률행위, 그러나 법률행위가 전적으로 채무의 이행인 경우에는 그렇지 않다.

2. 질권, 저당권, 선박저당권이나 보증에 의해 담보된 피성년후견인의 성

Hypothek, Schiffshypothek oder Bürgschaft gesicherten Forderung des Betreuten gegen den Betreuer oder die Aufhebung oder Minderung dieser Sicherheit zum Gegenstand hat oder die Verpflichtung des Betreuten zu einer solchen Übertragung, Belastung, Aufhebung oder Minderung begründet,

3. bei einem Rechtsstreit zwischen den in Nummer 1 bezeichneten Personen sowie bei einem Rechtsstreit über eine Angelegenheit der in Nummer 2 bezeichneten Art.

(2) § 181 bleibt unberührt.

§ 1825 Einwilligungsvorbehalt

(1) Soweit dies zur Abwendung einer erheblichen Gefahr für die Person oder das Vermögen des Betreuten erforderlich ist, ordnet das Betreuungsgericht an, dass der Betreute zu einer Willenserklärung, die einen Aufgabenbereich des Betreuers betrifft, dessen Einwilligung bedarf (Einwilligungsvorbehalt). Gegen den freien Willen des Volljährigen darf ein Einwilligungsvorbehalt nicht angeordnet werden. Die §§ 108 bis 113, 131 Absatz 2 und § 210 gelten entsprechend.

(2) Ein Einwilligungsvorbehalt kann sich nicht erstrecken

1. auf Willenserklärungen, die auf Eingehung einer Ehe gerichtet sind,

2. auf Verfügungen von Todes wegen,

3. auf die Anfechtung eines Erbvertrags,

4. auf die Aufhebung eines Erbvertrags durch Vertrag und

5. auf Willenserklärungen, zu denen ein beschränkt Geschäftsfähiger nach den Vorschriften dieses Buches und des Buches 5 nicht der Zustimmung seines gesetzlichen Vertreters bedarf.

(3) Ist ein Einwilligungsvorbehalt angeordnet, so bedarf der Betreute dennoch nicht der Einwilligung seines Betreuers, wenn die Willenserklärung dem Betreuten lediglich einen rechtlichen Vorteil bringt. Soweit das Gericht nichts anderes anordnet, gilt dies auch, wenn die Willenserklärung eine geringfügige Angelegenheit des täglichen Lebens betrifft.

(4) Auch für einen Minderjährigen, der das 17. Lebensjahr vollendet hat, kann das Betreuungsgericht einen Einwilligungsvorbehalt anordnen, wenn anzunehmen ist, dass ein solcher bei Eintritt der Volljährigkeit erforderlich wird.

년후견인에 대한 채권을 양도하거나 채권에 부담을 설정하거나 이러한 담보를 소멸시키거나 감축하는 것을 내용으로 하는 법률행위, 또는 그와 같은 양도, 부담설정, 소멸 또는 감축할 피성년후견인의 의무를 성립시키는 법률행위.

3. 제1호에서 열거한 사람들 사이의 소송과 제2호에서 열거한 종류의 사무에 관한 소송.

② 제181조의 규정은 영향을 받지 않는다.

제1825조 [동의유보]

① 피성년후견인의 신상 또는 재산에 대한 현저한 위험을 방지하기 위해 필요한 범위에서, 성년후견법원은 피성년후견인이 성년후견인의 업무사항에 해당하는 의사표시를 하기 위해서는 성년후견인의 동의를 필요로 한다고 명할 수 있다(동의유보). 제108조 내지 제113조, 제131조 제2항 및 제210조를 준용한다.

② 동의유보는 다음 각 호에 미칠 수 없다.

1. 혼인 성립을 목적으로 하는 의사표시.
2. 사인처분.
3. 상속계약의 취소.
4. 상속계약의 합의 해소.
5. 제4편 및 제5편의 규정에 따라 제한능력자가 그의 법정대리인의 동의를 필요로 하지 않는 의사표시.

③ 성년후견법원이 동의유보를 명하였더라도, 피성년후견인의 의사표시가 그에게 법률상 이익만 가져오는 경우에는 성년후견인의 동의는 필요하지 않다. 성년후견법원이 달리 명하지 않는 한, 의사표시가 일상생활의 경미한 사무에 관한 것인 때에도 같다.

④ 성년이 될 때 그 조치가 필요하다고 인정되는 경우, 17세 이상의 미성년자를 위해서도 성년후견법원은 동의유보를 명할 수 있다.

§ 1826 Haftung des Betreuers

(1) Der Betreuer ist dem Betreuten für den aus einer Pflichtverletzung entstehenden Schaden verantwortlich. Dies gilt nicht, wenn der Betreuer die Pflichtverletzung nicht zu vertreten hat.

(2) Sind für den Schaden mehrere Betreuer nebeneinander verantwortlich, so haften sie als Gesamtschuldner.

(3) Ist ein Betreuungsverein als Betreuer bestellt, so ist er dem Betreuten für ein Verschulden des Mitglieds oder des Mitarbeiters in gleicher Weise verantwortlich wie für ein Verschulden eines verfassungsmäßig berufenen Vertreters.

Kapitel 2   Personenangelegenheiten

§ 1827 Patientenverfügung; Behandlungswünsche oder mutmaßlicher Wille des Betreuten

(1) Hat ein einwilligungsfähiger Volljähriger für den Fall seiner Einwilligungsunfähigkeit schriftlich festgelegt, ob er in bestimmte, zum Zeitpunkt der Festlegung noch nicht unmittelbar bevorstehende Untersuchungen seines Gesundheitszustands, Heilbehandlungen oder ärztliche Eingriffe einwilligt oder sie untersagt (Patientenverfügung), prüft der Betreuer, ob diese Festlegungen auf die aktuelle Lebens- und Behandlungssituation des Betreuten zutreffen. Ist dies der Fall, hat der Betreuer dem Willen des Betreuten Ausdruck und Geltung zu verschaffen. Eine Patientenverfügung kann jederzeit formlos widerrufen werden.

(2) Liegt keine Patientenverfügung vor oder treffen die Festlegungen einer Patientenverfügung nicht auf die aktuelle Lebens- und Behandlungssituation des Betreuten zu, hat der Betreuer die Behandlungswünsche oder den mutmaßlichen Willen des Betreuten festzustellen und auf dieser Grundlage zu entscheiden, ob er in eine ärztliche Maßnahme nach Absatz 1 einwilligt oder sie untersagt. Der mutmaßliche Wille ist aufgrund konkreter Anhaltspunkte zu ermitteln. Zu berücksichtigen sind insbesondere frühere Äußerungen, ethische oder religiöse Überzeugungen und sonstige persönliche Wertvorstellungen des Betreuten.

(3) Die Absätze 1 und 2 gelten unabhängig von Art und Stadium einer Erkrankung des Betreuten.

제1826조 [성년후견인의 책임]

① 성년후견인은 의무 위반으로 발생한 손해에 대하여 피성년후견인에 대해 책임이 있다. 성년후견인이 의무 위반에 책임이 없는 경우에는 그렇지 않다.
② 여러 명의 성년후견인이 함께 손해에 대하여 책임이 있는 경우, 그들은 연대채무자로서 책임을 진다.
③ 성년후견사단법인이 성년후견인으로 선임된 경우, 사원이나 직원의 과책에 대해서는 정관에 따라 임명된 대리인의 과책에 대해서와 동일한 방식으로 성년후견사단법인이 피성년후견인에 대해 책임을 진다.

제2항 신상에 관한 사무

제1827조 [사전의료지시; 피성년후견인의 진료 소망 또는 추정적 의사]

① 동의능력 있는 성년자가 자신이 동의무능력이 될 경우를 대비하여, 확인하는 시점에 아직 임박하지 않은 특정한 건강상태의 검사, 치료행위 또는 의료적 침습에 대해 그가 동의하거나 거절한다는 것을 서면으로 확인한 경우(사전의료지시), 성년후견인은 이 확인이 현재의 생활상황 및 진료상황에서 적절한지를 심사한다. 적절한 경우에 해당한다면, 성년후견인은 피성년후견인의 의사를 표시해서 효력이 발생하도록 해야 한다. 사전의료지시는 언제든지 방식 없이 철회될 수 있다.

② 사전의료지시가 존재하지 않거나 사전의료지시의 확인이 현재의 생활상황 및 진료상황에서 적절하지 않은 경우, 성년후견인은 피성년후견인의 진료 소망 또는 추정적 의사를 확인하고, 이에 근거하여 제1항의 의료적 조치에 동의할 것인지 거부할 것인지를 결정해야 한다. 추정적 의사는 구체적 근거에 기초하여 조사해야 한다. 특히 피성년후견인의 과거 언명, 윤리적 또는 종교적 신념 그리고 그 밖의 개인적 가치관이 고려되어야 한다.

③ 제1항과 제2항은 피성년후견인의 질병의 종류와 단계를 불문하고 적용한다.

(4) Der Betreuer soll den Betreuten in geeigneten Fällen auf die Möglichkeit einer Patientenverfügung hinweisen und ihn auf dessen Wunsch bei der Errichtung einer Patientenverfügung unterstützen.

(5) Niemand kann zur Errichtung einer Patientenverfügung verpflichtet werden. Die Errichtung oder Vorlage einer Patientenverfügung darf nicht zur Bedingung eines Vertragsschlusses gemacht werden.

(6) Die Absätze 1 bis 3 gelten für Bevollmächtigte entsprechend.

§ 1828 Gespräch zur Feststellung des Patientenwillens

(1) Der behandelnde Arzt prüft, welche ärztliche Maßnahme im Hinblick auf den Gesamtzustand und die Prognose des Patienten indiziert ist. Er und der Betreuer erörtern diese Maßnahme unter Berücksichtigung des Patientenwillens als Grundlage für die nach § 1827 zu treffende Entscheidung.

(2) Bei der Feststellung des Patientenwillens nach § 1827 Absatz 1 oder der Behandlungswünsche oder des mutmaßlichen Willens nach § 1827 Absatz 2 soll nahen Angehörigen und sonstigen Vertrauenspersonen des Betreuten Gelegenheit zur Äußerung gegeben werden, sofern dies ohne erhebliche Verzögerung möglich ist.

(3) Die Absätze 1 und 2 gelten für Bevollmächtigte entsprechend.

§ 1829 Genehmigung des Betreuungsgerichts bei ärztlichen Maßnahmen

(1) Die Einwilligung des Betreuers in eine Untersuchung des Gesundheitszustands, eine Heilbehandlung oder einen ärztlichen Eingriff bedarf der Genehmigung des Betreuungsgerichts, wenn die begründete Gefahr besteht, dass der Betreute aufgrund der Maßnahme stirbt oder einen schweren und länger dauernden gesundheitlichen Schaden erleidet. Ohne die Genehmigung darf die Maßnahme nur durchgeführt werden, wenn mit dem Aufschub Gefahr verbunden ist.

(2) Die Nichteinwilligung oder der Widerruf der Einwilligung des Betreuers in eine Untersuchung des Gesundheitszustands, eine Heilbehandlung oder einen ärztlichen Eingriff bedarf der Genehmigung des Betreuungsgerichts, wenn die Maßnahme medizinisch angezeigt ist und die begründete Gefahr besteht, dass der Betreute aufgrund des Unterbleibens oder des Abbruchs der Maßnahme stirbt oder einen schweren und länger dauernden

306

④ 성년후견인은 적절한 경우, 피성년후견인에게 사전의료지시의 가능성을 지적하고 그가 원한다면 사전의료지시를 작성하는 것을 도와야 한다.

⑤ 누구도 사전의료지시 작성 의무를 부담할 수 없다. 사전의료지시의 작성 또는 제출이 계약체결의 조건이 되어서는 안 된다.

⑥ 제1항 내지 제3항은 임의대리인을 위해 준용한다.

제1828조 [환자의사의 확인을 위한 대화]

① 진료하는 의사는 환자의 전반적인 상황과 진단에 관해 어떤 의료적 조치가 권고되는지를 조사한다. 그 의사와 성년후견인은 제1827조에 따라 해야 하는 결정의 기초로서 환자의 의사를 고려하여 이 조치에 대해 논의한다.

② 제1827조 제1항에 따라 환자의 의사를 또는 제1827조 제2항에 따라 진료의 소망이나 추정적 의사를 확인함에 있어, 현저한 지연 없이 가능하다면, 피성년후견인의 가까운 친척이나 그 밖의 신뢰하는 사람에게 의견을 표명할 기회를 주어야 한다.

③ 제1항과 제2항은 임의대리인을 위해 준용한다.

제1829조 [의료적 조치에서 성년후견법원의 허가]

① 건강상태의 검사, 치료행위 또는 의료적 침습에 대한 성년후견인의 동의는, 피성년후견인이 그 조치로 인해 사망하거나 중대하고 장기간 지속되는 건강상 손해를 입을 것이라는 근거 있는 위험이 존재하는 경우, 성년후견법원의 허가가 필요하다. 지체가 위험과 결부되는 경우에만 허가 없이 조치가 이루어질 수 있다.

② 건강상태의 검사, 치료행위 또는 의료적 침습에 대해 성년후견인이 동의하지 않거나 동의를 철회하는 것은, 그 조치가 의학적으로 권고되는 것이고, 피성년후견인이 그 조치를 하지 않거나 중단함으로 인해 사망하거나 중대하고 장기간 지속되는 건강상 손해를 입을 것이라는 근거 있는 위험이 존재하는 경우, 성년후견법원의 허가가 필요하다.

gesundheitlichen Schaden erleidet.

(3) Die Genehmigung nach den Absätzen 1 und 2 ist zu erteilen, wenn die Einwilligung, die Nichteinwilligung oder der Widerruf der Einwilligung dem Willen des Betreuten entspricht.

(4) Eine Genehmigung nach den Absätzen 1 und 2 ist nicht erforderlich, wenn zwischen Betreuer und behandelndem Arzt Einvernehmen darüber besteht, dass die Erteilung, die Nichterteilung oder der Widerruf der Einwilligung dem nach § 1827 festgestellten Willen des Betreuten entspricht.

(5) Die Absätze 1 bis 4 gelten nach Maßgabe des § 1820 Absatz 2 Nummer 1 für einen Bevollmächtigten entsprechend.

§ 1830   Sterilisation

(1) Die Einwilligung eines Sterilisationsbetreuers in eine Sterilisation des Betreuten, in die dieser nicht selbst einwilligen kann, ist nur zulässig, wenn

1. die Sterilisation dem natürlichen Willen des Betreuten nicht widerspricht,

2. der Betreute auf Dauer einwilligungsunfähig bleiben wird,

3. anzunehmen ist, dass es ohne die Sterilisation zu einer Schwangerschaft kommen würde,

4. infolge dieser Schwangerschaft eine Gefahr für das Leben oder die Gefahr einer schwerwiegenden Beeinträchtigung des körperlichen oder seelischen Gesundheitszustands der Schwangeren zu erwarten wäre, die nicht auf zumutbare Weise abgewendet werden könnte, und

5. die Schwangerschaft nicht durch andere zumutbare Mittel verhindert werden kann.

(2) Die Einwilligung bedarf der Genehmigung des Betreuungsgerichts. Die Sterilisation darf erst zwei Wochen nach Wirksamkeit der Genehmigung durchgeführt werden. Bei der Sterilisation ist stets der Methode der Vorzug zu geben, die eine Refertilisierung zulässt.

§ 1831   Freiheitsentziehende Unterbringung und freiheitsentziehende Maßnahmen

(1) Eine Unterbringung des Betreuten durch den Betreuer, die mit Freiheitsentziehung verbunden ist, ist nur zulässig, solange sie erforderlich ist, weil

1. aufgrund einer psychischen Krankheit oder geistigen oder seelischen Behinderung des Betreuten die Gefahr besteht, dass er sich selbst tötet oder erheblichen gesundheitlichen Schaden zufügt, oder

③ 동의, 비동의 또는 동의의 철회가 피성년후견인의 의사에 합치하는 경우, 제1항 및 제2항에 따라 허가해야 한다.

④ 동의, 비동의 또는 동의의 철회가 제1827조에 따라 확인된 피성년후견인의 의사에 합치한다는 것에 성년후견인과 진료하는 의사 사이에 의견 일치가 있는 경우, 제1항 및 제2항의 허가는 필요하지 않다.

⑤ 제1항 내지 제4항은 제1820조 제2항 제1호가 정하는 바에 따라 임의대리인을 위해서 준용한다.

제1830조 [불임수술]

① 피성년후견인 본인이 동의할 수 없는 불임수술에 대한 불임수술성년후견인의 동의는 다음의 경우에만 허용된다,
  1. 불임수술이 피성년후견인의 자연적 의사에 반하지 않고,
  2. 피성년후견인이 지속적으로 동의무능력이고,
  3. 불임수술을 하지 않으면 임신하게 될 것이라고 인정되며,
  4. 이 임신으로 인해 임신부의 생명이나 신체적 또는 심리적 건강상태가 위험해질 것으로 예상되며, 이 위험이 기대가능한 방법으로 방지될 수 없고,

  5. 다른 기대가능한 수단으로 임신을 방지할 수 없을 것.
② 동의는 성년후견법원의 허가가 필요하다. 불임수술은 허가가 효력이 생긴 때로부터 2주 후에 비로소 할 수 있다. 불임수술을 할 때에는 언제나 그 복구가 가능한 방법이 우선해야 한다.

제1831조 [자유박탈적 수용과 자유박탈적 조치]

① 성년후견인에 의한 피성년후견인의 수용이 자유박탈과 결합되어 있는 경우에는, 다음 각 호의 사유로 필요한 경우에만 허용된다,
  1. 피성년후견인의 심인성 질병 또는 정신적 또는 심리적 장애로 인해 그가 자살하거나 현저한 건강상 손해를 가할 위험이 존재하는 경우, 또는

2. zur Abwendung eines drohenden erheblichen gesundheitlichen Schadens eine Untersuchung des Gesundheitszustands, eine Heilbehandlung oder ein ärztlicher Eingriff notwendig ist, die Maßnahme ohne die Unterbringung des Betreuten nicht durchgeführt werden kann und der Betreute aufgrund einer psychischen Krankheit oder geistigen oder seelischen Behinderung die Notwendigkeit der Unterbringung nicht erkennen oder nicht nach dieser Einsicht handeln kann.

(2) Die Unterbringung ist nur mit Genehmigung des Betreuungsgerichts zulässig. Ohne die Genehmigung ist die Unterbringung nur zulässig, wenn mit dem Aufschub Gefahr verbunden ist; die Genehmigung ist unverzüglich nachzuholen.

(3) Der Betreuer hat die Unterbringung zu beenden, wenn ihre Voraussetzungen weggefallen sind. Er hat die Beendigung der Unterbringung dem Betreuungsgericht unverzüglich anzuzeigen.

(4) Die Absätze 1 bis 3 gelten entsprechend, wenn dem Betreuten, der sich in einem Krankenhaus, einem Heim oder einer sonstigen Einrichtung aufhält, durch mechanische Vorrichtungen, Medikamente oder auf andere Weise über einen längeren Zeitraum oder regelmäßig die Freiheit entzogen werden soll.

(5) Die Absätze 1 bis 4 gelten nach Maßgabe des § 1820 Absatz 2 Nummer 2 für einen Bevollmächtigten entsprechend.

§ 1832 Ärztliche Zwangsmaßnahmen

(1) Widerspricht eine Untersuchung des Gesundheitszustands, eine Heilbehandlung oder ein ärztlicher Eingriff dem natürlichen Willen des Betreuten (ärztliche Zwangsmaßnahme), so kann der Betreuer in die ärztliche Zwangsmaßnahme nur einwilligen, wenn

1. die ärztliche Zwangsmaßnahme notwendig ist, um einen drohenden erheblichen gesundheitlichen Schaden vom Betreuten abzuwenden,

2. der Betreute aufgrund einer psychischen Krankheit oder einer geistigen oder seelischen Behinderung die Notwendigkeit der ärztlichen Maßnahme nicht erkennen oder nicht nach dieser Einsicht handeln kann,

3. die ärztliche Zwangsmaßnahme dem nach § 1827 zu beachtenden Willen des Betreuten entspricht,

4. zuvor ernsthaft, mit dem nötigen Zeitaufwand und ohne Ausübung unzulässigen Drucks

2. 임박한 현저한 건강상 손해를 방지하기 위해 건강상태의 검사, 치료행위 또는 의료적 침습이 필요하고, 피성년후견인을 수용하지 않으면 그 조치를 실행할 수 없으며 피성년후견인이 심인성 질병 또는 정신적 또는 심리적 장애로 인해 수용의 필요성을 인식할 수 없거나 그 인식에 따라 행위할 수 없는 경우.

② 수용은 성년후견법원의 허가가 있어야만 허용된다. 지체가 위험과 결부되는 경우에만 수용은 허가 없이 허용된다; 허가는 지체 없이 받아야 한다.

③ 수용의 요건이 소멸하면 성년후견인은 수용을 종료해야 한다. 성년후견인은 수용의 종료를 지체 없이 성년후견법원에 고지해야 한다.

④ 병원, 보호시설 그 밖의 시설에 체류하는 피성년후견인에게 기계장치, 약품 또는 그 밖의 방법으로 장기간 또는 정기적으로 자유가 박탈되어야 하는 경우에 제1항 내지 제3항을 준용한다.

⑤ 제1항 내지 제4항은 제1820조 제2항 제2호가 정하는 바에 따라 임의대리인을 위해서 준용한다.

제1832조 [의료적 강제조치]

① 건강상태의 검사, 치료행위 또는 의료적 침습이 피성년후견인의 자연적 의사에 반하는 경우(의료적 강제조치), 성년후견인은 다음의 경우에만 의료적 강제조치에 동의할 수 있다.
 1. 피성년후견인의 임박한 현저한 건강상 손해를 방지하기 위해 의료적 강제조치가 필요하고,
 2. 피성년후견인이 심인성 질병 또는 정신적 또는 심리적 장애로 인해 의료적 조치의 필요성을 인식할 수 없거나 그 인식에 따라 행위할 수 없고,
 3. 의료적 강제조치가 제1827조에 따라 고려되어야 할 피성년후견인의 의사에 합치하고,
 4. 사전에 충분한 시간을 들이고 허용되지 않는 압력을 행사함이 없이 진

versucht wurde, den Betreuten von der Notwendigkeit der ärztlichen Maßnahme zu überzeugen,

5. der drohende erhebliche gesundheitliche Schaden durch keine andere den Betreuten weniger belastende Maßnahme abgewendet werden kann,

6. der zu erwartende Nutzen der ärztlichen Zwangsmaßnahme die zu erwartenden Beeinträchtigungen deutlich überwiegt und

7. die ärztliche Zwangsmaßnahme im Rahmen eines stationären Aufenthalts in einem Krankenhaus, in dem die gebotene medizinische Versorgung des Betreuten einschließlich einer erforderlichen Nachbehandlung sichergestellt ist, durchgeführt wird.

§ 1867 ist nur anwendbar, wenn der Betreuer an der Erfüllung seiner Pflichten verhindert ist.

(2) Die Einwilligung in die ärztliche Zwangsmaßnahme bedarf der Genehmigung des Betreuungsgerichts.

(3) Der Betreuer hat die Einwilligung in die ärztliche Zwangsmaßnahme zu widerrufen, wenn ihre Voraussetzungen weggefallen sind. Er hat den Widerruf dem Betreuungsgericht unverzüglich anzuzeigen.

(4) Kommt eine ärztliche Zwangsmaßnahme in Betracht, so gilt für die Verbringung des Betreuten gegen seinen natürlichen Willen zu einem stationären Aufenthalt in ein Krankenhaus § 1831 Absatz 1 Nummer 2, Absatz 2 und 3 Satz 1 entsprechend.

(5) Die Absätze 1 bis 4 gelten nach Maßgabe des § 1820 Absatz 2 Nummer 3 für einen Bevollmächtigten entsprechend.

§ 1833　Aufgabe von Wohnraum des Betreuten

(1) Eine Aufgabe von Wohnraum, der vom Betreuten selbst genutzt wird, durch den Betreuer ist nur nach Maßgabe des § 1821 Absatz 2 bis 4 zulässig. Eine Gefährdung im Sinne des § 1821 Absatz 3 Nummer 1 liegt insbesondere dann vor, wenn eine Finanzierung des Wohnraums trotz Ausschöpfung aller dem Betreuten zur Verfügung stehenden Ressourcen nicht möglich ist oder eine häusliche Versorgung trotz umfassender Zuhilfenahme aller ambulanten Dienste zu einer erheblichen gesundheitlichen Gefährdung des Betreuten führen würde.

(2) Beabsichtigt der Betreuer, vom Betreuten selbst genutzten Wohnraum aufzugeben, so hat er dies unter Angabe der Gründe und der Sichtweise des Betreuten dem Betreu-

지하게, 피성년후견인에게 의료적 조치가 필요하다고 설득하는 것을 시도하였으며,

5. 피성년후견인에게 덜 부담이 되는 다른 조치로는 임박한 현저한 건강상 손해를 방지할 수 없고,

6. 의료적 강제조치로 인해 기대되는 효용이 예상되는 침해보다 명백히 우세하고,

7. 필요한 후속조치를 포함하여 피성년후견인에게 필요한 의료가 확보되는 병원에 입원하여 의료적 강제조치가 수행되는 경우.

제1867조는 성년후견인이 그 의무의 이행에 장애가 있을 경우에만 적용할 수 있다.

② 의료적 강제조치의 동의는 성년후견법원의 허가가 필요하다.

③ 의료적 강제조치의 요건이 소멸한 경우, 성년후견인은 그 동의를 철회해야 한다. 성년후견인은 성년후견법원에 철회를 지체 없이 고지해야 한다.

④ 의료적 강제조치가 고려되는 경우, 피성년후견인의 자연적 의사에 반하여 그를 병원에 입원시키기 위한 이송에 제1831조 제1항 제2호, 제2항 및 제3항 제1문을 준용한다.

⑤ 제1항 내지 제4항을 제1820조 제2항 제3호가 정하는 바에 따라 임의대리인을 위해서 준용한다.

제1833조 [피성년후견인 주거공간의 포기]

① 피성년후견인 자신이 사용하는 주거공간을 성년후견인이 포기하는 것은 제1821조 제2항 내지 제4항이 정하는 바에 따라서만 허용된다. 특히 피성년후견인에게 처분 가능한 모든 재원을 소진하더라도 주거공간을 위한 자금조달이 불가능하거나, 외래진료의 포괄적인 도움을 받더라도 재택치료가 피성년후견인의 건강을 현저히 위험하게 할 수 있는 경우, 제1821조 제3항 제1호가 의미하는 위험이 인정된다.

② 피성년후견인 자신이 사용하는 주거공간을 성년후견인이 포기하려고 의도하는 경우, 성년후견인은 이를 피성년후견인의 견해와 그 이유를 제시하

ungsgericht unverzüglich anzuzeigen. Ist mit einer Aufgabe des Wohnraums aus anderen Gründen zu rechnen, so hat der Betreuer auch dies sowie die von ihm beabsichtigten Maßnahmen dem Betreuungsgericht unverzüglich anzuzeigen, wenn sein Aufgabenkreis die entsprechende Angelegenheit umfasst.

(3) Der Betreuer bedarf bei vom Betreuten selbst genutzten Wohnraum der Genehmigung des Betreuungsgerichts

1. zur Kündigung des Mietverhältnisses,

2. zu einer Willenserklärung, die auf die Aufhebung des Mietverhältnisses gerichtet ist,

3. zur Vermietung solchen Wohnraums und

4. zur Verfügung über ein Grundstück oder über ein Recht an einem Grundstück, sofern dies mit der Aufgabe des Wohnraums verbunden ist.

Die §§ 1855 bis 1858 gelten entsprechend.

§ 1834 Bestimmung des Umgangs und des Aufenthalts des Betreuten

(1) Den Umgang des Betreuten mit anderen Personen darf der Betreuer mit Wirkung für und gegen Dritte nur bestimmen, wenn der Betreute dies wünscht oder ihm eine konkrete Gefährdung im Sinne des § 1821 Absatz 3 Nummer 1 droht.

(2) Die Bestimmung des Aufenthalts umfasst das Recht, den Aufenthalt des Betreuten auch mit Wirkung für und gegen Dritte zu bestimmen und, falls erforderlich, die Herausgabe des Betreuten zu verlangen.

(3) Über Streitigkeiten, die eine Angelegenheit nach Absatz 1 oder 2 betreffen, entscheidet das Betreuungsgericht auf Antrag.

Kapitel 3   Vermögensangelegenheiten

Unterkapitel 1   Allgemeine Vorschriften

§ 1835 Vermögensverzeichnis

(1) Soweit die Verwaltung des Vermögens des Betreuten zum Aufgabenkreis des Betreuers gehört, hat er zum Zeitpunkt seiner Bestellung ein Verzeichnis über das Vermögen des Betreuten zu erstellen und dieses dem Betreuungsgericht mit der Versicherung der Richtigkeit und Vollständigkeit einzureichen. Das Vermögensverzeichnis soll auch Anga-

여 성년후견법원에 지체 없이 고지해야 한다. 다른 이유로 주거공간의 포기가 고려되는 경우, 성년후견인은 그의 업무범위가 해당 사무를 포함하는 때에는 이에 관해서도 그가 의도하는 조치와 함께 성년후견법원에 지체 없이 고지해야 한다.

③ 피성년후견인 자신이 사용하는 주거공간에 대해 성년후견인이 다음 각 호의 행위를 하려면 성년후견법원의 허가가 필요하다.

1. 임대차관계의 해지,
2. 임대차관계 해소를 내용으로 하는 의사표시,
3. 이러한 주거공간의 임대 그리고
4. 주거공간의 포기와 결부되어 있는 한, 부동산 또는 부동산에 대한 권리의 처분.

제1855조 내지 제1858조를 준용한다.

제1834조 [피성년후견인의 면접교섭과 거소 결정]

① 피성년후견인이 원하거나 제1821조 제3항 제1호가 의미하는 구체적인 위험이 그에게 위협이 되는 경우에만, 성년후견인은 다른 사람과의 면접교섭에 관하여 제3자에 대해 효력이 있는 결정을 할 수 있다.

② 거소의 결정은 피성년후견인의 거소에 관하여 제3자에 대해서도 효력이 있는 결정을 할 권리와 필요하다면 피성년후견인의 인도를 요구할 수 있는 권리를 포함한다.

③ 제1항 또는 제2항의 사무에 관한 분쟁에 대해서는 성년후견법원이 신청에 기하여 결정한다.

제3항　재산에 관한 사무

제1목　일반규정

제1835조 [재산목록]

① 피성년후견인의 재산관리가 성년후견인에게 속하는 범위에서, 성년후견인은 선임 당시 피성년후견인의 재산목록을 작성하고 목록의 정확성과 완전성을 보증하여 이를 성년후견법원에 제출해야 한다. 재산목록은 피성년후견인의 통상 수입과 지출에 대한 설명을 포함해야 한다. 성년후견인은 피성년

315

ben zu den regelmäßigen Einnahmen und Ausgaben des Betreuten enthalten. Der Betreuer hat das Vermögensverzeichnis um dasjenige Vermögen zu ergänzen, das der Betreute später hinzuerwirbt. Mehrere Betreuer haben das Vermögensverzeichnis gemeinsam zu erstellen, soweit sie das Vermögen gemeinsam verwalten.

(2) Der Betreuer hat seine Angaben im Vermögensverzeichnis in geeigneter Weise zu belegen.

(3) Soweit es für die ordnungsgemäße Erstellung des Vermögensverzeichnisses erforderlich und mit Rücksicht auf das Vermögen des Betreuten angemessen ist, kann der Betreuer die zuständige Betreuungsbehörde, einen zuständigen Beamten, einen Notar oder einen Sachverständigen zur Erstellung des Verzeichnisses hinzuziehen.

(4) Bestehen nach den Umständen des Einzelfalls konkrete Anhaltspunkte dafür, dass die Kontrolle der Richtigkeit und Vollständigkeit des Vermögensverzeichnisses durch eine dritte Person zum Schutz des Vermögens des Betreuten oder zur Vermeidung von Rechtsstreitigkeiten erforderlich ist, kann das Betreuungsgericht eine dritte Person als Zeuge bei der Erstellung des Vermögensverzeichnisses, insbesondere bei einer Inaugenscheinnahme von Vermögensgegenständen, hinzuziehen. Für die Erstattung der Aufwendungen der dritten Person sind die Vorschriften über die Entschädigung von Zeugen nach dem Justizvergütungs- und -entschädigungsgesetz anzuwenden. Der Betreuer hat der dritten Person die Wahrnehmung ihrer Aufgaben zu ermöglichen. Die dritte Person hat dem Betreuungsgericht über die Erstellung des Vermögensverzeichnisses und insbesondere das Ergebnis der Inaugenscheinnahme zu berichten.

(5) Ist das eingereichte Vermögensverzeichnis ungenügend, so kann das Betreuungsgericht anordnen, dass das Vermögensverzeichnis durch die zuständige Betreuungsbehörde oder einen Notar aufgenommen wird.

(6) Das Betreuungsgericht hat das Vermögensverzeichnis dem Betreuten zur Kenntnis zu geben, es sei denn, dadurch sind erhebliche Nachteile für dessen Gesundheit zu besorgen oder er ist offensichtlich nicht in der Lage, das Vermögensverzeichnis zur Kenntnis zu nehmen.

§ 1836 Trennungsgebot; Verwendung des Vermögens für den Betreuer

(1) Der Betreuer hat das Vermögen des Betreuten getrennt von seinem eigenen Vermögen zu halten. Dies gilt nicht für das bei Bestellung des Betreuers bestehende und das

후견인이 이후 추가적으로 취득한 재산을 재산목록에 보충해야 한다. 여러 명의 성년후견인이 공동으로 재산을 관리하는 경우에는 공동으로 재산목록을 작성해야 한다.

② 성년후견인은 재산목록에 포함된 자신의 설명을 적절한 방식으로 증빙해야 한다.

③ 재산목록을 규정에 맞게 작성하는 데에 필요하고 피성년후견인의 재산을 고려했을 때 적절한 범위에서, 성년후견인은 관할 성년후견관청, 담당 공무원, 공증인 또는 전문가를 재산목록을 작성하는 데 포함시킬 수 있다.

④ 재산목록의 정확성과 완전성을 제3자가 감독하는 것이 피성년후견인의 재산 보호를 위해 또는 법적 분쟁을 피하기 위해 필요하다고 볼 구체적 근거가 개별 사안의 상황에 따라 존재하는 경우, 성년후견법원은 재산목록을 작성할 때, 특히 재산목적물을 감정할 때 제3자를 증인으로 포함시킬 수 있다. 제3자의 비용을 상환하는 데에는 법원 보수 및 보상법에 따른 증인을 위한 보상 규정을 준용한다. 성년후견인은 제3자가 그 임무를 수행하는 것을 가능하게 해야 한다. 이 제3자는 재산목록의 작성, 특히 감정의 결과에 대해 성년후견법원에 보고해야 한다.

⑤ 제출된 재산목록이 충분하지 않은 경우, 성년후견법원은 관할 성년후견관청 또는 공증인이 재산목록을 작성할 것을 명할 수 있다.

⑥ 성년후견법원은 재산목록을 피성년후견인이 인식하도록 하여야 하지만, 이로 인해 그의 건강에 현저한 불이익이 우려되거나 그가 재산목록을 인식할 수 없는 상태에 있는 것이 명확한 때에는 그렇지 않다.

제1836조 [분리주의; 성년후견인을 위한 재산의 사용]

① 성년후견인은 피성년후견인의 재산을 자신의 재산과 분리해야 한다. 성년후견법원이 달리 명하지 않는 한, 성년후견인을 선임할 때 존재했고 성년

während der Betreuung hinzukommende gemeinschaftliche Vermögen des Betreuers und des Betreuten, wenn das Betreuungsgericht nichts anderes anordnet.

(2) Der Betreuer darf das Vermögen des Betreuten nicht für sich verwenden. Dies gilt nicht, wenn die Betreuung ehrenamtlich geführt wird und zwischen dem Betreuten und dem Betreuer eine Vereinbarung über die Verwendung getroffen wurde. Verwendungen nach Satz 2 sind unter Darlegung der Vereinbarung dem Betreuungsgericht anzuzeigen.

(3) Absatz 2 Satz 1 gilt nicht für Haushaltsgegenstände und das Verfügungsgeld im Sinne des § 1839, wenn der Betreuer mit dem Betreuten einen gemeinsamen Haushalt führt oder geführt hat und die Verwendung dem Wunsch oder mutmaßlichen Willen des Betreuten entspricht.

§ 1837 Vermögensverwaltung durch den Betreuer bei Erbschaft und Schenkung

(1) Der Betreuer hat das Vermögen des Betreuten, das dieser von Todes wegen erwirbt, das ihm unentgeltlich durch Zuwendung auf den Todesfall oder unter Lebenden von einem Dritten zugewendet wird, nach den Anordnungen des Erblassers oder des Zuwendenden, soweit diese sich an den Betreuer richten, zu verwalten, wenn die Anordnungen von dem Erblasser durch letztwillige Verfügung oder von dem Dritten bei der Zuwendung getroffen worden sind.

(2) Das Betreuungsgericht kann die Anordnungen des Erblassers oder des Zuwendenden aufheben, wenn ihre Befolgung das Vermögen des Betreuten erheblich gefährden würde. Solange der Zuwendende lebt, ist zu einer Abweichung von den Anordnungen seine Zustimmung erforderlich und genügend. Ist er zur Abgabe einer Erklärung dauerhaft außerstande oder ist sein Aufenthalt dauerhaft unbekannt, so kann das Betreuungsgericht unter Beachtung der Voraussetzungen von Satz 1 die Zustimmung ersetzen.

Unterkapitel 2 Verwaltung von Geld, Wertpapieren und Wertgegenständen

§ 1838 Pflichten des Betreuers in Vermögensangelegenheiten

(1) Der Betreuer hat die Vermögensangelegenheiten des Betreuten nach Maßgabe des § 1821 wahrzunehmen. Es wird vermutet, dass eine Wahrnehmung der Vermögensangelegenheiten nach den §§ 1839 bis 1843 dem mutmaßlichen Willen des Betreuten nach §

후견 동안 증가한 성년후견인과 피성년후견인의 공동재산에 대해서는 그렇지 않다.

② 성년후견인은 피성년후견인의 재산을 자기 자신을 위해 사용해서는 안 된다. 성년후견이 명예직으로 수행되고 피성년후견인과 성년후견인 사이에 사용에 관한 약정이 이루어진 때에는 그렇지 않다. 제2문에 따른 사용은 약정을 주장하여 성년후견법원에 고지해야 한다.

③ 성년후견인이 피성년후견인과 가계를 같이 하고 있거나 과거에 같이 했으며, 사용이 피성년후견인의 소망 또는 추정적 의사에 부합하는 경우, 제2항 제1문은 가계용품과 제1839조가 의미하는 처분금에는 적용하지 않는다.

제1837조 [상속과 증여의 경우 성년후견인의 재산관리]

① 피성년후견인이 사망을 원인으로 취득한 재산이나 제3자의 무상출연으로 사망에 기하여 또는 생전에 피성년후견인에게 출연된 피성년후견인의 재산에 대해, 피상속인이 최종의사처분으로 또는 제3자가 출연할 때 한 지시가 있는 경우, 성년후견인은 그 지시에 따라 관리해야 한다.

② 피상속인 또는 출연자의 지시를 따르는 것이 피성년후견인의 재산을 현저히 위태롭게 할 수 있는 경우, 성년후견법원은 이 지시를 취소할 수 있다. 출연자가 생존하는 한, 그의 지시에 따르지 않으려면 그의 동의가 필요하고 이로써 충분하다. 제3자가 지속적으로 의사표시를 할 수 없는 상태이거나 그의 거소를 지속적으로 알 수 없는 경우, 성년후견법원이 제1문의 요건을 고려하여 그의 동의를 갈음할 수 있다.

제2목 금전, 유가증권, 귀중품의 관리

제1838조 [재산에 관한 사무에서 성년후견인의 의무]

① 성년후견인은 피성년후견인의 재산에 관한 사무를 제1821조가 정하는 바에 따라 수행해야 한다. 제1839조 내지 제1843조에 따른 재산에 관한 사무의 수행은, 이와 다른 추정적 의사가 존재한다는 충분한 구체적 근거가 없으

1821 Absatz 4 entspricht, wenn keine hinreichenden konkreten Anhaltspunkte für einen hiervon abweichenden mutmaßlichen Willen bestehen.

(2) Soweit die nach Absatz 1 Satz 1 gebotene Wahrnehmung der Vermögensangelegenheiten von den in den §§ 1839 bis 1843 festgelegten Grundsätzen abweicht, hat der Betreuer dies dem Betreuungsgericht unverzüglich unter Darlegung der Wünsche des Betreuten anzuzeigen. Das Betreuungsgericht kann die Anwendung der §§ 1839 bis 1843 oder einzelner Vorschriften ausdrücklich anordnen, wenn andernfalls eine Gefährdung im Sinne des § 1821 Absatz 3 Nummer 1 zu besorgen wäre.

§ 1839 Bereithaltung von Verfügungsgeld

(1) Geld des Betreuten, das der Betreuer für dessen Ausgaben benötigt (Verfügungsgeld), hat er auf einem Girokonto des Betreuten bei einem Kreditinstitut bereitzuhalten. Ausgenommen ist Bargeld im Sinne von § 1840 Absatz 2.

(2) Absatz 1 steht einer Bereithaltung von Verfügungsgeld auf einem gesonderten zur verzinslichen Anlage geeigneten Konto des Betreuten im Sinne von § 1841 Absatz 2 nicht entgegen.

§ 1840 Bargeldloser Zahlungsverkehr

(1) Der Betreuer hat den Zahlungsverkehr für den Betreuten bargeldlos unter Verwendung des gemäß § 1839 Absatz 1 Satz 1 zu unterhaltenden Girokontos durchzuführen.

(2) Von Absatz 1 sind ausgenommen

1. im Geschäftsverkehr übliche Barzahlungen und

2. Auszahlungen an den Betreuten.

§ 1841 Anlagepflicht

(1) Geld des Betreuten, das nicht für Ausgaben nach § 1839 benötigt wird, hat der Betreuer anzulegen (Anlagegeld).

(2) Der Betreuer soll das Anlagegeld auf einem zur verzinslichen Anlage geeigneten Konto des Betreuten bei einem Kreditinstitut (Anlagekonto) anlegen.

§ 1842 Voraussetzungen für das Kreditinstitut

Das Kreditinstitut muss bei Anlagen nach den §§ 1839 und 1841 Absatz 2 einer für die jeweilige Anlage ausreichenden Sicherungseinrichtung angehören.

면, 제1821조 제4항에 따른 피성년후견인의 추정적 의사에 부합하는 것으로 추정한다.

② 제1항 제1문에 따라 요청되는 재산에 관한 사무의 수행이 제1839조 내지 제1843조에서 정해진 원칙에서 벗어나는 한, 성년후견인은 피성년후견인의 소망을 주장하면서 이를 지체 없이 성년후견법원에 고지해야 한다. 성년후견법원은 그렇게 하지 않으면 제1821조 제3항 제1호가 의미하는 위험이 우려될 경우, 제1839조 내지 1843조 또는 개별 규정들의 적용을 명시적으로 명할 수 있다.

제1839조 [처분금의 준비]

① 성년후견인은 피성년후견인의 지출을 위해 필요한 피성년후견인의 금전(처분금)을 신용기관에 개설된 피성년후견인의 지로계좌에 준비해야 한다. 제1840조 제2항이 의미하는 현금은 제외한다.

② 제1841조 제2항이 의미하는, 이자부 투자에 적합한 피성년후견인의 별도 계좌에 처분금을 준비하는 것은 제1항에 반하지 않는다.

제1840조 [비현금 지급거래]

① 성년후견인은 피성년후견인을 위한 지급거래를 제1839조 제1항 제1문에 따라 관리하는 지로계좌를 이용하여 현금 없이 해야 한다.

② 제1항에서 다음 각 호를 제외한다,

 1. 거래에서 통상적인 현금 지급 및

 2. 피성년후견인에게 지급.

제1841조 [투자의무]

① 성년후견인은 제1839조에 따른 지출을 위해 필요하지 않은 피성년후견인의 금전을 투자해야 한다(투자금).

② 성년후견인은 신용기관에 개설된, 이자부 투자에 적합한 피성년후견인의 계좌(투자계좌)에 투자한다.

제1842조 [신용기관의 요건]

제1839조 및 제1841조 제2항에 따른 투자를 할 때, 신용기관은 투자하기에 충분히 안전한 기관에 속해야 한다.

§ 1843 Depotverwahrung und Hinterlegung von Wertpapieren

(1) Der Betreuer hat Wertpapiere des Betreuten im Sinne des § 1 Absatz 1 und 2 des Depot-gesetzes bei einem Kreditinstitut in Einzel- oder Sammelverwahrung verwahren zu lassen.

(2) Sonstige Wertpapiere des Betreuten hat der Betreuer in einem Schließfach eines Kreditinstituts zu hinterlegen.

(3) Die Pflicht zur Depotverwahrung oder zur Hinterlegung besteht nicht, wenn diese nach den Umständen des Einzelfalls unter Berücksichtigung der Art der Wertpapiere zur Sicherung des Vermögens des Betreuten nicht geboten ist.

§ 1844 Hinterlegung von Wertgegenständen auf Anordnung des Betreuungsgerichts

Das Betreuungsgericht kann anordnen, dass der Betreuer Wertgegenstände des Betreu-ten bei einer Hinterlegungsstelle oder einer anderen geeigneten Stelle hinterlegt, wenn dies zur Sicherung des Vermögens des Betreuten geboten ist.

§ 1845 Sperrvereinbarung

(1) Für Geldanlagen des Betreuten im Sinne von § 1841 Absatz 2 hat der Betreuer mit dem Kreditinstitut zu vereinbaren, dass er über die Anlage nur mit Genehmigung des Betreuungsgerichts verfügen kann. Anlagen von Verfügungsgeld gemäß § 1839 Absatz 2 bleiben unberührt.

(2) Für Wertpapiere im Sinne von § 1843 Absatz 1 hat der Betreuer mit dem Verwahrer zu vereinbaren, dass er über die Wertpapiere und die Rechte aus dem Depotvertrag mit Ausnahme von Zinsen und Ausschüttungen nur mit Genehmigung des Betreuungsgerichts verfügen kann. Der Betreuer hat mit dem Kreditinstitut zu vereinbaren, dass er die Öffnung des Schließfachs für Wertpapiere im Sinne des § 1843 Absatz 2 und die Herausgabe von nach § 1844 hinterlegten Wertgegenständen nur mit Genehmigung des Betreuungsgerichts verlangen kann.

(3) Die Absätze 1 und 2 sind entsprechend anzuwenden, wenn ein Anlagekonto, ein Depot oder eine Hinterlegung des Betreuten bei der Bestellung des Betreuers unversperrt ist. Der Betreuer hat dem Betreuungsgericht die Sperrvereinbarung anzuzeigen.

제1843조 [유가증권의 예탁임치 및 공탁]

① 성년후견인은 예탁법 제1조 제1항 및 제2항이 의미하는 피성년후견인의 유가증권을 개별임치 또는 집합임치로 신용기관에 임치해야 한다.

② 성년후견인은 피성년후견인의 그 밖의 유가증권을 신용기관의 금고에 공탁해야 한다.

③ 예탁임치 또는 공탁의무가 유가증권의 종류를 고려하여 개별 사안의 상황에 따라 피성년후견인 재산의 안전을 위해 요청되지 않는 경우, 이 의무는 없다.

제1844조 [성년후견법원 지시에 의한 귀중품의 공탁]

피성년후견인 재산의 안전을 위해 요청되는 경우, 성년후견법원은 성년후견인이 피성년후견인의 귀중품을 공탁소 또는 다른 적절한 장소에 공탁할 것을 명할 수 있다.

제1845조 [폐쇄약정]

① 제1841조 제2항이 의미하는 피성년후견인의 금전투자에 대해 성년후견인은 성년후견법원의 허가가 있어야만 투자금을 처분할 수 있다고 신용기관과 약정해야 한다. 제1839조 제2항에 따른 처분금의 투자는 영향을 받지 않는다.

② 제1843조 제1항이 의미하는 유가증권에 대해 성년후견인은 이자와 배당금을 제외하고 유가증권과 예탁계약상 권리를 성년후견법원의 허가가 있어야만 처분할 수 있다고 수치인과 약정해야 한다. 성년후견인은 제1843조 제2항이 의미하는 유가증권이 보관된 금고의 개방과 제1844조에 따라 공탁된 귀중품의 반환을 성년후견법원의 허가가 있어야만 요구할 수 있다고 신용기관과 약정해야 한다.

③ 피성년후견인의 투자계좌, 예탁 또는 공탁이 성년후견인을 선임할 때에 폐쇄되어 있지 않은 경우, 제1항 및 제2항을 준용한다. 성년후견인은 성년후견법원에 폐쇄약정을 고지해야 한다.

Unterkapitel 3 Anzeigepflichten

§ 1846 Anzeigepflichten bei der Geld- und Vermögensverwaltung

(1) Der Betreuer hat dem Betreuungsgericht unverzüglich anzuzeigen, wenn er

1. ein Girokonto für den Betreuten eröffnet,

2. ein Anlagekonto für den Betreuten eröffnet,

3. ein Depot eröffnet oder Wertpapiere des Betreuten hinterlegt,

4. Wertpapiere des Betreuten gemäß § 1843 Absatz 3 nicht in einem Depot verwahrt oder hinterlegt.

(2) Die Anzeige hat insbesondere Angaben zu enthalten

1. zur Höhe des Guthabens auf dem Girokonto nach Absatz 1 Nummer 1,

2. zu Höhe und Verzinsung der Anlage gemäß Absatz 1 Nummer 2 sowie ihrer Bestimmung als Anlage- oder Verfügungsgeld,

3. zu Art, Umfang und Wert der depotverwahrten oder hinterlegten Wertpapiere gemäß Absatz 1 Nummer 3 sowie zu den sich aus ihnen ergebenden Aufwendungen und Nutzungen,

4. zu den Gründen, aus denen der Betreuer die Depotverwahrung oder Hinterlegung gemäß Absatz 1 Nummer 4 für nicht geboten erachtet, und wie die Wertpapiere verwahrt werden sollen,

5. zur Sperrvereinbarung.

§ 1847 Anzeigepflicht für Erwerbsgeschäfte

Der Betreuer hat Beginn, Art und Umfang eines neuen Erwerbsgeschäfts im Namen des Betreuten und die Aufgabe eines bestehenden Erwerbsgeschäfts des Betreuten beim Betreuungsgericht anzuzeigen.

Unterkapitel 4 Genehmigungsbedürftige Rechtsgeschäfte

§ 1848 Genehmigung einer anderen Anlegung von Geld

Der Betreuer bedarf der Genehmigung des Betreuungsgerichts, wenn er Anlagegeld anders als auf einem Anlagekonto gemäß § 1841 Absatz 2 anlegt.

제3목 고지의무

제1846조 [금전 및 재산관리에서 고지의무]

① 성년후견인은 다음 각 호의 경우, 성년후견법원에 지체 없이 고지해야 한다.

1. 피성년후견인을 위해 지로계좌를 개설한 경우.
2. 피성년후견인을 위해 투자계좌를 개설한 경우.
3. 예탁을 개시하거나 피성년후견인의 유가증권을 공탁한 경우.
4. 제1843조 제3항에 따라 피성년후견인의 유가증권을 예탁이나 공탁하지 않는 경우.

② 고지는 특히 다음의 내용을 포함해야 한다.

1. 제1항 제1호에 따른 지로계좌의 예금액.

2. 제1항 제2호에 따른 투자액과 이자 및 투자금 또는 처분금으로의 결정.
3. 제1항 제3호에 따른 예탁임치 또는 공탁된 유가증권의 종류, 범위, 가치 및 이로부터 발생하는 비용과 수익.
4. 제1항 제4호에 따라 성년후견인이 예탁임치 또는 공탁이 요청되지 않는다고 판단한 근거 및 유가증권이 어떻게 임치되어야 하는지.

5. 폐쇄약정.

제1847조 [영업행위의 고지의무]

성년후견인은 피성년후견인의 이름으로 이루어지는 새로운 영업행위의 개시, 종류, 범위와 피성년후견인의 기존 영업행위의 포기를 성년후견법원에 고지해야 한다.

제4목 허가가 필요한 법률행위

제1848조 [금전을 다른 곳에 투자하는 경우의 허가]

성년후견인이 투자금을 제1841조 제2항에 따른 투자계좌 외에 투자하는 경우, 성년후견법원의 허가가 필요하다.

§ 1849 Genehmigung bei Verfügung über Rechte und Wertpapiere

(1) Der Betreuer bedarf der Genehmigung des Betreuungsgerichts zu einer Verfügung über

1. ein Recht, kraft dessen der Betreute eine Geldleistung oder die Leistung eines Wertpapiers verlangen kann,

2. ein Wertpapier des Betreuten,

3. einen hinterlegten Wertgegenstand des Betreuten.

Das gleiche gilt für die Eingehung der Verpflichtung zu einer solchen Verfügung.

(2) Einer Genehmigung bedarf es nicht,

1. im Fall einer Geldleistung nach Absatz 1 Satz 1 Nummer 1, wenn der aus dem Recht folgende Zahlungsanspruch

   a) nicht mehr als 3 000 Euro beträgt,

   b) das Guthaben auf einem Girokonto des Betreuten betrifft,

   c) das Guthaben auf einem vom Betreuer für Verfügungsgeld ohne Sperrvereinbarung eröffneten Anlagekonto betrifft,

   d) zu den Nutzungen des Vermögens des Betreuten gehört oder

   e) auf Nebenleistungen gerichtet ist,

2. im Fall von Absatz 1 Satz 1 Nummer 2, wenn die Verfügung über das Wertpapier

   a) eine Nutzung des Vermögens des Betreuten darstellt,

   b) eine Umschreibung des Wertpapiers auf den Namen des Betreuten darstellt,

3. im Fall einer Verfügung nach Absatz 1 Satz 1, wenn die Eingehung der Verpflichtung zu einer solchen Verfügung bereits durch das Betreuungsgericht genehmigt worden ist.

Satz 1 Nummer 2 gilt entsprechend für die Eingehung einer Verpflichtung zu einer solchen Verfügung.

(3) Absatz 2 Nummer 1 Buchstabe a ist nicht anzuwenden auf eine Verfügung über einen sich aus einer Geldanlage ergebenden Zahlungsanspruch, soweit er einer Sperrvereinbarung unterliegt, sowie über den sich aus der Einlösung eines Wertpapiers ergebenden Zahlungsanspruch. Absatz 2 Nummer 1 Buchstabe d ist nicht anzuwenden auf eine Verfügung über einen Zahlungsanspruch, der einer Sperrvereinbarung unterliegt und eine Kapitalnutzung betrifft.

(4) Die vorstehenden Absätze gelten entsprechend für die Annahme der Leistung.

제1849조 [권리와 유가증권 처분시 허가]

① 성년후견인이 다음 각 호의 처분을 하기 위해서는 성년후견법원의 허가가 필요하다.

　1. 피성년후견인이 금전 급부 또는 유가증권의 급부를 청구할 수 있는 권리,

　2. 피성년후견인의 유가증권,

　3. 공탁된 피성년후견인의 귀중품.

그와 같은 처분을 할 의무를 부담하는 것에 대해서도 같다.

② 다음 각 호의 경우에는 허가가 필요하지 않다.

　1. 제1항 제1문 제1호에 따른 금전 급부의 경우, 권리로부터 발생한 금전 지급청구권이

　　a) 금액이 3,000유로 이하인 경우,

　　b) 피성년후견인의 지로계좌의 예금금액에 해당하는 경우,

　　c) 성년후견인이 처분금을 위해 폐쇄약정 없이 개설한 투자계좌의 예금 금액에 해당하는 경우,

　　d) 피성년후견인의 재산의 사용수익에 속하는 경우 또는

　　e) 부수적 급부를 내용으로 하는 경우,

　2. 제1항 제1문 제2호의 경우, 유가증권에 대한 처분이

　　a) 피성년후견인 재산의 사용수익에 해당하거나,

　　b) 유가증권을 피성년후견인 명의로 변경하는 경우,

　3. 제1항 제1문에 따른 처분인 경우, 이러한 처분을 할 의무를 부담하는 것을 이미 성년후견법원이 허가한 경우.

제1문 제2호는 이러한 처분할 의무를 부담하는 것에 준용한다.

③ 제2항 제1호 a목은, 금전투자로부터 발생하는 지급청구권이 폐쇄약정의 적용을 받는 범위에서 그리고 유가증권 상환으로부터 발생하는 지급청구권인 경우, 그 처분에는 적용하지 않는다. 제2항 제1호 d목은 폐쇄약정의 적용을 받고 자본사용수익에 해당하는 지급청구권의 처분에 적용하지 않는다.

④ 전항은 급부의 수령에 준용한다.

§ 1850 Genehmigung für Rechtsgeschäfte über Grundstücke und Schiffe

Der Betreuer bedarf der Genehmigung des Betreuungsgerichts

1. zur Verfügung über ein Grundstück oder über ein Recht an einem Grundstück, sofern die Genehmigung nicht bereits nach § 1833 Absatz 3 Satz 1 Nummer 4 erforderlich ist,

2. zur Verfügung über eine Forderung, die auf Übertragung des Eigentums an einem Grundstück, auf Begründung oder Übertragung eines Rechts an einem Grundstück oder auf Befreiung eines Grundstücks von einem solchen Recht gerichtet ist,

3. zur Verfügung über ein eingetragenes Schiff oder Schiffsbauwerk oder über eine Forderung, die auf Übertragung des Eigentums an einem eingetragenen Schiff oder Schiffsbauwerk gerichtet ist,

4. zu einem Rechtsgeschäft, durch das der Betreute unentgeltlich Wohnungs- oder Teileigentum erwirbt,

5. zur Eingehung einer Verpflichtung zu einer der in den Nummern 1 bis 3 bezeichneten Verfügungen oder des in Nummer 4 bezeichneten Erwerbs sowie

6. zu einem Rechtsgeschäft, durch das der Betreute zum entgeltlichen Erwerb eines Grundstücks, eines eingetragenen Schiffes oder Schiffsbauwerks oder eines Rechts an einem Grundstück verpflichtet wird, sowie zur Verpflichtung zum entgeltlichen Erwerb einer Forderung auf Übertragung des Eigentums an einem Grundstück, an einem eingetragenen Schiff oder Schiffsbauwerk oder auf Übertragung eines Rechts an einem Grundstück.

§ 1851 Genehmigung für erbrechtliche Rechtsgeschäfte

Der Betreuer bedarf der Genehmigung des Betreuungsgerichts

1. zur Ausschlagung einer Erbschaft oder eines Vermächtnisses, zum Verzicht auf die Geltendmachung eines Vermächtnisses oder Pflichtteilsanspruchs sowie zu einem Auseinandersetzungsvertrag,

2. zu einem Rechtsgeschäft, durch das der Betreute zu einer Verfügung über eine ihm angefallene Erbschaft, über seinen künftigen gesetzlichen Erbteil oder seinen künftigen Pflichtteil verpflichtet wird,

3. zu einer Verfügung über den Anteil des Betreuten an einer Erbschaft oder zu einer Vereinbarung, mit der der Betreute aus der Erbengemeinschaft ausscheidet,

제1850조 [부동산과 선박에 관한 법률행위를 위한 허가]

성년후견인은 다음 각 호의 경우에 성년후견법원의 허가가 필요하다.

1. 제1833조 제3항 제1문 제4호에 의해 이미 허가가 필요한 경우가 아닌 한, 부동산 또는 부동산에 대한 권리의 처분.

2. 부동산 소유권의 양도, 부동산에 대한 권리의 설정이나 양도 또는 부동산을 그러한 권리에서 면제하는 것을 목적으로 하는 채권의 처분.

3. 등기된 선박 또는 건조 중인 선박의 처분, 등기된 선박 또는 건조 중인 선박의 소유권 양도를 목적으로 하는 채권의 처분.

4. 피성년후견인이 무상으로 주거소유권 또는 부분소유권을 취득하게 되는 법률행위.

5. 제1호 내지 제3호에서 규정한 처분을 할 의무 또는 제4호에서 규정한 취득을 할 의무의 부담.

6. 부동산, 등기된 선박 또는 건조 중인 선박, 부동산에 대한 권리의 유상 취득을 목적으로 하는 계약 그리고 부동산, 등기된 선박 또는 건조 중인 선박의 소유권 양도 또는 부동산에 대한 권리의 양도를 목적으로 하는 채권을 유상으로 취득할 의무의 부담.

제1851조 [상속법상 법률행위를 위한 허가]

성년후견인은 다음 각 호의 경우에 성년후견법원의 허가가 필요하다.

1. 상속 또는 유증의 포기, 유증 또는 유류분 주장의 포기 및 상속분할계약.

2. 피성년후견인이 자신에게 귀속하는 상속재산, 그의 장래의 법정상속분 또는 장래의 유류분을 처분할 의무를 부담하게 하는 법률행위.

3. 피성년후견인의 상속분에 대한 처분 또는 피성년후견인이 상속인공동체로부터 배제되기로 하는 약정.

4. zu einer Anfechtung eines Erbvertrags für den geschäftsunfähigen Betreuten als Erblasser gemäß § 2282 Absatz 2,

5. zum Abschluss eines Vertrags mit dem Erblasser über die Aufhebung eines Erbvertrags oder einer einzelnen vertragsmäßigen Verfügung gemäß § 2290,

6. zu einer Zustimmung zur testamentarischen Aufhebung einer in einem Erbvertrag mit dem Erblasser geregelten vertragsmäßigen Anordnung eines Vermächtnisses, einer Auflage sowie einer Rechtswahl gemäß § 2291,

7. zur Aufhebung eines zwischen Ehegatten oder Lebenspartnern geschlossenen Erbvertrags durch gemeinschaftliches Testament der Ehegatten oder Lebenspartner gemäß § 2292,

8. zu einer Rücknahme eines mit dem Erblasser geschlossenen Erbvertrags, der nur Verfügungen von Todes wegen enthält, aus der amtlichen oder notariellen Verwahrung gemäß § 2300 Absatz 2,

9. zum Abschluss oder zur Aufhebung eines Erb- oder Pflichtteilsverzichtsvertrags gemäß den §§ 2346, 2351 sowie zum Abschluss eines Zuwendungsverzichtsvertrags gemäß § 2352.

§ 1852 Genehmigung für handels- und gesellschaftsrechtliche Rechtsgeschäfte

Der Betreuer bedarf der Genehmigung des Betreuungsgerichts

1. zu einer Verfügung und zur Eingehung der Verpflichtung zu einer solchen Verfügung, durch die der Betreute

   a) ein Erwerbsgeschäft oder

   b) einen Anteil an einer Personen- oder Kapitalgesellschaft, die ein Erwerbsgeschäft betreibt, erwirbt oder veräußert,

2. zu einem Gesellschaftsvertrag, der zum Betrieb eines Erwerbsgeschäfts eingegangen wird, und

3. zur Erteilung einer Prokura.

§ 1853 Genehmigung bei Verträgen über wiederkehrende Leistungen

Der Betreuer bedarf der Genehmigung des Betreuungsgerichts

1. zum Abschluss eines Miet- oder Pachtvertrags oder zu einem anderen Vertrag, durch den der Betreute zu wiederkehrenden Leistungen verpflichtet wird, wenn das Vertragsverhältnis länger als vier Jahre dauern soll, und

4. 피상속인인 행위능력이 없는 피성년후견인을 위하여 제2282조 제2항에 따라 상속계약을 취소,

5. 상속계약 또는 계약에 좇은 개별 처분의 취소에 대해 제2290조에 따라 피상속인과 계약을 체결,

6. 유증, 부담 및 준거법선택에 대해 피상속인과 상속계약에서 규율된 계약에 좇은 지시를 제2291조에 따라 유언에 의해 취소하는 데에 대한 동의,

7. 혼인당사자들 또는 생활동반자들 사이에 체결된 상속계약을 제2292조에 따라 혼인당사자들 또는 생활동반자들의 공동유언에 의해 취소,

8. 피상속인과 체결하고, 사인처분만을 내용으로 하는 상속계약을 제2300조 제2항에 따라 관청 또는 공증인의 보관에서 회수,

9. 제2346조, 제2351조에 따라 상속포기계약 또는 유류분포기계약의 체결이나 취소 및 제2352조에 따라 출연포기계약의 체결.

제1852조 [상법 및 회사법상 법률행위를 위한 허가]

성년후견인은 다음 각 호의 경우에 성년후견법원의 허가가 필요하다,
1. 피성년후견인이

   a) 영업행위 또는
   b) 영업행위를 운영하는 인적회사 또는 자본회사의 지분을 취득하거나 양도하는 처분 또는 이러한 처분을 할 의무의 부담,
2. 영업의 운영을 위해 체결되는 조합계약, 그리고

3. 지배인권의 수여.

제1853조 [회귀적 급부에 관한 계약의 허가]

성년후견인은 다음 각 호의 경우에 성년후견법원의 허가가 필요하다,
1. 사용임대차계약 또는 용익임대차계약 그 밖에 피성년후견인이 회귀적 급부의무를 부담하게 되는 계약으로 그 계약관계가 4년을 넘어 지속되는 계약의 체결, 그리고

2. zu einem Pachtvertrag über einen gewerblichen oder land- oder forstwirtschaftlichen Betrieb.

Satz 1 Nummer 1 gilt nicht, wenn der Betreute das Vertragsverhältnis ohne eigene Nachteile vorzeitig kündigen kann.

§ 1854　Genehmigung für sonstige Rechtsgeschäfte

Der Betreuer bedarf der Genehmigung des Betreuungsgerichts

1. zu einem Rechtsgeschäft, durch das der Betreute zu einer Verfügung über sein Vermögen im Ganzen verpflichtet wird,

2. zur Aufnahme von Geld auf den Kredit des Betreuten mit Ausnahme einer eingeräumten Überziehungsmöglichkeit für das auf einem Girokonto des Betreuten bei einem Kreditinstitut bereitzuhaltende Verfügungsgeld (§ 1839 Absatz 1),

3. zur Ausstellung einer Schuldverschreibung auf den Inhaber oder zur Eingehung einer Verbindlichkeit aus einem Wechsel oder einem anderen Papier, das durch Indossament übertragen werden kann,

4. zu einem Rechtsgeschäft, das auf Übernahme einer fremden Verbindlichkeit gerichtet ist,

5. zur Eingehung einer Bürgschaft,

6. zu einem Vergleich oder einer auf ein Schiedsverfahren gerichteten Vereinbarung, es sei denn, dass der Gegenstand des Streites oder der Ungewissheit in Geld schätzbar ist und den Wert von 6 000 Euro nicht übersteigt oder der Vergleich einem schriftlichen oder protokollierten gerichtlichen Vergleichsvorschlag entspricht,

7. zu einem Rechtsgeschäft, durch das die für eine Forderung des Betreuten bestehende Sicherheit aufgehoben oder gemindert oder die Verpflichtung dazu begründet wird, und

8. zu einer Schenkung oder unentgeltlichen Zuwendung, es sei denn, diese ist nach den Lebensverhältnissen des Betreuten angemessen oder als Gelegenheitsgeschenk üblich.

Unterkapitel 5　Genehmigungserklärung

§ 1855　Erklärung der Genehmigung

Das Betreuungsgericht kann die Genehmigung zu einem Rechtsgeschäft nur dem Betreuer gegenüber erklären.

2. 영업, 농업 또는 임업을 위한 용익임대차계약.

피성년후견인이 자기 자신에게 불이익 없이 그 전에 계약을 해지할 수 있다면, 제1문 제1호는 적용하지 않는다.

제1854조 [그 밖의 법률행위를 위한 허가]

성년후견인은 다음 각 호의 경우에 성년후견법원의 허가가 필요하다.
1. 피성년후견인이 재산 전부를 처분할 의무를 부담하게 하는 법률행위.

2. 신용기관에 개설된 피성년후견인의 지로계좌에 준비된 처분금(제1839조 제1항)을 위하여 허용된 당좌대월을 제외하고, 피성년후견인의 신용에 기한 금전의 차입.
3. 무기명채권증서의 발행 또는 어음이나 배서에 의해서 양도할 수 있는 그 밖의 증권에 기한 채무의 부담.

4. 타인 채무의 인수를 내용으로 하는 법률행위.
5. 보증계약의 체결.
6. 화해 또는 중재를 내용으로 하는 약정. 그러나 분쟁 또는 불확실성의 대상이 금전으로 산정될 수 있으며 6,000유로를 초과하지 않는 경우 또는 화해가 서면이나 조서에 기록된 법원의 화해 제안에 상응하는 경우에는 그렇지 않다.
7. 피성년후견인의 채권을 위하여 존재하는 담보를 제거하거나 감축시키는 법률행위 또는 그러한 의무를 부담하게 하는 법률행위.
8. 증여나 무상의 출연. 그러나 피성년후견인의 생활상태에 비추어 적절하거나 의례적 증여로서 통상적이라면 그렇지 않다.

제5목 허가의 표시

제1855조 [허가의 표시]

성년후견법원은 법률행위에 대한 허가를 성년후견인에 대해서만 표시할 수 있다.

§ 1856　Nachträgliche Genehmigung

(1) Schließt der Betreuer einen Vertrag ohne die erforderliche Genehmigung des Betreuungsgerichts, so hängt die Wirksamkeit des Vertrags von der nachträglichen Genehmigung des Betreuungsgerichts ab. Die Genehmigung sowie deren Verweigerung wird dem anderen Teil gegenüber erst wirksam, wenn ihm die wirksam gewordene Genehmigung oder Verweigerung durch den Betreuer mitgeteilt wird.

(2) Fordert der andere Teil den Betreuer zur Mitteilung darüber auf, ob die Genehmigung erteilt sei, so kann die Mitteilung der Genehmigung nur bis zum Ablauf des zweiten Monats nach dem Empfang der Aufforderung erfolgen; wird die Genehmigung nicht mitgeteilt, so gilt sie als verweigert.

(3) Soweit die Betreuung aufgehoben oder beendet ist, tritt die Genehmigung des Betreuten an die Stelle der Genehmigung des Betreuungsgerichts.

§ 1857　Widerrufsrecht des Vertragspartners

Hat der Betreuer dem anderen Teil gegenüber wahrheitswidrig die Genehmigung des Betreuungsgerichts behauptet, so ist der andere Teil bis zur Mitteilung der nachträglichen Genehmigung des Betreuungsgerichts zum Widerruf berechtigt, es sei denn, dass ihm das Fehlen der Genehmigung bei dem Abschluss des Vertrags bekannt war.

§ 1858　Einseitiges Rechtsgeschäft

(1) Ein einseitiges Rechtsgeschäft, das der Betreuer ohne die erforderliche Genehmigung des Betreuungsgerichts vornimmt, ist unwirksam.

(2) Nimmt der Betreuer mit Genehmigung des Betreuungsgerichts ein einseitiges Rechtsgeschäft einem anderen gegenüber vor, so ist das Rechtsgeschäft unwirksam, wenn der Betreuer die Genehmigung nicht vorlegt und der andere das Rechtsgeschäft aus diesem Grunde unverzüglich zurückweist.

(3) Nimmt der Betreuer ein einseitiges Rechtsgeschäft gegenüber einem Gericht oder einer Behörde ohne die erforderliche Genehmigung des Betreuungsgerichts vor, so hängt die Wirksamkeit des Rechtsgeschäfts von der nachträglichen Genehmigung des Betreuungsgerichts ab. Das Rechtsgeschäft wird mit Rechtskraft der Genehmigung wirksam. Der Ablauf einer gesetzlichen Frist wird während der Dauer des Genehmigungsverfahrens ge-

334

제1856조 [사후적 허가]

① 성년후견인이 필요한 성년후견법원의 허가 없이 계약을 체결한 경우, 그 계약의 효력은 성년후견법원의 사후적 허가에 의해 결정된다. 성년후견인이 유효하게 된 허가 또는 거절을 계약 상대방에게 통지한 경우에 비로소 그 허가 및 거절은 계약 상대방에 대하여 효력이 있다.

② 계약 상대방이 성년후견인에게 허가가 부여되었는지 여부에 대한 통지를 요청하는 경우, 허가의 통지는 요청을 수령한 후 2개월 이내에만 할 수 있다; 허가가 통지되지 않으면, 허가는 거절된 것으로 본다.

③ 성년후견이 취소되거나 종료되는 한, 피성년후견인의 추인은 성년후견법원의 허가를 갈음한다.

제1857조 [계약 상대방의 철회권]

성년후견인이 상대방에게 진실에 반하여 성년후견법원의 허가를 주장한 경우, 상대방은 성년후견법원의 사후적 허가가 통지될 때까지 철회할 수 있는 권리가 있으나, 계약체결 당시 허가가 없음을 알았던 경우에는 그렇지 않다.

제1858조 [단독행위]

① 성년후견인이 필요한 성년후견법원의 허가 없이 한 단독행위는 효력이 없다.
② 성년후견인이 허가를 받아 다른 사람에 대해 단독행위를 하는 경우, 성년후견인이 허가를 제시하지 않고 그 상대방이 그러한 이유로 지체 없이 그 법률행위를 거절하는 때에는, 그 법률행위는 효력이 없다.

③ 성년후견인이 필요한 성년후견법원의 허가 없이 법원이나 관청에 대해 단독행위를 하는 경우, 그 법률행위의 효력은 성년후견법원의 사후적 허가에 의해 결정된다. 허가가 확정되면 법률행위가 유효하게 된다. 허가절차 동안 법정기간의 경과는 정지한다. 허가에 관한 결정이 확정되면 정지가 종료한다. 성년후견법원은 결정이 확정된 후 법원이나 관청에 허가의 부여 또는 거

hemmt. Die Hemmung endet mit Rechtskraft des Beschlusses über die Erteilung der Genehmigung. Das Betreuungsgericht teilt dem Gericht oder der Behörde nach Rechtskraft des Beschlusses die Erteilung oder Versagung der Genehmigung mit.

§ 1859 Gesetzliche Befreiungen

(1) Befreite Betreuer sind entbunden

1. von der Pflicht zur Sperrvereinbarung nach § 1845,

2. von den Beschränkungen nach § 1849 Absatz 1 Satz 1 Nummer 1 und 2, Satz 2 und

3. von der Pflicht zur Rechnungslegung nach § 1865.

Sie haben dem Betreuungsgericht jährlich eine Übersicht über den Bestand des ihrer Verwaltung unterliegenden Vermögens des Betreuten (Vermögensübersicht) einzureichen. Das Betreuungsgericht kann anordnen, dass die Vermögensübersicht in längeren, höchstens fünfjährigen Zeiträumen einzureichen ist.

(2) Befreite Betreuer sind

1. Verwandte in gerader Linie,

2. Geschwister,

3. Ehegatten,

4. der Betreuungsverein oder ein Vereinsbetreuer,

5. die Betreuungsbehörde oder ein Behördenbetreuer.

Das Betreuungsgericht kann andere als die in Satz 1 genannten Betreuer von den in Absatz 1 Satz 1 genannten Pflichten befreien, wenn der Betreute dies vor der Bestellung des Betreuers schriftlich verfügt hat. Dies gilt nicht, wenn der Betreute erkennbar an diesem Wunsch nicht festhalten will.

(3) Das Betreuungsgericht hat die Befreiungen aufzuheben, wenn bei ihrer Fortgeltung eine Gefährdung im Sinne des § 1821 Absatz 3 Nummer 1 zu besorgen wäre.

§ 1860 Befreiungen auf Anordnung des Gerichts

(1) Das Betreuungsgericht kann den Betreuer auf dessen Antrag von den Beschränkungen nach den §§ 1841, 1845, 1848 und 1849 Absatz 1 Satz 1 Nummer 1 und 2 sowie Satz 2 ganz oder teilweise befreien, wenn der Wert des Vermögens des Betreuten ohne Berücksichtigung von Immobilien und Verbindlichkeiten 6 000 Euro nicht übersteigt.

부를 통지한다.

제1859조 [법정 면제]

① 면제되는 성년후견인은 다음으로부터 면제된다.

1. 제1845조에 따른 폐쇄약정의 의무,
2. 제1849조 제1항 제1문 제1호 및 제2호, 제2문에 따른 제한 및
3. 제1865조의 계산제출 의무.

면제된 성년후견인은 그가 관리하는 피성년후견인의 재산상태에 대한 개요(재산개요)를 매년 성년후견법원에 제출해야 한다. 성년후견법원은 재산개요를 최대 5년의 장기 간격으로 제출할 것을 명할 수 있다.

② 면제되는 성년후견인은 다음과 같다.

1. 직계혈족,
2. 형제자매,
3. 배우자,
4. 성년후견사단법인 또는 사단법인성년후견인,
5. 성년후견관청 또는 관청성년후견인.

성년후견인 선임 전에 피성년후견인이 이를 서면으로 지시한 경우, 성년후견법원은 제1문에 규정되지 않은 성년후견인을 제1항 제1문에 규정된 의무에서 면제할 수 있다. 피성년후견인이 이 소망을 유지하는 것을 원하지 않는다고 인식 가능한 경우에는 그렇지 않다.

③ 면제를 계속하면 제1821조 제3항 제1호가 의미하는 위험이 우려될 경우, 성년후견법원은 면제를 취소할 수 있다.

제1860조 [법원의 명령에 따른 면제]

① 부동산과 채무를 고려하지 않은 피성년후견인의 재산의 가액이 6,000유로를 넘지 않는 경우, 성년후견법원은 성년후견인의 신청에 기하여 제1841조, 제1845조, 제1848조, 제1849조 제1항 제1문 제1호 및 제2호, 제2문에 따른 제한으로부터 전부 또는 일부 성년후견인을 면제할 수 있다.

(2) Das Betreuungsgericht kann den Betreuer auf dessen Antrag von den Beschränkungen nach den §§ 1848, 1849 Absatz 1 Satz 1 Nummer 1 und 2 sowie Satz 2 und nach § 1854 Nummer 2 bis 5 befreien, soweit mit der Vermögensverwaltung der Betrieb eines Erwerbsgeschäfts verbunden ist oder besondere Gründe der Vermögensverwaltung dies erfordern.

(3) Das Betreuungsgericht kann den Betreuer auf dessen Antrag von den Beschränkungen nach § 1845 Absatz 2, den §§ 1848 und 1849 Absatz 1 Satz 1 Nummer 1 und 2 sowie Satz 2 befreien, wenn ein Wertpapierdepot des Betreuten häufige Wertpapiergeschäfte erfordert und der Betreuer über hinreichende Kapitalmarktkenntnis und Erfahrung verfügt.

(4) Eine Befreiung gemäß den Absätzen 1 bis 3 kann das Betreuungsgericht nur anordnen, wenn eine Gefährdung im Sinne des § 1821 Absatz 3 Nummer 1 nicht zu besorgen ist.

(5) Das Betreuungsgericht hat eine Befreiung aufzuheben, wenn ihre Voraussetzungen nicht mehr vorliegen.

Untertitel 3   Beratung und Aufsicht durch das Betreuungsgericht

§ 1861   Beratung; Verpflichtung des Betreuers

(1) Das Betreuungsgericht berät den Betreuer über dessen Rechte und Pflichten bei der Wahrnehmung seiner Aufgaben.

(2) Der ehrenamtliche Betreuer wird alsbald nach seiner Bestellung mündlich verpflichtet, über seine Aufgaben unterrichtet und auf Beratungs- und Unterstützungsangebote hingewiesen. Das gilt nicht für solche ehrenamtlichen Betreuer, die mehr als eine Betreuung führen oder in den letzten zwei Jahren geführt haben.

§ 1862   Aufsicht durch das Betreuungsgericht

(1) Das Betreuungsgericht führt über die gesamte Tätigkeit des Betreuers die Aufsicht. Es hat dabei auf die Einhaltung der Pflichten des Betreuers zu achten und insbesondere bei Anordnungen nach Absatz 3, der Erteilung von Genehmigungen und einstweiligen Maßnahmen nach § 1867 den in § 1821 Absatz 2 bis 4 festgelegten Maßstab zu beachten.

(2) Das Betreuungsgericht hat den Betreuten persönlich anzuhören, wenn Anhaltspunkte dafür bestehen, dass der Betreuer pflichtwidrig den Wünschen des Betreuten nicht oder

② 영업의 운영이 재산관리와 결합되어 있거나 재산관리의 특별한 사유로 인해 필요한 범위에서, 성년후견법원은 성년후견인의 신청에 기하여 제1848조, 제1849조 제1항 제1문 제1호 및 제2호, 제2문 그리고 제1854조 제2호 내지 제5호에 따른 제한으로부터 성년후견인을 면제할 수 있다.

③ 피성년후견인의 유가증권 예탁이 빈번한 유가증권 거래를 요구하고 성년후견인이 충분한 금융시장 지식과 경험을 갖춘 경우, 성년후견법원은 성년후견인의 신청에 기하여 제1845조 제2항, 제1848조, 제1849조 제1항 제1문 제1호 및 제2호, 제2문에 따른 제한으로부터 성년후견인을 면제할 수 있다.

④ 제1821조 제3항 제1호가 의미하는 위험이 우려되지 않을 경우에만, 성년후견법원은 제1항 내지 제3항에 따른 면제를 명할 수 있다.

⑤ 면제의 요건이 더 이상 존재하지 않는 경우, 성년후견법원은 면제를 취소해야 한다.

제3관　성년후견법원의 조언과 감독

제1861조 [조언; 성년후견인의 의무부담]

① 성년후견법원은 성년후견인이 업무를 수행함에 있어 그의 권리와 의무에 대해 조언한다.

② 명예직성년후견인은 선임된 즉시 구두로 의무를 부담하고, 그의 업무에 대해 고지를 받으며, 조언 및 지원의 제공에 대해 안내를 받는다. 둘 이상의 성년후견을 수행하거나 지난 2년 이내에 수행했던 명예직성년후견인에 대해서는 그렇지 않다.

제1862조 [성년후견법원의 감독]

① 성년후견법원은 성년후견인의 활동 전반을 감독한다. 성년후견법원은 성년후견인이 의무를 준수하는지에 주의해야 하며, 특히 제3항에 따른 명령, 허가, 제1867조에 따른 임시조치를 함에 있어서 제1821조 제2항 내지 제4항에서 정한 기준에 주의해야 한다.

② 성년후견인이 의무를 위반하여 피성년후견인의 소망을 따르지 않거나 적절하지 않은 방법으로 따르고 있거나 피성년후견인에 대한 의무를 다른 방법

nicht in geeigneter Weise entspricht oder seinen Pflichten gegenüber dem Betreuten in anderer Weise nicht nachkommt, es sei denn, die persönliche Anhörung ist nicht geeignet oder nicht erforderlich, um die Pflichtwidrigkeit aufzuklären.

(3) Das Betreuungsgericht hat gegen Pflichtwidrigkeiten des Betreuers durch geeignete Gebote und Verbote einzuschreiten. Zur Befolgung seiner Anordnungen kann es den Betreuer durch die Festsetzung von Zwangsgeld anhalten. Gegen die Betreuungsbehörde, einen Behördenbetreuer oder einen Betreuungsverein wird kein Zwangsgeld festgesetzt.

(4) Durch Landesrecht kann bestimmt werden, dass Vorschriften, welche die Aufsicht des Betreuungsgerichts in vermögensrechtlicher Hinsicht sowie beim Abschluss von Ausbildungs-, Dienst- oder Arbeitsverträgen betreffen, gegenüber der Betreuungsbehörde außer Anwendung bleiben.

§ 1863 Berichte über die persönlichen Verhältnisse des Betreuten

(1) Mit Übernahme der Betreuung hat der Betreuer einen Bericht über die persönlichen Verhältnisse (Anfangsbericht) zu erstellen. Der Anfangsbericht hat insbesondere Angaben zu folgenden Sachverhalten zu enthalten:

1. persönliche Situation des Betreuten,

2. Ziele der Betreuung, bereits durchgeführte und beabsichtigte Maßnahmen, insbesondere im Hinblick auf § 1821 Absatz 6, und

3. Wünsche des Betreuten hinsichtlich der Betreuung.

Sofern ein Vermögensverzeichnis gemäß § 1835 zu erstellen ist, ist dieses dem Anfangsbericht beizufügen. Der Anfangsbericht soll dem Betreuungsgericht innerhalb von drei Monaten nach Bestellung des Betreuers übersandt werden. Das Betreuungsgericht kann den Anfangsbericht mit dem Betreuten und dem Betreuer in einem persönlichen Gespräch erörtern.

(2) Absatz 1 gilt nicht, wenn die Betreuung ehrenamtlich von einer Person mit einer familiären Beziehung oder persönlichen Bindung zum Betreuten geführt wird. In diesem Fall führt das Betreuungsgericht mit dem Betreuten auf dessen Wunsch oder in anderen geeigneten Fällen ein Anfangsgespräch zur Ermittlung der Sachverhalte nach Absatz 1 Satz 2. Der ehrenamtliche Betreuer soll an dem Gespräch teilnehmen. Die Pflicht zur Erstellung eines Vermögensverzeichnisses gemäß § 1835 bleibt unberührt.

340

으로 따르지 않는다고 볼 근거가 존재하는 경우, 성년후견법원은 피성년후견인을 개인적으로 청문해야 하지만, 의무 위반을 규명하기 위해 개인적 청문이 적절하지 않거나 필요하지 않다면 그렇지 않다.

③ 성년후견법원은 성년후견인의 의무 위반을 적절한 지시와 금지로써 대응해야 한다. 성년후견법원은 강제이행금을 부과함으로써 성년후견인이 그의 명령을 준수하도록 할 수 있다. 성년후견관청, 관청성년후견인이나 성년후견사단법인에게는 강제이행금이 부과되지 않는다.

④ 재산법적 관계 및 교육계약, 고용계약 또는 근로계약의 체결에서 성년후견법원의 감독에 관한 규정들이 성년후견관청에 대하여는 적용되지 않도록 州법으로 정할 수 있다.

제1863조 [피성년후견인의 개인적 상황에 대한 보고]

① 성년후견인은 성년후견을 인수하면서 개인적 상황에 대한 보고(최초보고)를 해야 한다. 최초보고는 특히 다음의 사실관계를 포함해야 한다:

1. 피성년후견인의 개인적 상황,
2. 성년후견의 목적, 이미 수행된 조치와 의도하고 있는 조치, 특히 제1821조 제6항에 관한 조치,
3. 성년후견과 관련한 피성년후견인의 소망.

제1835조에 따른 재산목록이 작성된 경우에는 이를 최초보고에 첨부해야 한다. 성년후견인 선임으로부터 3개월 내에 성년후견법원에 최초보고를 송부한다. 성년후견법원은 피성년후견인 및 성년후견인과 개인적인 대화에서 최초보고를 논의할 수 있다.

② 피성년후견인과 가족관계 또는 인적 유대관계 있는 사람이 명예직으로 성년후견을 수행하는 경우, 제1항은 적용하지 않는다. 이 경우 성년후견법원은 피성년후견인이 소망하거나 그 밖에 적절한 경우, 제1항 제2문의 사실관계를 조사하기 위하여 피성년후견인과 최초대화를 한다. 명예직성년후견인은 이 대화에 참석한다. 제1835조에 따라 재산목록을 작성할 의무는 영향을 받지 않는다.

(3) Der Betreuer hat dem Betreuungsgericht über die persönlichen Verhältnisse des Betreuten mindestens einmal jährlich zu berichten (Jahresbericht). Er hat den Jahresbericht mit dem Betreuten zu besprechen, es sei denn, davon sind erhebliche Nachteile für die Gesundheit des Betreuten zu besorgen oder dieser ist offensichtlich nicht in der Lage, den Inhalt des Jahresberichts zur Kenntnis zu nehmen. Der Jahresbericht hat insbesondere Angaben zu folgenden Sachverhalten zu enthalten:

1. Art, Umfang und Anlass der persönlichen Kontakte zum Betreuten und der persönliche Eindruck vom Betreuten,

2. Umsetzung der bisherigen Betreuungsziele und Darstellung der bereits durchgeführten und beabsichtigten Maßnahmen, insbesondere solcher gegen den Willen des Betreuten,

3. Gründe für die weitere Erforderlichkeit der Betreuung und des Einwilligungsvorbehalts, insbesondere auch hinsichtlich des Umfangs,

4. bei einer beruflich geführten Betreuung die Mitteilung, ob die Betreuung zukünftig ehrenamtlich geführt werden kann, und

5. die Sichtweise des Betreuten zu den Sachverhalten nach den Nummern 1 bis 4.

(4) Nach Beendigung der Betreuung hat der Betreuer einen abschließenden Bericht (Schlussbericht) zu erstellen, in dem die seit dem letzten Jahresbericht eingetretenen Änderungen der persönlichen Verhältnisse mitzuteilen sind. Der Schlussbericht ist dem Betreuungsgericht zu übersenden. Er hat Angaben zur Herausgabe des der Verwaltung des Betreuers unterliegenden Vermögens des Betreuten und aller im Rahmen der Betreuung erlangten Unterlagen zu enthalten.

§ 1864 Auskunfts- und Mitteilungspflichten des Betreuers

(1) Der Betreuer hat dem Betreuungsgericht auf dessen Verlangen jederzeit über die Führung der Betreuung und über die persönlichen und wirtschaftlichen Verhältnisse des Betreuten Auskunft zu erteilen.

(2) Der Betreuer hat dem Betreuungsgericht wesentliche Änderungen der persönlichen und wirtschaftlichen Verhältnisse des Betreuten unverzüglich mitzuteilen. Dies gilt auch für solche Umstände,

1. die eine Aufhebung der Betreuung oder des Einwilligungsvorbehalts ermöglichen,

2. die eine Einschränkung des Aufgabenkreises des Betreuers ermöglichen,

③ 성년후견인은 피성년후견인의 개인적 상황에 대해 최소 연 1회 성년후견법원에 보고해야 한다(연간보고). 성년후견인은 피성년후견인과 연간보고를 협의해야 하지만, 이로 인해 피성년후견인의 건강에 현저한 위험이 우려되거나 피성년후견인이 연간보고의 내용을 인식할 수 없는 상태에 있는 것이 분명한 때에는 그렇지 않다. 연간보고는 특히 다음의 사실관계에 대한 정보를 포함해야 한다:

1. 피성년후견인에 대한 개인적 연락의 종류, 범위, 계기와 피성년후견인에 대한 개인적 인상,
2. 이전 성년후견 목표의 변환과 이미 수행된 조치와 의도하고 있는 조치의 설명, 특히 피성년후견인의 의사에 반하는 조치의 설명,
3. 성년후견과 동의유보의 또 다른 필요성에 대한 근거, 특히 그 범위,

4. 직업적으로 수행되는 성년후견에서는 성년후견이 장래 명예직으로 수행될 수 있는지에 대한 통지,
5. 제1호 내지 제4호에 따른 사실관계에 대한 피성년후견인의 견해.

④ 성년후견인은 성년후견의 종료 후 종결적 보고(최종보고)를 작성해야 하며, 이 보고에서 마지막 연간보고 이후 발생한 개인적 상황의 변화를 통지해야 한다. 최종보고는 성년후견법원에 송부되어야 한다. 이 보고서는 성년후견인이 관리하는 피성년후견인의 재산과 성년후견과 관련하여 취득한 모든 서류의 반환에 관한 정보를 포함해야 한다.

제1864조 [성년후견인의 정보제공의무 및 통지의무]

① 성년후견인은 성년후견법원의 요청이 있으면 언제든지 성년후견의 수행 및 피성년후견인의 개인적 및 경제적 상황에 대해 성년후견법원에 정보를 제공해야 한다.

② 성년후견인은 피성년후견인의 개인적 및 경제적 상황의 중요한 변경을 지체 없이 성년후견법원에 통지해야 한다. 이는 다음의 상황에 대해서도 같다,

1. 성년후견 또는 동의유보의 취소를 가능하게 하는 상황,
2. 성년후견인의 업무범위 제한을 가능하게 하는 상황,

3. die die Erweiterung des Aufgabenkreises des Betreuers erfordern,

4. die die Bestellung eines weiteren Betreuers erfordern,

5. die die Anordnung eines Einwilligungsvorbehalts erfordern und

6. aus denen sich bei einer beruflich geführten Betreuung ergibt, dass die Betreuung zukünftig ehrenamtlich geführt werden kann.

§ 1865   Rechnungslegung

(1) Der Betreuer hat dem Betreuungsgericht über die Vermögensverwaltung Rechnung zu legen, soweit sein Aufgabenkreis die Vermögensverwaltung umfasst.

(2) Die Rechnung ist jährlich zu legen. Das Rechnungsjahr wird vom Betreuungsgericht bestimmt.

(3) Die Rechnung soll eine geordnete Zusammenstellung der Einnahmen und Ausgaben enthalten und über den Ab- und Zugang des vom Betreuer verwalteten Vermögens Auskunft geben. Das Betreuungsgericht kann Einzelheiten zur Erstellung der geordneten Zusammenstellung nach Satz 1 bestimmen. Es kann in geeigneten Fällen auf die Vorlage von Belegen verzichten. Verwaltet der Betreute im Rahmen des dem Betreuer übertragenen Aufgabenkreises einen Teil seines Vermögens selbst, so hat der Betreuer dies dem Betreuungsgericht mitzuteilen. Der Betreuer hat die Richtigkeit dieser Mitteilung durch eine Erklärung des Betreuten nachzuweisen oder, falls eine solche nicht beigebracht werden kann, die Richtigkeit an Eides statt zu versichern.

(4) Wird vom Betreuten ein Erwerbsgeschäft mit kaufmännischer Buchführung betrieben, so genügt als Rechnung ein aus den Büchern gezogener Jahresabschluss. Das Betreuungsgericht kann Vorlage der Bücher und sonstigen Belege verlangen.

§ 1866   Prüfung der Rechnung durch das Betreuungsgericht

(1) Das Betreuungsgericht hat die Rechnung sachlich und rechnerisch zu prüfen und, soweit erforderlich, ihre Berichtigung und Ergänzung durch den Betreuer herbeizuführen.

(2) Die Möglichkeit der Geltendmachung streitig gebliebener Ansprüche zwischen Betreuer und Betreutem im Rechtsweg bleibt unberührt. Die Ansprüche können schon vor der Beendigung der Betreuung geltend gemacht werden.

3. 성년후견인의 업무범위 확대를 필요로 하는 상황,

4. 또 다른 성년후견인의 선임을 필요로 하는 상황,

5. 동의유보 명령을 필요로 하는 상황 및

6. 직업적으로 수행되는 성년후견에서 장래에 성년후견이 명예직으로 수행될 수 있음을 보여주는 상황.

제1865조 [계산제출]

① 성년후견인은 그의 업무범위가 재산관리를 포함하는 경우, 그 재산관리에 관해 성년후견법원에 계산을 제출해야 한다.

② 계산은 매년 제출되어야 한다. 회계연도는 성년후견법원이 정한다.

③ 계산은 수입과 지출을 정리한 대차대조표를 포함해야 하고, 성년후견인이 관리하는 재산의 증대와 감소에 대한 정보를 제공해야 한다. 성년후견법원은 제1문에 따른 대차대조표 작성을 위한 세부사항을 정할 수 있다. 성년후견법원은 적절한 경우에 증빙 제출을 포기할 수 있다. 성년후견인에게 위임된 업무범위 내에서 피성년후견인이 자신의 재산 일부를 직접 관리하는 경우, 성년후견인은 이를 성년후견법원에 통지해야 한다. 성년후견인은 이러한 통지의 정확성을 피성년후견인의 의사표시로써 증명하여야 하며, 이러한 의사표시가 제출될 수 없는 경우에는 그 정확성을 선서에 갈음하여 보증해야 한다.

④ 영업이 피성년후견인에 의해 상업부기로 운영되는 경우에는 그 장부로부터 산출한 연말결산보고서가 계산으로 충분하다. 성년후견법원은 상업장부 및 다른 증빙의 제출을 요구할 수 있다.

제1866조 [성년후견법원의 계산 심사]

① 성년후견법원은 계산을 회계에 맞게 객관적으로 심사해야 하고, 필요한 범위에서 성년후견인이 수정 및 보충을 하도록 해야 한다.

② 성년후견인과 피성년후견인 사이에 다툼이 있는 청구권을 소송으로 행사할 가능성은 영향을 받지 않는다. 성년후견이 종료하기 전에도 청구권을 행사할 수 있다.

§ 1867 Einstweilige Maßnahmen des Betreuungsgerichts

Bestehen dringende Gründe für die Annahme, dass die Voraussetzungen für die Bestellung eines Betreuers gegeben sind, und konnte ein Betreuer noch nicht bestellt werden oder ist der Betreuer an der Erfüllung seiner Pflichten gehindert, so hat das Betreuungsgericht die dringend erforderlichen Maßnahmen zu treffen.

Untertitel 4   Beendigung, Aufhebung oder Änderung von Betreuung und Einwilligungsvorbehalt

§ 1868 Entlassung des Betreuers

(1) Das Betreuungsgericht hat den Betreuer zu entlassen, wenn dessen Eignung, die Angelegenheiten des Betreuten zu besorgen, nicht oder nicht mehr gewährleistet ist oder ein anderer wichtiger Grund für die Entlassung vorliegt. Ein wichtiger Grund liegt auch vor, wenn der Betreuer eine erforderliche Abrechnung vorsätzlich falsch erteilt oder den erforderlichen persönlichen Kontakt zum Betreuten nicht gehalten hat.

(2) Das Betreuungsgericht hat den beruflichen Betreuer zu entlassen, wenn dessen Registrierung nach § 27 Absatz 1 und 2 des Betreuungsorganisationsgesetzes widerrufen oder zurückgenommen wurde.

(3) Das Betreuungsgericht soll den beruflichen Betreuer, den Betreuungsverein, den Behördenbetreuer oder die Betreuungsbehörde entlassen, wenn der Betreute zukünftig ehrenamtlich betreut werden kann.

(4) Das Betreuungsgericht entlässt den Betreuer auf dessen Verlangen, wenn nach dessen Bestellung Umstände eingetreten sind, aufgrund derer ihm die Führung der Betreuung nicht mehr zugemutet werden kann.

(5) Das Betreuungsgericht kann den Betreuer entlassen, wenn der Betreute eine mindestens gleich geeignete Person, die zur Übernahme der Betreuung bereit ist, als neuen Betreuer vorschlägt.

(6) Der Vereinsbetreuer ist auch dann zu entlassen, wenn der Betreuungsverein dies beantragt. Wünscht der Betreute die Fortführung der Betreuung durch den bisherigen Vereinsbetreuer, so kann das Betreuungsgericht statt der Entlassung des Vereinsbetreuers mit

제1867조 [성년후견법원의 임시조치]

성년후견인 선임을 위한 요건이 존재한다고 인정할 긴급한 사유가 존재하고, 성년후견인이 아직 선임될 수 없거나 성년후견인이 의무를 이행하는 데에 장애가 있는 경우, 성년후견법원은 긴급하게 필요한 조치를 해야 한다.

제4관   성년후견과 동의유보의 종료, 취소 또는 변경

제1868조 [성년후견인의 해임]

① 피성년후견인의 사무를 처리할 적합성이 더 이상 보장되지 않거나 해임해야 할 다른 중대한 사유가 존재하는 경우, 성년후견법원은 성년후견인을 해임해야 한다. 성년후견인이 필요한 결산을 고의로 허위로 제출하거나 피성년후견인에 대해 필요한 개인적 연락을 유지하지 않았던 경우에도 중대한 사유가 존재한다.

② 직업성년후견인의 등록이 성년후견기관법 제27조 제1항 및 제2항에 따라 철회 또는 취소된 경우, 성년후견법원은 그를 해임해야 한다.

③ 피성년후견인이 장래에는 명예직성년후견인에 의해 후견될 수 있을 경우, 성년후견법원은 직업성년후견인, 성년후견사단법인, 관청성년후견인 또는 성년후견관청을 해임한다.

④ 성년후견인이 선임된 이후 그에게 더 이상 성년후견의 수행을 기대할 수 없게 하는 사정이 발생한 경우, 성년후견법원은 성년후견인의 요청에 기하여 그를 해임한다.

⑤ 피성년후견인이 최소한 동등하게 적합한 자이면서 성년후견을 인수할 준비가 된 자를 새로운 성년후견인으로 제안한 경우, 성년후견법원은 성년후견인을 해임할 수 있다.

⑥ 사단법인성년후견인은 그 사단법인이 신청한 경우에도 해임될 수 있다. 이전의 사단법인성년후견인이 성년후견을 계속 수행하는 것을 피성년후견인이 원하는 경우, 성년후견법원은 사단법인성년후견인을 해임하는 대신에 성

dessen Einverständnis feststellen, dass dieser die Betreuung künftig als Privatperson wei-terführt. Die Sätze 1 und 2 gelten für den Behördenbetreuer entsprechend.

(7) Der Betreuungsverein oder die Betreuungsbehörde ist als Betreuer zu entlassen, sobald der Betreute durch eine oder mehrere natürliche Personen hinreichend betreut wer-den kann. Dies gilt für den Betreuungsverein nicht, wenn der Wunsch des Betreuten dem entgegensteht.

§ 1869 Bestellung eines neuen Betreuers

Mit der Entlassung des Betreuers oder nach dessen Tod ist ein neuer Betreuer zu bestellen.

§ 1870 Ende der Betreuung

Die Betreuung endet mit der Aufhebung der Betreuung durch das Betreuungsgericht oder mit dem Tod des Betreuten.

§ 1871 Aufhebung oder Änderung von Betreuung und Einwilligungsvorbehalt

(1) Die Betreuung ist aufzuheben, wenn ihre Voraussetzungen wegfallen. Fallen die Voraussetzungen nur für einen Teil der Aufgabenbereiche des Betreuers weg, so ist dessen Aufgabenkreis einzuschränken.

(2) Ist der Betreuer auf Antrag des Betreuten bestellt, so ist die Betreuung auf dessen Antrag wieder aufzuheben, es sei denn, die Aufrechterhaltung der Betreuung ist auch unter Berücksichtigung von § 1814 Absatz 2 erforderlich. Dies gilt für die Einschränkung des Aufgabenkreises des Betreuers entsprechend.

(3) Der Aufgabenkreis des Betreuers ist zu erweitern, wenn dies erforderlich wird. Die Vorschriften über die Bestellung des Betreuers gelten hierfür entsprechend.

(4) Für den Einwilligungsvorbehalt gelten die Absätze 1 und 3 entsprechend.

§ 1872 Herausgabe von Vermögen und Unterlagen; Schlussrechnungslegung

(1) Endet die Betreuung, hat der Betreuer das seiner Verwaltung unterliegende Ver-mögen und alle im Rahmen der Betreuung erlangten Unterlagen an den Betreuten, dessen Erben oder sonstigen Berechtigten herauszugeben.

(2) Eine Schlussrechnung über die Vermögensverwaltung hat der Betreuer nur zu erstel-len, wenn der Berechtigte nach Absatz 1 dies verlangt. Auf dieses Recht ist der Berechtigte durch den Betreuer vor Herausgabe der Unterlagen hinzuweisen. Die Frist zur Geltendma-

년후견인의 동의를 받아 그가 장래에는 사인(私人)으로서 후견을 계속 수행할 것을 확정할 수 있다. 제1문과 제2문은 관청성년후견인에게 준용한다.

⑦ 피성년후견인이 1인 또는 여러 명의 자연인에 의해 충분히 후견될 수 있게 되는 즉시 성년후견사단법인 또는 성년후견관청은 성년후견인에서 해임될 수 있다. 피성년후견인의 소망이 이에 반하는 경우, 성년후견사단법인에 대해서는 그렇지 않다.

제1869조 [새로운 성년후견인의 선임]

성년후견인이 해임되거나 사망하면, 새로운 성년후견인이 선임되어야 한다.

제1870조 [성년후견의 종료]

성년후견은 성년후견법원이 성년후견을 취소하거나 피성년후견인이 사망함으로써 종료한다.

제1871조 [성년후견과 동의유보의 취소와 변경]

① 성년후견 요건이 소멸하면 성년후견은 취소되어야 한다. 성년후견인의 업무사항 중 일부에 대해서만 요건이 소멸하면, 그 업무범위가 축소되어야 한다.

② 피성년후견인의 신청에 기하여 성년후견인이 선임된 경우, 그 신청이 있으면 성년후견은 취소되어야 하지만, 성년후견을 유지하는 것이 제1814조 제2항을 고려해서도 필요하다면 그렇지 않다. 이는 성년후견인의 업무범위의 축소에 준용한다.

③ 필요한 경우, 성년후견인의 업무범위는 확장되어야 한다. 여기에는 성년후견인의 선임에 관한 규정을 준용한다.

④ 제1항과 제3항은 동의유보에 준용한다.

제1872조 [재산과 서류의 반환; 결산보고]

① 성년후견이 종료하면 성년후견인은 관리하던 재산 및 성년후견과 관련하여 취득한 서류 전부를 피성년후견인, 그의 상속인이나 그 밖의 권리자에게 반환해야 한다.

② 성년후견인은 권리자가 제1항에 따라 청구할 경우에만 재산관리에 관한 결산보고를 작성해야 한다. 성년후견인은 서류가 반환되기 전에 권리자에게 이러한 권리를 언급해야 한다. 청구권 행사 기간은 언급이 있은 때로부터 6

chung des Anspruchs beträgt sechs Wochen nach Zugang des Hinweises. Der Berechtigte hat dem Betreuungsgericht sein Verlangen gegenüber dem Betreuer mitzuteilen.

(3) Ist der Betreute sechs Monate nach Ende der Betreuung unbekannten Aufenthalts oder sind dessen Erben nach Ablauf dieser Frist unbekannt oder unbekannten Aufenthalts und ist auch kein sonstiger Berechtigter vorhanden, hat der Betreuer abweichend von Absatz 2 eine Schlussrechnung zu erstellen.

(4) Bei einem Wechsel des Betreuers hat der bisherige Betreuer das seiner Verwaltung unterliegende Vermögen und alle im Rahmen der Betreuung erlangten Unterlagen an den neuen Betreuer herauszugeben. Über die Verwaltung seit der letzten beim Betreuungsgericht eingereichten Rechnungslegung hat er Rechenschaft durch eine Schlussrechnung abzulegen.

(5) War der Betreuer bei Beendigung seines Amtes gemäß § 1859 befreit, genügt zur Erfüllung der Verpflichtungen aus den Absätzen 2 und 4 Satz 2 die Erstellung einer Vermögensübersicht mit einer Übersicht über die Einnahmen und Ausgaben seit der letzten Vermögensübersicht. Die Richtigkeit und Vollständigkeit der Vermögensübersicht ist an Eides statt zu versichern.

§ 1873　Rechnungsprüfung

(1) Der Betreuer hat eine nach § 1872 von ihm zu erstellende Schlussrechnung oder Vermögensübersicht beim Betreuungsgericht einzureichen. Das Betreuungsgericht übersendet diese an den Berechtigten, soweit dieser bekannt ist oder rechtlich vertreten wird und kein Fall des § 1872 Absatz 3 vorliegt.

(2) Das Betreuungsgericht hat die Schlussrechnung oder die Vermögensübersicht sachlich und rechnerisch zu prüfen und, soweit erforderlich, ihre Ergänzung herbeizuführen. Das Betreuungsgericht übersendet das Ergebnis seiner Prüfung nach Satz 1 an den Berechtigten.

(3) Endet die Betreuung und liegt kein Fall des § 1872 Absatz 3 vor, so gilt Absatz 2 nur dann, wenn der Berechtigte binnen sechs Wochen nach Zugang der Schlussrechnung oder der Vermögensübersicht deren Prüfung verlangt. Über dieses Recht ist der Berechtigte bei der Übersendung nach Absatz 1 Satz 2 zu belehren. Nach Ablauf der Frist kann eine Prüfung durch das Betreuungsgericht nicht mehr verlangt werden.

주이다. 권리자는 성년후견인에 대한 자신의 청구를 성년후견법원에 통지해야 한다.

③ 성년후견이 종료된 후 6개월 동안 피성년후견인의 거소를 알 수 없거나 이 기간이 경과한 후 그 상속인을 알 수 없거나 그 거소를 알 수 없으며 다른 권리자도 존재하지 않는 경우, 성년후견인은 제2항과 달리 결산보고를 작성해야 한다.

④ 성년후견인이 변경된 경우, 이전의 성년후견인은 그가 관리한 재산과 성년후견과 관련하여 취득한 서류 전부를 새로운 성년후견인에게 반환해야 한다. 그는 성년후견법원에 한 최종계산 제출 이후의 관리에 대하여 결산보고에 의해 계산을 제출해야 한다.

⑤ 성년후견인이 직무가 종료될 때 제1859조에 따라 면제되어 있었던 경우, 제2항 및 제4항 제2문에서 정한 의무를 이행하기 위해서는 최종 재산개요 이후 수입과 지출에 대한 개요를 첨부한 재산개요를 작성하는 것으로 충분하다. 재산개요의 정확성과 완전성은 선서에 갈음하여 보증되어야 한다.

제1873조 [계산의 심사]

① 성년후견인은 제1872조에 따라 그가 작성해야 하는 결산보고 또는 재산개요를 성년후견법원에 제출해야 한다. 권리자가 알려져 있거나 법적으로 대리되고 있으며 제1872조 제3항에 해당하지 않는 경우, 성년후견법원은 이를 권리자에게 송부한다.

② 성년후견법원은 결산보고 또는 재산개요를 회계에 맞게 객관적으로 심사해야 하고, 필요한 경우에는 이를 보완하도록 해야 한다. 성년후견법원은 제1문에 따른 심사결과를 권리자에게 송부한다.

③ 성년후견이 종료하고 제1872조 제3항에 해당하지 않는 경우, 결산보고 또는 재산개요의 도달로부터 6주 내에 권리자가 그 심사를 청구할 때에만 제2항을 적용한다. 제1항 제2문에 따라 송부할 때 이러한 권리가 권리자에게 설명되어야 한다. 기간 도과 후에는 성년후견법원에 의한 심사를 더 이상 청구할 수 없다.

§ 1874　Besorgung der Angelegenheiten des Betreuten nach Beendigung der Betreuung

(1) Der Betreuer darf die Besorgung der Angelegenheiten des Betreuten fortführen, bis er von der Beendigung der Betreuung Kenntnis erlangt oder diese kennen muss. Ein Dritter kann sich auf diese Befugnis nicht berufen, wenn er bei der Vornahme des Rechtsgeschäfts die Beendigung kennt oder kennen muss.

(2) Endet die Betreuung durch den Tod des Betreuten, so hat der Betreuer im Rahmen des ihm übertragenen Aufgabenkreises die Angelegenheiten, die keinen Aufschub dulden, zu besorgen, bis der Erbe diese besorgen kann.

Untertitel 5　Vergütung und Aufwendungsersatz

§ 1875　Vergütung und Aufwendungsersatz

(1) Vergütung und Aufwendungsersatz des ehrenamtlichen Betreuers bestimmen sich nach den Vorschriften dieses Untertitels.

(2) Vergütung und Aufwendungsersatz des beruflichen Betreuers, des Betreuungsvereins, des Behördenbetreuers und der Betreuungsbehörde bestimmen sich nach dem Vormünder- und Betreuervergütungsgesetz.

§ 1876　Vergütung

Dem ehrenamtlichen Betreuer steht grundsätzlich kein Anspruch auf Vergütung zu. Das Betreuungsgericht kann ihm abweichend von Satz 1 eine angemessene Vergütung bewilligen, wenn

1. der Umfang oder die Schwierigkeit der Wahrnehmung der Angelegenheiten des Betreuten dies rechtfertigen und

2. der Betreute nicht mittellos ist.

§ 1877　Aufwendungsersatz

(1) Macht der Betreuer zur Führung der Betreuung Aufwendungen, so kann er nach den für den Auftrag geltenden Vorschriften der §§ 669 und 670 vom Betreuten Vorschuss oder Ersatz verlangen. Für den Ersatz von Fahrtkosten des Betreuers gilt die in § 5 des Justizvergütungs- und -entschädigungsgesetzes für Sachverständige getroffene Regelung

제1874조 [성년후견 종료 후 피성년후견인 사무의 처리]

① 성년후견인은 피성년후견인이 성년후견의 종료를 인식하거나 인식해야 할 때까지 피성년후견인 사무의 처리를 계속해야 한다. 제3자가 법률행위를 할 때 그 종료를 인식하거나 인식해야 하는 경우, 그 제3자는 이 권한을 원용할 수 없다.

② 피성년후견인의 사망으로 인해 성년후견이 종료된 경우, 성년후견인은 자신에게 위임된 업무범위 내에서 연기할 수 없는 사무를 상속인이 이를 처리할 수 있을 때까지 처리해야 한다.

제5관   보수와 비용상환

제1875조 [보수와 비용상환]

① 명예직성년후견인의 보수와 비용상환은 이 관의 규정에 따라 정한다.

② 직업성년후견인, 성년후견사단법인, 관청성년후견인과 성년후견관청의 보수와 비용상환은 후견인보수법에 따라 정한다.

제1876조 [보수]

명예직성년후견인은 원칙적으로 보수청구권이 없다. 제1문과 달리 다음의 경우, 성년후견법원은 명예직성년후견인에게 적절한 보수를 승인할 수 있다,

  1. 피성년후견인 사무의 범위와 수행의 난이도가 이를 정당화하고,

  2. 피성년후견인이 무자력이 아닌 경우.

제1877조 [비용상환]

① 성년후견인이 성년후견의 수행을 목적으로 비용을 지출하는 경우, 그는 위임에 적용되는 제669조, 제770조의 규정에 따라 피성년후견인에게 선지급 또는 비용의 상환을 청구할 수 있다. 교통비의 상환에 대해서는 법원 보수 및 보상법 제5조에서 전문가에 대해 적용되는 규정을 준용한다.

entsprechend.

(2) Zu den Aufwendungen gehören auch die Kosten einer angemessenen Versicherung gegen Schäden, die

1. dem Betreuten durch den Betreuer zugefügt werden können oder

2. dem Betreuer dadurch entstehen können, dass er einem Dritten zum Ersatz eines durch die Führung der Betreuung verursachten Schadens verpflichtet ist.

Kosten für die Haftpflichtversicherung des Halters eines Kraftfahrzeugs gehören nicht zu diesen Aufwendungen.

(3) Als Aufwendungen gelten auch solche Dienste des Betreuers, die zu seinem Gewerbe oder Beruf gehören.

(4) Der Anspruch auf Aufwendungsersatz erlischt, wenn er nicht binnen 15 Monaten nach seiner Entstehung gerichtlich geltend gemacht wird. Die Geltendmachung beim Betreuungsgericht gilt als Geltendmachung gegen den Betreuten. Die Geltendmachung gegen den Betreuten gilt auch als Geltendmachung gegen die Staatskasse.

(5) Das Betreuungsgericht kann eine von Absatz 4 Satz 1 abweichende kürzere oder längere Frist für das Erlöschen des Anspruchs bestimmen sowie diese gesetzte Frist auf Antrag verlängern. Mit der Fristbestimmung ist über das Erlöschen des Ersatzanspruchs bei Versäumung der Frist zu belehren. Der Anspruch ist innerhalb der Frist zu beziffern.

§ 1878　Aufwandspauschale

(1) Zur Abgeltung seines Anspruchs auf Aufwendungsersatz kann der Betreuer für die Führung jeder Betreuung, für die er keine Vergütung erhält, vom Betreuten einen pauschalen Geldbetrag verlangen (Aufwandspauschale). Dieser entspricht für ein Jahr dem 17fachen dessen, was einem Zeugen als Höchstbetrag der Entschädigung für eine Stunde versäumter Arbeitszeit (§ 22 des Justizvergütungs- und -entschädigungsgesetzes) gewährt werden kann. Hat der Betreuer für solche Aufwendungen bereits Vorschuss oder Ersatz erhalten, so verringert sich die Aufwandspauschale entsprechend.

(2) Sind mehrere Betreuer bestellt, kann jeder Betreuer den Anspruch auf Aufwandspauschale geltend machen. In den Fällen der Bestellung eines Verhinderungsbetreuers nach § 1817 Absatz 4 kann jeder Betreuer den Anspruch auf Aufwandspauschale nur für den Zeitraum geltend machen, in dem er tatsächlich tätig geworden ist.

② 다음 각 호의 손해에 대비한 적절한 보험비용도 비용에 속한다.

1. 성년후견인에 의해 피성년후견인에게 발생할 수 있는 손해 또는
2. 성년후견인이 성년후견을 수행함으로 인해 야기된 손해에 대해 제3자에게 배상의무를 짐으로써 성년후견인에게 발생할 수 있는 손해.

자동차보유자의 책임보험 비용은 이 비용에 속하지 않는다.

③ 성년후견인의 영업 또는 직업에 속하는 노무도 비용으로서 인정된다.

④ 비용상환청구권은 성립 후 15개월 이내에 재판상 행사되지 않는 경우에는 소멸한다. 성년후견법원에 대한 청구권의 행사는 피성년후견인에 대한 행사로 본다. 피성년후견인에 대한 행사는 국고에 대한 행사로도 본다.

⑤ 성년후견법원은 제4항 제1문과 달리 더 단기나 장기의 청구권 소멸 기한을 정하고, 이렇게 정해진 기한을 신청에 기하여 연장할 수 있다. 기한 지정에서는 기한이 도과하면 상환청구권이 소멸한다는 것이 설명되어야 한다. 청구권은 그 기한 내에 금액이 특정되어야 한다.

제1878조 [일괄비용]

① 비용상환청구권의 변제를 위해 성년후견인은 보수를 받지 않는 모든 성년후견의 수행에 대해 일괄금액을 피성년후견인에게 청구할 수 있다(일괄비용). 1년의 일괄비용은 증인에게 일실노동시간에 대한 시간당 최대 보상금액(법원 보수 및 보상법 제22조)으로 지급될 수 있는 금액의 17배에 해당한다. 성년후견인이 그와 같은 비용에 대하여 이미 선지급 또는 비용상환을 받은 경우, 일괄비용은 그에 따라 감경된다.

② 여러 명의 성년후견인이 선임된 경우, 각 성년후견인은 일괄비용청구권을 행사할 수 있다. 제1817조 제4항에 따라 유고성년후견인이 선임된 경우, 각 성년후견인은 자신이 실제로 활동한 기간에 대해서만 일괄비용청구권을 행사할 수 있다.

(3) Die Aufwandspauschale ist jährlich zu zahlen, erstmals ein Jahr nach Bestellung des Betreuers. Endet das Amt des Betreuers, ist die Aufwandspauschale anteilig nach den Monaten des bis zur Beendigung des Amtes laufenden Betreuungsjahres zu zahlen; ein angefangener Monat gilt als voller Monat.

(4) Der Anspruch erlischt, wenn er nicht binnen sechs Monaten nach Ablauf des Jahres, in dem der Anspruch entstanden ist, gerichtlich geltend gemacht wird. § 1877 Absatz 4 Satz 2 und 3 gilt entsprechend. Ist der Anspruch einmalig ausdrücklich gerichtlich geltend gemacht worden, so gilt in den Folgejahren die Einreichung des Jahresberichts jeweils als Antrag, es sei denn, der Betreuer verzichtet ausdrücklich auf eine weitere Geltend-machung.

§ 1879　Zahlung aus der Staatskasse

Gilt der Betreute als mittellos im Sinne von § 1880, so kann der Betreuer den Vorschuss, den Aufwendungsersatz nach § 1877 oder die Aufwandspauschale nach § 1878 aus der Staatskasse verlangen.

§ 1880　Mittellosigkeit des Betreuten

(1) Der Betreute gilt als mittellos, wenn er den Vorschuss, den Aufwendungsersatz oder die Aufwandspauschale aus seinem einzusetzenden Vermögen nicht, nur zum Teil oder nur in Raten aufbringen kann.

(2) Der Betreute hat sein Vermögen nach Maßgabe des § 90 des Zwölften Buches Sozialgesetzbuch einzusetzen.

§ 1881　Gesetzlicher Forderungsübergang

Soweit die Staatskasse den Betreuer befriedigt, gehen Ansprüche des Betreuers gegen den Betreuten auf die Staatskasse über. Nach dem Tode des Betreuten haftet sein Erbe nur mit dem Wert des im Zeitpunkt des Erbfalls vorhandenen Nachlasses; § 102 Absatz 3 und 4 des Zwölften Buches Sozialgesetzbuch gilt entsprechend, § 1880 Absatz 2 ist auf den Erben nicht anzuwenden.

③ 일괄비용은 매년 지급되어야 하며, 최초 지급은 성년후견인 선임 후 1년이 된 때이다. 성년후견 직무가 종료하면, 직무가 종료할 때까지 진행된 후견의 개월 수에 비례하여 일괄비용이 지급되어야 한다. 시작된 달은 완전한 한 달로 계산한다.

④ 일괄비용청구권은 청구권이 발생한 연도의 종료 후 6개월 이내에 재판상 행사되지 않으면 소멸된다. 제1877조 제4항 제2문 및 제3문을 준용한다. 청구권이 한 번 명시적으로 재판상 행사된 경우, 차후 연도에는 연간보고를 제출하는 것을 신청으로 보지만, 성년후견인이 명시적으로 이후의 행사를 포기하면 그렇지 않다.

제1879조 [국고로부터의 지급]

피성년후견인이 제1880조가 의미하는 무자력인 경우, 성년후견인은 제1877조에 따른 선지급, 비용상환 또는 제1878조에 따른 일괄비용을 국고로부터 청구할 수 있다.

제1880조 [피성년후견인의 무자력]

① 피성년후견인이 투입할 재산으로부터 선지급, 비용상환 또는 일괄비용을 제공할 수 없거나, 일부만 제공할 수 있거나, 정기금으로만 제공할 수 있는 경우, 피성년후견인은 무자력으로 본다.

② 피성년후견인은 사회법 제12편 제90조가 정하는 바에 따라 그의 재산을 투입해야 한다.

제1881조 [법정 채권이전]

국고가 성년후견인에게 변제한 범위에서, 성년후견인의 피성년후견인에 대한 청구권은 국고로 이전한다. 피성년후견인의 사망 후 그의 상속인은 상속개시 당시 존재하는 상속재산의 가액으로만 책임이 있다; 사회법 제12편 제102조 제3항 및 제4항이 준용되며, 제1880조 제2항은 상속인에게 적용하지 않는다.

Titel 4　Sonstige Pflegschaft

§ 1882　Pflegschaft für unbekannte Beteiligte

Ist unbekannt oder ungewiss, wer bei einer Angelegenheit der Beteiligte ist, so kann dem Beteiligten für diese Angelegenheit, soweit eine Fürsorge erforderlich ist, ein Pfleger bestellt werden. Insbesondere kann für einen Nacherben, der noch nicht gezeugt ist oder dessen Persönlichkeit erst durch ein künftiges Ereignis bestimmt wird, für die Zeit bis zum Eintritt der Nacherbfolge ein Pfleger bestellt werden.

§ 1883　Pflegschaft für gesammeltes Vermögen

Ist durch öffentliche Sammlung Vermögen für einen vorübergehenden Zweck zusammengebracht worden, so kann zum Zwecke der Verwaltung und Verwendung des Vermögens ein Pfleger bestellt werden, wenn die zu der Verwaltung und Verwendung berufenen Personen weggefallen sind.

§ 1884　Abwesenheitspflegschaft

(1) Ein abwesender Volljähriger, dessen Aufenthalt unbekannt ist, erhält für seine Vermögensangelegenheiten, soweit sie der Fürsorge bedürfen, einen Abwesenheitspfleger. Ein solcher Abwesenheitspfleger ist ihm insbesondere auch dann zu bestellen, wenn er durch Erteilung eines Auftrags oder einer Vollmacht Fürsorge getroffen hat, aber Umstände eingetreten sind, die zum Widerruf des Auftrags oder der Vollmacht Anlass geben.

(2) Das Gleiche gilt für einen Abwesenden, dessen Aufenthalt bekannt, der aber an der Rückkehr und der Besorgung seiner Vermögensangelegenheiten verhindert ist.

§ 1885　Bestellung des sonstigen Pflegers

Das Betreuungsgericht oder im Falle der Nachlasspflegschaft das Nachlassgericht ordnet die Pflegschaft an, wählt einen geeigneten Pfleger aus und bestellt ihn, nachdem er sich zur Übernahme des Amtes bereit erklärt hat.

§ 1886　Aufhebung der Pflegschaft

(1) Die Pflegschaft für einen Abwesenden ist aufzuheben

1. wenn der Abwesende an der Besorgung seiner Vermögensangelegenheiten nicht mehr

제4절 그 밖의 보좌

제1882조 [관계자가 알려지지 않은 경우를 위한 보좌]

어떤 사무에서 누가 관계자인지 알려지지 않았거나 불명확한 경우, 보호가 필요한 범위에서 그 사무를 위하여 관계자에게 보좌인이 선임될 수 있다. 특히 아직 출생하지 않았거나 그 신원이 장래의 사건을 통해 비로소 결정되는 후상속인을 위하여, 후상속이 개시될 때까지 보좌인이 선임될 수 있다.

제1883조 [모금 재산을 위한 보좌]

재산이 공개 모금을 통해 일시적 목적으로 모금된 경우, 그 관리 및 사용을 위해 지정된 사람이 없게 된 때에는 재산의 관리와 사용의 목적으로 보좌인이 선임될 수 있다.

제1884조 [부재자를 위한 보좌]

① 거소가 알려지지 않은 성년인 부재자에게, 그의 재산에 관한 사무의 처리가 필요한 범위에서 재산에 관한 사무를 위해 부재자보좌인을 둔다. 특히 부재자가 위임이나 임의대리권의 수여를 통해 처리하였으나, 위임이나 임의대리를 철회할 사정이 발생한 경우에도 부재자보좌인이 선임되어야 한다.

② 거소가 알려져 있으나 귀환 및 재산에 관한 사무의 처리에 장애가 있는 부재자에 대해서도 같다.

제1885조 [그 밖의 보좌인의 선임]

성년후견법원 또는 상속재산보좌에서 상속법원은 보좌를 명하고, 적합한 보좌인을 선정하고, 그가 직무를 인수할 용의를 표시한 후에 그를 선임한다.

제1886조 [보좌의 취소]

① 다음 각 호의 경우, 부재자를 위한 보좌는 취소되어야 한다,

  1. 부재자가 재산에 관한 사무의 처리에 더 이상 장애가 없는 경우,

verhindert ist,

2. wenn der Abwesende stirbt.

(2) Im Übrigen ist eine Pflegschaft aufzuheben, wenn der Grund für ihre Anordnung weggefallen ist.

§ 1887   Ende der Pflegschaft kraft Gesetzes

(1) Wird der Abwesende für tot erklärt oder wird seine Todeszeit nach den Vorschriften des Verschollenheitsgesetzes festgestellt, so endet die Pflegschaft mit der Rechtskraft des Beschlusses über die Todeserklärung oder die Feststellung der Todeszeit.

(2) Im Übrigen endet die Pflegschaft zur Besorgung einer einzelnen Angelegenheit mit deren Erledigung.

§ 1888   Anwendung des Betreuungsrechts

(1) Die Vorschriften des Betreuungsrechts sind auf sonstige Pflegschaften entsprechend anwendbar, soweit sich nicht aus dem Gesetz ein anderes ergibt.

(2) Die Ansprüche des berufsmäßig tätigen Pflegers auf Vergütung und Aufwendungs-ersatz richten sich nach den §§ 1 bis 6 des Vormünder- und Betreuervergütungsgesetzes. Sofern der Pflegling nicht mittellos ist, bestimmt sich die Höhe des Stundensatzes des Pfle-gers jedoch nach den für die Führung der Pflegschaftsgeschäfte nutzbaren Fachkenntnis-sen des Pflegers sowie nach dem Umfang und der Schwierigkeit der Pflegschaftsgeschäfte.

§§   1889 bis 1921 (weggefallen)

2. 부재자가 사망한 경우.
② 그 밖에 보좌를 명해야 하는 사유가 소멸한 경우, 보좌는 취소되어야 한다.

제1887조 [법률에 의한 보좌의 종료]

① 부재자가 사망한 것으로 선고되거나 사망 시점이 실종법의 규정에 따라 확정된 경우, 사망선고 또는 사망 시점의 확정에 관한 법원 결정의 확정으로 보좌는 종료한다.
② 그 밖에 개별적 사무의 처리를 위한 보좌는 그 사무의 완료로 종료한다.

제1888조 [성년후견법의 적용]

① 법률이 달리 정하지 않는 한, 그 밖의 보좌에는 성년후견법 규정을 준용한다.
② 직업적으로 활동하는 보좌인의 보수 및 비용상환청구권은 후견인보수법 제1조 내지 제6조에 따라 정해진다. 그러나 피보좌인이 무자력이 아닌 한, 보좌인의 시간당 보수액은 보좌업무를 수행하는 데 유용한 그의 전문지식과 보좌업무의 범위와 난이도에 따라 정해진다.

제1889조 내지 제1921조 (삭제)

독일어 색인

우리말 색인

역자약력

오종근 교수
    소속: 이화여자대학교 법학전문대학원
    학력: 서울대학교 법학사, 동대학원 법학석사, 법학박사
    전공: 민법

김수정 교수
    소속: 명지대학교 법과대학
    학력: 서울대학교 법학사, 동대학원 법학석사, 독일 프라이부르크대학교 법학박사
    전공: 민법

홍윤선 교수
    소속: 국립군산대학교 법학과
    학력: 이화여자대학교 문학사, 동대학원 법학석사, 독일 쾰른대학교 법학박사
    전공: 민법

독일 민법전 가족법

초판발행	2023년 5월 31일
지은이	오종근·김수정·홍윤선
펴낸이	안종만·안상준
편 집	사윤지
기획/마케팅	조성호
표지디자인	우윤희
제 작	고철민·조영환
펴낸곳	(주) **박영사**
	서울특별시 금천구 가산디지털2로 53, 210호(가산동, 한라시그마밸리)
	등록 1959.3.11. 제300-1959-1호(倫)
전 화	02)733-6771
f a x	02)736-4818
e-mail	pys@pybook.co.kr
homepage	www.pybook.co.kr
ISBN	979-11-303-4403-4 93360

정 가	28,000원